《云南省大学生资助工作优秀论文集》

编委会名单

主　编　陶　晴

副主编　陈永进　张晓明

编　委（以姓氏笔画为序）

付铁铮　陈永进　陈　敏　宋　捷

李亚琴　张晓明　陶　晴

云南省大学生资助工作优秀论文集

云南省教育厅　编

云南大学出版社

序

建立家庭经济困难学生资助体系是党和国家为建设创新型国家和人力资源强国、实现教育优先发展和促进教育公平而采取的一项重大举措。新中国成立60年特别是改革开放30年以来，我国、我省的教育实现了大发展、大变革、大跨越。我国建成了世界上规模最大的教育体系，义务教育全面普及，职业教育重大突破，高等教育进入大众化发展阶段，教育改革向纵深推进，教育公平迈出重大步伐，保障条件逐步完善，探索出一条具有中国特色社会主义教育发展道路，为国家现代化建设和人类文明进步作出了不可磨灭的贡献。现在，我国现代化建设已经站在一个新的起点上，在中国从大国走向强国的历史进程中，我国的教育，特别是我省的教育面临着现代教育发展的机遇和挑战，其中一个巨大的挑战就来自于教育公平。

教育公平是党的执政理念的鲜明体现，是社会主义制度的本质要求，是实现社会公平的重要基础，也是人民群众的要求和期盼。省委、省政府历来关心高校家庭经济困难学生的成长与成才，高度重视高校家庭经济困难学生资助工作，全省逐步建立起一个以国家奖学金、国家励志奖学金、国家助学金、省政府奖学金、省政府励志奖学金、国家助学贷款、生源地信用助学贷款、高校和社会奖助学金、勤工助学、临时生活补助、特殊困难补助、学费减免、绿色通道等为主要措施的资助体系，确保了高校家庭经济困难学生不因贫困而辍学。

《云南省大学生资助工作优秀论文集》汇集了省教育厅组织评选的我省高校家庭经济困难学生资助工作优秀成果。这些成果，既有理论性，又有操作性，凝聚着广大教育工作者和教师在学生资助工作中的心血。随着经济的发展和社会的进步，我省将进一步加大扶助家庭经济困难学生的力度，不断完善各项政策措施，《云南省大学生资助工作论文集》一书将为进一步开创我省大学生资助工作的新局面提供借鉴和参考，我们希望更多的专家学者、更多的教师投身到家庭经济困难大学生资助工作的研究实践中来，以更大的决心和更多的爱心，努力为中国特色社会主义事业和中华民族的伟大复兴培养更多的合格人才。

陶晴

2010年5月18日

目　录

助学篇

育人篇

帮困篇

学习实践科学发展观 进一步健全困难大学生资助体系

云南省教育厅　陈永进　张晓明

在深入学习实践科学发展观活动中，云南省国家助学贷款管理中心认真学习贯彻党的“十七大”报告“要全面贯彻党的教育方针，坚持育人为本、德育为先，实施素质教育，提高教育现代化水平，培养德、智、体、美全面发展的社会主义建设者和接班人，办好人民满意的教育”的精神，坚持教育公益性质，坚持教育公平，在狠抓整改落实、集中解决突出问题的基础上，紧密结合学生资助工作的新形势、新任务、新要求，着力突破原有思维定式，大胆推进体制机制创新，出台了一批有利于加快云南省学生资助工作科学发展的政策、措施和办法，努力健全学生资助工作科学发展的长效机制，大力推进云南高等教育的现代化。

一、坚持用高等教育改革与发展促进教育公平，努力扩大人民群众接受高等教育的机会

近年来，云南省高等教育把提高效率同促进社会公平结合起来，一方面深化高等教育办学体制、投资体制、管理体制等的改革，提高高等教育资源配置效率，加快高等教育发展；另一方面坚持教育的公益性和公平性，坚持以学生为本，不断深化云南省高校大学生资助帮困、助学、育人工作，努力实现家庭经济困难大学生的全面发展，推进云南高等教育的现代化。这是云南高等教育改革发展中长期实践和探索“十个结合”的写照。

新中国成立60年来，经过长期的发展和演变，云南高等教育取得巨大进步，特别是自1999年大学扩招并进行高校投入体制等多项改革以来，云南高等教育飞速发展。1999年，云南省普通高校在校大学生规模为7.39万人，招生规模2.75万人，高等教育毛入学率为5.7%。到2008年，在校大学生增加了34.77万人，增长4.7倍；招生11.71万人，增长4.26倍；高等教育毛入学率为16.17%。云南省高等教育实现了从精英教育到大众教育的历史性跨越，高等教育发展成绩显著。

但是，云南高等教育还远远落后于全国平均水平，在整体规模、毛入学率、办学经费总量、办学条件、民办高校比例、师资队伍、专业结构、学科建设、科技创新能力与研究成果水平等方面与全国大部分省区差距很大。云南省教育厅罗

崇敏厅长在2008年全省教育工作会议上指出，云南省教育的基本矛盾仍然是教育机构所能提供的公平的教育机会与公民接受教育的需求日益增长之间的矛盾。这一基本矛盾的协调和解决，促进教育规模、速度、结构、质量和效益相统一，是各级党委、政府和教育机构肩负的历史责任和现实任务。2008年，为加快发展高等教育，全面实施科教兴滇战略和人才强省战略，坚持和落实为把教育摆在优先发展的战略地位，坚持解放思想和改革开放，着力把握社会发展规律和教育发展规律，更新教育观念和创新教育体制，转变教育发展方式，使教育发展走向科学发展的轨道，中共云南省委、省政府召开了全省高等教育改革与发展工作会议，印发了《中共云南省委、省人民政府关于深化改革大力发展高等教育的决定》，省委、省政府还分别印发了《中共云南省委关于以改革创新精神全面推进高校党建工作的意见》、《云南省人民政府关于加快民办教育发展的决定》。省教育厅还制定了《高校重点学科建设实施意见》、《高校科技创新平台建设实施意见》、《关于进一步加强高校师资队伍建设的意见》、《关于进一步加强普通高校教学工作的意见》、《关于加快云南教育国际化进程的实施意见》等配套文件。云南省高等教育改革和发展的一系列极其重要的指导意见和具体措施的出台，将促使云南高等教育实现又一次重大的历史变革和突破。

二、坚持用惠民政策保障教育公平，努力建立健全云南高校家庭经济困难学生资助体系

我国由计划经济向市场经济转型后，国家经济持续快速发展与高等教育发展相对滞后的矛盾、高等教育资源供给不足与人民群众对高等教育需求的矛盾刺激着我国高等教育的改革与发展。在高等教育大众化步伐不断推进的过程中，市场力量和社会自治力量介入高等教育领域，办学主体多样化，办学形式多样化，投资渠道多样化，高等教育费用逐步实行成本分担机制，实行收费上大学。收费上大学的另一个原因，是接受高等教育的私人收益明显。北京师范大学赖德胜的研究表明，虽然大学生就业矛盾不断加剧，但我国高等教育收益率从1988年的3.8%上升到2005年的12%，其中高等教育收益率明显高于高中教育和初中教育，而且其差别变得越来越大，大学以上文化程度与其他文化程度人群之间的收入差距不断拉大。大学生交费上学，毕业后自主择业，成为当前合理的制度安排。但是，随着收费制度改革的深入，特别是大学生规模成倍增加之后，贫困学生资助的供需矛盾突出。共同富裕是社会主义最终所要达到的目标，是社会主义本质的落脚点，教育平等和教育公平也就成为我国社会主义教育制度最基本的价值追求。贫困学生因家庭经济困难而失学，是社会人才的流失，是人力资源的浪费，如果成为普遍现象，将危及社会的进步和稳定。贫困学生的资助问题不仅是经济问题，更是政治问题。在实行收学费上大学的同时，必须实行高资助的政策，发达国家如此，发展中国家如此，社会主义国家更应当如此。

建立健全家庭经济困难学生资助政策体系，使家庭经济困难学生能够顺利入学，上得起大学，接受职业教育，是实践“三个代表”重要思想、落实科学发展观、构建社会主义和谐社会的重要举措；是实施科教兴国和人才强国战略、优化教育结构，促进教育公平和社会公正的有效手段；是切实履行公共财政职能、推进基本公共服务均等化的必然要求。“十六大”以来，党和政府把不让一个孩子因家庭经济困难失去学习机会，作为促进教育公平的重大举措。对教育事业发展改革过程中出现的新情况和新问题，特别是家庭经济困难学生上学难的问题，云南省委、省政府高度重视，把这项工作作为维护学校和社会稳定、保证教育公平的重点来抓。根据国务院、财政部、教育部等关于在普通本科高校、高等职业学校和中等职业学校开展国家奖助学金工作的要求和文件精神，云南省及时出台了《云南省人民政府关于建立健全普通本科高校高等职业学校和中等职业学校家庭经济困难学生资助政策体系的实施意见》、《云南省普通高等学校国家助学贷款实施办法（试行）》、《云南省生源地信用助学贷款实施暂行办法》、《云南省普通本科高校高等职业学校省政府奖学金管理暂行办法》、《云南省普通本科高校高等职业学校省政府励志奖学金管理暂行办法》、《云南省中等职业学校省政府奖学金管理暂行办法》等一系列政策措施，有力地推动和保障了这一工作的平衡有序进行。同时，各高校还结合学校实际，制定了具体管理办法，全面开展了家庭经济困难学生奖助学金工作。从 2007 年起，云南省普通本科高校、高等职业学校家庭经济困难学生资助政策体系进一步建立健全。新资助政策体系加大了资助力度，扩大了资助面，提高了资助标准。其中，国家奖助学金每生每年 8 000 元，每年奖励云南省学生约 500 名；国家励志奖学金，每生每年 5 000 元，每年奖励资助云南省学生约 1 万人，约占在校生总数的 3%；国家助学金，资助标准为一等每生每年 2 500 元，二等生每年 1 500 元，每年资助约 10 万人，约占在校生总数的 30%；云南省政府奖学金每生每年 6 000 元，每年奖励云南省学生约 1 000 名；云南省政府励志奖学金每生每年 4 000 元，每年奖励资助云南省学生约 3 500 人；国家助学贷款每年发放人数约 2 万人，平均每生贷款 5 000 元；另外加上生源地信用助学贷款、勤工助学、学费减免、绿色通道等各项政策和措施，有力地帮助家庭经济困难学生顺利入学并完成学业，维护高校的稳定和保护家庭经济困难学生的受教育权利，确保家庭经济困难大学生不因经济困难而失学。2008 年，云南省普通高等学校大学生资助共投入 6.26 亿元，资助 10 多万人，覆盖在校生的 30% 以上，有力地促进了云南省高等教育公平公正的实现。

三、坚持教真育爱的现代教育价值观，深化大学生资助工作，健全帮困、助学、育人体系，努力推进云南教育现代化

育人、科研和服务社会是高等学校的三大职能。教育的本体职能是育人，教育现代化与否，最终看教育能否培养出现代化的高素质人才。现代教育要求我们

必须坚持以人为本、以能力为核心、以公平为基础、以教真育爱为中枢，在实际工作中坚持以民生为本、以教师为本、以学生为本，全心全意依靠人民群众，依靠广大教师，依靠全体学生，推进教育事业的科学发展。必须全面落实促进教育公平的基本政策，为人人享有教育的基本权利，为实现好、发展好、保护好人民的教育利益作出不懈努力。资助家庭经济困难学生，为贫困学生成长成才服务，努力实现贫困生的全面发展，是教育现代化的要求，也是云南省大学生资助工作努力的方向。

2004 年，云南省人民政府在《关于切实解决高校贫困家庭学生困难问题的通知》中明确了“政府主导，社会参与，多方筹资，学校负责的帮困、助学、育人”的方针。文件在明确高校资助工作各方相关责任的同时，对“帮困、助学、育人”的内涵作了简明的阐述。其中“帮困”就是要以政府投入为主，鼓励社会积极参与、多方筹资，高校通过“奖、贷、助、补、减”等形式，帮助贫困家庭学生解决经济困难；“助学”就是主要由学校负责，通过多种形式，帮助贫困家庭学生提高综合素质和各种能力，从根本上增强其就业竞争力，提高对学校和社会生活的适应能力；“育人”就是由学校负责，既扶贫，又扶志，注重贫困家庭学生的道德素质、心理健康和思想教育的培养，引导他们树立正确的价值观、荣辱观，克服心理障碍，增强克服困难的勇气和信心。

多年来，云南省学生资助工作围绕这一目标做了不少工作，在经济帮困方面取得了明显成绩的同时，云南省教育厅在云南财经大学等 6 所高校实施提高贫困生能力项目。各高校通过给学生提供实践的机会，培养理论与实践结合的思维方式和行为习惯，提高学生的动手能力、就业和创业能力；通过学生的自我管理，提高参与者的组织协调能力、人际交往能力和团队合作精神；通过帮助贫困生突破心理障碍，克服自闭、自卑心理，树立自信、自立、自强的精神风貌；通过让贫困生在项目中接受爱，传递爱，服务社会，关爱他人，快乐自己，增强社会责任感。多姿多彩的探索和实践，紧扣育人这一终极目标，在研究落实“帮困、助学、育人”方针的切入点、载体和抓手方面取得了阶段性成果。

加强学生资助工作，扶持家庭经济困难的学生上学，是构建社会主义和谐社会的基本要求，是促进教育公平和教育事业持续协调健康发展的重要举措，是落实科教兴国战略，为建设创新型国家提供人才支撑的客观要求，是社会主义制度优越性的重要体现，是学习实践科学发展观的具体行动。展望未来，我们将在帮助贫困生提高能力方面不断更新观念，探索方法，积累经验，锻炼队伍，完善体系，创新制度，努力实现贫困生的全面发展，积极推进云南高等教育的现代化。

云南省贫困大学生社会支持体系研究

曲靖师范学院 周本贞 包云燕 毕天云

云南省贫困大学生社会支持体系研究作为一项理论探讨与实践指导并举的研究，具有特定的社会背景和学术背景，其研究的内容重点结合解决贫困大学生社会支持体系的基本理论问题和实践操作问题。研究过程中采用的方法体系具体，并在“问题”、“理论”、“对象”、“内容”、“方法”等方面体现出特色与创新。

一、问题的提出

贫困大学生社会支持体系建立问题的提出，要追溯“和谐”的含义。和谐是宇宙万物存在和发展的基础。古今中外，建立和谐社会都是一个理想，和谐社会是一个多元的社会，一个宽容的社会，一个秩序化的社会。研究者认为：和谐即中国儒学中所说的“和实生物”和“万物各得其所”。实际上适度是达到和谐的条件，法、德、礼是和谐社会的杠杆，而情，又是法、德、礼的基础。中国传统文化认为，情是人性的表现，由情而致行；人的一切行为都出于情，在今天发展现代市场经济的同时，保持和发扬重视“情”的优秀传统，使法、德、礼相互协调，才有利于和谐社会的建设。

胡锦涛同志指出，实现社会和谐，建设美好社会，始终是人类孜孜以求的社会理想，也是包括中国共产党在内的马克思主义政党不懈追求的一个社会理想。和谐社会就是全体人民各尽其能、各得其所的社会，是良性运行和协调发展的社会。同时也是社会主体间的行动关联及模式化结构的最佳状态，这种状态以社会自然的和谐关系为基本前提。它最主要的钥匙就是参与发展的各方多赢互利。和谐社会应是富有人情味，充满了亲情，而不是人都变成了人权的机器，丧失了亲情、信任、认同。社会主义社会要求民主法制、公平正义、诚信友爱、充满活力、安定有序、人与自然和谐相处。构建社会主义和谐社会，既是全面建设小康社会的重大现实课题，又是贯穿中国特色社会主义事业全过程的长期历史任务。构建社会主义和谐社会的指导思想是突出强调要“以解决人民群众最关心、最直接、最现实的利益问题为重点”。

但是，随着改革开放和市场经济的深入发展，国家经济社会生活也发生深刻变化，社会经济成分、组织形式、就业方式、利益关系和分配方式日益多样化，社会利益关系更为复杂，出现了许多新情况和新问题。这就要求继续做好以改革促进发展的同时，必须化解社会矛盾，确保社会的稳定和谐。其中，贫困是一个社会问题，贫困问题影响着社会的进程。实际上，以刘易斯为代表的人类学家提出，贫困不仅是经济问题，也是群体的生活方式问题。贫困群体实践的生活方式，使其成员无法得到在社会上获得成功而必须具备的一定价值观念和技术能力，结果使自己无力浮向社会上层，永久性地沉滞在社会底层。贫困文化是一种亚文化，它脱离社会主流，贫困的人群很少参加广泛的社会活动，分享不到社会所创造的价值。家庭关系上表现出家庭结构松散，常有暴力发生，孩子文化水平低，职业训练差。个人层次上表现为知识贫乏，生活无计划，有自暴自弃或自毁的倾向。贫困是让社会产生一系列难以化解的矛盾的根源之一。贫困人群是社会中的弱势群体，社会风险最容易在该群体身上爆发，并构成危及社会稳定、影响社会发展的巨大隐患，从而影响社会的构建。

社会支持作为一种支持与帮助困难群体的行动，通过给予现金或实物和服务，以保证他们最基本的生存需要和发展需要，能为贫困人群提供有效的帮助，发挥着增进社会和谐的有效作用。随着社会的进一步发展，国际社会对社会支持系统越来越关注，社会支持体系越完善，也就意味着社会整合程度越高，社会越团结，社会越和谐。因此，构建贫困大学生社会支持新体系是建设和谐社会的基础工程之一，也是建设和谐社会的需要。

另外，构建贫困大学生社会支持新体系也是贫困大学生全面发展的需要。大学生是国家的宝贵人才资源，是建设和谐社会的重要力量，只有赢得大学生，才能赢得未来。大学生的个人发展凝聚着普通家庭的希望，大学生问题是人民群众最关心的问题之一，大学生的全面发展直接关系到党和国家的前途命运。大学生的成长，牵动亿万家人的心，涉及千万个家庭的幸福。贫困大学生是我国高校普遍存在的特殊群体，特别是近年来随着高效的扩招，由于“三农”问题的困扰和城市下岗问题的突出，家庭经济困难的大学生日益增多。贫困大学生的产生，是社会的贫困、家庭的贫困和学生自身素质的“贫困”共同作用的结果。贫困大学生现今的发展状况不容乐观。

云南省的贫困大学生因其地域特点及其历史原因尤为众多。贫困大学生比普通大学生受到更多影响和压力，但面对压力，贫困大学生的思想态度、应对方式等却有不同程度的差别，研究表明贫困大学生的心理压力高于普通大学生，其心理问题的发生率也略高于普通学生，心理上的困惑甚至带来危机和一些恶性事件。贫困生的状况不仅严重影响着贫困生个人及其家庭的正常生活和发展，制约着我国教育的整体质量，更关系着我国国民素质的全面提高，进而影响着社会的稳定与健康发展。另外，贫困大学生的思想和实际问题增多的背后也暴露了整个社会的城乡差距、贫富差距、阶层分化等问题，矛盾日益突出。和谐社会应该是各方面的利益关系都能够得到妥善协调的社会，贫困大学生的问题应引起足够的重视。

近年来，贫困大学生的问题已引起国家的重视，政府一方面继续团结和带领全国各族人民，毫不动摇地坚持以经济建设为中心，大力发展社会生产力，以发达的经济作保障，促进教育的发展，从根本上解决贫困大学生问题；另一方面要求高校切实贯彻执行政府和教育部门制定的各项贫困生救助政策，努力健全和完善“六位一体（奖、贷、助、减、补、保）”的贫困大学生资助体系，逐步建立贫困大学生的社会支持系统。贫困大学生的社会支持系统的建立和完善，必然有助于帮助贫困大学生掌握专业知识和提高获取新知识的基本素质，有助于贫困大学生拥有创新意识和创新能力，同时塑造能够融入和谐社会的健全人格。而且，从扶助贫困生的实际发现，通过扶助一个贫困生的就业与成才，常常带动了一个贫困家庭、家族，甚至带动所有乡、村、地区的发展，其经济效益是巨大的。由此可见，对高校贫困生问题的高度重视和切实解决，决不仅是一个贫困生健康发展的根本保障，而且直接关系着贫困地区的脱贫致富与社会发展。贫困大学生社会支持系统关系着和谐社会的发展。

当前，我国的贫困大学生的社会支持系统构建尚不完善，云南省的贫困大学生社会支持系统中仍以财政部、教育部以及云南省相关政府部门、省教育厅专门负责全省高校贫困生资助工作的国家助学贷款中心、高校、社会团体和金融系统以及一些个体的社会成员所提供的物质支持为主，以不同形式的服务支持和精神支持为辅，这在一定程度上解决了贫困大学生的实际困难，也改变了原有体系，创新出新的资助理念。但是现实中的社会支持系统的不完善，以及贫困大学生的思想观念和主体愿望的变化，使得云南省贫困大学生社会支持体系还存在一系列的问题，构建云南省贫困大学生社会支持新体系，能够给予贫困大学生合理和必要的支持，才可能使学生正确认识社会，从而健康成长，获得全面的发展。

本研究在深入调查研究的基础上，经过系统论证，提出构建云南省贫困大学生社会支持的新体系，得到了云南省各级教育部门的肯定，得到了高校教育者的支持。本研究的研究过程是一个从理论到实践、实践到理论的过程，部分解决了云南省贫困大学生亟待解决的问题，为解决高校贫困大学生问题提出了理论模型和实践操作体系。

二、研究思路

本研究在全面调查和综合分析云南省贫困大学生的现状、现有社会支持状况和现有实行社会支持的政策体系的基础上，以社会支持理论为框架，论证建立云南省贫困大学生社会支持体系的意义、主体、内容、形式和方法。

以云南省高校贫困大学生的实证资料为基础，综合应用社会学、心理学、思想政治教育学、法学、管理学等多学科知识，通过问卷调查、个体分析，并对贫困生和非贫困生进行深入访谈，对社会支持理论进行进一步探讨，分析社会支持的本质特征和社会支持基本要素构成，分析其社会功能和个人功能，并从实践出发，构建云南省贫困大学生社会支持体系。提出以学生为本、助学与育人相结合、护生产与促能力相结合、国家为主、社会为辅、统一协调和分层负责的原则构建云南省贫困大学生社会支持新体系的新思路。

三、社会背景

目前我国在校的贫困大学生是320万，其中连基本生活都无法保障的贫困大学生约100多万，数字惊人。现在贫困大学生问题已经不再是一个家庭问题，也不仅仅是教育问题，而是一个普遍存在的社会问题，需要全社会共同关注。当前，我国贫困生的状况不仅严重影响着贫困生个人及其家庭的正常生活和发展，制约着我国教育的整体质量，更关系着我国国民素质的全面提高，进而影响着社会的稳定与健康发展。

云南省高校有大量的贫困大学生，其中以云南民族大学、云南农业大学及云南师范大学为最多，云南师范大学则因为国家政策导向吸引了更多的贫困学生。截至2004年统计，云南省高校在校贫困大学生超过5.8万人，贫困生的比例为28.4%，这一数据远高于云南高校贫困生平均水平。贫困面大，贫困程度深，是云南省高校贫困大学生的凸出特点，每月生活费在200元以下的特困学生占贫困学生的27.52%，云南省贫困大学生能正常地对待自己的家庭环境，他们承认家庭经济状况对自身发展有一定影响，或影响特别大，但不起决定作用。不少贫困生对未来带有茫然情绪，同样也有不少贫困生不敢正视自己，唯恐别人知道自己是贫困生。

当代大学生作为思维最为敏锐的青年群体，他们在现今深刻变化的形势中，承受的学业、心理、就业等方面的压力比过去都增加了，极易出现发展不和谐的情况。其中，贫困大学生的思想和实际问题明显增多，这背后也暴露了整个社会的城乡差距、贫富差距、阶层分化等问题，矛盾日益突出。和谐社会应该是各方面的利益关系都能够得到妥善协调的社会。同时，大学生是国家的宝贵人才资源，是建设和谐社会的重要力量，因此必须促进大学生全面和谐发展。

四、学术背景

社会支持是持有特定价值取向的社会主体运用一定的方式和手段为困难群体提供物质、服务和精神支持的社会行动。社会支持作为一种支持与帮助社会困难群体的行动，是与人类社会同时产生的。张敏杰认为，“在现代社会，任何一种形态的社会都存在社会风险，市场经济犹如一只无形而无情的大手，让一些无情的人显得很无奈，尤其是那些对社会风险承受力低的社会群体时时感到举步维艰。因此，社会风险最容易在社会弱者身上爆发，并构成危及社会稳定、影响社会发展的巨大隐患。正是从这一角度，现代社会学提出了社会支持（social support）的理论。社会支持理论产生于20世纪70年代。它基于支持需要是从人类基因中衍生出来的一种本能的福利的观点，以社会病理学理论说明互动、社会网络和社会环境对社会成员的心里受挫折感和剥夺感所产生的影响，着重对社会生活有困难者进行减轻心理应急反应、缓解精神紧张状态、提高社会适应能力的研究。”陈成文把社会支持的内容与手段称为“介体”，把两个不同的事物混为一谈，显然不妥。内容解决的是“支持什么”的内容，手段解决的是“怎样支持”的问题。陈成文把影响社会支持的一切外部条件称为“环体”，这更不合适。实际上，他所说的“环体”就是社会支持的环境，是社会支持的外部因素，我们可以概念化为“社会支持环境”，但绝对不能作为社会支持系统的构成要素。道理很简单，环境是相对于中心事物而言的，环境与中心事物不是一回事。例如，所有的人都能生活在一定的环境（自然环境和社会环境）之中，但我们决不能把人生活的环境作为人的构成要素。

国内社会学界对社会支持的学理研究始于20世纪80年代，但至今尚未形成系统的社会支持理论。研究者们认为，社会支持是一个复杂多维的体系，一般认为由主体、客体、内容和手段构成。纵观近年来对社会支持的研究，有如下四个特点：一是对社会支持的概念、划分、研究方法等内容进行的研究较多，对社会支持的多维度概念进行研究，从社会网络、社会科学和社会心理等方面对其概念进行界定。二是部分专家学者对个体所获得的社会支持情况也进行了研究，对个体提供社会支持的人数、来源、类型、影响等因素进行分析，描述对其积极适应和个人发展的显著影响。特别是对大学生群体的社会支持研究具有一定现实意义和个体适应重要价值。三是对社会支持的作用机制进行了少量的研究，提出主效果模式、缓冲器模式和动态效应模式等不一致的研究结果，提出应该就社会支持对青少年的成长与发展的影响，以及社会支持与身心健康的关系有待于进一步的研究。四是对社会支持的研究方法的研究，这类研究的数量较少，而且研究方法多从心理学研究方法出发，采用肖水源等编制的社会支持评定量表，未能从不同学科的角度探求社会支持的研究内容，作出定性和定量的分析。

本研究根据以往研究所存在的问题，完善社会支持的内容，探究社会支持与身心健康上的关系，发挥社会支持体系的作用，建立一个适合中国当前国情的、具备由主体、客体、介体和环体所组成的立体动态系统的云南省贫困大学生社会支持体系。

五、研究的意义和方法

（一）研究的意义

一个困难群体得不到保障的社会，一个困难者受到歧视的社会，不可能是一个稳定的社会，当然更谈不上和谐发展。本书的重要任务就是：对当前云南省贫困大学生及云南省的贫困大学生社会支持系统的现状进行分析，借鉴国外社会支持系统构建的理念和经验，提出构建云南省贫困大学生社会支持新体系的框架思路。构建云南省贫困大学生社会支持新体系有其理论及其实践意义。

第一，只有构建云南省贫困大学生社会支持新体系，才能建立合理的云南省贫困大学生助学体系。从概本上说，贫困生源于我国社会主义初级阶段的国情。要根本解决这一问题，决非权宜之计，必然是一项需要高度关注的长期工作。构建云南省贫困大学生社会支持新体系，能在云南省形成完备的系统，多部门齐抓共管，切实解决贫困大学生的生活困难问题。从源头抓起，即贫困生认定、贫困生档案的建立，依靠政法相关部门，准确识别贫困学生，采用适宜的方式帮助大学生。进一步充分认识解决高校贫困生问题的紧迫性和重要意义，着力完善贫困生助学政策、制度。各级政法包括教育、财政等部门，更高度重视这个问题积极制定、落实解决贫困生问题的配套政策，从制度上保证贫困生入学与完成就业。同时政府出面牵头，统筹安排，助学贷款制度以规则、条令的形式确定下来，并在切实保障银行的积极性与工作有效性的前提下组织银行具体实施。要依照教育和经济规律，根据大学生需要设立不同种类的贷学金，扩大贫困大学生贷款的比例和额度；改革借贷方式，充分考虑学生中途突遭变故及继续深造的可能性，允许多次借贷；延长还款年限，允许贫困生在本科毕业后10年以内按揭方式还款。同时，积极促进大学生个人信用系统的建立，由教育部门组织专门的资讯公司参与建构学生个人信用信息系统主动与社会各界建立广泛的联系，争取社会多方热情支持，动员社会团体或个人积极捐资助学，建立通畅的社会捐资渠道，以设立各种扶贫助学基金；倡议企业、社会团体等积极主动地与学校建立贫困生的“对口支援”关系，这不仅可以保障部分贫困生顺利完成学业，也为企业培养人才，并在一定程度上可以解决贫困生的就业问题，推动贫困大学生的可持续发展。

第二，只有构建云南省贫困大学生社会支持新体系，才能帮助云南省高等学校理论联系实际，根据实际情况开展工作。新的体系之下，高校将充分考虑贫困大学生的生存权和发展权，体现人文关怀。进一步端正办学思想，调整支出结构，增加面向学生特别是为贫困家庭学生提供服务的开支；要严格控制办学成本，规范收费行为，坚决治理各种乱收费现象，最大限度地减轻学生的经济负担。高校要依据相应的政策法规，明确界定奖学金和助学金的范围，突出奖学金“奖优”和助学金“助贫”的功能，并进一步完善贫困生学杂费的“减、免、缓”制度。成立专门的学生贷款部门，统一负责组织本校学生的贷款工作。建立健全已有的助学体系，设立贫困生专项奖励和扶助基金；同时要积极争取社会各界的支持与帮助，增设专门的贫困生基金。创设贫困生“以工助学”工程，积极稳妥地组织和引导贫困生开展勤工助学活动。必须加强对贫困生的思想和心理健康教育，关注他们的精神世界。在心理上帮助贫困大学生树立奋发向上、积极进取的心态与价值体系，积极引导贫困生自强不息、奋发努力，切实保障贫困生身心的积极健康发展，得以科学判断形势，勇于面对矛盾，实现正确行动。

第三，只有构建云南省贫困大学生社会支持新体系，才能有助于贫困大学生成长成才。现今的支持体系，还存在许多问题，有的贫困生不仅存在“经济贫困”，还存在“心理贫困”，单一的模式不仅不能满足学生的需要，还影响了他们的成长和成才。使用不当的方式会带来贫困生的“标签效应”，还影响他们的个人发展。因此，新体系全面贯彻落实科学发展观的目标和要求，切实把社会支持体系构建转入以人为本、全面协调可持续发展的轨道，教育贫困大学生学会从自身角度不断转变思想、努力提高自身素质，承担起自身的那份责任，帮助贫困大学生树立正确的世界观、人生观、价值观，不断提高个人的实际能力。

（二）研究的方法

构建云南省贫困大学生社会支持新体系的方法，主要是系统研究法、比较研究法、问卷调查法和实验研究法。

系统研究法是马克思主义的唯物辩证法普遍联系原理的具体化和深化，是研究事物整体联系和运动发展规律的科学。将系统科学的思想原则作为构建云南省贫困大学生社会支持新体系的方法，具有重要的理论意义和实践价值。云南省贫困大学生社会支持新体系是一个系统，是由社会支持系统内容、社会支持系统途径、社会支持系统方法等要素构成的层次系统。构建云南省贫困大学生社会支持新体系是遵循学生的心理特点和发展规律，构建一个动态的、发展的社会支持新体系。

比较研究法是根据一定的标准，把彼此相关的事物联系起来进行研究，确定其异同，找出其内在的联系和共同规律，以把握研究对象所特有的质的规定性在构建云南省贫困大学生社会支持新体系的过程中，课题组要求研究体现我国的国情，总结自己成功的经验，同时也应该参考和比较各国已有的做法，博采众长，吸取精华，洋为中用。本研究对欧洲、日本和美国等国家的社会支持体系进行研究，吸取经验，发现优点，为构建云南省贫困大学生社会支持新体系提出意见建议，建立新的适合中国、适合云南省的贫困大学生社会支持体系。

问卷调查法是运用问卷搜集资料以确定各种事实间的联系或关系的方法。该方法较为客观和自然，以现状为研究对象，涉及对象对，研究范围大。构建云南省贫困大学生社会支持新体系必须针对事实，进行调查了解，用数据资料描述贫困大学生的情况。本研究调查了云南省七所高校的学生，包括云南师范大学、昆明医学院、云南农业大学、云南省中医学院、昆明理工大学、云南财贸学院、楚雄师范学院，开展访谈多次，掌握了云南省贫困大学生社会支持体系的真实情况，收集了全面和定量的资料。

实验研究法在全面调查和综合分析云南省贫困大学生的现状、现有社会支持状况和现有实行社会支持的政策体系的基础上，以社会支持理论为框架，论证建立云南省贫困大学生社会支持体系的意义、主体、内容、形式和方法。以云南省高校贫困大学生的实证资料为基础，综合应用社会学、心理学、思想政治教育学、法学、管理学等多学科知识，通过问卷调查、个案分析，并对贫困生和非贫困生进行深入访谈，对社会支持理论进行进一步探讨，分析社会支持的本质特征及其基本要素构成，分析其社会功能和个人功能，并从实践出发，构建云南省贫困大学生社会支持体系。提出以学生为本、助学与育人相结合、护生存与促能力相结合、国家为主、社会为辅、统一协调和分层负责的原则构建云南省贫困大学生社会支持新体系的新思路。

六、研究的创新点

通过文献检索可以肯定，本研究是省内及国内首次对贫困大学生的社会支持体系进行理论与实践相结合的研究。本研究虽然以云南省贫困大学生为研究对象，但它试图通过云南省贫困大学生社会支持体系的研究，从个性中发现和总结共性，得出具有一般指导意义的研究成果。作为一项理论与实践并举的研究，本研究具有综合性、现实性、前瞻性和一定的原创性，所体现的特色和创新主要有以下几点：

（一）选题视觉新

首次针对现在贫困大学生的资助中存在的缺陷来综合选择问题，选择具有典型意义的云南省的贫困大学生进行社会支持资助研究，选择问题视觉新。关于这一点，首先必须回答以下问题：我国贫困大学生现在的资助工作存在缺陷吗？这一问题是假问题还是真问题？这一问题是特殊的问题还是共性的问题？这一问题是否影响了贫困大学生资助的效果？在对以上问题作出准确答复后，我们选择了问题研究的典型案例，深入进行分析和综合。

（二）原创理论新

首次提出“贫困大学生社会支持体系”这一新概念，梳理应用社会学等学科关于社会支持的研究成果，开拓了贫困大学生社会支持问题研究的新领域；首次尝试建立“贫困大学生社会支持体系”的理论框架，并为实践运作提供可以操作的规范化程序；首次提出贫困大学生服务支持、精神支持的内容和形式，使贫困大学生资助体现“助学、育人、成才”的合力；首次对贫困大学生进行了分类，为提高贫困大学生资助的效益提供了理论和实践的支撑。

（三）成果应用性强

由于研究的视觉是共性问题中的典型案例，并有原创理论作为支撑，且选择具有贫困大学生资助典型的省份作为研究对象，在科学精神和人文精神的理念的指导下，通过研究，为政法部门的政策制定提供依据，特别对助学贷款的完善提出的建议，为政法部门完善助贷政策提供较大的帮助；社会支持理论的引入，为学校贫困生资助工作提供了思路；贫困生的科学分类为职能部门和教师的教育管理提供指导；“助学、育人、成才”三位一体的资助指导思想为学生发展提供实在有效的支持。

（四）研究方法多样

对贫困大学生资助情况等多个内容采用系统研究法、比较研究法、问卷调查法和实验研究法进行理论联系实际的综合研究。同时，既从研究者的角度，也从学生的角度（一般学生和贫困大学生），还有职能部门的角度多个方面去反映现实对贫困大学生资助的看法和建议，以验证现实资助的效果，寻找切实有效的我国贫困大学生社会支持的路径。

大处着眼 小处入手
高校贫困生认定与资助工作的困境解析及对策探索

昆明学院 朱媛娟

摘 要 当前，从政策层面上看，国家对高校贫困生的资助力度持续增强；但从实践层面上看，高校贫困生的认定却存在着诸多困境，认定困难、资助不确，是众多高校学生工作者普遍感到困惑的地方。本文通过总结提炼时下一些具有代表性的、盛行的认定资助办法，并结合自身的工作经验，提出了从“大处着眼、小处入手”的物质解贫和心理脱贫的工作对策，以期能对高校贫困生的认定与资助工作提供有益的借鉴和参考。

关键词 高校贫困生 认定与资助 物质解贫 心理脱贫

从1993年全国试行高校招生并轨、学生缴费上学以来，高校贫困生问题逐渐凸显。在国家宏观政策的指导和财政资金的引导下，各高校普遍建立了“奖、贷、助、减、免、缓”等一系列帮扶措施，努力实现不让一个高校贫困生因家庭贫困而辍学，帮助诸多贫困生圆满完成大学梦。据统计，2007年，全国公办和民办全日制普通高校贫困生资助总金额272.92亿元，其中各级财政直接投入75.28亿元（中央、省、地市级财政分别为41.49亿元、28.88亿、4.91亿元），占28%；2008年，仅中央财政预算安排贫困生补助200亿元，实际资助普通本科高校、高等和中等职业学校家庭经济困难学生支出223亿元，为2007年的5.31倍；2009年，中央财政资金预算安排贫困生补助240亿元，是当年预算义务教育阶段教师绩效工资补助资金的2倍。由上可见，从中央到地方各级政府以及各高校，对贫困生工作的重视程序日趋提高，扶助力度日趋加大，这就为各高校的学生工作者带来了一个极具现实意义的问题——如何做到准确认定贫困生，及时落实资助金，真正把党和政府的阳光雨露体而现之。

一、当前高校贫困生认定的困境解析

众所周知，贫困生的准确认定是解决贫困生问题的“要害”，只有紧紧抓住并抓好这个关键，才能使之后的一系列贫困生工作落到实处，发挥效应。目前，贫困生的认定较多采取生源地认定和高校自身认定两种办法。

——生源地认定办法。主要是由生源地民政部门或街道办事处出据家庭经济困难证明，高校以证明作为参考评价，判定学生的贫困情况，分类实施资助。

——高校自身认定办法。高校在调查摸底的基础上，经过班、院（系）、学校层层审核，列出贫困生名单，根据贫困程度进行分类资助。一般的，高校采用的认定贫困生的参考标准主要有以下几类：孤儿家庭，同时又无其他亲属给予正常的经济支持；单亲家庭，父母一方去世或失去生产或生活能力；需重大经济支出家庭，家中有患重病的直系亲属，常年需要支出看病费用；学生或学生家庭成员突发变故，短期内形成大量债务；兄弟姐妹中同时有两人以上在大中专院校学习；学生月生活费在学校所属地的居民最低生活标准水平线以下；学生家庭纯收入在家庭所在地属较低水平。

据调查，采用以上两种方法，高校学生工作者普遍反映存在诸多困境。

困境一：认定标准不一使各高校“左右为难”。迄今为止，在全国各地区、各高校之间，对贫困生的认定一直没有详尽、操作性强的规定，缺乏科学的、统一的标准，学校各行其是，自由确定贫困生对象。如笔者所在的昆明学院是按当前各种资助渠道，尽可能覆盖贫困生的原则，大致确定35%的比例，并按此来认定、统计贫困生，实施资助；另外，部分高校通行的认定标准是以学校所在地居民的最低生活保障线为准，按学生最低生活费的支出划分，而在实际操作中，往往是由班主任、辅导员大致了解困难学生每月的消费情况，缺乏科学、定量的实际标准。

困境二：部分家庭经济情况证明成为“真实谎言”。长期以来，向学生生源地发出家庭经济情况调查表，是各高校认定贫困生的重要依据之一。一纸证明需经过村、乡、县三级部门的认可、审批方才有效，要求和防范可谓非常严密。然而，在实际操作中，贫困证明却处于一种极为尴尬的境地。由于诚信的缺失，加上费用又无须地方掏腰包，开具虚假贫困证明没有配套的责任追究制，致使有关部门把关不严，随意开具证明，大大降低了证明的权威性与有效性。另外，高校贫困生人数众多（目前全国大学生中贫困生的比例已近30%，特困生的比例为10%~15%，共有300万贫困生），且来自全国各地，对贫困证明中涉及的家庭人员职业、经济收入等状况各高校自身根本没有人力、财力与精力去逐一核实，一纸贫困证明究竟有多少“含金量”，难以道清说明。

困境三：判定学生的贫困程度“跟着感觉走”。在贫困生认定中，除了参考贫困证明外，另一个重要的依据是同学、老师平时的观察了解，往往根据学生的衣着打扮以及是否拥有手机、电脑等电子产品的日常消费状况确定。这无疑有一定的积极意义，但贫困生应该拥有的消费标准到底如何，哪些属于不必要消费，这实在难以公断。有的学生家庭经济困难，但不乏好心亲友赠送些款式较为新颖、质地较为精良、时尚也算潮流的旧服装或者电子产品；有些贫困生可能是学生干部，必须拥有便捷的通讯工具；还有些贫困生因勤工俭学需要，手机之类的通讯工具自不可少。因此，在实践中，还是经常出现挂一漏万的现象。

困境四：公开认定让贫困生“很受伤”。幸福的家庭都是相似的，而不幸的家庭则各有不幸。很多贫困生家庭致贫因素从某种程度上说是贫困生心底的痛，是每个受助者都不愿意被公之于众的。不少高校在认定贫困生时为了彰显公平、公正、公开的原则，或组织同学投票，或让同学自述，或采取张榜公示等，这些貌似公平的做法，广泛地周知了贫困生的各种不幸，忽视了对贫困生个人隐私的保护，使得他们在接受贫困身份认定的同时，无形中在心底烙下印痕，“救了大学生的贫，伤了大学生的心”。因此，部分贫困生将一年一度的认定资助视为畏途，宁愿忍饥挨饿，也不愿申请认定资助。

困境五：实惠多多的资助政策让非贫困生“很爱很爱你”。正如前文所述，在构建和谐社会和人本社会的大环境下，贫困生资助工作逐渐成为政府工作的重点、社会关注的焦点、公益事业的热点，在我国已初步建立了包括奖助学金、国家助学贷款、勤工助学、学费减免、特困补助、临时困难补助、寒冬衣补助等在内的多元化高校贫困生资助体系。资金来源和投入力度的不断加大，做大了贫困生资助金这个蛋糕，使得部分善于投机生财的非贫困生也打起了主意。这也从客观上增加了认定的难度和强度，也污染了贫困生资助工作这块圣洁的土壤。

以上种种，导致了贫困生认定工作的艰巨性和复杂性。在传统方法的基础上，以对学生负责的态度，寻求更为科学合理、操作性强的认定方法，实现多种方法的相互补充融合，是值得高校学生工作者不断探索的新领域。

二、高校贫困生认定与资助工作的现实选择

（一）大处着眼，准确认定，帮助高校贫困生物质解贫

贫困生的认定过程，实际上就是对学生家庭、学习、生活情况了解的过程。全面了解学生情况，掌握学生心理动态，本来就是高校学生工作者的职责所系。在实践中，高校学生工作者通过从宏观层面，采取必要的措施实现综合掌握学生基本情况，从而达到认定贫困生的目的，这就是工作的相辅相成。因此，为了达到“全而准”的效果，实施一整套缜密的调查方法体系是非常必要的。比如，昆明学院施行的《家庭经济困难学生认定办法（试行）》，通过学生处、系党总支、辅导员和班主任的具体落实，基本上做到了贫困生认定不留空白。

第一，新生入学时，准确真实填写《学生基本信息登记表》，帮助掌握学生第一手资料，也就为贫困生认定提供了一个可供圈定的大致范围。

第二，在入学教育时，全面宣传高校贫困生资助政策规定和实施办法，引导贫困生正视贫困，积极申请资助；教育非贫困生不歧视贫困，正确关心帮助贫困生适应学校的学习生活。

第三，对符合来自老少边穷地区家庭经济困难、属于城镇或农村低保家庭、孤残学生和烈士子女的、父母双方失业造成家庭经济困难、遭遇自然灾害或突发

事件造成家庭成员人身及财产重大损失导致家庭经济困难、家庭成员长期患病导致家庭经济困难条件之一的学生，向学校提出家庭经济困难认定申请，并填报《昆明学院家庭经济困难学生认定申请表》。同时，提交经生源所在地民政部门盖章认可的《高等学校学生及家庭经济状况调查表》、家庭经济困难证明材料，并签订诚信承诺书。

第四，依据规定的限制条件，对提交申请的对象进行筛选。如：经调查了解，每月实际生活费用明显高于学院学生平均生活水平的、经常出入营业性网吧通宵上网的、有酗酒抽烟行为的，等等，不能认定为家庭经济困难学生。在此基础上，辅导员、班主任对个别对象可进行实地走访，以更深入了解学生家庭经济情况，对确实困难的学生及家庭给予最直接的帮助。

第五，赋予班级与院系认定权、学校相关部门审批权、师生员工监督权，并在工作保持好评选、审批、监督的“三权分离”，实现相互独立、互为补充。首先，成立由班委、学生党员、群众、寝室长等组成的班级认定小组，在对同学情况充分掌握的基础上进行综合评议，决出结果后在班级公示（收集意见、调查核实要注意恰当的方式方法），公示结束后上报由辅导员、班主任及学生代表组成的年级认定评议小组，无异议后交系部审核认定，经全系以适当方式，在适当范围公示一周后，报学院学生资助工作领导小组审批，并建立家庭经济困难学生信息档案。

第六，对认定的家庭经济困难学生，在班级上设立信用档案，主要内容包括家庭情况（家庭人员组成、职业、收入来源、经济状况等）和个人情况（诚信承诺书、受资助情况、个人资料、学习成绩等）两个方面，并及时地进行信息调整。

第七，在实施资助时，鉴于大学生是具有独立人格和能力的社会个体，适当设置资助的获得条件，如付出劳动等，尽量让家庭经济困难学生得到权利与义务对等的资助，避免产生不劳而获的消极思想。同时，也可以帮助再识别家庭经济困难学生。

第八，在学生获得资助金后，班主任、辅导员还要做进一步的后续工作，努力掌握学生资助金的实际流向，对于以不正当手段骗取资助金，或者把资助金用于奢侈生活、挥霍浪费的要予以追回，并给予相应处罚，以建立健全家庭经济困难学生资助工作的监督机制。同时，要构建举报体系，接受师生员工的举报。

（二）小处入手，积极干预，帮助高校贫困生心理脱贫

当代大学生是一个有思想、有感情、有理智、有个性的群体，在这当中，贫困生显得更为敏感，他们的思想可能偏激，感情可能脆弱，理智可能失控，个性可能极端。这是因为，贫困生身上承载了更多的压力。

——家庭经济困难所带来的生存压力。入学时很多贫困学生是通过绿色通道或国家助学借款入学，因手续和其他正常入学同学不一样，感觉自卑，受人施

舍。每天吃饭要算计自己仅有的生活费，不能随意购买学习生活用品，有时生活还会出现经济危机，在一定时候自己内心就会夸大贫困给自己带来的压力，甚至感到难以承受。

——父母期望过高所带来的学习压力。一般而言，越是家庭经济困难的学生，背负的父母期望值就越高，贫困生身上承担着将来通过自己的成就改变家庭经济状况的巨大压力，这种压力在某种程度上是刻苦学习的动力，但也可能成为失败后引发心理问题的导火索。

——成绩优势不再所带来的自我否定。家庭经济困难学生经过了高考，挤过了独木桥，升入了高等院校，在一定程度上缓解了贫困带来的心理压力，对自己的未来充满信心。但到了众多优秀学生集中的大学，过去成为历史，原来的心理平衡点已不复存在，容易产生盲目的自我否定情绪。

——视野开阔后所带来的怨世情绪。在高等院校，因生活视野进一步开阔，贫困生往往更容易看到别人大手大脚花钱，但自己每天要为生计发愁，不平衡的心态产生，甚至演化为反社会的偏执人格和“怨世”情绪。

——集体生活所带来的恐惧逃避。大学的集体生活无法逃避，贫富引发的各种矛盾也就凸显出来，家庭困难学生的内心世界十分敏感，受影响也就最大。

这些因素，在高校贫困生物质贫困的现实下，可能形成“心理贫困”，导致自卑心理、封闭心理、粉饰心理、嫉妒心理、偏执心理、依赖心理等问题的产生。因此，高校学生工作者还需“小处入手”，配合国家高校贫困生资助政策的落实，从贫困生的实际出发，运用科学的、心理的、教育的方法，体细入微，润物无声，为解除贫困生的“心理贫困”不断摸索，在真正意义上实现高校贫困生身心脱贫，健康发展。

第一，辅导员、班主任作为学生最亲密的接触者，应本着“教育就是服务”的宗旨，以亲切、友好、信赖、真诚的积极情感状态，以学生乐意接受的方式和学生沟通交流，了解学生的真实情况，真正理解学生的困难和处境，赢得学生的理解和信任，形成师生之间融通的心理氛围，成为学生有困难时第一个想到的人，用真情和关爱去感化影响学生。

第二，开展“三生教育”活动，学习掌握大学生心理健康教育基本常识，配合心理咨询教师做好贫困生的个体咨询及团体辅导，参与院、系、班级、宿舍四级心理健康教育和危机干预网络建设。

第三，以网络、社团、宿舍为空间，构建多元化、立体式、全方位的沟通交流平台，开辟贫困生资助的新阵地。

第四，跟贫困生家长建立良好的沟通机制，及时了解反馈学生信息，做好家校互动，从而赢得家长、社会的广泛支持和配合。

第五，注重培养自身的人格魅力，保持正确的政治立场和观点，树立服务意识和人才观念，激发和鼓励贫困生保持锐意进取、积极向上的精神状态。

概而言之，高校贫困生认定与资助工作是高校教育教学工作的有机组成部分，唯有充分把握其内在规律性、外部特征性，切实采取科学有效的应对策略，方能使之体现出应有效益。

参考文献：

［1］《国务院关于建立健全普通本科高校高等职业学校和中等职业学校家庭经济困难学生资助政策体系的意见》（国办发〔2004〕51号）。

［2］财政部、教育部关于印发《普通本科高校、高等职业学校国家助学金管理暂行办法》的通知（教财〔2007〕92号）。

［3］昆明学院学生处编：《学生手册》2009年8月。

［4］姜锐、裘指挥、邓庆山：《高校贫困大学生身份认定的调查研究》，载《井冈山学院学报》2008年12月第29卷增刊。

［5］仇宝山、黄卓君：《高校贫困生心理问题分析与健康教育对策》，载《中外教育研究》2008年第11期。

雨露滋润禾苗壮

——西双版纳职业技术学院家庭困难学生情况调查及对策研究报告

《西双版纳职业技术学院家庭困难学生情况调查及对策研究》课题组

随着我国高等教育体制改革的深化和类型结构的调整，高等职业教育的迅速发展，规模日益扩大，给边远省份和地区的高等职业教育的发展带来了千载难逢的契机。西双版纳职业技术学院也在不断发展，办学规模不断扩大，家庭困难学生也日益增多。为贯彻国家实施高校贫困家庭学生资助政策，进一步了解和掌握双版纳职业技术学院家庭困难学生的生活、学习、思想和心理状况，有的放矢地开展资助帮扶工作，帮助家庭困难学生顺利完成学业，我们对学院家庭困难学生进行了综合调查，并对调查结果进行了详细分析，以使扶贫助学工作更具实效性、针对性。

为顺利完成本次课题研究，成立了以学生处人员为主的课题研究组，课题研究组人员组成如下：

主持人：聂　曲（学院党委书记、院长）
组　长：岩温胆（学院党委副书记、高级政工师）
副组长：谢文灿（学院纪委书记）
组　员：张　毅（学生处处长、讲师）
苏贵荣（学生处副处长、讲师）
矣昕宝（学生处学生科科长、讲师）
罗　中（学生处学生资助管理办公室主任、五级职员）
何明荣（学生处学生科科员、五级职员）

一、调查的时间、方法及步骤

本次调查从2006年2月到2008年6月，采取家庭实地走访、个人访谈、查阅资料和问卷调查的方式进行。2006年1月，对全院3 600余名学生中申请家庭经济贫困认定的700余名学生的资料进行了查阅，进行分类、统计，确定调查重点走访学生名单；2006年2月开始进行家庭实地走访，分别于2006年2月、3月、5月、8月、10月和2007年1月、7月，多次走访了一市两县16个乡镇，61名家庭困难学生的家庭情况；2007年4月发放问卷400份，收回321份，调查了解了学生的家庭经济情况、家庭成员构成、学费来源、生活开支等情况；2007 年 3 月、6 月 2 次召开家庭困难学生座谈会，了解学生的思想、心理和在学校的生活情况；2006 年 3 月至 2008 年 5 月间，接待家庭困难学生的来访数百人次。本次调查比较真实反映出了西双版纳职业技术学院家庭困难学生的基本状况，由此次调研得出了一份《调查报告》和一份《家庭困难学生认定与管理办法》，同时在工作中边调查研究，边改进工作方式方法，不断提高管理和工作水平。

二、学院家庭困难学生的基本情况

西双版纳职业技术学院共有 3 600 余名学生，其中有 700 余名家庭困难的学生，占全院总人数的 19%。其中男生 263 名，占家庭困难学生的 37.6%，女生 437 名，占家庭困难学生的 62.4%；大专学生 574 名，占贫困生总数的 82%，中专学生 126 名，占贫困生总数的 18%。这些家庭困难学生中 82.5% 来自农村，17.5% 来自城市（镇），其中有 103 人有勤工助学岗位，占 14.7%。各系（部）的家庭困难学生所占本系（部）学生总数的比例分别是：语言文学系 319 人，占 45.6%；基础教育系 56 人，占 8%；艺术体育系 78 人，占 11.1%；旅游与财经系 61 人，占 8.7%；农业系 45 人，占 6.4%；医学系 45 人，占 6.4%；中专部 105 人，占 15%。

三、状况分析

（一）家庭困难原因复杂

一是经济落后，收入单一。调查结果显示，有 63.4% 的家庭困难学生来自偏远落后的农村，这些地区交通闭塞，自然环境恶劣，经济发展较为缓慢，缺乏致富条件和途径，致使家庭收入甚微，很难供养子女上大学；少数来自城镇的学生，因家中成员遭遇下岗或经商亏本失利，经济水平急剧下降，仅靠每月最低生活补助费维持生活，难以负担高昂的学费，致使学生步入贫困行列。

二是家庭子女过多。调查结果显示，家庭困难学生中非独生子女占 65.9%，其中有 22.5% 的家庭有三个或三个以上孩子。这些多子女家庭养家糊口已成问题，教育投资更感困难。

三是家有病残，突遭变故。调查结果显示有 10% 的家庭困难学生家庭成员患有疑难杂病，4.4% 的家庭困难学生家庭发生重大灾祸及变故，这些状况使家庭经济入不敷出，对本来就不富裕的家庭来说，这些灾祸和突然变故更是雪上加霜，造成学生的经济来源断绝。

四是单亲家庭和孤儿比例较大，有 6.6% 的家庭困难学生是单亲或孤儿，有 5.9% 的家庭困难学生是父母离异，亲戚或单方父母无力解决孩子在校期间的学习和生活费用。这部分家庭困难学生几乎没有经济来源，是我院的家庭经济特别困难学生。

（二）困难程度令人堪忧

一是家庭困难。调查结果显示，有67.8%的家庭月收在500元以下，有16.9%的家庭有债务。在访谈中我们了解到，在家庭困难学生家庭中生活环境普遍极差，即使是居住在砖房的家庭，也一样是家徒四壁，基本没有生活设施。家庭经济上的困难使这部分同学面对着巨大的经济压力，大部分的家庭困难学生表示上大学以来面对最大的困难是经济困难。

二是生活水平较低。家庭困难学生家庭经济上的困难直接影响了他们在校期间的生活状况。调查结果显示，8.4%的家庭困难学生有时吃不饱，其中45.3%的同学从没放开量吃过饱饭，10%的贫困生从小到大没有买过一件新衣服，都是穿哥哥姐姐的旧衣服或是别人送的，90%的家庭困难学生月生活费在200元以下。他们的生活费开支平均仅为一般学生月生活费开支的1/2，连吃饭都成问题，更不用说其他消费了。因此，丰富的大学生活对特困生来说并不丰富。还有的同学每天吃饭就是打点饭，用学校的免费汤泡着吃。男同学运动量大，馒头、青菜提供的那点儿热量显然不够消耗，个别同学发生过上体育课时因低血糖而短暂晕厥的现象。有的同学甚至有病也不敢看，有一位大三的同学说："我从入学就没去过医院，因为支付不起医药费，反正一般过几天就好了。"

三是勤工助学成为生活费的主要来源。调查结果显示，家庭困难学生生活费来源有8.1%的同学主要靠勤工助学获得。家庭所给的费用有限，自立成熟的家庭困难大学生们就靠自己的双手来贴补生活。当问及他们在勤工助学中有没有困难时，他们也颇为无奈地表示，经常奔波打工挣钱对正常的学习造成了很大影响。但同时也说明，我院的勤工助学工作在家庭困难学生生活上给予了很大帮助。在访谈中我们还发现一个现象，就是随着大学生活的深入，家庭困难学生的社会生活能力也在不断加强，越高年级的同学通过自己的努力筹集资金的能力也越强。

四是借款和校外打工是学费的主要来源。在学费来源的调查中发现，41.9%的家庭困难学生是家庭供给的，33.4%是从亲戚朋友家借得的，16.9%靠自筹、贷款等其他途径获得。这说明了家庭困难学生家庭花费主要还是学费，在外打工解决学费和生活费，以维持完成学业上起了很大作用。

五是有40%的家庭困难学生因经济困难放假不愿回家。我院每年寒暑假两个长假，路途遥远的大学生一般每年回家两次。那么家庭困难学生的情况如何呢？调查显示：40.9%的家庭困难学生每年会回家两次，而42.2%的学生每年只过年回家一次。值得关注的是，还有10%的家庭困难学生表示因经济困难，放假不愿回家。因为经济窘迫，他们要留在学校打工挣钱来补贴下学期的生活费。他们说，不回家既省了车费又可以打工挣钱，给下学期的生活减轻一点困难。

（三）部分家庭困难学生成绩欠佳

调查结果显示，有 62% 的家庭困难学生上大学以来学习成绩不理想。主要原因有三点。

一是没有资金投入学习，继续深造太不现实。事实上，因家庭贫困不仅只造成家庭困难学生生活的困难，现在上学，尤其要学有所成，已经不仅仅是只需生活费那么简单。由于学习的需要，平时需要购买的书籍资料等也是一项不小的开支。作为学生必须发展自己，充实自己，而发展和充实的过程是需要资金的。经济上的困难，对家庭困难学生学习上的发展无疑会形成很大的限制。有的同学说道："该买、该用的书籍、资料无法及时买到，学英语的随身听等我们不能买，外教老师上课要额外收费，其他辅导班就更不用说了，在学习上处于被动局面。"一个同学说："我现在什么都看得挺淡的，我毕业以后应该就业，家里条件不好，弟弟在打工，还有一个妹妹明年就高三了，而且我是老大，再不工作就说不过去了。"所以在学业上他们没有更高的目标去追求。

二是思想包袱沉重，造成学习分心。大学期间，学习给学生带来的心理压力无疑是沉重的，作为一个家庭困难学生，他们上大学极不容易，他们身上倾注了父母甚至全村父老乡亲的厚望，因而生怕自己学不好，无颜见江东父老。在这种压力下，一旦受到挫折便会为此焦虑不安，对前途感到悲观失望，甚至绝望，从而演变成心理障碍，无法全身心地投入学习，经济上的压力就转化为思想包袱。

三是忙于勤工助学，无法保证正常的学习时间。贫困给家庭困难学生们带来最大的问题就是时间问题和实实在在的经济问题。比如，一名家庭困难学生说："我每年通过勤工俭学能拿到 1 500 元左右，但是，这 1 500 元意味着要浪费我 300 多个小时。"如果他再找点家教什么的做做，这又要浪费不少时间，在很大程度上影响了他的学习。一位大三学生消极地说"与其说上大学，不如说是高中毕业后在外打工获得了一张文凭"。许多家庭困难学生挂在嘴边上的一句话就是"我想如果不是因为贫困的话，我会有更为理想的成绩。"

（四）个别申报家庭困难学生的情况不属实

在实地走访中，发现申报家庭困难的学生家庭状况约有 15% 相对较好，只是由于家庭的生产再投入而造成的家庭资金周转不灵；个别学生隐瞒或虚报家庭经济情况，家庭经济状况较好或良好，恶意拖欠不想交学费，向学院申请进行减免。我们认为这类学生家庭不属于贫困，他们可以采取其他很多有效措施或方法来解决这些问题。

（五）个别家庭困难学生及家庭有"等、靠、要"的思想。

在访谈和调查了解中，发现存在个别家庭困难学生及家长不能正确对待经济上的困难，"等、靠、要"的思想比较严重。只想依靠别人和社会的经济帮助，而自身不愿意积极想办法来解决经济困难，甚至对别人给予他的帮助认为是应该的。

四、措施及对策

从以上调查分析中可以看出，我院绝大部分家庭困难学生对自己的现状有比较清楚的认识，也能够以积极上进的心态来面对眼前的困难，并且能通过学院的帮助和自身的努力缓解经济压力，健康成长成才，这说明我院一段时间以来开展的家庭困难学生工作取得了一定成绩。但还有部分家庭困难学生在生活、学习和心理上存在一些不容忽视的问题，针对这些问题，结合我院实际情况，提出以下对策与措施。

（一）进一步健全完善家庭困难学生帮扶体系，增强对家庭困难学生的服务能力

一是对全院的家庭困难学生进行重新摸底排查，按照自愿申请、班级讨论、班主任（辅导员）把关、系部确认、学生处审核的程序确认家庭困难学生名单。二是为已确认的每名家庭困难学生建立电子档案，及时、准确地掌握贫困生的基本情况，确保不漏一名家庭困难的学生，努力争取使每名家庭困难学生都在帮助范围之内。2006—2007 学年我院共减免学费、困难生活补助 25 万元，减免补助家庭困难学生 235 人，勤工俭学 15 万元，补助勤工俭学家庭困难学生 130 多人次，介绍工作信息 100 余条。三是积极争取引进社会力量资助家庭困难的学生，确保不让一名学生因经济困难而辍学。四是以学生资助管理中心为依托，联合院工会、团委搭建爱心捐赠平台，让全院师生爱心捐赠有场所，家庭困难学生需要帮助有平台。五是在每年的毕业生离校之际举办献爱心活动，向全体毕业生发出倡议，号召大家捐款、捐书、赠物，为我院家庭困难学生献一份爱心。六是完成好每年全院学生的学费减免、补助和国家、省级的奖学金、助学金认定工作，帮助家庭困难学生顺利完成学业。

（二）进一步加强勤工助学基地建设，拓展助学领域和渠道

一是为学生创造创业实践机会和条件，使其最大限度地发挥潜能，让助学工作变“输血”为“造血”；二是由校内向校外拓展，收集社会用工信息，完善学生会勤工助学部职能，在确保学生安全的前提下把勤工助学工作有组织地引向校外；三是使勤工助学与家庭困难学生的成才有效结合，由助工岗位向助研拓展，大力开辟文化、技术型岗位，将勤工助学与教学、科研工作紧密结合起来，让家庭困难学生参加到教学活动中，及早地进入教学、生产实践过程，提高他们的专业技术水平和综合能力。

（三）进一步加强和改进对家庭困难学生的思想引导和心理健康教育，提高家庭困难学生的身心素质

一是定期地对全院的家庭困难学生进行心理测试，请心理咨询专家进行心理讲座，对个别心理问题严重的家庭困难学生联系心理健康辅导中心老师进行单独谈话辅导；二是每学期举办一次勤工助学工作总结表彰会，表彰奖励在勤工助学

工作中涌现出的先进工作者，让先进带动后进；三是挖掘勤工助学中的典型人物事迹，每学年开展一次“自强足迹”典型事迹报告会，让典型引路，让大家学有榜样；四是在全体家庭困难学生中开展深入“励志”教育活动，让他们自信而不自卑、自强而不自责、自立而不怨天尤人。

（四）进一步加大对在岗勤工助学学生的考核力度，提高校内勤工助学工作水平

一是要坚持“岗位公示、岗前培训、岗上监督、岗后检查、考核发薪、轮流上岗”的工作流程，尽可能使每一个家庭真正困难需要帮助的同学得到勤工助学岗位工作；二是坚持“岗位工作检查”、“岗位负责人每月例会”等制度，加大对工作的考核力度，提高勤工助学工作能力和服务水平；三是通过定期的家庭困难学生座谈会、学生资助管理中心老师接待和深入岗位检查工作等渠道，加大对贫困生中存在问题的信息反馈力度，提高工作的针对性和实效性；四是建立勤工助学工作网站，扩大对外宣传，树立良好形象；五是要让每一名参与勤工助学工作的学生签订“勤工助学工作承诺书”，每名负责人签订“工作目标责任状”，让家庭困难学生在勤工助学中获得经济利益，提高素质能力，健康成长、成才。

我国国家助学贷款运行新机制的探索与研究

昆明医学院 鲁 彪 杜安强

摘 要 国家助学贷款是一种新兴的、资助经济困难学生完成学业的重要途径，此项业务自开办以来，已帮助许多家庭经济困难的学生完成了学业。然而，自2003年第一批毕业生进入还款期以来，还款率极低成为制约银行放贷的瓶颈。本文针对我国助学贷款制度的建立和学生还款行为两方面进行研究，对促进国家助学贷款的良性运行具有一定的建设和指导意义。

关键词 国家 助学贷款 运行机制 探索 研究

在我国，国家助学贷款是一种新兴的、资助家庭经济困难学生完成学业的重要途径，此项业务自开办以来，已帮助许多家庭经济困难的学生完成了学业。然而，自2003年第一批毕业的学生进入还款期以来，还款率极低成为制约银行放贷的瓶颈，受2003年毕业学生还款率低的影响，2003年年底至2004年6月，国家助学贷款工作几乎处于停贷状态。

2004年10月，新一轮助学贷款又再次启动，并执行新的运行机制，学校要按学生贷款金额10%的比例划拨风险保证金给银行，银行才实施放贷手续，学生毕业后，一旦违约经催促不履约还贷者，银行将从学校的风险保证金中扣除所欠的贷款金额。很多银行和学校都开始反思在贷款过程中存在的问题。

综合理论与自身多年的实践经验，我国助学贷款的研究主要集中在制度建立和学生还款行为两个方面。目前，我国助学贷款正处于探索与发展阶段，对政策的研究有利益促进制度的建立与完善，对学生还款行为的研究有利益促进学生转变观念，提高对助学贷款的认识和理解，从而提高还款率。本文结合我国助学贷款制度的建设和对学生还款行为两方面进行研究，对促进国家助学贷款的良性运行具有一定的建设性意义。

一、国家助学贷款发展过程中存在的问题

（一）来自政府的问题

1. 国家助学贷款的定位

国家助学贷款具有很强的政策性和公益性，体现着政府公平教育机会、公平

社会福利、加快人才培养的目标。但在具体的操作过程中却带有商业性，最终被确定为商业贷款，进行商业化操作，一方面国家助学贷款要为国家的政治服务，另一方面要兼顾银行投资的利益。在我国高等教育资助政策中，国家助学贷款作为主要的资助力量，政府没有明确国家助学贷款的具体职能，在承担的资助任务中没有确定的资助比例，银行对学生的资助具有一定的随意性，随着学生还款率的变化而变化。

2. 相关政策的完善

我国国家助学贷款是因教育的发展而催生的，从诞生之日起就兼有政策性和商业性的目的，在长期的发展过程中，始终是以政府为主导因素，很多政策均具有一定的政治目的，银行在运行的过程中失去了自主权，处于被动地位。国家助学贷款在运行过程中，存在着注重初期的贷款发放，轻视放款后的过程管理和学生毕业后的追踪管理等问题，目前，对违约学生缺乏有效的惩罚机制。

（二）来自银行的问题

1. 迫于政策压力，被动接受

商业银行经营信贷业务以“效益性、安全性、流动性”为原则。20 世纪末，我国“工、农、商、建”四家银行改制为国有商业银行，按市场化方式来运作，2004 年以来，国有商业银行又开始实行股份制改造，追求利润、价值最大化是这些银行经营的主要目标，国家助学贷款作为政策性贷款与商业银行以赢利为目的的经营目标不一致，但银行迫于政府部门施加的压力，象征性地发放一点助学贷款，是一种被动接受的方式。

2. 手续烦琐，收益小

国家助学贷款属于商业性质的信用贷款，审核和审批的过程和商业贷款相同，办理一笔数千元的国家助学贷款和办理数百万元的企业贷款手续几乎相同。因此，面对金额小、笔数多、期限长、管理难、收益小的国家助学贷款，银行必须投入大量的人力、物力。

在初期的审核过程中，尽管学校在对学生贷款资格进行审查时已经作了一次审核，但银行在审批前仍要根据银行的相关要求对贷款学生资料进行再次审核，在审核过程中存在的问题银行需跟学校沟通，并联系学生来修改或补充。审核结束后，各银行必须将贷款数据录入贷款管理系统，数十万元的贷款金额需要办理上百笔的贷款业务。贷后的大量数据长期进行管理给银行带来巨大的工作负担。因此，烦琐的业务手续，降低了银行的工作效率，同时降低了银行的收益。

3. 投资成本高，风险大

人力资源的投入是银行必须付出的第一笔成本，审核过程需要耗费大量的人力，数据的整理和录入更是一个复杂的过程，在投入人力的同时，占用了大量可利用的资源。国家助学贷款是商业性的信用贷款，贷款人没有任何抵押，加之随着改革的不断深入、就业的灵活性逐渐增大，学生毕业后，银行很难及时掌握学生的去向，随着就业压力的增大，很多学生刚毕业就得在社会上待业，在目前信用体系还不健全，跟踪管理手段缺乏的条件下，银行追贷难度极大，为此，银行承担着巨大的风险。

（三）来自学校的问题

1. 认识不到位，管理主体不明确

学校在国家助学贷款运行中发挥着纽带作用，是连接银行和学生的桥梁。但部分学校对国家助学贷款的认识不够，将助学贷款看做是银行和学生之间的事情，对国家助学贷款政策的宣传不够，很多学生由于不了解相关政策和贷款流程而影响贷款的办理。

国家在有关规定中要求学校必须成立专门的管理机构负责学生助学贷款的管理，但从执行的情况来看，部分学校由于认识不到位，将助学贷款工作交由与之相关的部门代管，由于人员流动等原因，导致国家助学贷款工作的延续性差，管理混乱。

2. 拖欠学费与风险补偿

大多数学生是因为欠学费而贷款。因此，学生贷到款之后可缓解拖欠学费的现象，从而保证学校各项工作的正常运转，这无疑对高校是有好处的。但针对违约的情况，学校须承担50%的风险补偿金，贷款学生越多，潜在的违约率越高，特别是2004年10月后重新启动的新一轮助学贷款，银行要求学校按学生贷款总额10%的比例划入贷款经办银行作为风险抵押金，为此，学校承担的风险补偿金也就相应提高，学校对国家助学贷款工作的开展处于进退两难的境地。

（四）来自学生的问题

1. 隐瞒家庭收入获取贷款

目前，我国尚无系统地评估学生贫困程度的相关规定，辨别学生的贫困程度主要依靠学生所在地乡（镇）以上政府部门出具的证明和学生本人的自述，具有一定的片面性和局限性。据调查，有37.6%的学生认为，贷款学生所陈述的家庭收入与真实的家庭收入相差甚远。由于学生在校期间国家助学贷款所产生的利息由财政全部补贴，部分高校为提高学生的还款率，对毕业前一次性还清全部贷款的学生按贷款金额的3%～5%给予奖励。如果一名大学生在校期间共贷款2万元，在毕业前他既还清了所有贷款，也获得了1 000元的收益。有的学生贷款是因为其父母经商手头紧，借了别人的高利贷，贷款后是先让父母还贷；还有的学生贷款是为了购买MP4等高消费或到风景名胜旅游、谈情说爱的感情投资等超前消费。

2. 对在校贷款学生、已毕业贷款学生的问卷调查结果分析

（1）对云南部分高校在校贷款学生的调查结果。

笔者于2006—2008年连续三年，对云南大学、云南师范大学、昆明学院、昆明医学院四所在校贷款学生进行问卷调查，结果显示：有84.31%的贫困生对

利用国家助学贷款完成学业持肯定态度，80.99%的学生对目前云南省助学贷款业务的开展满意；有48.27%的贷款学生对国家助学贷款的性质了解不多，认为助学贷款是一种纯福利，所借的钱可以不还；99.10%的贫困生贷款主要是用于交纳学费、支付生活费和购买学习用品；有71.79%的贷款学生认为有贷必还是天经地义的事，他们大多数都愿意及时偿还所贷的款项，为鼓励贷款学生在毕业前一次性还清贷款给予贷款总金额5%的奖励有促进还款的作用；有99.25%的贷款学生认为毕业后自己所欠贷款偿还有困难时会采取延期还或借钱来还；有83.86%的贷款学生认为自己没有及时还款造成违约的原因是没有找到工作无固定经济来源或工作后收入太低无力偿还；94.72%的贷款学生认为个人信用信息数据库在全国范围内运行后，自己的不良信用记录将会被金融机构及其他相关部门共享，会影响自己将来的购房、购车等贷款，这会对自己的还款意向产生影响，自己会尽可能按时还款；51.73%的贷款学生认为对于信用不良者最有效的处罚办法是今后无法向银行贷款或透支，17.50%的认为是追究其法律责任；有58.07%的贷款学生选择到学校报道后通过学校向银行贷款。

（2）对云南部分高校已毕业贷款学生的调查结果。

笔者于2006—2008年连续三年对云南大学、云南师范大学、昆明学院、昆明医学院四所部分已毕业的贷款学生进行问卷调查，有22.62%的在国家机关、事业单位、国有或民营企业工作，69.62%的毕业生尚未找到工作；有22.84%的贷款毕业生工资收入在1 000元以上，66.96%无固定收入；有80.71%的贷款毕业生表示愿意及时偿还贷款；有36.81%的毕业生毕业以后没有及时还款造成违约是没有主动与银行联系，32.82%的毕业生是不知道如何办理还款手续，26.39%的毕业生是没有找到工作；自己所欠贷款出现偿还困难时，65.41%的贷款毕业生认为借钱偿还或延期偿还，34.95%的贷款毕业生认为能不还就不还；有86.92%的贷款毕业生认为不按时履约还款自己的不良记录将会被银行及其他相关部门共享，对自己有影响，要尽可能按时还款。

3. 利用政策之便故意拖欠

我国国家助学贷款对毕业学生缺乏有效的追缴和约束机制，很多学生毕业后更换联系方式，有意与银行和学校失去联系。在自主择业的政策指引下，毕业生选择职业的范围更加广阔，流动性大。少部分具备还款能力的毕业生为逃避按期履约还贷义务，故意隐瞒工作单位地址和工资待遇；部分一时未就业不具备还款能力的毕业生理所当然地成为违约者。

4. 法律机制的不健全导致恶意违约、不归还贷款

极少数的毕业生或非毕业生，在其大学就读期间，学校千方百计为其争取到国家助学贷款。在其离校后，月收入颇丰，不仅买了大面积的高档住宅，还买了小轿车，银行存款几十万，可就是不归还银行贷款，知情的老师催了多遍，让其还款，但他（她）仍然不屑一顾，在目前国家助学贷款政策尚缺失法律约束的

情况下，成为恶意欠款的“老赖”。

二、国家助学贷款学生违约原因分析

（一）对国家助学贷款的认识不够

国家助学贷款是在我国高校扩招、贫困学生大幅增加的情况下被动诞生的，因此，从诞生之日起就带上了一些的先天不足之处。加上它具有一定的政策性和公益性目的，很多学生将它看做是一种教育福利。由于不同院校对国家助学贷款政策缺乏有效的宣传引导，在2003年进入还款期后，违约率大幅升高，鉴于这部分学生毕业时间较早，当时银行的全国个人征询系统尚未完全建立，面对违约的毕业生，政府和银行都感到束手无策。

违约之后，没有任何约束的毕业生认为：国家助学贷款不必严格遵守还款期限，银行并不缺这些钱；只要承认有这笔贷款，早还晚还都无大碍。这些错误的思想认识形成一种不良风气在社会上传播开来，影响了继之而来贷款的师弟师妹们。

（二）就业压力制约还款能力

随着毕业生逐年增多，就业压力相继增大。在2001年至2007年期间，毕业生从114万增加到495万，待业人数从34万增长到148.5万人，原本贫困的贷款毕业生在严峻的就业形势下，由于种种社会原因很可能在就业的竞争中处于不利地位，毕业时就不了业。不能按期就业的贷款毕业生将很难按预先签订的贷款合同计划按时还款。

（三）贷款期限短，还款压力大

2004年以前，国家助学贷款政策规定，学生必须在毕业后四年或五年内还清国家助学贷款，2004年6月改为毕业1至2年后开始还贷，6年内还清。据调查显示，假设一个毕业生每月工资为1 200元，除国家助学贷款外没有任何其他债务负担，按助学贷款最高限额四年可贷款2.4万元，利息6.12%，毕业后每月还款500元计算。还款后剩余700元，除去必需的生活费用和部分零用，所剩无几。然而，经济困难的学生毕业后还得考虑照顾家中老人，还需成家买房……这一系列的现实问题，就将因偿还助学贷款而搁置。

（四）诚信的缺失

全面系统反映学生信用记录的征询系统未能有效建立，是助学贷款违约率高的根本原因，助学贷款是一种商业性的信用贷款，学生毕业后是否偿还，全靠学生个人诚实守信，尽管国家出台了对违约学生进行公示，利用媒体曝光等规定，但就目前来说，因违约而对个人产生的名誉损失几乎为零。欠贷不还对其学习、工作和生活不会造成影响。

（五）缺乏必要的金融知识

助学贷款作为一种金融产品被广大贫困学生所接受，目的是帮助自己完成在校期间的学业，而贷款学生对一些金融知识并不了解，如：银行计息的时间、利率的调整、罚息的计算、毕业后全部利息都得由自己支付等。由于缺乏相应的金融知识，容易产生对国家助学贷款政策的错误理解，毕业后，由于缺乏必要的金融知识，无法把握贷款的到期时间和违约时间。

（六）还款渠道的限制

贷款学生毕业后，可能分布在全国各地。很多银行要求贷款学生必须返回读书时贷款协议签订银行营业点偿还国家助学贷款，这给偿还工作带来很大的困难，特别是在省外和边疆地区工作的毕业生，来回往返的时间长达数天。毕业生在岗工作后，由于工作任务重，休息时间相对固定，返回贷款银行所在地偿还国家助学贷款成为心有余而力不足的事情。

（七）恶意违约

笔者在对几个比较典型恶意违约的贷款毕业生跟踪中了解到，恶意违约的出现，主要原因是道德约束苍白无力，法律约束机制尚未建立。恶意违约者认为：自己欠的是银行的钱，不还白不还，还了也白还，反正目前国家和银行都无约束机制，即便自己毕业后就一直违约拖欠，单位（主要是私人企业）、银行无人过问。由于没有相应的法律追究，违约者认为还不还贷无所谓。

三、国家助学贷款机制的建立与完善

在对照国内外助学贷款的发展现状及调查研究的基础上，笔者认为建立、健全和完善国家助学贷款的新机制势在必行，功在千秋，利在当代，应建立以下的新机制来做好未来的国家助学贷款工作。

（一）要出台灵活的贫困学生界定办法

国家助学贷款的受贷对象是高校贫困学生，在贷款前，首先必须对需要贷款的学生的贫困程度进行界定。以往的贷款过程，高校均是凭借学生从生源地开具的贫困证明和填写的贫困登记表来证明其贫困程度，学生家庭经济贫困与否，只有本人知道。由于目前银行放贷的人数比例和金额有限，不是所有申请贷款的学生都能得到贷款。为体现放贷过程的公平、公正性，对贫困学生贫困程度的界定显得尤为重要，各高校要根据自身实际来制定自己的贫困学生界定办法。

1. 贫困学生界定办法的产生

为规范管理，充分体现资助的公平性，教育部及相关部门应结合全国各高校特点和国家的实际，出台全国高校贫困学生界定的纲领性文件；同时，各高校要在本省、地区出台的纲领性文件指导下，出台适合本校的贫困学生的界定办法。

2. 对贫困学生的界定应分类进行

各高校的学生均来自全国各地，地区差异和城乡差别导致了对贫困生的不同理解。在对贫困学生界定时，应充分考虑学生所在地区的情况，结合就读学校所在地生活和消费水平，进行客观公正的界定。对发达地区，应参照发达地区的生活标准正确估计学生所在家庭的收入与支出之间的关系；在农村的，则应结合实际，准确把握学生所在家庭的实际收入。

3. 界定方法需灵活多样

因地区差别、城乡差别，在界定过程中，对贫困的理解不尽相同，必须采用灵活多样的界定办法。笔者认为，科学的界定方法应以学生所在地出具的贫困证明和学生填写的贫困登记表为依据，结合学生对家庭情况的陈述得出初步意见，对家庭中有特殊困难的（比如：单亲家庭、大病、残疾等），应充分考虑其特殊性。

对发达地区来的学生，应结合当地消费水平对家庭经济情况进行有效的估计；对贫困地区来的学生，应充分了解其家庭背景，挖掘家庭中存在的隐性收入；城乡之间应考虑各种社会资助与福利上的差别。贫困学生在校期间的消费水平，与同学和老师相处过程中表现出来的消费观念等，要作为界定贫困生的重要参考指标。同时，学校应不定期利用假期组织师生志愿者对贫困学生进行家庭的贫困状况调查。

4. 建立并强化县级学生资助管理中心在贫困学生界定过程中的作用

政府部门应在县一级建立学生资助管理中心，专门负责本县考取大学学生的经济状况等资料的管理工作，县级学生资助管理中心应掌握贫困学生的第一手资料，在新生入学后，由县级学生资助管理中心将贫困学生相关材料转至其所在学校。同时，还要根据贫困学生家庭经济状况的变化，适时更新相关档案材料，及时将更新情况反馈给学校，为学校界定工作提供准确可靠的依据。

（二）建立系统的个人信用档案

1. 信用档案的唯一性

不断建立和完善个人征询系统，加强各银行之间的数据沟通和联网，全国各家银行统一以同一个个人征询系统为平台，建立个人唯一的信用档案，以实现各银行信用数据的全国共享。将信用记录与个人的薪水支付、日常生活及房、车贷款等消费结合起来，对存在信用问题的学生，通过征询系统给予相应的惩罚，促使其提高信用意识。

2. 在校期间信用记录

从学生入校开始，就应该对每个学生一一建立相应的信用档案，信用档案应涉及学生在校期间的各方面，包括助学贷款、学籍管理、图书借阅等，学生在校期间的信用记录可作为其银行信用记录的重要参考。

3. 毕业后信用跟踪

学生毕业之后，流动性大，必须扩大个人征询系统的覆盖范围，最好是实现征询系统在全国各银行网点的联网。根据信用承诺，毕业生需及时向银行提供所在工作单位地址、联系方式等信息。对助学贷款违约的学生，可通过银行系统适时提醒，督促贷款学生按时归还贷款。

（三）建立学生诚信教育机制

诚信是个人道德修养的体现，是做人做事的一种准则。诚信不仅是一种品行，更是一种责任；不仅是一种道义，更是一种准则；不仅是一种声誉，更是一种资源。学校要营造诚信环境，开展诚信教育活动，通过加强对诚信教育的宣传、政治理论课建设、举办专题讲座、开展丰富多彩的诚信教育活动等，使每个大学生时时讲诚信，事事讲诚信；时时注重诚信，事事注重诚信。

（四）成立专门机构管理国家助学贷款，出台相关法律法规规范管理

各省、各高校应设立助学贷款基金并成立专门的助学贷款管理机构，专门对国家助学贷款工作进行管理。为保证国家助学贷款的顺利实施，降低违约率，除依靠社会监督外，还必须建立健全相关的法律法规，用法律手段来维护银行的利益，对恶意违约的贷款毕业生，应给予相应的法律制裁。

（五）建立提前还贷的奖励机制

对提前还款或在毕业前一次性还清贷款的学生，学校应进行奖励。目前，云南省部分高校奖励的比例是贷款总金额的5%。从市场经济发展的规律来说，这种奖励方式与设立国家助学贷款的初衷是相悖的。但是，在我国国家助学贷款制度尚处于建立和完善的发展阶段中，奖励机制对促进学生还款在一定程度上起到了积极的促进作用。

对高校从事毕业生还贷工作的老师，学校应根据其工作业绩，视具体情况给予适当奖励，以提高老师的工作积极性。笔者从事过多年的国家助学贷款管理工作，从近几年的情况来看，凡是对工作负责、对学校负责、对国家和银行负责的老师，其所带的毕业班学生的还贷率就一定高。这与其在学生中所做的工作、所花的心血是分不开的；反之，则普遍偏低。

（六）建立联网的国家助学贷款还欠查询系统

随着我国改革开放的进一步深化，毕业生在一个单位工作从一而终的情况不是很多，在这种情况下，各个商业银行间建立联网的国家助学贷款还欠查询系统是非常必要的，只要有银行分支机构的地方，就可以查询自己的贷款还、欠情况，便于毕业生按期还贷。

（七）贷款学生毕业后的跟踪管理

学生毕业时，学校毕业生就业指导部门应加强对毕业生的教育和管理，在学生签订的就业协议书和学校发放的报到证、登记证中，必须写明其欠款情况。学生毕业后，学校应保持对贷款毕业学生的跟踪，及时更新毕业学生的基本信息，进行动态、有效的管理，以保证信息的完整性和有效性。

（八）建立和完善对违约学生的惩罚机制

1. 传统道德的惩罚

对违约的学生，应将其行为通过媒体公之于众。

2. 经济利益的惩罚

按规定违约的学生应缴纳一定数量的滞纳金，这虽从一定程度上给予了当事者经济上的惩罚，但这并不会对违约者产生太大的经济压力。应完善国家助学贷款的惩罚机制，加大对贷款学生违约行为的经济惩罚力度。

3. 行政手段的惩罚

对毕业后有稳定工作，但仍然违约的贷款学生，应充分发挥贷款学生所在单位的行政监督作用，对长期拖欠助学贷款的毕业生，银行可请求所在单位对其进行行政上的处罚。

4. 恶意违约学生的处罚

对恶意违约的学生，银行应当将其诉诸法律，请求法律上的援助，并让违约学生承担由此而产生的一切费用。

四、积极探索、建立和推进生源地信用助学贷款

与国家助学贷款相比，生源地助学贷款的特点主要体现在：一是学生在当地贷款，当地银行比较容易调查学生家庭经济困难的情况，操作起来比较方便，成本较低；二是学生在当地就可以取得贷款，在入学前就可获得国家的资助，顺利到校报到入学；三是由于贷款发生在生源所在地，学生还款便于跟踪和管理，比原有高校国家助学贷款更加灵活；四是“跑得了和尚跑不了庙”，子女贷款不还可让父母督促其归还；五是银行贷款的风险明显降低。

生源地信用助学贷款每个学生每年可申请贷款 6 000 元，贷款期限最长可达 14 年，贷款期限更加合理，更加符合助学贷款的实际。学生在校期间的利息由财政全额贴息，毕业后由学生和家长自负，这为经济困难家庭减轻了利息负担，为他们带来了实惠。与国家助学贷款不同的是，生源地信用助学贷款风险补偿金按贷款发生额的 15% 确定，由中央和地方财政共同负担，有利于化解贷款中可能出现的风险。

（一）对生源地信用助学贷款问题的构想

1. 加强宣传

（1）加大媒体宣传力度。

报纸、广播、电视等公众媒体应提高认识，从讲政治的高度加强对相关内容的宣传报道，引导社会、公众、家长、学生正确认识和理解生源地信用助学贷款。

（2）强化入学前教育。

为鼓励贫困家庭的学生努力学习，对助学贷款的政策的宣传不能停留在高校，还应引入中学，让中学生们在高考前充分了解有关助学贷款的政策，以帮助他们解决考取大学后交不起上学的学费、住宿费的后顾之忧。

大学在录取学生之后，应充分发挥录取通知书的作用，在向学生发放入学录

取通知书的同时，应将生源地助学贷款的相关政策以函件的形式一同发到学生手中，让学生充分了解生源地信用贷款的相关配套政策。

（3）营造形成良好的社会舆论氛围。

在对学生贫困程度的界定、贷款条件的审核过程中，当地群众和干部应本着对学生负责、对国家负责的态度，实事求是地充分反映学生的真实情况。并对弄虚作假的行为进行监督，充分体现生源地信用助学贷款的公开、公平、公正性，形成良好的社会舆论氛围。

2. 规范对整个贷、还款过程的管理

（1）学生资助管理中心应严格审核贷款条件。

学生资助管理中心要在县级教育行政主管部门的指导下，收集、整理、汇总学生的家庭经济状况、生源地信用助学贷款需求等信息。要在乡镇、村级组织的协助下，对贷款学生的家庭经济困难情况进行调查、认定。

（2）学校适时把握学生相关信息。

学校在新生录取过程中，应结合录取时的电子档案准确把握学生的基本信息，对已办理生源地信用助学贷款的学生，学校需建立专门的生源地信用贷款学生名册，对学生的详细贷款信息进行记录。对转学、留级、退学等特殊贷款学生，学校应及时通知生源地学生资助管理中心。

（3）银行须注重过程管理。

银行应成立专门的管理机构，配备专门的管理人员管理生源地助学贷款，确保生源地信用助学贷款的顺利开展。银行要经常完善贷款学生的征询系统，建立一个比较完整的个人征询网络，遏制违约情况的发生。

（4）各级政府积极参与。

由于受地方条件和地域的影响，很多工作必须依靠乡（镇）及村（居）委会。从贷款工作具体实施的情况看，在认定贫困学生的过程中，基层组织发挥着重要的作用，乡（镇）和村（居）委会应建立相应的高校学生档案，对要求生源地信用助学贷款的学生，应及时把握学生的家庭背景，对因工作等原因搬迁和地址变更的，应及时将情况反馈给县级学生资助管理中心。

3. 加强多方合作

为做好生源地信用贷款工作，县级学生资助管理中心、银行、学校、各级政府及学生应加强合作。

以长远的观点来看，生源地信用助学贷款是贫困家庭大中专学生完成学业经济来源的主渠道，也是中国高等教育改革发展的必经之路，对助学贷款方式、方法、管理等工作的探讨任重道远。

参考文献：

［1］ 万方：《国家助学贷款还贷风波的法律思考》，载《金融论苑》2007 年第 3 期。

［2］ 孙玲：《高等教育的成本补偿政策与社会公平性问题研究》，载《教育研究》2000 年第 7 期。

［3］ Johnstone. B.. *Cost sharing in higher education*: *Tuition*, *financial assistance*, *and accessibility in comparative perspective*. Czech Sociological Review, 2003, 39（3）.

［4］ http://www.chsi.com.cn/gjzxdk/zzzcjd/2/200607/20060728/553677.html。

［5］ http://www.jjl.cn/edu/korea/hwsh/jrfw/yhfw/110315.shtml。

［6］《中国青年报》2007 年 9 月 6 日。

［7］ 辛玲玲:《国家助学贷款还款约束机制研究》，北京邮电大学，2006 年。

［8］ 马经：《助学贷款国际比较与中国实践》，中国金融出版社 2003 年版。

［9］ 中国教育和科研计算机网：《2005 年高校资助经济困难学生工作成效显著》，http://www.edu.cn/oldnews_ 653/20060914/t20060914_ 196691.shtml。

［10］ 邹薇：《国家助学贷款高违约问题的资产信用分析》，《消费经济》2005 年第 4 期。

［11］ 刘伶俐、宋英：《国家助学贷款还贷违约的原因与对策》，载《重庆工商大学学报》2006 年第 16 卷第 A01 期。

［12］《山东助学贷款遭遇寒流》2003－01－12，http://www.nen.com.cn。

云南民族大学学生资助管理信息系统介绍

云南民族大学 杨志远

伴随着信息时代的到来，高校大学生资助管理也必将发生一定的改变。高效，便捷与方便管理是时代提出的新需求。应高校改革发展和工作的实际需求，云南民族大学资助中心结合自身的情况，逐步建立了一套适合云南民族大学资助管理的信息系统。

云南民族大学学生资助管理信息系统始建于2003年，经过6年的使用与完善，逐渐形成了适合于云南民族大学学生资助管理的一套信息系统。系统开发以前，奖助学金的评定与管理是一个非常烦琐的过程，各种各样的纸质报表，首先由班级汇总到学院，再由学院汇总到学生资助管理中心，不仅浪费纸张、耗费人力，而且在数据汇总过程中会出现各种各样不易察觉的差错；在学生资助管理中心的审核过程中，管理人员需要翻阅大量的纸质材料，容易出现：一是忙于寻找材料，二是资料比对顾此失彼，三是烦琐复杂。为了寻找到适合我校实际的学生资助管理手段，经过多年的努力，逐渐开发完成了这样一套信息管理系统，现将系统使用介绍如下。

云南民族大学学生资助管理信息系统采用 ASP + ACCESS 技术，其在功能上有着使用简单、操作方便的特点；在结构上采用了模块化设计，使得各个部分不仅后期易于维护与修改，而且还能够使各个部分更加方便地结合在一起使用。在整个网站的设计过程中，遵循瞄准长远，远程办公，力求适用，便于对接；不断总结，易于完善。经过多次的修改，不但使得整个网站更加符合使用要求，既加强了学校学生资助工作管理，又便于学校与银行、上级主管部门的数据对接，输出不同需要的数据表格；在美观上也大为改进，最终达到了技术与艺术的结合。

一、系统说明

从纵向上说，本套管理信息系统可以分为三个层次（见图1）：资助中心管理层、学院资助管理层和学生信息层。现将这三个层次作详细介绍。

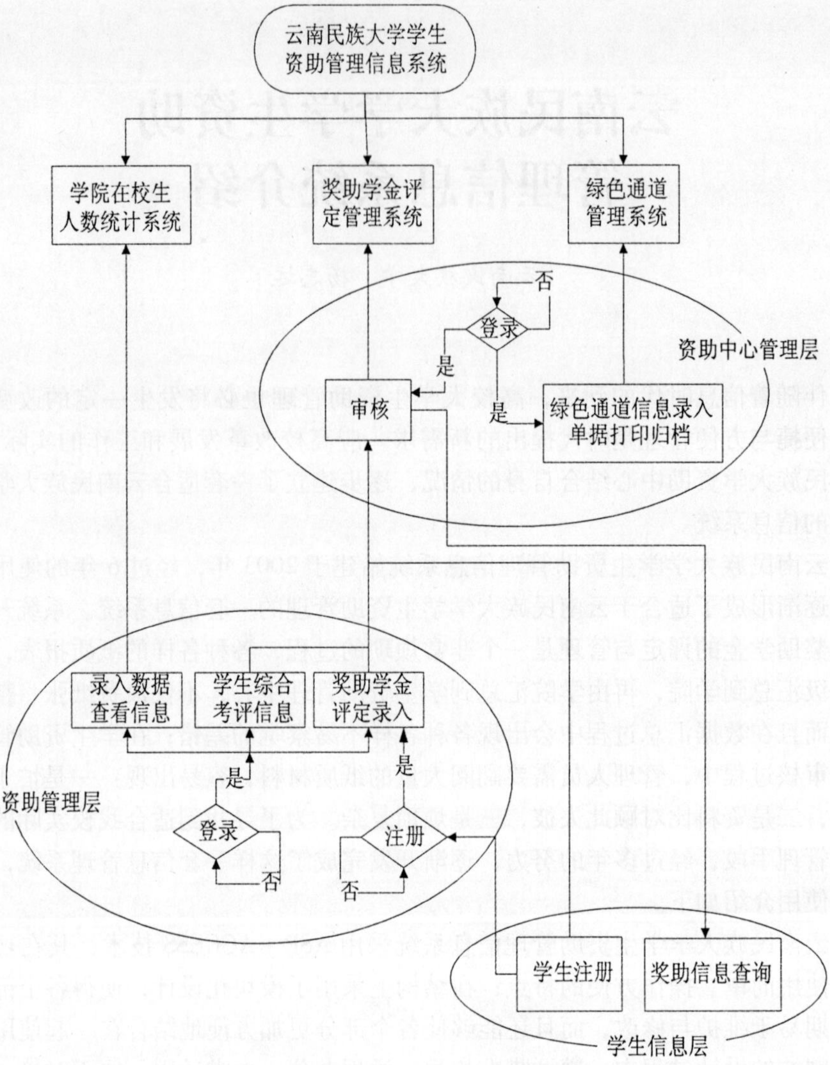

图1　云南民族大学学生资助管理信息系统示意图

（1）资助中心管理层。

资助中心管理层是整个资助工作的校级直接管理层，拥有资助项目的审核权限。在学院资助管理层将各个学院对奖助数据进行整理上传后，学生资助管理层结合学生的考评认定信息，对学院上传信息进行审核和调整，提交学生综合管理委员会评审，同时反馈给学院资助管理层和学生信息层。

（2）学院资助管理层。

学院资助管理层是整个奖助系统中衔接资助中心管理层与学生信息层的桥

梁，是整个资助管理信息系统的关键。首先，学院管理层需要对学生的综合素质进行考核评定，对贫困生还需要对其家庭基本信息进行评定，并将信息录入管理信息系统。然后，学院资助管理层接收来自资助中心管理层的指标，然后结合学院各班级的实际情况，参照学生的综合考评和家庭基本情况，对学院的奖助学金进行中级审核，完成这一过程以后，需要将学生的奖助信息提交到学生资助管理信息系统，以便资助中心管理层进行审核。

(3) 学生信息层。

学生信息层是整个管理信息系统的底层，在整个资助管理过程中起着核心作用。学生必须将个人的基本家庭信息录入信息管理系统，在最终确定信息无误后，学院资助管理层和资助中心管理层才能够完成后续的工作。在资助中心管理层进行审核后，学生信息管理层能够进行资助信息查询。

从横向上来说，整个管理信息系统可以分为奖助学金评定管理系统、绿色通道办理系统和学院在校生人数统计系统三个子系统。这三个子系统既相互独立，又紧密的结合在一起，构成了整个资助管理信息系统。

(1) 奖助学金评定管理系统。

该系统是整个资助信息系统的中心，它由四个部分组成。

第一部分为学生注册系统，所有在校全日制学生每学年必须到该子系统完成个人及家庭信息的注册工作。

第二部分为学生综合量化考评和贫困生认定子系统，该系统由学院负责完成。首先学院需要在每学年9月份对各个班级学生的综合量化考评和贫困生进行认定，然后将考评和认定结果上传奖助学金评定管理系统。

第三部分为资助信息评定系统。学院接收到来自资助管理中心的评定通知后，在全院范围内公示，学生比对个人实际情况向班提出申请，召开班会，个人进行陈述、班会民主评议，并依据学生的学年综合量化考评结果、贫困生认定排名情况等信息对资助对象进行推荐、公示，学院审核后确定资助名单并将评定结果上传奖助学金管理系统。

第四部分为资助信息审核系统。学生资助管理中心结合前面三个部分的信息，对三个信息进行综合审核，最终对奖助信息进行审核和汇总，完成审核后提请学校学生综合委员会召开评审会，期间学院及学生即可对奖助信息进行查询。

在资助项目评定管理系统中，四个部分有机地结合在一起，采用了基于密码和权限的技术，使得各个部分又相互独立开来。首先，学生必须完成个人信息的注册工作，学院才能够进行综合量化和贫困认定工作，其次，在这两个部分的基础上，学院进行资助项目的评定，最后，学生资助管理中心结合这三个部分进行综合的审核，并将审核信息反馈给学院和学生本人进行查询。

(2) 绿色通道办理系统。

绿色通道是根据教育部的要求，为了让每一个考得上大学的贫困学生都进入大学就读而设立的特殊注册通道，针对我校学生贫困面广、贫困学生较多的情况，建立了该办理子系统。贫困新生入学时，首先在班主任或辅导员处领取绿色通道审批表进行填写，经过班主任或辅导员审核、推荐后，由学院领导同意签字，再由学生本人送交学生处领导审批，完成上述工作后将审批表送交资助管理中心办理《绿色通行证》。资助管理中心根据审批意见，将学生的困难信息和审批结果录入绿色通道子系统，然后打印出《绿色通行证》、《学费缓缴通知单》和《住宿费缓缴通知单》，盖章后交予学生本人到相关部门办理新生入学注册手续。该子系统将办理结果进行最终汇总后，对后续的奖助工作提供参考；对特别困难的新生给予重点关注和优先资助。

（3）学院在校生人数统计系统。

学院在校生人数统计系统是对学院各专业在校学生人数信息的一个采集点，该子系统功能较为简单，主要是完成学院各专业班级的人数的采集工作，为资助名额分配提供一个重要基础依据。学院进行登录认证后即可完成该项工作，学生资助中心进行登录认证后即可查看和统计各层次在校生人数等的综合情况。

从整个系统来看，根据实际需求，对该套管理信息系统划分了层次，对不同层次授予不同的权限级别，保障了整个系统的安全性。首先，学生本人能够进行个人信息的注册工作，然后根据本人的注册信息能够查询到学生本人的奖助信息，保障了学生与学生之间的隐私。其次，对学院管理员采用了密码登录方案，只有拥有正确的密码才能够进入系统进行综合考评信息和资助信息的录入，防止学生进行越权操作和信息的泄露。最后，对学生资助管理员采用密码加权限方案，使学生资助管理员拥有全局权限，进行奖助工作的最终审核，这样既可防止没有适当权限的管理者的越权操作，又保障了数据的完整性和机密性。

从数据库设计上来说，各个子系统的数据库既相互独立又相互联系，即使有恶意攻击者能够攻破系统也无法查阅整个系统信息，最大限度地保障了数据的安全性与独立性。针对学院管理员对各个子系统都需要认证的情况，我中心采用同一套密码存储和认证方案，使得登录认证更加方便与灵活。从程序设计上来说，对各个数据都进行合法性校验，保障录入数据库内的数据都是合法的，也保障了数据的完整性。

二、系统使用介绍

现对资助管理信息系统的每个页面作一个简要的介绍。

（一）首　页

该页面（如图2所示）是所有子系统的入口处，本信息系统的所有操作都需要从此处开始。通过此页面，学生可以将个人信息注册到资助管理信息系统，可以从资助管理信息系统查询到学生本人的注册信息和奖助信息；学院管理员点击相应的按钮登录后可以录入学生的综合量化考评信息、学院基本信息和资助信息。资助中心管理员也必须从此页面登录到后台进行奖助信息的最终审核、查阅学院的综合信息、为新生办理绿色通道等各项任务。

图2 学生资助管理信息系统首页

（二）学生信息层页面

学生信息层主要有下面几个页面。

1. 学生注册信息页面

该页面（如图3所示）能够对学生的基本信息进行详尽的采集，是后续奖助工作的基础。

图3 学生注册信息页面

2. 学生注册信息查询页面

该页面（如图4所示）能够让学生本人查询出自己已经注册的信息，并对错误的信息进行勘正和修改。

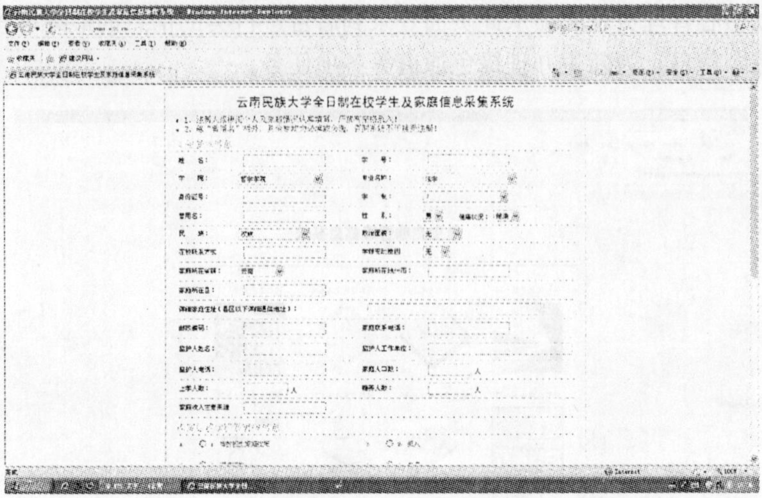

图 4　学生注册信息查询页面

3. 学生奖助信息查询页面

该页面（如图 5 所示）是学生资助中心对学院评定的奖助信息进行最终审核后，然后学生能够查询到本人的奖助信息的页面。

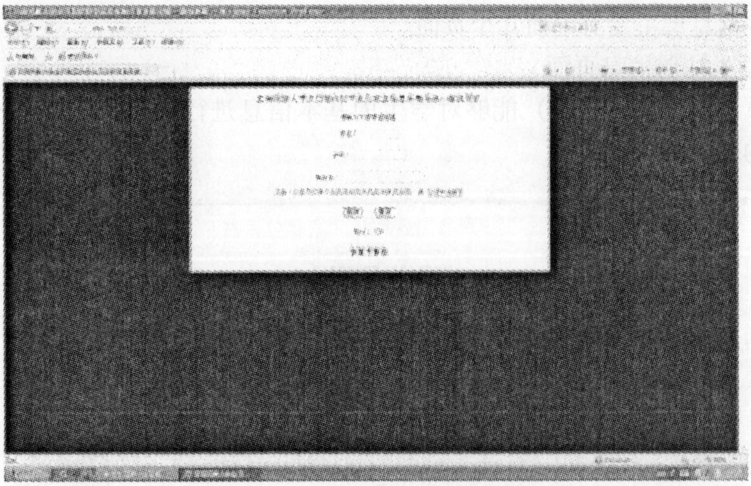

图 5　学生奖助信息查询页面

（三）学院资助管理层页面

学院资助管理层主要有以下几个页面。

1. 学院管理员与学院资助管理员登录页面（如图 6 所示）

学院管理员和助理管理员只有在此处登录以后才能够进入相对应的页面进行

信息的录入。

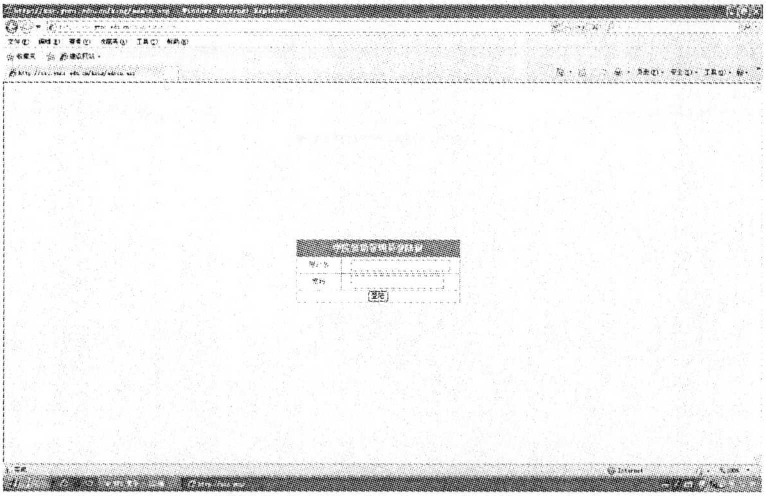

图6 学院管理员和助理管理员登录页面

2. 贫困学生家庭认定子系统页面

该页面（如图7所示）主要是实现贫困学生的基本信息录入，该页包括了学生的学籍信息、综合量化考评信息和贫困认定信息。

图7 贫困学生家庭认定子系统页面

3. 贫困生认定信息查询页面

在贫困学生家庭认定子系统页面（如图8所示）录入学生信息后，可以在本页进行查询，查询结果反馈到查询结果页面。对查询结果有错误的地方，点击查询结果页面的修改链接即可进入修改页面。

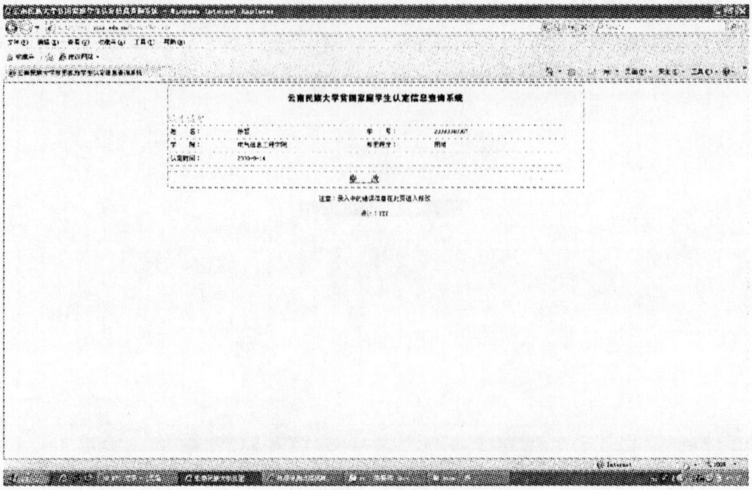

图 8　贫困生认定信息查询页面

4. 贫困学生认定信息修改页面

该页面（如图 9 所示）接收来自贫困生认定信息查询页面的参数，可对查询结果作出修改和确认。

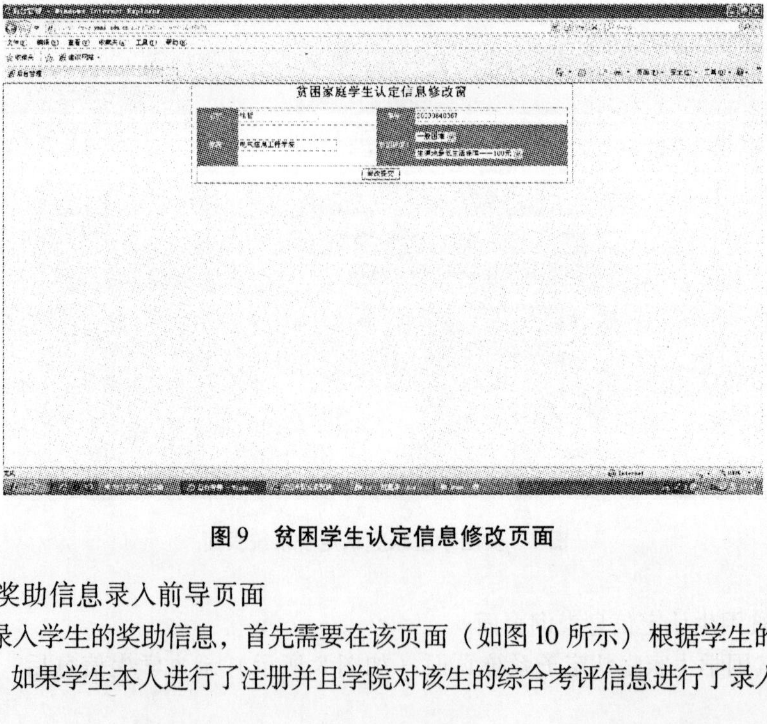

图 9　贫困学生认定信息修改页面

5. 奖助信息录入前导页面

要录入学生的奖助信息，首先需要在该页面（如图 10 所示）根据学生的学号进行查询，如果学生本人进行了注册并且学院对该生的综合考评信息进行了录入，则该页面会出现转跳到奖助信息的录入页面，并将查询到得数据作为参数传输给该页面。如果没有查询到上述两条信息中的任何一条，奖助信息的录入都没有办法进行。

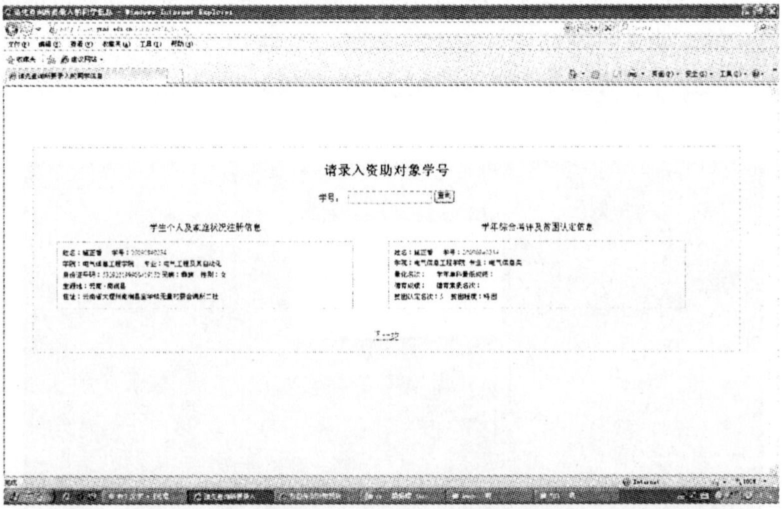

图 10 奖助信息录入前导页

6. 学生奖助信息录入页面

该页面（如图 11 所示）首先接收来自奖助信息录入前导页的参数，根据参数显示学生的相关信息，管理员再录入该生所获得的奖助信息，然后再通过表单提交到处理页面。

图 11 学生奖助信息录入页面

7. 学生奖助信息处理页面

该页面（如图 12 所示）接收来自奖助信息录入页的数据，对这些数据进行合法性校验以后提交到数据库，并给出查询地址，使学院资助管理员能够查询到已录入信息的正确性，并可进行相应的修改。

图 12　学生奖助信息处理页面

8. 学院信息录入页面

该页面（如图 13 所示）是实现学院各个年级和专业的统计入口，通过该页面，学院管理员可以录入学院各个专业的人数情况。点击“录入情况”链接即可查看录入情况。

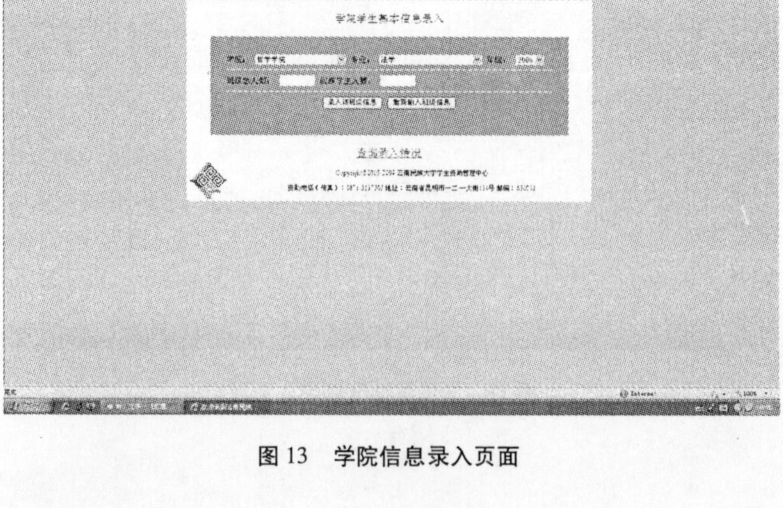

图 13　学院信息录入页面

（四）资助中心管理层页面

资助中心管理层主要有以下几个页面。

1. 学生资助管理员页登录页面

学生资助管理员只有通过页面进行正确的登录后才能够进行后续的审核工作。

2. 审核前导页面

该页可以输入学生学号进行查询，将查询道的结果反馈到审核页面。

3. 奖助信息审核页

该页面（如图 14 所示）接收来自审核前导页面的信息，并显示审核按钮，进入审核确认页面进行处理。

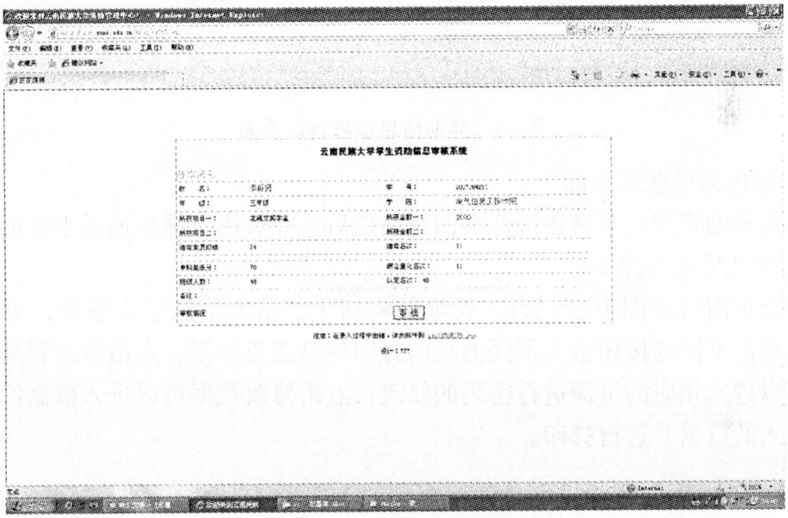

图 14 奖助信息审核页面

4. 奖助信息审核确认页面

该页面（如图 15 所示）根据上一页面的信息进行综合处理后，学生资助管理员可以进行修改和最终的审核确定工作。

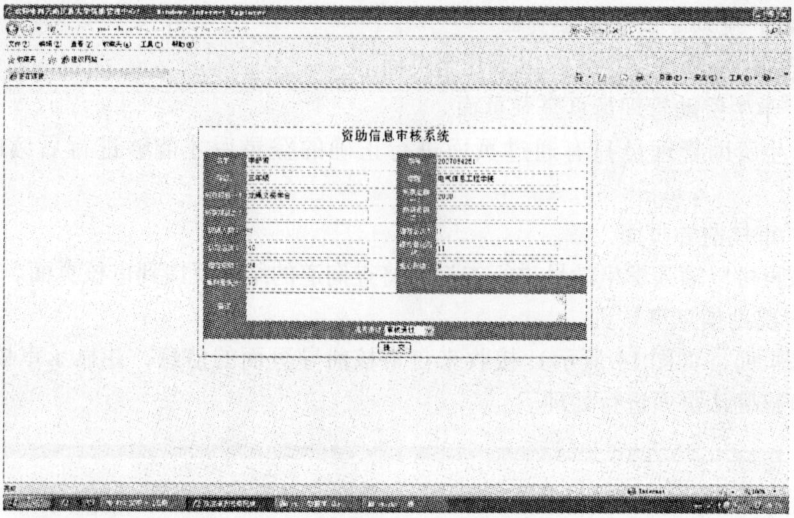

图 15　奖助信息审核确定页面

5. 绿色通道登录页面

学生资助管理员只有通过此页面登录以后才能够进行绿色通道手续的办理。

6. 绿色通道办理页面

在此页面（如图 16 所示），管理员将新生的基本信息录入系统，根据不同的需求点击不同的按钮进入不同的页面打印绿色通道单据，点击修改管理员密码链接可以进入相应的页面进行密码的修改，点击修改数据可以进入数据汇总页修改已录入的数据并进行打印。

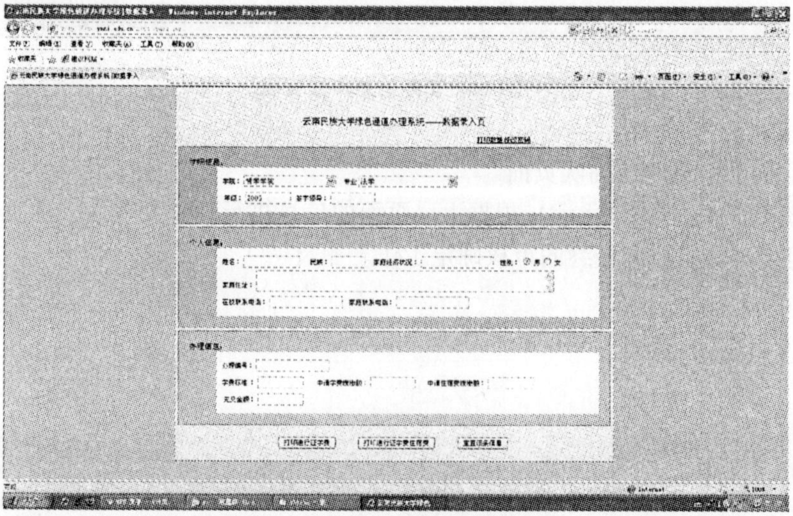

图 16　绿色通道办理页面

7. 绿色通道信息汇总页面

该页面（如图 17 所示）是汇总了在绿色通道办理页面的所有信息，通过各条信息的编辑和打印按钮，可以针对某一条信息进行编辑和打印。

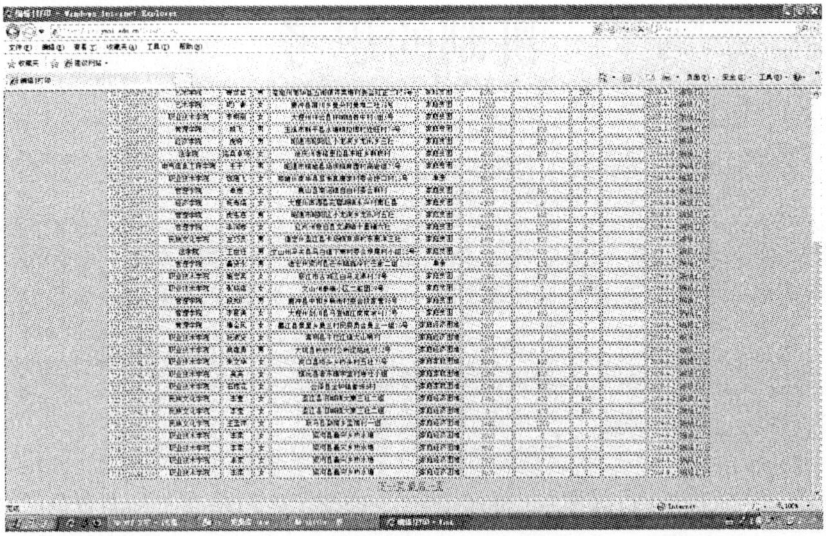

图 17　绿色通道信息汇总页面

构建高校贫困学生有效认定机制的思考

昆明学院 罗 进

摘 要 近几年，国家、政府和学校对贫困学生的资助力度不断加大，贫困学生的认定是有效实施资助的重要环节。要准确认定贫困学生就必须要制定科学的认定标准，多种认定方法综合运用，建档并实施动态跟踪和反馈等。只有建立一套有效认定工作机制才能增强资助工作的公平性、时效性。

关键词 构建 高校 贫困学生 认定机制

新中国成立至今，高等学校的贫困学生助学工作历经几十年的发展，目前已形成了以“奖、贷、助、补、免”为主要形式的助困体系，许多贫困家庭的学生受到资助得以顺利完成学业。

最近几年，国家对贫困学生的助困力度不断加大：一方面扩大了资助面；另一方面，提高了单位资助金额。但是，目前各高校对贫困学生的识别缺乏有效、科学的认定机制，使得贫困学生真假难辨。一些非贫困学生开具假贫困证明来“装贫困”、“争贫困”冒领贫困金。真正贫困的学生碍于面子等原因“装富裕”、“摆阔气”不愿申请贫困资助。这种助困错位现象把本已有限的助困资金摊薄，浪费了助困资源。它制约了学校助困这一重要工作的顺利推进，给高校的和谐稳定带来一些负面影响。

本文试图从学校这个层面，对如何构建贫困学生有效认定机制作一些思考和探索，期望广大同仁的指教。

一、现行认定贫困学生工作中存在的主要问题

（一）认定的标准不具体、不科学

家庭经济困难学生的概念，在教育部、财政部 2007 年 6 月出台的《关于认真做好高等学校家庭经济困难学生认定工作的指导意见》（教财〔2007〕8 号）文件中已作出界定，指出家庭经济困难学生是“学生本人及其家庭所能筹集到的资金，难以支付其在校学习期间的学习和生活基本费用”的学生。这一概念虽然很清晰，但由于贫困具有属地性、多变性等特点，故它对于学校在具体操作工作中却很困难。

目前，高校在贫困学生认定中广泛采用的《学生家庭经济调查表》中设置的“标准”指标项目存在着定性指标多、定量指标少、指标结构不合理、注重家庭定性调查、轻视家庭定量情况的分析、指标描述模糊等问题。

（二）认定的方法单一、认定程序不规范

一般情况下，高校在认定贫困学生时采取的主要做法是“学生申请+学生意见+教师意见+名额限定”。这种简单的认定模式相对于复杂的贫困学生情况来说显得有些单一，不能全面反映其真实贫困的情况。再加上具体落实贫困学生认定及资助工作的班主任或辅导员都身兼数职，很难有足够的精力集中在认定家庭经济困难学生的工作上，导致其往往把助困资金采取“轮流享受”或“平均分配”的方式分配给学生。

（三）信息管理工作滞后、呆板

高校一般都建立了贫困学生信息档案，但往往“一档终身”，不能及时、准确地反映贫困学生的真实情况，导致其信息不可利用。

（四）监督惩戒措施缺失

目前，各高校都把“假贫困学生”冒领助困金的行为停留在道德谴责的范畴，寄希望于他们的自律，普遍缺乏有效的监督制约措施，使得冒领行为屡屡发生。

二、创建贫困学生有效认定机制的思路与对策

（一）认定标准科学化

建立科学、规范的贫困学生认定标准是解决贫困学生认定难的关键，是建立贫困学生有效认定机制的前提和基础。

笔者认为，在认定贫困学生的指标体系中应包括以下几个方面。

1. “家庭状况”指标

（1）家庭性质。

家庭性质是否属“孤儿家庭”、“单亲家庭”、“残疾家庭”、“离异家庭”、“受灾家庭”、“低保家庭”和其他情况家庭等。

（2）父母文化程度：①大专及其以上；②大专以下初中以上；③初中以下。

（3）父母职业情况：①纯农业；②亦农亦商；③商业；④企业；⑤公务员或事业单位。

（4）家庭财产情况：①人均月收入、支出；②有无自有产权住宅。

（5）家庭属地及社会关系：①属于城市或农村；②有无富裕近亲属。

（6）父母年龄及健康状况：①40~59岁；②60岁以上；③身体健康；④有无重大疾病。

2. 个人消费及同学的评价指标

（1）每月一日三餐支出。

(2) 穿着、娱乐支出。

(3) 学习用品消费支出。

(4) 同乡同学的评价。

(5) 同寝室同学的评价。

(6) 同班同学的意见。

3. 综合指标

(1) 生源地最低生活保障线。

(2) 学校所在地最低生活保障线。

上述各项考察认定指标还要结合各地、各学校的实际，给出各项指标的权重系数，实行定性与定量认定考评，才能使考评结果基本趋于客观真实。

(二) 认定方法复合化、认定程序规范化

正是由于学生贫困情况复杂多变，我们在贫困学生的认定过程中必须采用多种方法进行甄别，达到去伪存真、“去富留贫”之目标。

在实践中，笔者认为可采用分析排除法、学生参与法和结果倒查法对贫困学生进行鉴别。

所谓“分析排除法”是指通过观察、分析学生在“吃、穿、住、用、行、娱”等方面的支出情况，把在校外租房、穿高档时装、买高档化妆品、使用高档通信工具、使用高档电器和一日三餐标准远远高于学校平均水平的学生首先排除在贫困学生之外的一种鉴别方法。这种方法能有效降低学校认定成本，但一定要把握好尺度。

所谓“学生参与法”是指学生在日常生活中相互对同班、同寝室的同学的生活学习情况进行观察了解，提出贫困学生初步名单，在老师的指导下召开班级会议进行评议推荐，并在院系、学校评议推荐程序中均有一定比例学生参加的认定方法。这种认定方法能最大限度地发扬民主，但应注意正确引导。

所谓“结果倒查法”是指认定程序结束，认定结果出来后通过考察获助学生的资金使用情况，再次确认其贫困真伪的一种方法。结果倒查法能及时检查、修正我们的工作，但应注意掌握好偶然与必然这个度。

三种贫困学生认定方法各有利弊，可分别使用，也可一块应用。一切视具体工作情况而定。

我们认为，在纷繁复杂的贫困学生认定工作中，学校应投入必要的人力、物力，逐步实现学生管理队伍的专业化、专职化，进一步规范评议推荐程序，可采取学生民主评议——辅导员（班主任）+学生代表推荐——院系+学生干部审查推荐——学校专门部门审核——校领导研究批准程序。

此外，在班级——院、系——学校的各级公示过程中注重人性化，如只公布学生的班级、姓名、籍贯等情况，以体现“以人为本”的现代管理理念。

（三）认定工作动态化

我们知道，学生的家庭经济情况是一个动态过程，所以对贫困学生的认定也要是动态的。学校对贫困学生建立贫困档案只是工作的开始，要准确掌握他们的情况，还要对他们进行跟踪调查，及时进行信息调整，做到至少每学年重新申报、全面认定一次。

首先，学校应定期将认定贫困学生的情况通报给贫困学生家长，反映其子女的在校表现，使学校与家长的信息对称。同时，了解贫困学生家庭的情况，特别是突发事件对其家庭的影响。

其次，定期召开座谈会或个别谈话，了解贫困学生的生活、学习情况、思想状况、受助资金使用情况等，发现不良行为要及时纠正。

（四）政策信息公开化

首先，对各级各类的助困政策、法规要进行充分的宣传和讲解，让每一个学生知晓各级政府和学校设立的助（奖）学金的种类，申请的条件、程序和要求等。其次，在操作中要在不同层面公开申请、评审的过程，公示评审结果。

（五）监督措施制度化

一是要在源头上对申请学生进行监督。贫困学生在申请资助的申请书上必须包含有贫困情况真实的承诺和违诺责任承担的意思表示。二是评审过程监督。在评审过程中，除有相关教师、领导参与外，还应该广泛吸收具有代表性的学生参与评审。三是结果监督。要安排专人对获得资助学生的资金使用进行跟踪，了解支出情况是否合理。

三、与高校贫困学生认定密切相关的两个问题

（一）明确政府部门贫困认定机构人员的职责

在大学生开具《贫困证明》过程中，从现行的一般做法看，其流程是：村委会（村小组）——乡（镇）政府（街道办）——县（区、市）民政局。但是任何一级政府出具的《贫困证明》一般都只有公章没有具体经办人员的签名，导致出现“关系章”、“人情章”等。笔者认为：各级政府部门贫困认定机构人员应有明确的职责要求，并实行责任终身追究制度，杜绝开具虚假《贫困证明》。

（二）建立家庭经济收入、财产申报制度

家庭经济收入、财产申报制度的缺失，是导致高校对大学生贫困认定困难的原因之一。

大学生的家庭收入情况、家庭的财产等方面的情况一般较模糊，学校不易掌握，致使学校在认定过程中也只能是“纸上谈兵”地对其进行认定。

参考文献：

[1] 兰建军、梁珊：《贫困大学生认定标准研究》，载《科技广场》2007年第12期。

[2] 李岩丽：《科学认定家庭经济困难学生　促进资助工作公平有效》，载《漳州职业技术学院学报》2007年第4期。

[3] 钟央文、钱晓平、毛宇峰：《高校家庭经济困难学生有效认定机制的再思考》，载《辽宁教育研究》2008年第4期。

[4] 杨得利、熊志忠：《高校贫困生认定方法研究》，载《煤炭高等教育》2007年第9期。

[5] 李少荣：《建立和完善高校贫困生认定制度的探讨》，载《高等工程教育研究》2005年第6期。

高校家庭经济困难学生资助工作存在的问题及对策

云南师范大学 李秀妮

摘 要 近年来，国家对高校经济困难学生出台了很多资助政策，并对经济困难学生的资助逐年加大投入，针对经济困难学生的教育资助确实减轻了贫困生家庭的经济负担，但资助工作仍存在着一些问题。本文在资助政策和制度、资助理念、资助方法、资助形式等方面深入分析并提出完善高校经济困难学生资助工作的具体措施。

关键词 高校 家庭经济困难学生 资助工作 对策

一、高校家庭经济困难学生的界定和现状

所谓高校家庭经济困难学生，是指在国家招收的普通高等学校的学生中，由于家庭经济困难，学生本人及其家庭所能筹集到的资金无力支付或难以支付其在校学习期间学习和生活基本费用的大学生。从贫困生群体的构成看，高校贫困生的来源主要有两个：一是欠发达地区的农村学生，二是城市中因父母下岗、家庭成员生病或其他的家庭变故等造成的家庭困难学生。而其中，在经济困难学生中农村学生占2/3以上。

随着我国高等教育大众化的实现和教育成本分担制度的全面实施，我国高校贫困生的数量显著增加。教育部初步统计显示，2007年全国公办和民办全日制普通高等学校在校生（包括全日制本专科学生、研究生和第二学士学位学生，下同）总数为1 999. 26万人，其中家庭经济困难学生约407. 71万人，占在校生总数的20. 39%；家庭经济特别困难学生约147. 99万人，占在校生总数的7. 4%。如此庞大的贫困学生群体日益引起社会的广泛关注。

由于物质贫困，高校贫困生往往同时面临经济、学习等多重压力：少数贫困生学习精力无法集中，影响到了自身学业；部分贫困生因来自乡镇和农村，相比城市生源的学生，自身综合素质相对较差，难以融入丰富多彩的校园文化生活，使他们有孤立、自卑等负面心理，产生心理失衡，造成心理贫困。如何深入细致地做好高校经济困难学生资助工作，关系到高等教育事业的健康发展，关系到广大师生和学生家长的切身利益，关系到社会及高校的和谐稳定。为了完善家庭经

济困难学生资助政策体系，解决高校经济困难学生资助面偏窄、资助标准偏低等比较突出的问题，2007 年 5 月，国务院制定下发了《关于建立健全普通本科高校高等职业学校和中等职业学校家庭经济困难学生资助政策体系的意见》，召开了全国家庭经济困难学生资助工作会议，就建立健全家庭经济困难学生资助政策体系作出了安排部署。

新资助体系出台后，国家在高等教育阶段建立了国家奖学金、国家励志奖学金、国家助学金、师范生免费教育、国家助学贷款、勤工助学、学费减免等多种形式的高校家庭经济困难学生资助政策体系。目前高校也都基本形成了以“奖、贷、助、补、减、免、勤”为主要内容的多元化资助体系，并起到了积极的推动作用，但随着国家新资助政策的出台，特别是经济资助力度的不断加大和受助层面的不断拓展，一些新问题也逐渐呈现，学生“唯利”观念日益凸显，感恩奉献意识表现淡薄。因此，认为在当前形势下要做好高校经济困难学生的资助工作，关键在于要坚持“以人为本”的工作理念，提倡“因贫施助”的工作方法，努力实现全过程、全方位的“立体式资助”，做到资助与教育并举，济困与扶志并重，实现经济资助、心理帮扶和思想教育工作“三结合”，努力开创高校经济困难学生资助工作的新途径。

二、高校家庭经济困难学生资助工作存在的问题

（一）高校家庭经济困难学生的认定不够规范

1. “家庭经济情况调查表”形式化

目前，高校衡量一名学生是否经济困难，最有力的“证据”是一份“家庭经济情况调查表”。但这份调查表的可信度，可能要打点折扣。据了解，一些学生自己填好家庭收入状况，到乡镇有关部门盖个章很容易，然而，有些地方反倒是真正困难的学生找不到盖章的地方。而高校的相关部门不可能对每个学生的家庭背景都作深入了解，但学校对于学生是否属于家庭经济困难学生的最初依据又是这张并不一定真实的证明。

2. 利益面前缺乏诚信

在申请资助方面，家庭经济困难学生群体存在缺乏诚信、隐瞒实际情况的状况，影响了资助工作的针对性、实效性和公平性。不少学生为了获得申请家庭经济困难学生资格，在填写家庭收入时尽量少报，或者故意夸大家庭困难程度，而生源地政府开具的家庭收入情况“贫困证明”水分很大，导致学校难以了解学生真实的经济状况。

3. 民主评议看“人气”

随着家庭经济困难学生资助覆盖面积的加大，不管一个班级有没有家庭经济困难学生，它都会拥有几个“贫困生名额”，班里除了公认的困难学生，剩下的那些学生如何界定可能就会仅仅凭评议小组的印象或是“班级人气”来决定了，

平时人缘好的自然上了“贫困榜”。于是，有些学生或宿舍为了小团体的利益，会全面发动人际资源，在班级民主评议中发挥作用，以获得贫困资助，然而一些性格比较内向的家庭经济困难学生往往会被忽视。于是，用这种看似公平的形式所得到的结果却不容乐观。

（二）高校家庭经济困难学生资助体系不够健全

我国现阶段对高校家庭经济困难学生主要实行的是“奖、贷、助、补、减、免、勤”，其中，奖学金体现了以“竞争”为原则的资助形式；助学贷款、勤工助学体现了以“权利和义务相关”为原则的资助形式；困难补助、减免学费体现了以“无偿救助”为原则的资助形式，三种类型的资助原则贯穿整个资助体系中，在助困工作中发挥了积极作用，但也存在不足。

1. 奖学金制度形式多样，但对贫困生覆盖面过小

奖学金获得者与家庭经济困难学生对应度并不高，由于家庭经济困难学生主要来自于农村，基础教育相对较差，综合素质和综合能力有所欠缺，再加上经济困难造成的生活和精神方面的压力，导致成绩偏低，因此获得奖学金的机会并不多。

2. 助学贷款力度不断加大，但机制仍不健全

虽然国家三令五申要求开展助学贷款业务，但一些地区和银行、地方政府执行不力，贷款规模有限，助学贷款远未成为解决经济困难学生学费的主渠道；在开办助学贷款业务中，个别地区、个别银行还存在着各种不尽如人意的问题：一是经济困难学生申请助学贷款难，贷款手续繁杂等障碍重重；二是条件苛刻，往往导致申请助学贷款不成功等问题的发生；三是各地财政、教育、金融机构等部门，对开展助学贷款重视不足，部门间缺乏协调统一；四是基层教育部门政策宣传不到位，工作效率低下，致使个别困难学生没有全面了解国家政策，不知道如何解决上大学所面临的经济方面的困难。

3. 实施勤工助学制度，但学校资金短缺、岗位有限

目前很多高校由于勤工助学资金短缺，设置的校内勤工助学岗位都很有限，校外勤工助学困难重重，难以形成大规模勤工助学的局面，与学生需求相距甚远。同时，大多数勤工俭学岗位的提供多局限于打扫卫生、收发报纸、文字录入等勤杂事务，发挥学生智能优势、提高学生实践能力的项目不多，学生参与热情和工作责任心需要进一步提高。

4. 推广减免学费制度和开展特殊困难补助，但比例较低，力度较小

困难补助和学费减免是各级政府和高等学校针对贫困家庭学生一些特殊性、临时性困难而给予的无偿资助。由于地方高校办学经费相对紧张，面对数量较大的经济困难学生，减免覆盖面和特殊困难补助范围很窄，只能解决极小部分学生困难，比例也较低，学费减免政策难以实施，很难从整体上解决贫困生的经济困难。

三、高校家庭经济困难学生资助工作的对策研究

（一）坚持"以人为本"的工作理念

这里的"以人为本"主要是指"以学生为本"，以学生为核心，围绕学生来开展高校家庭经济困难学生的资助工作。

首先，"以学生为本"要求资助工作者准确、全面地了解家庭经济困难学生群体。我们的目光不能只集中在来自老、少、边、穷地区的学生，而要在整个学生群体中来考查。这要求我们通过各种途径去了解学生的基本情况，如通过查阅学生的档案，了解他们的家庭状况；找学生谈话，从学生群体中了解情况等。因为有些家庭经济困难学生非常要强、要面子，不愿主动申请困难补助，如果我们不深入细致地开展工作，就很容易忽视一部分家庭经济困难学生。

其次，"以学生为本"要求我们及时掌握家庭经济困难学生的思想、生活和学习动态，了解和预测家庭经济困难学生的愿望和要求。对家庭经济困难学生来说，他们刚到学校的时候，一下子从一个封闭的环境转入一个开放的环境，通过与周围学生的对比，心里就会产生各种矛盾。当家庭经济困难学生产生了这种矛盾的心理后，资助工作一定要及时，要把关注的目光放在家庭经济困难学生的身上，要多与他们接触，只有多与家庭经济困难学生接触才能把最可靠、最真实的第一手材料掌握在手中，才有可能对他们思想、学习、生活中面临的问题比较熟悉，才能很好地帮助他们解决问题。

再次，"以学生为本"要对家庭经济困难学生充满爱心、付出真心、工作耐心。爱心既展示了资助工作者对工作的热爱，同时展示了对教育者的关爱，只有满足了家庭经济困难学生这一需要，才能赢得他们的信任，让他们敞开心扉，说出心里话；对待家庭经济困难学生要有诚心，当一个家庭经济困难学生由于经济上的困难变得消极、孤僻、自卑时，只有通过真心诚意地、实实在在地为他们解决一些实际困难来化解他们内心的矛盾和困惑；资助工作者要有耐心，大多家庭经济困难学生都有一段不为人知的辛酸经历，这段经历会影响着他们的人生价值取向，要想转变他们的不正确的思想观念，在短期内靠一两次教育是难以实现的，而是要经历一个长期反复的过程，因此，在这一过程中，资助工作者一定要有心理准备，要做耐心、细致的工作。

（二）提倡"因贫施助"的工作方法

高校家庭经济困难学生可分为三种类型——生存型贫困、生活型贫困和发展型贫困。生存型贫困生面临的首要问题是生存问题，他们的衣食还缺乏保障；生活型贫困生面临的首要问题是生活问题，他们已基本解决衣食问题，但他们的大学生活随时可能中断；发展型贫困生虽解决了生存和生活问题，但他们随时面临经济拮据对他们身体、心理和综合能力发展的切实限制。根据上述分析，可将生存型贫困生归结为特别困难学生，将生活型贫困生和发展型贫困生按困难程度分

为一般困难学生和困难学生，在资助工作中坚持“因贫施助”的工作理念和方法。

对于生存型贫困生，首先要解决的是他们的生存危机，这一特点使此类经济困难学生处在资助体系的优先地位，他们适用以“无偿救助”为原则的资助形式。由于此类资助资金具有单向、非循环、不可再生的特点，它不强制要求受助者的付出义务，理应成为贫困程度最高群体的资助资金。

对于生活型贫困生，面临的主要是生活和发展问题，他们适用以“权利和义务相关”为原则的资助形式。此种类型的资助使学生对资助资源的获取权利与一定条件下某种程度的义务相关，但此权利大于此义务以体现其经济福利性；并且此类型资助的资金具有双向、可循环的特点，此类型资助加入了经济困难学生本人的参与和付出，有利于培养学生的独立精神。

对于发展型贫困生，面临的主要是经济的匮乏对其发展的影响，他们适用以“竞争”为原则的资助形式。竞争机制的引入，使他们在竞争中获取更多的资源以缓解经济的压力，获得全面发展。虽然在奖学金设定中，家庭经济情况不是其考虑的因素，因此只能对部分贫困生产生实际的资助作用，但对经济困难学生的发展有着重要的导向作用，能促使他们更好地融入大学生活。

（三）努力实现全过程、全方位的“立体式资助”

1. 增设学业资助

所谓学业资助指在综合能力培养、学术学业方面对贫困生进行的援助。由于经济困难学生这一相对的弱势群体多来自老、少、边、山、穷地区，他们在综合能力、计算机操作、城市生活技能、人际交往能力等方面与其他学生相比都处于弱势。这种弱势仅仅靠经济、心理及其他资助是解决不了的，所以在整个资助体系中应加强对经济困难学生的学业资助，使他们在同一起跑线上发展。

2. 增设就业资助

目前，大学生就业难已成为不争的事实，而经济困难学生更由于其综合思想素质和实践能力的相对较低，而成为许多用人单位弃用的对象；再加上他们社会关系网的薄弱，缺乏充足的就业资源，导致许多贫困生毕业后只能成为待业青年，游荡于社会，成为影响社会安定的隐患。因此，经济困难学生的就业资助应成为当前各资助主体考虑资助的重要内容，实践中比较流行的捆绑式就业、订单式就业等就是典型的就业资助方式。

3. 增设创业资助

高等教育大众化带来的大学生“就业难”问题迫切需要社会加强对大学生的创业资助。高校作为培养人才的发源地，更需要履行其教育主体的责任。就高校来讲，主要是要加强对大学生的创业教育，通过创业教育更新大学生的就业和择业观念，培养大学生的创业素质和创业技能，引导大学生投身创业实践，更好地促进大学生的全面发展和高等教育的可持续发展。

（四）实现经济资助、心理帮扶与思想教育工作“三结合”

1. 以心理健康教育为先导，引导经济困难学生努力进取、奋发成才

解决经济困难学生的心理贫困问题首先是要帮助他们解决思想上的种种迷茫和困惑，培养健康的心态。一方面教育学生树立正确的荣辱观，引导他们不以富为荣，不以贫为耻，以平等、自信的心态融入大学生活；另一方面，帮助贫困生学会自我调适，拥有一个健康的、积极的心态，真正地把困难当成磨炼自己意志和毅力的宝贵财富。

2. 以感恩教育为重点，提倡“回报式”资助

各种形式资助措施实际上是国家、社会对经济困难学生受教育行为的投资，体现了资助者对贫困生个人的关爱，学校作为资助体系的设计者，应该教育和引导每位受助者深刻领悟和体会这种情感。通过感恩教育使他们意识到有义务作出积极的心理回应，努力完善自我。同时，通过感恩教育，鼓励经济困难学生提倡“回报式”资助。“回报式”资助有两种：一种是企事业单位为高校经济困难学生提供助学岗位，高校经济困难学生利用自己所学的知识为其服务；另一种是倡导受资助的高校经济困难学生在接受资助时作出承诺，毕业后在条件允许的情况下自愿向资助基金捐款，使基金能够滚动发展，从而使更多的高校经济困难学生从中受益。

3. 以校内勤工助学为平台，促使经济困难学生提高综合素质

学校在设立校内勤工助学岗位时，要以“助人自助”为指导思想，引导广大经济困难学生通过自身努力实现经济解困。通过设立服务型勤工助学岗位，使广大经济困难学生在为师生服务的过程中体验服务和助人的快乐与价值感；通过设立助管型勤工助学岗位，组织经济困难学生成立学生自我教育、自我管理、自我成才的团队，使他们在协助学校进行有效管理的同时，充分发挥学生的教育主体作用，激发“主人翁”意识，不断提升自身管理能力和组织协调能力；通过设立助研型勤工助学岗位，让经济困难学生协助一些部门和教师进行科研工作，培养他们的科研能力、创新能力。通过校内勤工助学这个平台，将会大力提升经济困难学生的综合素质和自身能力。

总之，高校家庭经济困难学生资助工作是一个长期的系统性工程，特别是在我国建设具有中国特色社会主义的过程中，如何构建科学、完善的社会与学校相互协调、相互补充的经济困难学生资助模式，仍将是今后一个时期高校不断研究和探索的重点。

参考文献：

[1] 张健：《新形势下高校学生资助与培养教育探析》，载《安徽农业大学学报》（社会科学版）2008 年第 3 期。

[2] 王建斌：《高校贫困生调查及解困途径》，载《经济与社会发展》2008

年第2期。

［3］王雷:《高校家庭经济困难学生资助体系探索》，载《科技信息》2008年第22期。

［4］姜旭萍、李四芬：《对高校学生资助政策落实的若干问题的思考》，载《孝感学院学报》2008年第9期。

［5］张蕊：《高校困难学生资助体系的探索与实践》，载《科技信息》2008年第15期。

［6］李雪峰、鲍玉仓、王栋：《高校贫困生资助工作存在的问题与对策》，载《河北科技师范学院学报》（社会科学版）2008年第12期。

国家助学贷款发展过程中存在的问题及对策探讨

昆明医学院 杜安强

摘 要 国家助学贷款的产生为很多贫困学生解决了经济问题，一定程度上推动了我国教育的发展，但在发展过程中也存在来自政府、银行、学校、学生等方面的问题，一定程度上制约了国家助学贷款的发展。为此，需要不断完善各项政策，提高贷款学生的认识才能有效地促进国家助学贷款的健康发展。

关键词 国家助学贷款 问题 对策

国家助学贷款是资助困难学生完成学业的重要途径，自 1999 年在上海、天津等 8 个城市试点以来，帮助了许多困难的学生完成了学业。截至 2005 年 12 月月底，全国累计已审批国家助学贷款学生 206.8 万人，累计已审批合同金额 172.7 亿元。

2003 年，第一批国家助学贷款的毕业生进入还款期，该年较低的还款率制约了银行放贷，2003 年年底到 2004 年 6 月，国家助学贷款几乎处于停贷状态。于是，政府、银行和学校都开始反思贷款过程中存在的问题，关于国家助学贷款问题的研究相继展开。

一、国家助学贷款发展过程中存在的问题

（一）对贫困学生认定具有随意性

我国目前尚无系统的评估学生贫困的相关规定，辨别学生的贫困程度主要依靠学生所在地政府证明和学生自述，因此具有一定的片面性。调查数据显示，有 37.6% 的学生认为，贷款学生所陈述的家庭收入与真实的家庭收入相差过大。

（二）国家助学贷款政策性目的与商业性行为存在矛盾

国家助学贷款的诞生体现了政府公平教育的原则，加快了人才培养的目标。但最终定位是商业性贷款，由商业银行按商业化模式操作。一方面国家助学贷款要为国家的政治服务，体现公益性；另一方面要兼顾银行投资利益，使收益最大化。国家政治目的与银行经济利益之间的矛盾制约了国家助学贷款的发展。

（三）银行成本高，收益小，投资风险大

国家助学贷款属于商业性质的信用贷款，因此审核和审批过程与商业贷款相

同，办理一笔数千元的国家助学贷款同办理数百万元的企业贷款手续相同。因此，面对金额小、笔数多、期限长、管理难、收益小的国家助学贷款，银行必须投入大量的人力和物力。

国家助学贷款的贷款学生没有任何抵押，毕业后，银行很难把握学生去向，在目前信用体系还不健全、跟踪管理手段缺乏的情况下，银行追贷难度增大，为此承担着巨大的风险。

（四）制约毕业生还款的因素

1. 认识不够，诚信缺失

由于对国家助学贷款政策缺乏有效的宣传引导，很多学生将它看成是一种教育福利。在2003年进入还款期后，违约率大幅升高，当时银行的全国个人征询系统尚未建立完全，面对违约毕业生，政府和银行束手无策。

违约之后没有任何约束的毕业生认为国家助学贷款不必严格遵守还款期限，不想还则可以不还。缺乏诚信的思想认识形成一种不良风气在社会上传播开来，影响了后来贷款的学生。

2. 就业压力影响还款能力

随着毕业生逐年增多，就业压力相继增大。从表1可知，在2001年至2005年期间，随着高校毕业人数的增加，毕业生待业人数逐年增多，从2001年的34万人增长到2005年的79万人，增幅为232.4%。

表1　2001—2005年我国高校毕业生一次就业情况统计表

项目 \ 年份	2001年	2002年	2003年	2004年	2005年
毕业人数	114万	145万	212万	280万	338万
就业率	90.0%	80.0%	70.0%	73.0%	72.6%
待就业人数	34万	37万	52万	69万	79万

原本贫困的贷款毕业生在严峻的就业形势下因各种社会原因很可能在竞争中处于不利地位。不能按期就业的贷款毕业生将无法按预先签订的贷款合同计划还款。

二、国家助学贷款发展的对策分析

（一）出台灵活的贫困学生界定办法

为顺利开展助学贷款及相关资助工作，很多高校自己制定了本校的贫困学生界定办法。从界定的对象、过程、方法上作了规定，界定过程主要采取的是学生自述与同学评议相结合的办法。尽管这些界定办法对高校完善各项资助工作起到了重要作用，但随着高校各项针对贫困学生的资助金额增大，国家助学贷款的补助力度增加，部分学生为获得资助和从助学贷款中得到实惠，在学校中故意装穷的现象已经屡见不鲜。因此，为促进国家助学贷款和相关资助工作的开展，充分显示资助过程的公平，必须有全面而灵活的界定贫困学生的办法。

县级学生资助管理中心应根据贫困学生界定办法深入学生家庭，收集、整理贫困学生的相关资料，形成完整的贫困学生档案，学生入学后，由县级学生资助管理中心将贫困学生相关材料转至贫困学生所在学校。根据贫困学生家庭经济的变化，适时更新相关档案材料，并将更新情况反馈给学校，为学校界定工作提供准确的依据。对存在特殊问题的学生，县级学生资助管理中心应积极配合学校做好深入调查工作，以确保调查数据的准确性。

（二）成立专门机构管理国家助学贷款，出台相关法律规范管理

设立助学贷款基金并成立专门的助学贷款机构进行管理。目前我国国家助学贷款业务兼有政策性和商业性目标，商业银行是以赢利为目的的金融机构，在现代市场经济体制下，不应该让商业性银行承担因政策性带来的国家助学贷款风险。设立助学贷款基金后，所需基金由中央和地方政府财政支出，也可接受社会捐赠。由专门机构管理国家助学贷款基金，在体现政策性的同时更具公益性。

为保证国家助学贷款的顺利实施，降低违约率，除依靠社会监督外还必须建立健全的相关法律法规，用法律手段维护银行利益，对恶意违约的贷款学生给予相应的法律制裁。

（三）建立系统的个人信用档案

不断完善个人征询系统，加强各银行之间的数据沟通，全国各家银行统一以个人征询系统为平台，建立个人唯一的信用档案，实现信用数据全国共享。将信用记录与日常生活及消费结合起来，对存在信用问题的学生，通过征询系统给予一定的惩罚，使其提高信用意识，注重信用记录的重要性。

建立学生在校期间信用档案。包括助学贷款、到课情况、学籍管理、图书借阅、日常用餐等，学生在校期间的信用记录作为学生参与各项奖助金评选的重要依据，并作为学生银行信用记录的参考，对在校期间信用意识较差的学生，学校可通过银行将不良信用记录记入银行个人征询系统，形成个人信用档案。

学生毕业之后，扩大个人征询系统的覆盖范围，实现征询系统在全国银行网点联网。根据信用承诺，毕业生需向银行提供所在工作单位地址、联系方式等信息。对助学贷款违约学生，可通过银行系统适时提醒，督促贷款学生按时偿还贷款。

（四）建立学生诚信教育机制

为营造诚信氛围，强化诚信意识，除依靠我们自身努力外，还必须建立诚信的约束机制。

一是正确引导，加强对诚信教育的宣传力度。学校可借助校园广播、标语、

签名等加强对诚信教育的宣传，反对不诚信行为的发生。

二是加强政治理论课建设。诚信教育是高校思想道德建设中的重要“一课”，在学校思想理论课建设的过程中，应将诚信教育方面的内容列入理论课内容，规范对诚信教育内容的管理。

三是举办专题讲座。开展与诚信教育有关的专题讲座和主体班会，就什么是诚信和怎样做到诚信展开论述和讨论。

四是开展丰富多彩的活动，以演讲、征文、游戏、小品等丰富多彩的文化节目反映诚信，展示诚信的巨大作用。

（五）拓宽毕业生就业渠道，鼓励毕业生到基层就业

随着毕业生人数逐年增加，就业压力相继加大，贫困学生在找工作的过程中，不仅面临经济上的贫困，还面临着精神上的贫困，因此学校在毕业生就业指导过程中，应重点关注贫困学生就业，帮助他们解决力所能及的问题。在平时教育和指导过程中，鼓励毕业生就业面向基层，服务边疆。广泛开展各项宣传活动，加大毕业生就业宣传力度，形成良好的宣传氛围。在贫困毕业生中实施帮扶互助活动，充分调动学校教师和贫困学生的积极性。对平时表现较好的贫困毕业生，学校或老师应主动向用人单位推荐，帮助就业。

（六）建立对提前还款学生的奖励机制

鼓励贷款学生在毕业离校前偿还国家助学贷款有利于减轻银行和学校的追贷压力。其主要做法是毕业生在毕业前通过亲戚、朋友及其他可能的人际关系寻求资金方面的支持，在毕业之前偿还国家助学贷款。学校根据学生还款金额给予学生一定金额的奖励。

提前还款行为主要有以下几个方面的好处：对贷款学生来说，提前还款免去了毕业后的利息压力，得到学校为此而付出的奖励经费。对学校而言，提前还款降低学校违约率，减轻学校长期跟踪贷款学生的负担。提前还款的奖励行为其实是把预期的风险补偿金提前转移给学生。

（七）完善对违约学生的惩罚机制

诚实守信是中华民族的传统美德，国家助学贷款的违约行为是对这种传统道德的一种践踏，因此应当受到传统道德的惩罚，对违约的学生应将其行为公示于众。

按照国家助学贷款的合同规定，对违约的学生应缴纳一定数量的滞纳金，从一定程度上处以经济上的惩罚，但这并不能对违约者产生太大的经济压力。因此，应当完善国家助学贷款的惩罚机制，对违约学生，银行应当将其诉诸法律，请求法律上的协助，并让违约学生承担为此而产生的一切费用。

对有稳定工作但仍然违约的贷款学生，应充分发挥贷款学生所在单位的监督作用，对长期拖欠助学贷款的学生，银行可请求所在单位对其进行行政上的处罚。

参考文献：

［1］万方：《国家助学贷款还贷风波的法律思考》，载《金融论苑》2007 年第 3 期。

［2］邹薇：《国家助学贷款高违约问题的资产信用分析》，载《消费经济》2005 年第 4 期。

思茅师专贫困生助困体系建构与实践探索

思茅师范高等专科学校 张 红 罗承松

贫困大学生，一般指家庭经济困难，基本生活费用和教育费用难以得到保障的学生。① 近年来，随着我国高等教育规模扩大，高校收费制度改革，高校贫困生人数日渐增多。据统计（2005 年数据），家庭经济困难学生占高校在校生总数的 20%，约 294 万人，特别困难学生占高校在校生总数的 8%，约 123 万人。②我国高校贫困大学生不仅存在的绝对数量大，而且生存状况堪忧。研究表明，相当一部分贫困生在缺乏基本的学习、生活条件和身心受损的情况下，学业上感到困难和吃力，他们或者因四处奔波打工学习时间不能保障，或者因身心压力和生活困顿而学习时精力不能集中。由此学业受损而影响其长远发展，从而成为高校中的"多困生"③。（笔者注：多困生，指经济、学业、身体、心理等各方面存在困难或障碍的学生。）高校贫困生问题已经成为一个学生忧心家长揪心、学校担心的带有普遍性的社会问题。经过多年的探索，在政府、高校和社会各界的共同努力下，我国高校已形成了由"奖、贷、助、补、减"和"绿色通道"等内容组成的贫困生助困体系，基本保证了大多数贫困生能够顺利入学并完成学业。

思茅师专地处边疆少数民族地区，学生大多数来自农村和少数民族地区，农村学生占在校学生总数的 86.4%，贫困学生占在校学生总数的 30% 以上。贫困面广，贫困程度深，贫困学生人文素养不高、基础知识薄弱，使得我校助困工作开展相对而言更加艰难，任务更加艰巨。如何保证不让一个贫困学生因为贫困原因而辍学？如何更好地帮助贫困学生顺利完成学业？如何帮助贫困学生更好地成长发展？思茅师专在构建贫困生助困体系实践过程中，对此作了一些有益思考和积极探索。

---

① 郝其宏：《关于构建贫困大学生心理解困体系的思考》，载《扬州大学学报》（高教研究版）2007 年第 1 期，第 40 页。

② 2006 年 9 月 14 日教育部第 20 次新闻发布会：《2005 年高校资助经济困难学生工作成效显著》，http://www.edu.cn/oldnews_653/20060914/t20060914_196691.shtml.

③ 韦仁忠：《关于青海省高校贫困生救助问题的思考》，载《攀登》（双月刊）2007 年第 5 期，第 79 页。

一、转变助困工作理念

一般认为，高校贫困生的困难体现在两方面：一是学费困难（涉及入学机会问题），二是在学期间的生活费困难（涉及学业维持问题）。[①] 传统的高校助困工作在给予贫困生强势关心的同时，把工作重心放在了经济性资助上，以帮助贫困生顺利完成学业，不至于因经济困难而学业受阻甚至被拒于大学门外为中心任务。高校助困工作简单经济化，不利于贫困生问题的解决。研究表明，由于经济困难、特殊的家庭背景、基础教育的差异和社会环境的影响，高校贫困生存在学习压力大、心理负担沉重、性格变异、缺乏社会关爱、缺乏社会责任感等问题。[②] 贫困生问题由“单困”向“多困”演变。因此，进一步改进和完善高校贫困生助困工作，必须从转变助困工作理念入手，关键是做到两个“重新认识”。

1. 对贫困生的重新认识

高校助困工作的服务对象是贫困生。贫困生需要什么样的帮助？搞清楚这个问题，是我们做好助困工作的基本出发点。在实际工作中，我们发现贫困生存在三个方面的需要：一是生存需要，二是成长需要，三是成才需要。所谓生存需要，是指贫困生在学期间因经济困难而导致基本生活难以维持，渴望获得物质帮助，维系基本生活的需要。生存需要是贫困生的基本需要，是保障学业顺利完成，进一步获得发展机会的前提。所谓成长需要，是指贫困生在学期间因特殊的家庭背景、教育背景、心理因素以及社会环境因素等影响而引发的身心成长障碍，渴望消解巨大压力，保障健康成长的需要，是贫困生的现实需要。成长需要能否得到满足，直接关乎贫困生是否由“单贫”滑向“多贫”的泥潭，是否能够健康快乐地成长。成长需要的满足是贫困生重拾信心、鼓起勇气战胜困难的力量源泉。所谓成才需要，是指贫困生在学期间因自身特殊的成长背景和差异，而导致学业困难，能力提升受阻，渴望获得发展机会，谋求成才的需要。成才需要是贫困生的发展需要，是贫困生改变命运、搏击生活的磐石铁臂。

2. 对助困工作的重新认识

助困工作的目标任务是什么？结合贫困生的切实需要，我们认为至少应该包括三个层次：首先是经济扶助，其次是精神扶助，最后是技能扶助。经济扶助是助困工作的基础。贫困生最基本的特征就是经济上的困难，最急迫的需要就是希望能够得到经济上的帮助。经济扶助，就是通过现有的“奖、贷、助、补、减”等五位一体的助困体系，对贫困生在物质上和资金上进行资助，帮助他们缓解经

---

① 韦法云：《关于高校困难生资助的思考》，载《高等教育财会》1999 年第 5 期，第 43 页。

② 张丽娃：《构建高校贫困大学生资助工作体系》，载《曲靖师范学院学报》2005 年第 5 期，第 112 页。

济上的巨大压力，基本满足贫困生的生存需要。精神扶助是助困工作的重点，也是难点。研究表明，贫困生所面对的压力远远超出了经济的范畴。拮据的生活是贫困生早就预料到的，但现实往往会超出他们的预想。如果说经济落差是贫困生的一种心理感受，现实中因贫困而衍生出的其他压力却是一个不可回避的事实。如校园参与压力、学习压力、角色压力、还款压力、发展压力、家庭压力等，它们弥漫在贫困生生活的方方面面，不断积累扩散。① 这些正是最令贫困生痛苦的现实感受，也是助困工作必须细致烦琐所在。精神扶助，就是采取科学的心理疏导、温暖的人文关怀和积极的励志教育等措施，营造良好的贫困生成长氛围，引导贫困生正确对待贫困，消解心理障碍，在精神上予以鼓励，在道义上予以声援，为贫困生创建一个没有歧视、充满关爱的环境，帮助他们缓解精神上的巨大压力，基本满足贫困生的成长需要。成才扶助是助困工作的最终目标。贫困生艰难求学的最终目标是为了增加未来获取成就的可能性，渴望把握改变未来命运的利器。成长成才是贫困生的最终所求。成才扶助，就是通过采取有力的措施，强化技能型勤工助学机制，为贫困生创造实践锻炼的机会，不断提升贫困生的素质和能力，促进贫困生全面发展，基本满足贫困生成才发展的需要。

二、丰富助困工作内涵

虽然各高校对贫困生群体都给予了极大关注，并且按照国家政策要求，建立起“奖、贷、助、补、减”等五位一体的助困体系，从各个方面给予经济资助，以帮助贫困生应对学习、生活中的经济困难。这种助困方式在一定程度上缓解了贫困生的经济压力，应该说也取得了一定的成效。但是，这种仅仅停留于经济资助层面的、单一的给予性资助，难以解决贫困生多方面、多层次的现实问题，难以满足贫困生健康成长成才的迫切需要。因此，必须改变助困工作结构功能单一和内容方法简单的状况。具体讲：

从目标层次看，助困工作目标可分为三个层次：初级目标（基础），即经济解困，主要解决贫困生顺利入学以及在学期间的基本生活保障问题；中级目标（巩固），即精神解困，在经济解困成果的基础上，着力解决贫困生的“精神贫困”问题，防止贫困生由“单贫”向“多贫”发展，巩固助困成果；高级目标（提升），即成才解困，在巩固助困成果的基础上，努力提高贫困生的素质能力，促进贫困生全面发展，提升贫困生自我解困的能力。

从功能结构看，助困工作的主要功能可分为三个层面：解困功能，就是说通过助困工作的开展，能够帮助贫困生基本摆脱巨大生活压力的困扰，进而摆脱由此衍生的巨大精神压力的苦恼，起到物质和精神“双解困”的作用；扶持功能，

① 洪岚、金伟、张澍：《现行助学制度下的高校贫困生情况分析与对策》，载《科技信息》2007年第35期，第70页。

就是说通过助困工作的开展，能够帮助贫困生提升自我解困的能力，发挥贫困生在整个助困过程中的主体性，起到助困者与贫困生“双向解困”的作用；育人功能，就是说在整个助困工作开展的过程中，寓教于助，抓住契机，引导贫困生树立自立自强的精神，正确看待困难，养成坚忍不拔的意志，培养高尚的情操，在潜移默化中，构建助困与育人的良性互动，发挥二者相互促进的作用。

从方式方法看，助困工作目标的层次性和功能的多样性决定了助困工作方式方法的层次性、立体性。从方式上讲，大致可分为：经济资助、心理疏导、人文关怀、思想教育、学业指导等。从学科方法上讲，涉及经济学、心理学、教育学、管理学、社会学、思想政治教育学等。从具体运用上讲，各个方式方法针对问题不同，侧重点不一样，但是，在解决具体问题时，各个方式方法又必须相互配合，综合运用，才能发挥作用。

三、开拓创新，助困育人

思茅师专于2004年成立助困办公室，2006年成立家庭经济困难学生资助工作领导小组，设立学生资助管理中心，确保学生资助工作在人、财、物等方面全面落实到位，为学生资助工作顺利开展提供了有力保障。在实际工作中，思茅师专坚决贯彻执行国家的有关政策，建立了以国家助学贷款为主体，勤工助学为主导，奖、助、补、减、免、缓、城市居民最低生活保障为一体的助困体系。2008年思茅师专贫困学生共获得国家、省、市、学校资助金额共计4 242 805元。其中，贫困学生获得国家、省政府奖学金199人，占学生人数的4.4%，共计978 000元；获得国家助学金1 291人，占学生人数的28.5%，共计2 381 500元；获得国家助学贷款269人，占新生人数的20%，共计1 898 000元；为贫困学生办理城市居民最低生活保障373人，占学生人数的8.23%，共计595 370元；办理临时生活补助4 528人，占学生人数的100%，共计746 560元。这些，为思茅师专广大贫困学生顺利完成学业提供了有力保障。

同时，思茅师专结合自身实际，确立了“经济上予以资助，生活上予以照顾，思想上予以指导，学习上予以帮助”的助困工作方针，提出“资助有保障，身体有健康、心理有自信、人生有未来”的助困目标，力求从多个方面和不同层次丰富助困工作内涵，满足贫困学生多方面、多层次需求，努力开创助困工作新局面。

1. 积极拓展资助新渠道

按照国家有关政策要求，思茅师专建立起“奖、贷、助、补、减”等五位一体的助困体系。2008年助困经费预算金额按学校事业收入提取5%，共计4 890 705.29元。但是，面对贫困面占到学生人数30%以上的贫困学生，助困资金显然是不充裕的。在现有资金规模基础上，怎样拓展资助新渠道？思茅师专作了大胆尝试。通过学校努力，在普洱市人民政府的大力支持下，自2004年开始，我校农村特困学生获得享受普洱市城市居民最低生活保障资助，至今获得此项资助的农村特困学生已达1 200余人次。其中，2008年有373人获得此项资助，金额共计595 370元。

2. “奖”、“助”功能区分，优化助困体系

现行的高校贫困生资助体系存在分类不合理，功能界定不清晰的问题。有学者指出，“奖学金”的设立是为了鼓励品学兼优的学生，部分高校在评定过程中向贫困生倾斜，这有悖奖学金设立的目的。“补、助、减”与“勤、贷”也应分两个类别，因为前者是无偿的，后者是有偿的，放在一起运作是不公平的，而且资助主体与客体的权利与义务关系也难以确立。① 如果这些问题得不到有效处理，容易助长贫困生的依赖思想和投机取巧观念，引起部分学生的心理不平衡，甚至产生“假”贫困生。在构建思茅师专贫困生助困体系过程中，学校提出分类分层，突出“奖”、“助”功能区分原则。“奖”就是将品学兼优作为评选获得奖学金的硬件条件，引导贫困学生通过努力以优异的成绩获得奖学金，把鼓励优秀学生与资助贫困学生有机结合起来。“助”则是针对表现一般、成绩一般的贫困学生，通过城市最低生活保障及专项困难补助等普惠式的扶助机制进行资助。做到既能鼓励品学兼优的优秀学生，又能帮助特定的困难弱势群体；做到既区别对待，又能兼顾奖助结合。

3. 加强人文关怀，助困与育人并举

高校不仅是传授知识的场所，也是使大学生走向心理成熟、向社会人过渡的重要场所。对于贫困学生来讲，学校、班集体、宿舍是其学习与生活的主要环境，也是除家庭之外的主要社会支持。学校良好的校园文化、人文环境，团结友爱的班集体、宿舍，对于贫困生保持身心健康是很重要的支持。充满活力、积极向上、团结协作、宽松友好的和谐校园，有利于驱散笼罩在贫困生心上的孤独、寂寞、压抑的心理阴影，让他们感受到集体的温暖，倍增战胜困难的勇气和信心。

思茅师专在贫困生助困实践过程中，开展了大量细致具体的工作。新生入学时，开通“绿色通道”，让家庭经济困难学生通过“绿色通道”顺利入学。入学后，各系认真开展贫困生调查，建立贫困生档案，使助困工作更具有针对性。每当冬季来临天气转寒时，学校都要为衣被单薄的困难学生添置保暖内衣或棉被，让他们感受到来自学校的温暖。在毕业生离校之际，家庭经济困难的学生都能得到学校的真情帮助，让他们带着学校对他们的关心，怀着对学校的感激走向社会。每年6月的第一个星期三是思茅师专的“同舟·爱心扶助日”，学校“同舟·爱心扶助基金会”会在这一天集中开展一次全校性的自愿为家庭经济困难

① 李京彬：《建立和完善高校贫困生良性资助体系》，载《河北职工医学院学报》2007年第4期，第76页。

学生募捐的活动。同舟共济，心手相牵，互助友爱，真情相依，共建一个相互关爱的“爱心扶助”家园。①

不因事小而不为，不因烦琐而烦心，从细微之处做起，加强人文关怀，于无声中实现助困与育人并举。思茅师专英语教育51班辅导员罗恒菊在《助学金评定班会有感》中写道：“与其说这是一次班会，倒不如说这是同学与老师、同学与同学之间的一种交流、一种感动、一种爱的传递。在此，我们了解了很多同学的家庭背景，我们为一些同学失去了一个完整的家庭而深感痛惜，我们更应该珍惜自己拥有的幸福。这次班会传达出的温情时时洋溢在我们心间。在未来的日子里，这份爱心传递的余波仍会荡漾。”

参考文献：

[1] 郝其宏：《关于构建贫困大学生心理解困体系的思考》，载《扬州大学学报》（高教研究版）2007年第1期。

[2] 2006年9月14日教育部第20次新闻发布会：《2005年高校资助经济困难学生工作成效显著》，http：//www. edu. cn/oldnews_ 653/20060914/t20060914_ 196691. shtml.

[3] 韦仁忠：《关于青海省高校贫困生救助问题的思考》，载《攀登》（双月刊）2007年第5期。

[4] 韦法云：《关于高校困难生资助的思考》，载《高等教育财会》1999年第5期。

[5] 张丽娃：《构建高校贫困大学生资助工作体系》，载《曲靖师范学院学报》2005年第5期。

[6] 洪岚、金伟、张澍：《现行助学制度下的高校贫困生情况分析与对策》，载《科技信息》2007年第35期。

[7] 李京彬：《建立和完善高校贫困生良性资助体系》，载《河北职工医学院学报》2007年第4期。

[8] 思茅师专“同舟·爱心扶助基金会”捐款倡议书。

① 思茅师专“同舟·爱心扶助基金会”捐款倡议书。

贫困大学生界定与高校助贫工作新探

——以西南林学院为例

西南林学院 刘沧山 赵 昊

摘 要 分析大学贫困生身份难以确定和缺乏助贫配套措施的问题，西南林学院助贫工作机制有效解决了这两个问题：学生民主互评为主界定贫困大学生，实施针对性的措施帮助贫困大学生。为其他高校提供了具有借鉴意义的范本。

关键词 大学贫困生资助 大学贫困生界定 配套措施

学生资助制度有利于贫困学生获得同等的入学机会，降低贫困学生的辍学率，有利于贫困学生形成健康的心理和积极的人生态度。解决好贫困大学生的经济困难是我国政府的责任，而具体资助贫困生的工作具体开展在于高校，它直接关系着我国高等教育事业的持续、健康发展和学校乃至社会的稳定，关系到高等教育收费制度改革的发展，直接关系到广大公民机会均等地接受高等教育的权利。目前，贫困大学生助学金来源主要有国家奖助学金、省政府助学金、社会组织和个人捐助的资金以及学校上年实际学费收入的10%。

一、高校贫困生资助工作存在的问题

为解决贫困大学生入学困难问题，帮助贫困生顺利完成学业，国家实施高校贫困家庭学生资助政策。积极贯彻执行国家政策，从解决贫困生的实际问题出发，以国家助学贷款为主的包括“奖、贷、助、补、减”在内的贫困生资助体系和“绿色通道”在各地高校逐步建立起来，也取得了显著成效。但是，高校在贫困生资助工作还面临着以下一些困难。

（一）“贫困大学生”难以准确界定

贫困生判定的计量标准难以确定。在贫困大学生资助工作中，如何界定贫困生在全国不可能有统一的标准，各校甚至是各专业之间也难以做到统一。只有弄清单位时间内学生家庭的收入及平均生活费用，再比照学校所在地的居民平均消

费水平，才能确认学生贫困与否和贫困的程度①。由于资助是无偿性的，学生争夺激烈。贫困生判定的计量标准不清导致或多或少存在一些不太合理的情况，要么是失之公平，要么绝对平均化。

贫困生依据真实性越来越值得怀疑，越是家庭背景优越的学生越容易得到贫困证明，贫困大学生里甚至出现了冒牌货，真正的贫困生没有得到资助，而冒牌贫困生却凭着证明领到“补助”。李慧勤的调查研究指出，对于经济困难学生资格认定的公平、公开和公正程度，问卷中学生有以下三种回答：认为“是”者占27.2%，“否”者占32.5%，“不知道”者占40.3%。2004年新学期开学注册时已经出现较往年多的“经济困难学生”不实现象。甚至有学生戏称“绿色通道”为“逃费通道”②。另外，有的贫困大学生出于强烈的自尊，不愿让人知道自己贫困的事实，忍耐和煎熬地继续学业，如果事实被公开，即便受到资助的他们也会拒绝，从而使一些该资助的贫困生没有得到资助。

有的学生则认为“不要白不要”，夸大贫困程度，使不该资助的学生得到资助。不贫困的学生“装贫困”、“要贫困”、“争贫困”的现象与贫困生“装富裕”、“摆阔气”、“拒绝资助”的现象形成鲜明对比，有人曾这样说：“从表面上看，那些假贫困生比真贫困生还要贫困。”并呼吁：“贫困生资助也要打假!”这种种情况，严重地破坏了教育公平，产生极其恶劣的影响。所以贫困大学生的准确界定关系着高等教育入学机会的均等、高等教育过程的公平。

（二）贫困大学生资助工作缺乏配套机制

贫困大学生思想状况复杂，对贫困大学生的教育和关注缺乏。首先，由于父母之间的职业、地位、身份、收入方面的差异以及学杂费、生活费、不良舆论和自身意志力的影响，在高等教育的每一个阶段都有可能因难以承受而成为失败者。同时，父母和家人为了供其上学，节衣缩食、生活窘迫，这些情况极容易给大学生造成巨大的心理负担，进而影响大学生的心理和人格，出现在人格方面的自卑、孤独、离群现象。其次，贫困大学生与一般同学相比，在英语、计算机等文化基础方面存在不足，在社会交往方面缺少锻炼，在知识面和视野方面也有局限，学校没有能够在这些方面给予贫困大学生有针对性、时效性的帮助和关心。最后，困难补助、减免学费和社会资助有强化依赖心理的负面影响③，导致有些贫困大学生等、靠、要，不努力学习，放纵自己，没有把他救和自救很好地结合起来。

---

① 贾克水、马景伟：《资助贫困大学生工作的问题与对策》，载《山西财经大学学报》（高等教育版）2004年第7期，第55页。

② 李慧勤：《高校经济困难学生资助政策实证研究》，载《经济参考研究》2005年第58期，第37页。

③ 吴庆：《中国城市贫困大学生救助政策研究》，载《中国青年政治学院学报》2004年第3期，第32页。

贫困生在得到资助以后，缺乏政策合力，没有建立相关的监督措施、管理制度来保障贫困生健康成长和积极学习，没有达到让贫困生完成学业的初衷；很多贫困大学生贷款难以还清，给学校正常运行造成巨大压力，造成恶劣的社会影响，出现大学生社会诚信危机。

二、西南林学院助贫工作机制

（一）界定贫困大学生：学生自评，民主投票

西南林学院按照教育部规定实行“绿色通道”制度，即让经济困难的新生一律先办理入学手续，然后再根据核实后的情况，分别采取不同办法予以资助。

西南林学院采取学生自评、民主投票的方法界定贫困生。在新生入学两个月后先由学生“毛遂自荐”，由本人提出书面申请，提供相关证明，然后学生自己互评（学生根据申请者平时的生活水平、消费状况进行评议，而且在入学两个月后评议，半年再复评）、民主投票，最后经院系领导审核确定贫困生及其贫困程度。在入学后两个月评审可以让同学有一个相互了解的过程，朝夕相处以后学生心里知道班上哪位同学最为贫困，各位同学贫困程度怎样，这样更容易选出最应该得到补助的贫困生。再加上民主投票，可以威慑想做假贫困证明的学生，使其顾忌同学的评价而不敢“作弊”；如果真正的贫困生获得了助学金，他们将对同学、班级、学校有一种感激之情，整个过程对所有同学都是一种积极向上的教育。

名单确定以后，进行公示，半年复评一次，保证贫困生界定无误，并对其贫困程度作出了相应的界定，给予全校5%的特困生每月300元的补助，给予10%的贫困生每月180元的补助，给予20%的一般贫困生每月100元的补助。学生互评使学生有知情权、参与权，操作透明、公平、公正，同时还可以威慑作假学生，保证和鼓励真正的贫困大学生努力学习。

（二）制度保障：高校助贫工作的配套措施

1. 从心理上和精神上重视、加强贫困生教育管理

西南林学院十分关注贫困生的发展，定期开展贫困大学生思想政治教育，再结合个别辅导。工作开展的出发点都要考虑到是否符合贫困大学生发展的特点，在救助方式上是否能够促进贫困大学生健康成长；大学生处在生理、心理的全面发展期，有着很强的受尊重、追求平等和个性、追求知识的需要。救助政策应该能够满足而不是阻碍这些发展。针对贫困生产生的原因及其特点，深入细致地做好贫困生的思想和心理教育工作，把握他们思想和心理变化情况，帮助他们正视贫困、克服自卑心理、杜绝经费依赖，并把贫困转化成学习动力，培养自立自强精神。学校更进一步重视和关心贫困生的学习和生活，为基础相对薄弱的贫困生创造更为有利的学习环境。

学校还采取多种方式，加强对学生的诚信教育，加强相关信息系统化建设，

逐步建立学生信用档案管理制度，积极、主动配合经办银行加强贷后管理，努力降低本校毕业借款学生的贷款违约率，降低国家助学贷款风险。

2. 奖学金、助学金分开评审，并可同时得到奖学金和助学金

有调查显示：贫困大学生不容易获得奖学金。由于学习基础的问题，他们在最后获得资助时呈现出弱势，特别是对于那些来自教育基础落后地区的同学则尤为明显。同时，有些高校的国家奖学金常常只能是困难大学生得，优秀学生心理不平衡①。而且很多高校为了缓解矛盾，便采用"先来后到、轮流享受"，"去高留低、平均享受"等方式评奖学金，所以得到贫困补助的优秀大学生很难再得到奖学金。而西南林学院完全把奖学金和助学金分开，并可同时得到。学业成绩优异的贫困生不仅能得到助学金，还可以得到奖学金；成绩优秀的非贫困生也能顺理成章地拿到奖学金。不管是对贫困生，还是对全校学生，这项配套措施极大地提高了他们学习和课外活动的积极性，为良性竞争创造了条件，学校学习风气大有改观。同时，理顺了学生关系、缓解了学生矛盾，为建设和谐校园打下了坚实基础。

3. 被资助贫困生义务工作

根据实际情况西南林学院出台"西南林学院勤工助学志愿服务岗位管理办法"。不同于勤工助学岗位的是，西南林学院的被资助贫困生要为学校做一些简单的义务工作，利用每周课余时间，参加半天到一天的勤工助学志愿服务，如：校园绿化美化、校园保洁、治安执勤、图书资料协管等。原则上，特困生和较为贫困生由学校统一安排，一般贫困生由各院系部安排。

对被资助的义务工作学生奖勤罚懒：虽是义务劳动，但是每月全勤出席、服从安排的奖励 20～30 元：对不服从管理，无故缺席的一次警告、二次批评教育、三次扣发当月贫困补助、再次无故不参加者直接取消被资助资格。这样再结合对贫困大学生的教育，使贫困大学生在学习之余能够锻炼沟通能力和社会实践能力，既培养了他们的社会责任感，又为学校作出了贡献，且节省了一定的人力和财力。

4. 特殊困难学生减免学费

根据出台的西南林学院特殊困难学生学费减免实施办法，对烈士子女、父母双亡的孤儿免除 100% 的学费；对优抚家庭（革命伤残军人）子女，老、少、边、穷地区家庭经济特别困难学生，特少民族减免 50% 的学费；对家庭经济困难的残疾人及残疾学生，减免 30%～50%；其他特殊情况学生，根据国家相关政策，视具体情况处理。对被资助的特困学生进行监督抽查，严惩弄虚作假者，并须全额补交被减免费用。在校园内创造一种团结互助、关心、关爱的环境，发起学生助贫活动，让特困学生感受到师生和学校的温暖。这本身就是对学生的一

① 周文良：《浅谈高校学生资助制度》，载《教育与经济》1996 年第 1 期。

种教育。

5. 所欠学费转为校内贷款，不影响贫困毕业生找工作

很多高校在毕业生交清所有学费后，才发予学位证。而西南林学院以学生为本，充分相信学生，将所欠学费直接转为校内贷款，让贫困毕业生拿到学位证顺利毕业，从而不影响学生就业。其具体做法是：给当年毕业生总数的1%的学生发放校内无息贷款，贷款额度限制在毕业生个人四年总学费的30%以内，贷款直接缴纳所欠学费，最长期限5年。学生经济困难、学业表现良好者提出申请，由院系领导审批，最后与学校签订贷款合同。贫困毕业生校内贷款不是每个毕业生都能申请的，只有交了大部分学费的学生才能申请成功。不仅保证毕业生按时毕业，顺利拿到毕业证和学位证，不影响他们找工作，又能在一定期限内偿还学校贷款，提高了还贷率，还督促学生尽力在毕业前交清大部分学费，使学校资金周转更灵活。

三、西南林学院助贫工作机制的意义和价值

西南林学院助贫工作机制效果显著，而且还在继续摸索之中，但是它有着科学性、准确性、高效性和可行性的特点，具有极高的推广价值和借鉴意义。

对贫困学生个体而言，西南林学院助贫工作机制真正应该得到资助的学生获得了补助，让他们享有更充分的、均等的入学机会，是学校、社会、国家给予了学生的一种希望，保证他们更加努力地完成学业；义务工作不仅培养了学生社会服务观念和社会责任心，还锻炼了学生社会适应能力，培育学生的公民良心，更让学生学会感谢、学会爱心，是大学生素质教育方式的一种拓展。

对高等学校而言，西南林学院助贫工作机制形成了完整、科学、有效的救助体系，对不同贫困程度学生的不同求助政策，有利于整个贫困大学生群体的成长成才和全面发展，是对学生的一种诚信教育，能杜绝不良风气，创造良好的校园环境；增强了学生还贷意愿和效率，提高了学校经费的运转能力；是学校正常运行的保障机制之一，提高了学生学习积极性，在校内创造了一种民主、公平、公正、公开的气氛；是贫困生界定的一种有益探索，为其他高校的助贫工作提供了可借鉴的范本。

对整个社会而言，西南林学院助贫工作机制对贫困生的准确界定使不同阶层家庭的子女有了互相了解的机会，为学校提供了多元文化交流的平台，创造校园活力。它还是贫困生参与高等教育的重要保证，使下层劳动人民子女有一个向上流动的机会，是教育公平的理念延伸和实践探索。西南林学院助贫工作机制很好地体现了社会主义制度的优越性，对构建和谐社会，社会稳定，确保高等教育高效、快速、持续发展有重要的意义。

四、有待继续完善的实践和研究

有调查表明①，对国家助学贷款制度了解的学生比例最高（知道者约占55%）。对该政策的了解渠道83.56%是靠教师的宣传。低收入家庭的学生对国家助学贷款的了解程度比高收入家庭学生高。而关于国家助学贷款的申请程序，有7.54%的学生表示很了解，有14.37%的学生表示比较了解，有近50%（49.48%）的学生不太了解，有28.61%的学生表示不了解。其次是对高校优秀学生奖学金、勤工助学、困难学生补助、国家奖学金（知道比例略高于40%）的了解；再次是对专业奖学金、减免学费（知道比例约占25%）的了解；最后是"绿色通道"政策（知道比例仅为10%）。学生对资助政策的了解程度，高年级高于低年级；男生高于女生；重点院校高于普通院校。不断完善助贫工作要求：

首先，加强贫困大学生资助的宣传工作，降低贫困学生失学率。在录取通知书上应附有贫困大学生资助的相关措施、条件等，注重多渠道介绍高校的资助政策比如班级会议、讲座、与老生座谈或者借助新闻媒体等。

其次，"老生—新生帮扶"。新生入学到大学一年级是困难学生最困难的时期，因为在这个时期学生对相关政策不了解，对环境陌生缺乏相应的渠道和勤工俭学的技能。因此学校可以建立"老生—新生帮扶"重点救助政策，让受助的高年级学生帮助新生，从经历共享到政策宣传到学校生活的方方面面。

再次，勤工助学和义务工作的继续探索：主要指工作岗位的开发。使贫困生能够获得更多的工作机会，同时能够减少学校的成本，提高管理的效率和办学水平，整合资源开发新岗位。比如西南林学院与云南某地方政府合作，派遣学生参加山体面积测量，使学生在专业上得到实践锻炼，又能得到一定报酬。

参考文献：

[1] 贾克水、马景伟：《资助贫困大学生工作的问题与对策》，载《山西财经大学学报》（高等教育版）2004年第7期。

[2] 李慧勤：《高校经济困难学生资助政策实证研究》，载《经济参考研究》2005年第58期。

[3] 吴庆：《中国城市贫困大学生救助政策研究》，载《中国青年政治学院学报》2004年第3期。

[4] 周文良：《浅谈高校学生资助制度》，载《教育与经济》1996年第1期。

---

① ［日］小林雅之著，王杰译：《生资助和高等教育机会均等——对中日美三国的比较分析》，载《教育与经济》2005年第3期。

[5] [日] 小林雅之著，王杰译：《生资助和高等教育机会均等——对中日美三国的比较分析》，载《教育与经济》2005年第3期。

[6] 李慧勤：《高等教育收费与学生资助的实证研究》，华中科大博士学位论文，2004年。

[7] 胡银环：《试论学生资助制度在实现教育公平中的作用》，载《教育与经济》2000年专辑。

高校助困工作的公平性及有效性浅析

昆明学院　张晓鸥

摘　要　时代的进步促进了我国教育地位的提升，随着当今全国各高校扩招力度的加大，高校大学生助困问题也成为国家及社会广泛关注的焦点之一。根据部分高校助困工作开展情况进行分析，做好大学生助困工作，在注重助困效率的同时也要兼顾公平，尤其要注重公平。在此过程中，班主任及辅导员必须要着重做好全面了解学生贫困情况、及时把握贫困生思想动态和监督助困金使用几方面的工作。

关键词　高校　助困工作　公平　效率

随着时代的发展，在我国改革开放浪潮的推动下，人们的物质文化生活发生着日新月异的巨大改变，自我党召开十一届三中全会后，“科教兴国”和“人才强国”成为促进我国发展的重要战略之一，自然，国民教育的建设也就被摆上了优先发展的战略地位。近年来，在国家的重视和支持下，我国的教育事业在蒸蒸日上地发展和前进，尤其在高等教育方面，随着各大高校规模的扩大、师资力量的增强，对于学生录取的比例方面也就在不断地增加。诚然，这对于培养高科技、高水平、高素质的大学生来说是有极大的促进作用的，但是，招生率的提高同时也给高等教育带来了更多的问题，其中如何资助数量日益增多的贫困大学生就是目前高校中较为突出的焦点问题之一，这也是当前社会广泛关注的焦点和热点问题之一。

目前，为解决高校助困工作这一难题，教育部、各级政府及各高校已经初步建立起由奖学金、学生贷款、勤工助学、困难补助、学费减免等内容组成的资助经济困难学生的政策体系，除此以外，许多社会团体、知名人士，甚至一些普通公民也都纷纷伸出了援助之手，以期能以不同形式、不同数额的贫困补助帮扶、支持贫困学生完成学业。但是，对于数量庞大的贫困生群体来说，贫困补助的名额及资助金额毕竟有限，并且对于学费较高的专业的贫困生来说，如艺术类专业，往往好不容易争取到的一笔贫困补助也仅仅只是杯水车薪。

所以，如何解决好贫困生的助困问题，使有限的贫困补助能够最大限度地发挥其应有的作用，是高校学生工作者在处理助困工作时首当其冲应该考虑的问题。因为把握好高校助困工作的公平性及有效性不仅关系到党的方针政策的落实，同时也关系到和谐校园的建设，更关系到社会的稳定。

那么如何才能把握好高校助困工作的公平性及有效性呢？根据我院助困工作实际开展的情况进行分析，我院自2008年9月正式由原两所高校合并成立以来，学院学生处根据教育部的相关政策，制定了一套符合我院实情的、有利于我院学生工作开展的学生评先助困办法，其中明确规定了对先进个人评选及奖励办法、资助贫困学生工作实施办法、新生入学“绿色通道”工作细则、学生勤工助学管理规定及国家助学贷款管理办法等。同时，学生处还根据《教育部、财政部关于认真做好高等学校家庭经济困难学生认定工作的指导意见》的文件精神，结合我校实际，制定了对家庭经济困难学生的认定办法，该办法规定：在每学年学期开学之初（新生4月份内，老师9月份内），各系各班凡符合条件的同学均可提交家庭经济困难认定申请，各系以年级为单位，成立以辅导员任组长、班主任及学生任成员的年级认定评议小组，对申请者进行民主评议，评议结果经系内公示无异议后再上报学生处进行审批。并且学院和系每学年都要对已认定的贫困生进行资格复查，核实贫困生的受助情况。此办法的执行可以说很大程度上降低了班级评选贫困生的难度，也为各系、班能较顺利地完成助困工作提供了参考标准和实施方法。但是，这样的规定执行下来，在学生中甚至部分教师中仍然会有不同意见反映，综合起来，主要就是针对以下两个问题存有疑义：第一，被认定为“贫困”的学生是否真的“贫困”？第二，在获得种种贫困补助后，这些贫困生是否真的全部用来投资学业？

的确，作为高校学生管理工作者来说，无论是班主任、辅导员或是专管学生工作的部门领导，都是无法确切、肯定地回答这两个问题的。但这并不是由于我们工作的不利，而是因为完成此项工作的过程中，存在太多复杂、困难的因素，导致助困工作经常都会出现所谓的“出力不讨好”的局面。常常有班主任在评定过程中提出意见说：“学生的贫困情况仅凭一张家庭经济情况调查表就可以说明吗？在州、县上，要盖一个这样的证明章实在是太容易了，而我们又不可能全省各地地每一处都实地调查！”“现在班主任真是难做啊，评定了这个同学，另外一个条件差不多却没有评到的又不高兴，为什么助困名额就不能再多点呢？”“各类励志奖学金既要品学兼优又要家庭贫困，只可惜真正贫困的同学条件又达不到，真是爱莫能助啊！”除此以外，学生们之间也经常讨论，甚至有些直接向院、系领导反映说：某些同学在领取了贫困补助后并不是真正用于学习，而是用来买手机、上网吧、谈恋爱，宁可欠着学费，也要让自己玩得不亦乐乎。

类似这样的异议还在层出不穷地反映出来，对我们开展好助困工作造成了一定的阻力。所以，对于每一位学生工作者来说，做好高校助困工作，必须注重效率又要兼顾公平，尤其是兼顾公平，这就是我们迫在眉睫要进行思考的事情。

我院学生处公布并正在实施的这套学生评先助困办法，是在原两校助困工作的经验及基础上，加以改进、修订的新办法，可以说是兼顾了两校学生不同专业、师范及非师范生的情况的一套科学而有效的办法。各系、各级学生工作者如何能在助困工作中把握好此办法的精神，发挥其优点，把助困工作真正落到实处，在提高效率的同时又能最大程度地实现公平，笔者认为，应该做好以下几点。

一、发挥班级基层组织作用，在学生干部中建立考察、监督小组

“你曾对我说，相逢是首歌，歌声是春天的太阳，歌手是你和我。”一个班级，班上的每一位同学都来自全省甚至全国不同的地方，在新的校园中由陌生变熟悉，由同学成朋友，可以说，除了他们的父母，最了解这些学生的生活、行为及心理状况的，就是这些朝夕相处的同学们。除《家庭经济情况调查表》中的表述及与其家长通话所能了解的情况外，我们还可以通过与班级同学，尤其是学生干部谈话，来全面地掌握待评定或已受助学生的实际生活水平及其他方面的表现。为此，作为班主任或辅导员来说，必须培养出一批思想端正、态度认真、工作负责的班级学生干部，并建立班级助困考察、监督小组，以便在平时的学习、生活中，通过他们来了解每位同学的基本信息，督促受助学生正确、有效地使用助困金。同时，班主任或辅导员也应该身体力行，要经常性地深入班级、深入宿舍，与同学们相处和交流，观察他们的衣食情况，了解他们的实际经济生活水平，这样才能更全面地掌握班级同学的真实情况，以便在进行贫困生认定或助困金评定工作时，能中肯地、宏观地把握评选方向。

二、发挥学生管理工作特长，做好贫困学生思想政治工作

大部分贫困生虽然都是因为家庭经济条件的确困难，对他们的生活、学习质量和身心健康造成了一定的影响而申请贫困补助，但是，也有少部分亚贫困同学存在“不拿白不拿”的心理，在自身条件优于其他贫困生的情况下，仍然要争取补助，占用名额。除此以外，还有部分贫困生因为生活水平较差，自卑心理强烈，成为经济和心理的“双困生”。因此，做好这两类贫困生的思想教育工作，在助困工作中也是非常重要的一项任务。辅导员、班主任应充分发挥学生管理者的作用，本着对学校负责和对学生负责的态度，在详细了解掌握本班贫困生的总体情况和个体情况后，深入实际，对症下药，重视对贫困生的心理疏导，帮助他们思想上“脱贫”。对于有“不拿白不拿”的心理的同学，要对他们多进行诚信教育及自强信念的竖立，引导他们正确了解助困的意义，鼓励他们礼让互助、奉献爱心，把机会留给真正需要帮助的同学。而对于所有贫困生，要积极为他们开展挫折教育、成功教育和自立自强教育，培养他们自尊、自信、自立、自强的意识，打消“等、靠、要”的念头，在缓解他们心理压力的同时，促进其个性健康发展，积极乐观地面对生活。

三、建立完善的贫困生档案，做好助困金使用的监督工作

班主任或辅导员对于已获得贫困补助的同学，要及时建立健全贫困生个人档案，对其获助类型、获助金额、获助原因及享助时限等信息全面掌握，以便再次评选获助对象，不会出现重复享受、集中获助等情况。并且，自获助之时起，班主任或辅导员还要对受助学生的生活、学习情况进行跟踪把握，尤其要做贫困助学金“专款专用”的监督工作，要不定期地随机抽选一定比例的受助学生，通过深入宿舍了解其日常生活消费情况，以电话、信函、家访、与学生交流等方式落实助困金的使用情况，以免有同学在获助之后，将其挪作他用。

帮扶、救助贫困大学生，不是一朝一夕的事，而是国家、政府以及学校的一项长期工作。对于解决贫困生的问题，我们每一名教育工作者都有义务、责任去进行积极而有益的探索，以上仅是几点对高校助困工作的浅显建议，相信每个学校都能根据自身条件，“因校制宜”，走出一条符合自己学校特点的资助贫困大学生的道路，就让我们为真正实现“不让一个贫困学生因经济困难而辍学”的工作目标而努力，为构建和谐校园、和谐社会作出应有的贡献。

坚持学生为本
全面落实我校学生资助新政策体系

曲靖医学高等专科学校 杨卫东

我校是2006年2月经教育部批准由原曲靖卫生学校升格为曲靖医学高等专科学校，现有全日制在校学生4 728人，其中专科学生3 474人，中专学生1 264人，分别来自10个省、市。近些年来，学校始终坚持“学生为本”的学生管理工作理念，不断创新学生资助工作方式方法，学生资助工作成效明显：没有一个学生因奖、助学金问题到学校告状或上访，也没有一个学生发短信来反映问题，受到了省、市有关部门的肯定。现就我校落实学生新资助政策体系的有关情况汇报如下。

一、夯实一个“基础”：做好一年一度的贫困生认定工作

（一）建好贫困生档案

每年新生入校后，我们想方设法多渠道主动收集贫困生信息，按照学生总人数的35%的比例确定贫困生人数，并在第一学期期末初步建好贫困生档案，同时把贫困生档案作为有贫困要求的各类奖、助学金、国家助学贷款等的主要依据，以避免推荐评选时产生过多的人为干扰因素。通过多种方式确定学生的贫困情况：一是通过新生报到缴费情况掌握一部分家庭确有困难的学生名单。二是要求辅导员、班主任深入学生中间做细致工作，全面了解学生家庭情况。三是在第一个学期结束时由学生根据一个学期以来的相互了解进行一次学生评议。四是对极少数情况进行电话或函件咨询核实。

（二）建立临时困难学生的档案

凡本人或家庭其他成员遭遇重大天灾、人祸或疾病等意外事故从而引起家庭经济发生困难的学生，经过一定的确认程序可根据实际情况进入临时困难学生档案，并且，学校每年至少拨出5万元的特殊困难补助，用于对这类学生的资助。

（三）对建有档案的学生实行动态管理

如果有吸烟、酗酒或长期高消费现象的，则及时清除出档案，以确保档案的真实有效。尤其是学生的困难程度，考虑到家庭贫困证明基本上都能想法开具，所以我们一方面依据有生源地民政部门认可的家庭经济状况证明，另一方面，充分依靠班主任、辅导员对学生平常的衣、食、住、行和其他同学的反映来判断，

尽量准确细致。学生处对各系上报的贫困生的基本材料还要进行反复认真地审核，凡属发现有不符合贫困生要求的，则马上从贫困生档案里清除。

二、抓住两个“关键”

（一）联系实际，细化条件

我们在吃透上级有关学生资助政策文件精神的基础上，联系我校和学生实际，将受资助学生的评选条件进行细化，制定了《曲靖医学高等专科学校奖、助学金评定补充规定》。如针对国家奖助学金、省政府奖助学金等，我们附加了申请对象必须无抽烟酗酒、无违纪行为等条件。如在国家助学贷款工作方面，明确贷款额度，细化贷款条件，学生资助管理给各专业系分了一个大致的指标，各系根据指标在申请的学生中根据困难程度、平时表现、学习成绩、欠交学费等情况进行认真的选拔。

（二）严格程序，确保公正

我们在各级会议上反复强调：“评定时一定要体现民主、公平、公正，并落实责任制，如果不公平、公正，搞暗箱操作，弄不好就会引发学生的群体性事件，谁也担不起这个责任。”因此，校系两级成立奖、助学金评定领导小组，并且要求学校纪检领导和各党支部纪检委员参加到评定工作中来，我们根据各系学生人数所占的比例，将指标分到各系，各系再将指标分到各班，学生处和各系不允许也没有留一个指标。我们的程序是：①学生个人申请；②班级民主评议；③系部初审，公示三天；④学生处复审，再公示三天；⑤公示无异议，确定获得者名单，上报省教育厅。

三、注重三个“结合”

（一）将高校学生资助工作与加强思想政治教育工作结合起来

在学生资助工作中，我们努力将学生的资助工作与学生的思想政治教育工作有效地结合起来，我们在加大向全校学生开展新资助政策体系宣传的同时，特别注重加强对学生的示范教育、感恩教育和诚信教育。一是注重加强对国家助学金、国家励志奖学金、国家助学贷款等获得者的感恩意识教育。二是注重发挥国家奖学金、国家励志奖学金等获得者的典型示范教育。我们有针对性地选取其中事迹感人、有教育意义的人物典型，通过网络、橱窗等渠道，加强宣传，充分发挥他们在全体学生中的模范教育作用。三是在国家助学贷款方面，我们特别强化学生的诚信教育。如播放“贷款助学信用助人”的诚信教育专题片，给贷款学生发放《大学生诚信读本》并组织学习等。通过这样的教育，让学生充分了解新资助政策体系给自己带来的好处，充分体会到党和政府的关怀，从而将其转化为努力学习、回报社会的动力。

（二）将加大学生资助力度与加强学校管理结合起来

高校学生资助新政策体系是党和政府在新形势下探索出来的支持高校贫困学生的有效途径，因此，落实资助新政策体系我们责无旁贷，同时，如何把党和政府对大学生的资助转化为社会效益，为社会培养有用的专门人才，我们特别注重将加大贫困生资助力度与加强学校管理有效结合起来。一方面，积极拓展校内、校外各种资助资源，加大资助金额；另一方面，又将各种资助措施与学校的各种规章制度以及学校的教学、科研、管理工作紧密联系，着重培养贫困大学生的自强、自立，使其能在学校真正学到有益于自己发展、有益于社会的知识。

（三）将国家助学贷款与生源地助学贷款结合起来

国家助学贷款和生源地助学贷款，是两种不同的贷款途径，其目的是一致的，都是为了保障贫困家庭学生圆满完成学业。为了有效降低学校和国家的金融风险，我们一方面，积极了解生源地助学贷款开通情况；另一方面，对于没有开通生源地贷款的贫困生，我们则尽最快速度审核材料，尽最大努力协调关系，为需要贷款学生解决好燃眉之急。

四、确保四个“到位”

（一）组织领导到位

一是领导高度重视。成立校学生资助工作领导小组，由书记、校长任组长，成员为各相关部门主要负责人，下设办公室（办公室设在学生处，负责经常性工作）。

二是健全工作机构。学生资助管理挂靠学生工作处。学生资助管理由学生处副处长分管，另配1名专职人员，专门负责困难学生的资格认定，国家奖学金、国家励志奖学金和国家助学金等资助工作的具体办理，并与省教育厅的联系等。

三是保证工作经费。从2007年年底开始，学校专门设立了学生资助工作的专项经费，对办公条件进行了改善，配备了电脑、打印机，逐步完善贫困学生基本信息库，实行办公自动化，保证了学生资助工作的正常运行。

（二）部署宣传到位

一是及时部署。每次接到省厅下发的相关资助指标后，我们立即召开各系分管学生工作系领导的会议，对此项工作进行布置，要求各系要成立有系党政领导参加的评定工作小组。各系召开班主任会议，各班召开班委会，对工作进行安排和部署，根据学校实际，制定推荐及评选相关条件。

二是强化宣传。新资助政策体系推行后，为了使每个学生都能了解国家政策，也为了督促各专业系、各班级公平公正评比，不搞暗箱操作，我们通过校园媒体，以及在学生集中的场所张贴，将国家奖学金、助学金、国家励志奖学金的政策文件精神及奖、助学金和助学贷款的指标、金额、注意事项等进行宣传，使每位学生都深入了解学生资助工作。

（三）新资助政策体系落实到位

一是畅通“绿色通道”。对贫困新生，在核实情况的基础上，我们采取先办手续入学，后补交学费的方式，对家庭实在特别困难的新生，我们也采取了免或减学费的方式，绝不让一个新生因家庭贫困交不起学费而辍学。2007 年和 2008 年，我校分别有近 100 人、120 人办理了“绿色通道”。

二是落实困难补助和特殊困难补助。学校每年拨出近 30 万元资助贫困生，按在校生比例发放，大专：一等 3 000 元，二等 2 000 元，励志奖学金 2 000 元；中专：一等 250 元，二等 200 元，三等 150 元，四等 100 元。这是在每年的年底发放，中专学生每个学期发放一次。同时，另外安排一定经费，对遭遇临时困难的学生在全年的任何一个时候都给予 1 000 ~ 5 000 元的特殊困难补助，只要困难学生按照程序申请就可以得到。

三是设置勤工俭学岗位。为了尽可能多地设置勤工俭学岗位，我们辞退了部分临时工，从 2007 年开始，每个月设置了 30 多个诸如助学、助管、卫生维护等勤工俭学岗位，每年发放勤工俭学工资及补助近 7 万元。

四是对重点资助对象减、免学费。对于那些表现非常优秀、家庭又非常困难的学生，我们不但减免了学费，还发给一定补助或号召师生捐款。如对王发彬（重病住校）、李四云（父母双亡）、邱倩（汶川受灾）等优秀贫困生捐款和减免学费。2008 年 10 月，接到省教育厅关于汶川地震重灾区生源地学生减免学费的文件后，在 2009 年春季对生源地在地震重灾区的 1 名学生给予减免除学费，并发放生活补助 2 800 元。

五是对突遇意外灾害或身患重病的学生给予关爱。2006 年以来，学校师生已先后捐款 2 万多元用于资助突遇意外灾害或身患重病的学生。师生为灾害或身患重病的学生捐款达到 3 万多元。积极引进香港福慧慈善基金会和美国赵氏廷芳基金会资助我校，2009 年春季学期资助我校 50 000 元人民币，发放给 25 名学生，每人 2 000 元。

六是及时、规范地发放国家有关资助经费。省里将国家奖学金、国家助学金、国家励志奖学金及助学贷款拨到学校后，学校将有关资助经费全部打到学生的银行账号上，或全额落实发到学生手中，这样从措施上防止了挪用、挤占和平均分配奖、助学金情况的发生。去年国家奖、助学金拨到学校后，学校曾有个别同志认为现在学生欠学费严重，想马上以此冲抵学费，但我们坚持不能以奖助学金冲抵学费，同时，积极配合省教育厅做好跟开发银行合作的有关工作，及时启动助学贷款，让欠学费的困难学生基本上都尽量贷款，缴清欠费。

（四）跟踪反馈到位

为了保证党和政府的政策真正落到实处，我们积极做好学生资助新政策受惠对象，特别是国家励志奖学金、国家助学金及国家助学贷款学生的跟踪调查工作。

一是督促国家助学金获得者合理使用其资助费用。我们反复强调：凡是用各类助学金请客者，或在获得资助后，被举报有吸烟酗酒及其他高消费行为者，一律追回资助金额并取消当年的资助资格。

二是积极做好贷后的管理工作。对于贷款学生贷后的管理工作，我们积极关注，包括学生守纪状况、学习状况等，并及时建好档案，对于毕业生，及时督促毕业生离校前签订好还款确认书。

五、狠抓特色——学生食堂工作

高校学生的资助不是一个简单的发放下拨资金的工作，而是一项给予学生关心的全方位的、立体化的系统工程。我们认为，高校学生食堂是与学生的生活紧密联系在一起的，办好学生食堂，就等于给学生资助工作打下了良好的基础，我校贯彻“以人为本，爱生如子”的理念，学生食堂工作成为我校学生资助工作中的特色：

首先，我校在财政十分紧张的情况下，新建了食堂，并对食堂投入了50万元的厨房设备，使学生食堂的硬件标准得到了大幅度的改善。

其次，2007—2008年，物价上涨很快，给饮食工作带来了前所未有的困难，2007年10月份，学校在原基础上再追加拔出5多万元给贫困生作为餐费补助。

再次，学校每年安排了近40万元的困难补助，根据我们的调查了解，绝大部分贫困学生都在学校食堂就餐，所以我们根据其在食堂的消费来初步确定其贫困程度，确定困难补助等级，将评定的困难补助费打到学生的饭卡上，补贴贫困学生的生活费。

总之，在以“学生为本”学生工作理念的指导下，我校在学生资助工作方面进行了有益的探索与实践，也取得了较好的成效，但还远远不够，有待今后在工作中进一步完善和改进。

对当今资助贫困大学生工作的几点思考

曲靖医学高等专科学校 郑 琼

随着高等教育招生规模逐年扩大和我国高校收费制度改革深化，由学生家庭或个人部分分担高校学生的培养成本已成为一种趋势。但从人们的实际收入水平来看，很多家庭还不能负担起其子女的高等教育费用，高等学校贫困生的问题日益突出。党和国家十分重视贫困生的解困工作，教育部已明确提出："绝不能让一个学生因家庭经济困难而辍学"的要求。我国大学生经济资助政策经过数十年的改革，资助体系日趋完备，资助空间也逐渐扩大，资助效果也非常明显。但是在当前高等教育大众化条件下，贫困大学生的资助政策还面临着许多新的问题。

一、当今资助贫困大学生的几种主要方式及其存在的缺陷

1949年以来，我国贫困大学生的资助政策经历了人民助学金（1950—1983）、人民助学金与人民奖学金并存（1983—1986）及奖学金与学生贷款并存（1986至今）的三次政策变革。现已形成了以"奖、贷、勤、补、免"为主体的多元化的高校困难学生资助体系。

根据国家资助贫困学生的有关政策，我省高校全面开展了"奖、贷、助、补、减"资助工作，实施了贫困生入学"绿色通道"制度。我省资助贫困生工作总体是好的，但还存在着一些较为突出的问题。

（一）首先从我省总体来看

我省贫困面大且贫困程度深，高校贫困生人数逐年递增，助困资金缺口较大，多方筹资困难重重；资助工作管理制度仍需进一步加强和完善；一年又一年的大批学生通过"绿色通道"入学后，拖欠或缓缴的学费数额巨大，后续配套措施缺乏，部分学生"等、靠、要"的思想观念还比较严重；学生欠费数额逐年增加，超出学校基本承受能力，影响学校的持续发展；国家助学贷款采取信用方式发放，银行尚缺少控制风险措施，顾虑较多，推进开展的难度还很大。民办高等学校和民办二级学院生源，实行按培养成本收费的办学机制，目前暂未进入国家助学贷款资助体系，贫困生资助问题较大；部分高校贫困学生因贫导致学业下降、身体疾症、心理扭曲、自我封闭，甚至成为社会的安全隐患。

（二）从“奖、贷、助、补、减”资助工作本身来看

1. 奖学金

“奖”是由国家、企业或个人设立奖学金，奖励那些品学兼优的学生。奖学金是我国高等学校传统的激励和资助学生的方式。奖学金在很大程度上起着激励贫困生刻苦学习专业知识、积极加强自身修养的作用，但奖学金并非为贫困学生专设，能够获得奖学金的只有极少部分贫困生。

2. 贷学金

“贷”是对贫困大学生的学费和生活费实行无息或低息贷款，是解决大学生贫困问题的有效途径。目前主要的实施方式为校内贷学金和国家助学贷款。贷学金既可以解决勤工助学生学习时间和工作时间的冲突，也可以弥补奖学金的局限性。国家多次制定和修改了有关国家助学贷款的政策，但还存在不少问题。如助学贷款总量需求大而供给量少，需求之间存在着较大的缺口；助学贷款的发展不平衡，东部地区发展快，西部地区发展慢；在实际发放中学校之间不平衡，部属高校进展快，省属高校进展慢。另外对大学生的困难情况界定没有特别客观的标准，并且当今大学生在诚信方面的缺失都影响着国家助学贷款的实施。

3. 勤工助学

“勤”是贫困学生通过劳动换取一定的劳动报酬来缓解他们贫困的一种资助方式，它是国际上通用的资助方式。目前各高校积极建立适合于贫困生的勤工助学岗位，主要包括“助管、助教、助工”等几方面内容。但现行的勤工助学主要存在以下几方面的问题：一是校园内能够提供给贫困生的勤工助学岗位少，与贫困生对助学岗位的需求存在差异，往往满足不了贫困生的需求；二是由于大部分贫困生性格内向，自卑心理较重，不善于表达，能力上不能胜任一些校外的勤工助学岗位。

4. 困难补助

“补”是由国家（学校）或社会团体拨出专款或专用物资给贫困生发放“困难补助”的一种助学形式。发放形式主要有固定困难补助和临时困难补助两种。它的实施体现了国家和高校对贫困学生的人文关怀，但它在实际操作和发放过程中存在着不规范行为。一般情况下是学生自己介绍经济困难情况，提出申请，学校是很难判断申请学生真正的困难情况的，甚至有的不困难学生拿到困难补助后用于吃喝玩乐，背离了学校发放困难补助的初衷。

5. 减免学费

“减”是让贫困生减交部分学费或全部学费的一种资助形式。随着高等教育改革不断深化，政府投向高等学校的经费正逐渐减少，学校的办学经费越来越紧张，如果依靠学费减免来解决困难生的问题就会影响学校的正常开支。同时这种资助方式会助长学生的惰性和依赖性。有的困难生既不想勤工助学也不想申请助学贷款，因为勤工助学会付出劳动而助学贷款又有利息并且毕业后还要还款。只

有减免才是“免费的午餐”，所以一直成为困难学生竞争的焦点。这些学生成了名副其实的经济和思想的“双困生”，对于这部分学生如果思想上的贫困不能及时得到解决，就会造成资助他们越多，副作用就越大。

二、解决资助贫困大学生中存在问题的对策

（一）政府应加大教育投资力度

为了适应和满足人们全面快速增长的公共需求，政府必须扩大和强化服务职能，把主要精力和财力集中到公共服务上来，为广大人民提供更多更好的公共产品。教育在本质上是社会公共福利事业。让每个需要救助的贫困家庭及时得到救助，是现代文明政府应尽责任和法定义务。随着经济的快速发展和掌控的大量资源，政府理应有能力实现不让每一名贫困生失学的目标。从广义上说，通过救助贫困生，提高文化素质，努力创设“知识改变命运”的机会，无疑符合政府积极扶贫治困的发展战略。因此，对贫困学生采用直接资助、财政买单的办法，发挥政府在救助贫困生工作中的主导作用，无疑有助于促进救助体系的制度化构建。

（二）完善资助经济困难学生制度，构建规范的资助体系

我国目前的贫困生资助实际上还没有形成一种制度。而作为一种制度，即要合法性，又要合理性和科学性。经济困难生的资助问题一直是一个难题，这个难题事实上包含着两部分：一是高校有没有资助贫困生的义务；二是资助贫困生的资金从何而来的问题。我们应借鉴国外的一些先进经验，在全国普及，让我们的贫困生资助行动走向制度化。

由于民间救助属于自愿行为，有赖于捐助人的道德责任，容易出现随意性和非连续性的弊端；而更重要的是，相对于庞大的救助需求，单纯依靠媒体或慈善机构开展个别的、局部范围的助学活动，其产生的效益恐怕是杯水车薪，无法真正解决大量贫困学生的后顾之忧。如何有效建立贫困生救助体系，让每一名中榜学生都能上大学，逐步建立贫困生资助的制度化，应该成为各级政府工作的关注焦点。

（三）关注经济困难学生的心理健康

一个人经济上困难并不可怕，可怕的是精神上的贫困。被评为2005年“感动中国”人物的湖南怀化学院的洪战辉同学就是用他的自强不息的精神感动了中国。“苦难的经历并不是博得同情的资本，奋斗才是最重要的”，这是他的获奖感言，也应该是每个家庭经济困难学生应该具有的品质。所以对贫困生的资助必须从思想工作抓起，使贫困生在得到资助的同时一定让他们明白，对贫困生的资助是社会主义优越性的体现，是党和国家对贫困生的关怀，而不是廉价的同情和施舍。教育他们要怀着“感恩的心”去回报社会，引导他们树立自立自强的精神，帮助他们克服“等、靠、要”的不良思想倾向，在“他救”的同时要学

会“自救”，做生活的强者。

据有关部门调查，在全国普通高校719万在校生中，家庭经济有困难的学生约占20%，特别困难约占5%~7%。改革开放以后，“富”起来的家庭的子女表现出优越感，贫困家庭子女作为学校里的弱势群体，由于受社会大环境、学校小环境和资助方式不当的影响，承受着较大的心理压力，甚至挫伤了自尊心、自信心，致使个人认知态度和认知方式的变形，影响了学业，影响了健康发展。

学校应针对贫困生的心理问题，点面结合，有针对性地对他们的生活、学习和心理发展给予具体指导，帮助他们克服心理障碍，使贫困生能够面对现实，提高自我心理保健能力。

（四）制定抑制学生高消费制度

造成贫困生心理障碍的主要诱因是学生的高消费、超前消费。在贫困生接受资助的同时，艰难窘境的周边，相当一部分“贵族”学生却是手机、电脑、数码相机样样俱全，月消费达千元以上。“金钱至上”等一些不良的亚文化进了“神圣殿堂”。学生间的“物以类聚”，交往多以钱画线。一些贫困学生，特别性格外向、好强、爱面子、图虚荣的学生，为了所谓的尊严，不顾条件与“富学生”攀比。一些贫困生把银行申请的助学贷款去买手机、交女朋友、大吃大喝，打肿脸充胖子，而学费欠着或不交，由此引发了众多因心理障碍而造成的社会问题。

为有效解决上述问题，需要建立一套比较完善的抑制学生高消费制度，并将消费教育纳入学校基础教育、素质教育之中，树立正确的消费观念。这种教育要与倡导构建节约型社会相结合，赋予社会意义，从而消除经济困难给贫困生带来的精神上的压力。建立这种制度不仅是为了贫困生的健康发展，更是为了全体青少年的健康发展。

关于对贫困大学生资助工作的探索与思考

曲靖医学高等专科学校 晏廷亮 崔德花

当前，我国贫困生问题已成为政府重视、社会关注、学校担心、家长操心、学生忧心的社会问题。目前已初步建立了以奖助学金、助学贷款、勤工俭学、特殊困难生活补助和学费减免为主体的多元化的资助体系，这在很大程度上确实解决了贫困大学生的一些实际问题。但当前贫困大学生资助体系还不完善，仍然存在许多问题，若得不到及时有效的解决，必将会影响贫困大学生的健康成长，影响教育机会的均等、社会的公平，影响高校和社会的稳定，事关党和政府形象以及人民群众根本利益。因此，构建与完善我国贫困大学生资助体系，帮助贫困大学生从物质上、思想上真正脱贫，实现大学生全面健康发展，对社会、家庭和个人均具有十分重要的现实意义。我校为此花费了大量的人力、财力和物力，取得了较大的成效，积累了较为丰富的实践经验。本文在查阅大量相关文献资料的基础上，充分认识到资助工作具有非常重要的现实意义，并对大学生资助工作的现状进行了深刻分析，这里结合我校贫困大学生资助的实践与探索，提出了进一步改进和完善大学生资助工作的新思路。

一、做好贫困大学生资助工作的现实意义

1. 社会意义

做好大学生资助工作，是实施“科教兴国”和“人才强国”战略的重要保证，是在教育工作中实践“三个代表”重要思想、贯彻落实科学发展观的重要内容。解决好大学生的经济困难问题，直接关系到高等教育事业的持续、健康发展和学校乃至社会的稳定。做好大学生资助工作具有十分重要的现实意义，这是一项民心工程，有利于促进教育公平，构建和谐社会。

2. 家庭和个人意义

做好大学生资助工作对学生本人及其家庭具有十分重要的现实意义。许多人把高等教育作为人生的一项重大投资来看待，大多家庭仍然信奉教育脱贫，认为只有学生很好地完成学业，才能为更好地改变家庭和个人提供平台。而做好大学生资助工作能够为贫困学生的家庭提供有力的支撑，为贫困家庭减负，助贫困学生成才。

二、做好贫困大学生资助工作的现状分析

1. 贫困大学生现状分析

高校贫困生是指由于家庭经济困难，就学期间无力支付教育费用或支付教育费用较为困难的学生。据我校 2006—2008 年护理系大专学生的统计调查，经济困难学生占 35% 左右，其中经济特别困难学生的比例为 12% 左右。高校贫困生能否顺利入学并完成学业，已成为社会各界普遍关注的社会问题。自从我校 2006 年招收专科生以来，缓缴学费现象十分普遍，通过各种资助政策以后，欠缴学费现象依然存在。据调查统计，在校学生中有超过 70% 的学生希望做兼职筹措学习费用，但因学习任务重，找不到适合的工作，而真正做兼职的学生还不足 10%。

2. 贫困大学生资助方式的现状分析

目前我校积极采取各种措施，不断拓展资助渠道，完善资助体系，增强资助实效，逐步形成了以国家助学贷款、勤工助学为主，以奖助学金、困难补助、学费减免、绿色通道为重点，以积极争取社会资助为辅助，以贫困生问题研究为特色的全方位资困育人服务体系。国家规定收费部分的 10% 用于资助工作，据统计，我校通过积极开展校内挖潜、校外支持，资助总经费远远超过 10% 的标准，基本上能够满足学生需要，实现了不让一个学生因经济困难而辍学的目标，有效地帮助贫困学生顺利完成学业，促进了学生工作顺利开展，推动了和谐校园建设。

3. 贫困大学生资助体系的现存问题分析

首先，资助经费总量不够，体现在资助经费的总量与学生的需求之间存在较大的差异。据调查统计，虽然每年资助学生人数比例较大，受益面较广，但是资助金额较少，相对于每年 5 000 元学费、800 元住宿费而言，这些贫困学生接受到的资助可谓是杯水车薪，远远不能解决学生的实际困难。其次，不同的资助政策之间缺乏统一和协调，不同的资助政策经常孤立地进行操作，容易产生重复资助和资助不足同时存在的现象。还有学生对资助政策的认识存在偏差。在学校不可能完全掌握和了解所有贫特困生的经济状况的情况下，学校的资助成为有限的福利性资源。很大一部分学生认为，大家都来自农村，经济条件相差不大，资助款项应该是全体学生的福利，“不拿白不拿”，甚至认为当特困生光荣。再次，奖学金制度与资助制度不相匹配。用于奖励优秀学生的奖学金金额一般远远低于资助总额，对于全校来讲，非贫困生在校期间获得经济支持的学生比例是不高的，这就难免会导致学生中产生“优秀的不如贫困的”错误的认识。最后，学校和系部自主权限不够，也只是被动接受补助的关系，没有自主权和调控权，一些困难学生不能及时得到补助，而不很困难的学生也会因为学校给的资助名额较多而得到资助，从而引发一些矛盾，并且影响学校资助政策的权威性和执行

力度。

三、我校对贫困大学生资助工作的初步探索

1. 领导重视，落实到位

我校高度重视大学生资助工作，始终把解决学生的实际困难，作为学校在人才培养过程中贯彻落实科学发展观、构建和谐社会的重要举措，认真加以落实，有效拓展了大学生思想政治教育工作途径，促进了学生的全面成才。学校专门成立了以校党委书记为组长，学生处、教务处、财务处、系部等部门的主要负责人为成员的学生资助工作领导小组，全面领导学校的学生资助工作。

2. 建章立制，保障贫困大学生资助工作正常进行

为使学生资助工作走上规范化、制度化的轨道，学校建立健全了学生资助管理的各项规章制度。近年来，学校先后制定了《曲靖医专学生勤工助学工作实施细则》、《曲靖医专学生困难补助管理条例》等一系列管理办法和规章制度。这些文件的出台，成为学校学生资助工作的指南，使各项资助工作有章可循、有据可依。

3. 学校通过多种形式与渠道，广泛深入宣传国家和学校的资助政策

介绍国家资助政策和学校的各项资助措施；开辟专栏，介绍国家助学贷款、勤工助学等的具体办理程序和有关注意事项；结合每年招生和新生入学，学校在向新生寄发《新生录取通知书》时随同寄发《高等学校学生资助政策简介》等材料，提前向新生和家长宣传国家的资助政策、学校设立的奖助学金等举措，以解决家庭经济困难新生的后顾之忧。

4. 拓展勤工助学空间，打造“绿色阳光”工程

我校绝大多数学生来自农村，家庭经济困难学生比例较高，贫困生问题较为突出。我校从实际情况出发，建立健全了贫困生工作的组织机构，形成了完善的贫困资助管理体系。专门在学生处下设勤工助学部，充分挖掘校内资源，通过设立学生助学岗位资助家庭经济困难学生。这样，为家庭经济困难学生提供了长期、稳定的经济资助，又锻炼和提高了他们的实践能力和综合素质。

5. 开通入学“绿色通道”，做好助学贷款工作

“绿色通道”的开通确保了家庭经济困难学生顺利入学，是学校为家庭经济困难学生提供助学服务的第一站。为确保每年考入我校的新生顺利入学，学校实施并不断完善“绿色通道”制度，对考入我校且家庭经济困难的新生，一律先办理入学手续，然后再根据学校、系部核实的情况，分别采取相应措施予以资助。目前，生源地国家助学贷款已成为我校资助家庭经济贫困学生最为有效的渠道。

6. 积极筹措社会资金，不断拓宽资助渠道

在发放校内奖助学金的同时，学校高度重视社会资助对贫困生资助工作的辅

助作用，积极与社会各界联系，广泛争取支持，不断拓宽资助渠道。自从去年以来，已和香港福慧慈善基金会建立长期的友好合作关系，每年对学校资助5万元，目前已资助25名在校学生。这些项目的实施，极大地缓解了受助学生的经济困难，促其顺利完成学业。

7. 严格公正评审学生奖助学金

我校严格规范国家奖助学金和学校奖助学金的评审工作，力求做到公开、公平、公正。做到层层把关，由班级学生评选，班主任负责，系部和学生处审核，并进行公示。另外，在相同条件下，奖励资助尽可能向家庭经济困难学生倾斜。

8. 加强对受助学生的励志教育和感恩教育

在学生资助工作中，学校把“资助”与“育人”有机地结合起来，积极对受助学生进行励志教育和感恩教育。引导家庭经济困难学生树立崇高的理想和人生目标，鼓励受助学生向捐赠方写信或寄贺卡，举办捐赠单位与受助学生见面会，努力培养学生的感恩意识。

9. 搞好献爱心活动

护理系党支部多年以来，一直对护理系学生中成绩优秀，家庭困难，但又未能享受到各项补助的1~2名学生进行帮扶，让学生体会到老师的关心、学校的温暖。

四、进一步做好贫困大学生资助工作的新思路

1. 努力构建合理的助学体系

能否建立合理的助学体系，做好贫困生的资助工作，已成为制约我国高等教育发展、保障社会公平的瓶颈。高校贫困生的资助工作应依靠政府、社会和学校的共同努力，其中加大政府的投入是解决高校贫困生问题的根本。此外，要确立国家助学贷款在资助工作体系中的主体地位，通过高校自身的制度建设及多种形式的助学模式构建合理的助学体系。

2. 帮助受资助学生走上“资助——自助——助人”的良性循环轨道

要做到努力把经济资助与大学生创业教育、心理健康教育、励志教育、诚信教育等相结合，充分挖掘经济资助的育人内涵，帮助受资助学生逐步走上“资助——自助——助人”的良性循环轨道，着力培养志存高远、自强不息、乐观进取、适应经济与社会发展的阳光大学生。

3. 将资助工作与学风建设相结合，发挥好育人功能

在开展资助工作的同时，要始终将学习成绩作为重要评价指标，树立典型榜样，引导学生树立正确的成才观，要将资助工作与思想教育、日常行为教育、感恩教育、诚信教育、心理教育、就业教育等相结合，在开展资助工作的过程中，开展典型教育、主题班会等各类活动，充分发挥好资助工作的育人载体作用。

4. 加强贫困大学生自身素质建设

要让大学生正视贫困，形成自觉的责任意识，做到自立自强。要在学生中倡导“交纳学费是自己的事”的缴费意识和“学校资助是国家和社会的关爱”的感恩意识，真正起到加强贫困大学生自身素质建设的作用，从而促进和谐校园的建设。

5. 建立主要以奖学金代替各种补助的资助制度

鼓励学生通过自身的努力获得各项奖学金，而不是“等、靠、要”各项困难资助，实在困难的学生通过资助解决生活温饱问题，通过兼得奖学金解决生活上的其他问题。鼓励成绩优秀的学生获得高额的奖学金，与国际接轨，倡导优良学风的形成。

6. 大力拓展勤工助学岗位，满足学生实践和助学两方面的需求

学生资助工作的发展方向应该是以勤工助学方式让学生获得资助，也就是说让学生体面地解决生活窘境，同时锻炼提高自己的实践能力。大力拓展勤工助学岗位，特别是校内岗位，同时适当提高学生勤工助学的单位时间报酬，把预算中用于学生资助工作的总经费通过学生勤工助学活动发放到学生手中，不仅有利于减少学生“等、靠、要”的懒汉心理，有利于学生处理打工与课堂学习之间的矛盾，也有利于培养学生对学校的感激之情。

总之，高校贫困生资助工作任重而道远，资助体系的构建是一个开放的、与时俱进的过程，需要我们在探索中逐步健全和完善，需要社会各界的共同努力。

高校贫困生认定量化考核办法研究

昆明理工大学 李佐卫 贾新华

在中国高等教育迅速发展的过程中，随着教育制度的改革、收费制度的全面实施以及学生家庭本身的经济状况等多种因素，导致高校中经济困难学生的数量也不断增加，贫困生现象日益突出。这些学生如果得不到有效的资助，将面临辍学的危险，也是影响高校稳定的重要因素。对于高校贫困生的资助，这是关乎教育发展的一项重要工作。国家从 2007 年开始加强了对高校贫困生的资助力度，建立了一整套针对家庭经济困难学生的资助政策体系，以国家奖学金、助学金和助学贷款为主体，勤工助学、特殊困难补助、学费减免有机结合的“奖、贷、助、减、免”五项合一的综合资助体系，对于贫困生的经济资助起到了非常有效的资助意义，但在整个资助体系当中，尚缺乏行之有效的贫困生认定办法，直接影响了贫困生资助的效果。

从以往的贫困生认定及资助情况来看，在整个贫困生的资助工作中，贫困生的身份认证是其中最为关键的一个环节，一旦认定当中出现纰漏，将对贫困生工作带来负面影响。贫困生队伍当中的“假贫困”问题直接影响了贫困生的形象，给予相关资助带来较大的负面影响。

对于高校贫困生来说，造成其经济困难的原因有很多，不同的家庭背景、生源地背景以及家庭收入来源，在读兄弟姊妹的情况都会对学生的经济状况产生直接的影响。按照传统的办法，定性地评定贫困生自然有其简单易操作的好处，但是也存在一定的不足。比如如何衡量按照贫困生认定的基本条件选择出来的贫困生谁的经济困难程度更为严重，以现有的特困生、贫困生和困难生这三种贫困类别来说，具体要如何区分，以及在整个学院、以至整个学生难以有一个基本的准则。传统的方法过于生硬，缺少个性化的认定比较，所以更容易出现认定当中的假贫困问题。

我院的贫困生认定、资助与管理工作，在认定这个环节，充分考虑到学院学生总数多，生源地以省内生源为主，来自贫困家庭的学生比重较高的现实，为了实现贫困生管理的有效建设，减少定性评价认定中的主观性，创新性提出认定的量化认定评选办法。通过该办法的实施，目的在于减少认定当中只是某一参考指标导致的结果偏差。举个最简单的例子，原则上来说，学生的经济困难程度的最基本的衡量指标是家庭人均收入水平，如果是低收入家庭，该项指标自然不会高。但问题是，收入证明当中的具体数字有多大的参考价值或者说有多大的水分的问题，一般收入证明是学生到家庭所在地的基层政府或者街道办事处去开，对于收入写多写少，相关的证明机关对此也并不严格把关，当然也可以说没有办法严格把关，相关机构不会为了该数字的准确性而到家庭进行收入状况的核实，证明怎么开对其来说都无关紧要。所以有的学生为了“争取”进入贫困生的队伍、轻松获得资助而在数字上做文章。

学院开展的量化考核认定办法，就是通过增加评定的基本指标项，在通过对学生的调查摸底工作开展的前提下，决定根据影响贫困生的因子的权重不同，对于贫困的贡献率的大小，给予不同的分值，通过多项打分累计计算的方式确定一个总分值，最后以分值的大小在全院范围内进行贫困等级的划分。

通过一些前期的摸底和在贫困生当中进行的问卷调查分析的前提下，根据对贫困的贡献率不同，对影响贫困生的因子确定不同的权重值，赋予不同的分值，实行百分制评分规则，将评分的内容分为 4 大项，30 多个子项，依据学生本人以及家庭情况的不同分别进行评分。从指标设立合筛选的原则方面来说，尽量在依据学校基本的认定标准的前提下，做到标准的细化和量化，并以容易把握和定量打分为基本的原则，子项太少不能全方位综合反映学生的经济状况，子项太多也增加了评定的时间成本，最后经过筛选确定了 30 个左右的子项，都是相对而言比较容易把握和衡量的。

第一项是家庭类别项，占总评分值的 45%。家庭贫困是导致大学生贫困的最主要原因，因此来说确定一些具有显著特征的家庭类别给予相应的打分显得尤为重要，对该项也给予了较高的分值权重。在学校的层面制定的贫困生认定工作办法就主要依据不同的家庭类别来划分不同的困难程度和贫困类型。由于每个学生的家庭背景都存在一定的个性化，因此在考虑家庭类型的时候，尽量关注到影响家庭收入来源的因素，从而在划分家庭类别的时候尽量细化，作一些共性的总结和分类，经过筛选整合，在家庭类别当中具体分了 15 种主要的家庭类型，7 种得分系数。不同的家庭类别，最后所得到的家庭类别分都是不同的，最高分是 45 分，属于认定当中认为的最困难的家庭情形。

第二项是家庭月收入维度，占总评分值的 15%。前面已经提过，家庭收入的高低是影响学生家庭以及自己经济困难程度的基本衡量指标。但为什么给予的分值反而不高呢，这主要的原因在于减少收入证明的水分问题对于总的评分的影响。降低家庭收入数字对贫困生认定的分值权重，目的就在于即便收入证明有水分，其负面影响也不至于改变贫困生认定的大的趋势。

第三项是家庭中子女在读数量维度，该项的总分值比重确定为 20%。对于学生来说，其家庭当中读书的人越多，对于家庭造成的经济压力也就越大。但是学生家庭当中，读不同教育阶段的学校，在教育投资上的成本有明显差别的。小学到初中阶段属于义务教育阶段，在这个阶段，学习的教育成本相对较低。而在高中和职业学校学习，其经济投入就相对较高一些。而进入大专以上的学校或者高中起点以上的职业技术培训学校，收费就相对较高，甚至一些高中作为起点的大专职业院系，其收费标准甚至高于一些普通的本科专业和学校。因此可以将这种学校与大学的收费标准相平衡看待。这个阶段的教育成本和家庭投资是最大的，对于家庭经济的影响也最严重。就算一个普通一点的家庭，一旦是供两个上大学的孩子，其经济压力也是相当大的，有可能因学致贫（在学生的就学阶段）。

第四项是在校消费维度，占总分值的权重也是20%，该项打分在初级阶段只是从大的三个方面进行了分类。为了简化评分程序，在可能的情况下对于一些项目就采取有无两种情况分别给予不同的分值。第一个子项是针对有无通讯工具而言，占到20分当中的2分，也就是该大项总分值的10%的权重，相对而言，比重不大。针对手机等通讯工具的消费来说，存在这样的一个情况，原则上来说，大一新生当中贫困生使用手机的数量是相对较少一些。但也有特殊原因造成的例外，比如近两年以来，几家通讯公司都针对大学新生开展免费领手机的大型促销活动，就算是贫困生，拥有一部手机并不需要过多的经济投入。另外很多贫困生都有利用业余时间在校外兼职的现象，如果没有一个基本的通讯工具，对于他们找工作联络来说是一件很麻烦的事情，所以即便手机的话费对经济产生一定的影响，也相比减少兼职工作和在校内外的勤工助学机会来说划算得多。因此对该项指标给予的分值权重相对较低。

第二个子项是有无电脑，该项的分值为8分，占在校消费大类的40%分值。一般来说，贫困生要想拥有一台电脑，其投入是相对比较高的。特别是买一台新电脑的投入就更高了，但因为专业的不同，电脑对于学生完成一些学习任务来说也有不同，以本学院为例，学习建筑城规专业，就经常涉及绘图作业，除了手工制图，还得学习电脑制图，别的专业还涉及制图软件的熟悉过程。在学校的公共电脑上，很多时候不能满足专业练习和提高的需要。因此拥有一台电脑有时候对于即便是家庭经济困难的学生来说，就是想办法也得努力实现的，现在电脑技术的发展，导致电脑的更新也快，如果是买一台具有一些基本功能的二手电脑，其购买所需的经济压力也可能通过一定的努力得以实现。举个简单的例子，贫困生通过自己的努力学习，获得一项大的奖学金用于购买一台电脑是绰绰有余的。至于平时的经济开支可以通过国家助学金和平时的勤工俭学机会得以满足。

第三个子项是日常表现和消费打分，该项由班级贫困生认定小组的同学采取民主打分，根据学生的日常消费水平和消费状况，分别给予了5种评价和相对应的打分，采取综合衡量或者看评议小组中哪种评价占的比重最高就确定为哪种对应分值的原则来确定最后的得分值。该项的总分值是10分，占到消费大项的50%，该项打分的下限是0分，上限是满分10分，中间范围较大。该项打分是消费大项当中尤为关键和重要的一项。为什么这样说，这项打分对于总的分值也许影响不是很大，但是班级的最后认定得分以及在此基础上的建议贫困类别，甚至学院最后给予的贫困认定结果都很重视这项打分的结果。如果该项打分的时候，认定小组的同学都认为该项应该给予0分，就说明该生在平时的表现并不符合贫困生的基本消费状况，那就等同于总的系数取0，该生的最后量化打分结果就是0，直接排除在贫困生之外。如果这项总的得分不高，原则上在根据量化打分进行贫困等级排序的时候就可能降低一个等级。这项打分也在一定程度上体现一定的灵活性，从而避免因为别的原因导致的得分不足以体现学生贫困状况的结果出现。

该评分依据充分参考和尊重了昆明理工大学经济困难学生认定工作办法。主要的创新实践在于将定型化的标准转化为可以量化比较的成果，便于进行比较和筛选，学院最后原则上根据最后评定得分高低所反映出的实际困难程度进行贫困生困难程度和等级的划分。

附件：

昆明理工大学建筑工程学院特贫困认定量化考核办法说明

各位老师和同学：

为了在贫困生的认定及考核方面更为科学，增强可操作性，决定在贫困生的认定程序中实行量化打分的方式，按照总分100分，评定以以下表格的几项为依据。最后根据评定的总的得分高低情况来考虑给予特困、贫困、困难生或者非贫困生的认定结果。

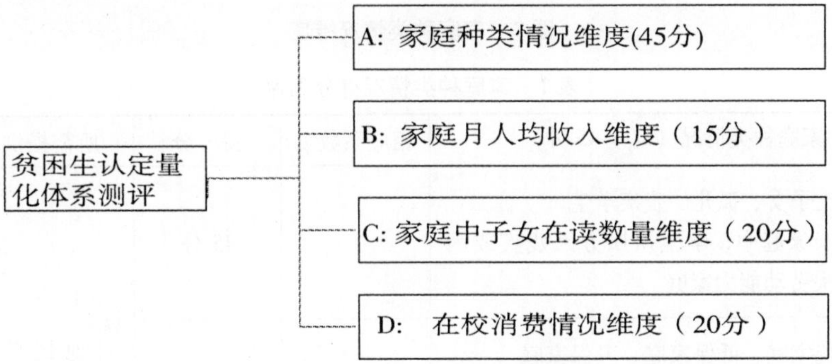

图1 贫困生认定量化体系测评

一、家庭种类情况维度（$M_1=45$分）

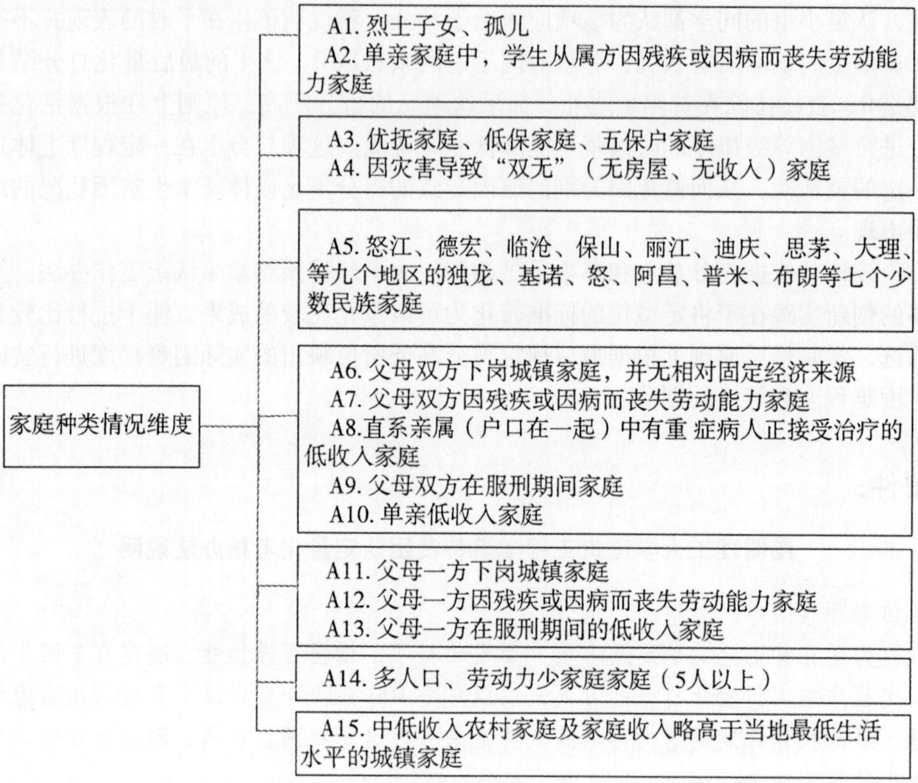

图2　家庭种类情况维度

表1　家庭种类情况得分测评

家庭种类情况（$M_1=45$分）	相应系数μ	得　分	所需提供材料
A1. 烈士子女、孤儿、残疾学生 A2. 单亲家庭中，学生从属方因残疾或因病而丧失劳动能力家庭	1	45分	当地民政部门（村委会、县级以上民政局）提供相应证明
A3. 优抚家庭、低保家庭、五保家庭 A4. 因灾害导致“双无”（无房屋、无收入）家庭	0.95	42.75分	
A5. 怒江、德宏、临沧、保山、丽江、迪庆、思茅、大理等九个地区的独龙、德昂、基诺、怒、阿昌、普米、布朗等七个少数民族低收入家庭	0.9	40.5分	

续 表

家庭种类情况（M_1 =45 分）	相应系数 μ	得 分	所需提供材料
A6. 父母双方下岗城镇家庭，并无相对固定经济来源 A7. 父母双方因残疾或因病而丧失劳动能力家庭 A8. 直系亲属（户口在一起）中有重症病人正接受治疗的低收入家庭 A9. 父母双方在服刑期间家庭 A10. 单亲低收入家庭	0.85	38.25 分	户籍复印件、残疾证复印件、重症患者就医病例复印件以及当地民政部门（村委会、县级以上民政局）提供相应证明
A11. 父母一方下岗城镇家庭 A12. 父母一方因残疾或因病而丧失劳动能力家庭 A13. 父母一方在服刑的低收入家庭	0.8	36 分	
A14. 多人口、少劳动力家庭（5 人以上）	0.75	33.75 分	户籍复印件
A15. 中低收入农村家庭及家庭收入略高于当地最低生活水平的城镇家庭	0.7	31.5 分	家庭收入证明
说明	所符合的条件中选择最高级别作为评定维度		

二、家庭月人均收入维度（M_2 = 15 分）

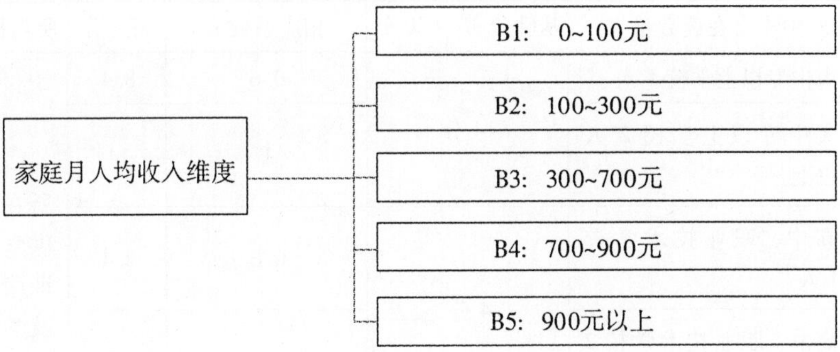

图 3 家庭月人均收入维度

表2　家庭人均月收入得分测评

家庭人均月收入（$M_2=15$ 分）	相应系数 μ	得　分	所需提供材料
B1：0～100 元	$0.9 \leqslant \mu < 1$	$M_2 \times \mu$	所在地区居民办事处（居委会）或父母所在单位提供相应家庭收入证明
B2：100～300 元	$0.7 \leqslant \mu < 0.9$		
B3：300～700 元	$0.5 \leqslant \mu < 0.7$		
B4：700～900 元	$0.3 \leqslant \mu < 0.5$		
B5：900 元以上	$0 \leqslant \mu < 0.3$		
说明	在确定 μ 的取值时，原则上在相应取值区间内，农村家庭偏下限，城镇家庭偏上限。也可直接采纳直线插入法求值。		

三、家庭中子女在读数量维度（$M_3=20$ 分）

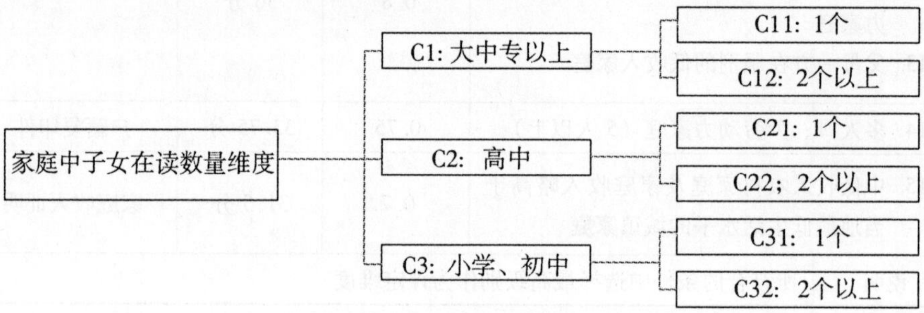

图4　家庭中子女在读数量维度

表3　家庭中子女在读数量得分测评

家庭中子女在读数量	基础分 $M_3=20$ 分	相应系数 μ	得　分	所需提供材料
C11：大中专以上学校 1 人	14 分	0.6	8.4	所在学校提供学生在校证明材料以及学生证复印件
C12：大中专以上学校 2 人以上		1	14	
C21：高中、职业技术学校 1 人	4 分	0.6	2.4	
C22：高中、职业技术学校 2 人以上		1	4	
C31：初中、小学 1 人	2 分	0.6	1.2	
C32：初中、小学 2 人以上		1	2	
说明	包括自己在内的直系兄弟姐妹			

四、在校消费情况维度（$M_4 = 20$ 分）

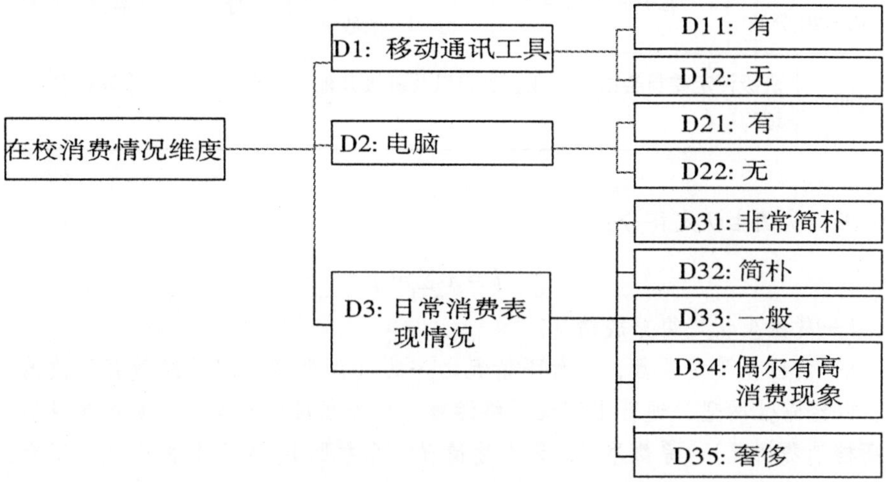

图 5 在校消费情况维度

表 4 在校消费情况得分测评

<table>
<tr><th>在校消费情况（$M_4 = 20$ 分）</th><th>有无此类情况</th><th>基础分</th><th>相应系数 μ</th><th>得 分</th><th>所需提供材料</th></tr>
<tr><td rowspan="2">D1：移动通讯工具</td><td>D11：有</td><td rowspan="2">2 分</td><td>0.5</td><td>1 分</td><td rowspan="9">1. 班级评定委员会根据对参评学生的了解进行评定，可以不用提供证明材料。
2. “日常消费表现情况”由班级评定委员成所所给定成绩所占百分比，按照加权平均值算法来计算。
3. 日常消费表现情况 = 10 × a + 8 × b + 6 × c + 3 × d + 0 × e，a、b、c、d、e 分别代表评定委员会中的评定情况所占的百分比</td></tr>
<tr><td>D12：无</td><td>1</td><td>2 分</td></tr>
<tr><td rowspan="2">D2：电脑</td><td>D21：有</td><td rowspan="2">8 分</td><td>0.5</td><td>4 分</td></tr>
<tr><td>D22：无</td><td>1</td><td>8 分</td></tr>
<tr><td rowspan="5">D3：日常消费表现情况</td><td>D31：非常简朴</td><td rowspan="5">10 分</td><td>1</td><td>10 分</td></tr>
<tr><td>D32：简朴</td><td>0.8</td><td>8 分</td></tr>
<tr><td>D33：一般</td><td>0.6</td><td>6 分</td></tr>
<tr><td>D34：偶尔高消费现象</td><td>0.3</td><td>3 分</td></tr>
<tr><td>D35：奢侈</td><td>0</td><td>0 分</td></tr>
</table>

续　表

<table>
<tr><td colspan="2">在校消费情况
（M_4 =20 分）</td><td>有无此类情况</td><td>基础
分</td><td>相应
系数 μ</td><td>得　分</td><td>所需提供材料</td></tr>
<tr><td>说明</td><td colspan="6">班级评定委员会由班主任、班委以及班级其他同学若干组成，采取记名填表法填写</td></tr>
</table>

五、贫困生认定得分：

$$L = \lambda \sum_{m=1}^{4} M_m$$

L—贫困生认定得分成绩。

λ—贫困生消费系数，有如下情况之一的（如吸烟、酗酒经教育不改的；经常出入经营性网吧、通宵上网玩网络游戏；校外租房以及其他与贫困生身份不符的高档消费情况），系数取 0；无上述情况，系数取 1。λ 系数由班级评定委员会给出，采用记名法填写，以所占 2/3 及以上给出结果为准。

M—各维度分项得分。

参考文献：

［1］《昆明理工大学经济困难学生认定工作办法》（昆理工大校学字〔2008〕6 号）。

［2］《昆明理工大学经济困难学生资助工作管理办法》（昆理工大校学字〔2008〕7 号）。

［3］祝凤清等：《浅谈高校贫困生认定》，载《科教文汇》2008 年 7 期（上旬刊）。

［4］李少荣：《建立和完善高校贫困生认定制度的探讨》，载《高等工程教育研究》2005 年第 6 期。

独立学院贫困大学新生 SCL－90 和 UPI 评定结果分析

——以云南师范大学商学院为例

云南师范大学商学院　奎亚波　王昆来　刘裕萍　李维维

摘　要　本研究以 SCL－90 和 UPI 的大样本调查结果，探究我校贫困大学新生的心理状况，并讨论贫困大学新生的心理健康教育要点。对我校 2009 级 3 192 余名新生进行 SCL－90 和 UPI 的调查，重点考察其中贫困新生的心理状况。

关键词　心理健康教育　贫困新生　心理症状　自我意识教育

随着贫困大学生入学比例的逐年增长，贫困生问题更加突显，贫困生的教育也越来越受到重视，国家和地方各个高校都相继出台有关帮贫助困的政策。在有关贫困大学生心理健康教育的研究中，大量文献都表明，贫困生心理也贫困，相比一般大学生，他们存在更多的心理问题，并且有一定的特殊性。贫困生大多来自边远山区和农村，他们的心理问题主要有自卑与自尊心理冲突、焦虑与忧郁心理矛盾、人际关系敏感、嫉妒和敌对性、精神异常等。不仅如此，研究者们还提出了一系列的教育对策，试图从内外环境上改变贫困生，帮助他们顺利地完成大学学业。独立学院是为适应高等教育大众化、国际化需要，继民办高校产生之后出现的新的高等教育办学模式，在学校和学生方面都有其鲜明的独特性，如：生源素质不等、学费高、学生贫富两极分化严重等。针对以上问题，本研究使用两个量表，调查分析了大一新生中贫困生的心理状况，并提出可取建议。

一、对象和方法

（一）对　象

我校 2009 级新生，共 3 192 名。

（二）工　具

症状自评量表（SCL－90）；大学生人格问卷（UPI）。

（三）测查过程

开发以 SCL－90、UPI 为主要内容的网络版测试系统。由经过培训的老师和心理协会成员，统一安排学生到我校计算机中心上机答题，并保证答题在统一地点、统一时间、统一导语中进行。测查完毕后，对数据进行整理，凡有多余的重复提交、个人基本信息不真实（如明显的假名、不正常的年龄等）的数据都给予删除。最后，有效数据3 101份，其中男生1 016份，女生2 085份。测查时间为2009年9月22日至2009年9月26日。数据用SPSS11.0软件包统计和分析。

二、结　果

（一）贫困新生的一般结果

把上学时负担不了学校所规定的各项费用或上学后难以维持正常的学习和生活费用的大学生定义为贫困大学生。按照这个定义，我们认为凡同时满足以下三个条件的学生为贫困大学生：①每月生活费低于250元；②要求助学贷款；③认为家庭经济状况较差。统计结果，共有704名贫困生，占全部学生的22.7%。其中男生240名，占全部男生的23.6%；女生464名，占全部女生的22.3%。这704名贫困生中，有58人来自边远地区，占8.2%；443人来自农村，占62.9%；85人来自小城镇，占12.1%。在家庭来源地的比较分析中，贫困生与非贫困生存在显著差异，贫困生更多的来自农村和边远地区（$P<0.001$）。在父母亲的教育水平上，父亲的受教育程度低于初中（含初中）水平的有549人，占77.9%；母亲的受教育程度低于初中（含初中）水平的有619人，占87.9%；另外，检验显示，贫困生父母的教育水平明显偏低（$P<0.001$）。

（二）SCL－90测查结果

1. 与非贫困生的差异比较

由表1可见，贫困新生在心理状况上除敌对因子与非贫困生无显著差异外，其余因子：躯体化、强迫症状、人际关系敏感、抑郁、焦虑、恐怖、偏执、精神病性、附加项，均与非贫困生有显著差异。

表1　贫困新生与非贫困新生的差异比较（$x \pm s$）

因子名称	贫困新生（n=704）	非贫困新生（n=2 397）	t值	P值
躯体化	1.35±0.40	1.30±0.37	2.39	$P<0.05$
强迫症状	2.00±0.61	1.87±0.53	4.93	$P<0.001$
人际关系敏感	1.75±0.58	1.61±0.52	5.44	$P<0.001$
抑郁	1.63±0.58	1.48±0.47	6.15	$P<0.001$
焦虑	1.58±0.53	1.47±0.46	4.57	$P<0.001$
敌对	1.46±0.50	1.44±0.49	0.71	$P>0.05$
恐怖	1.50±0.52	1.41±0.46	3.61	$P<0.001$

续 表

因子名称	贫困新生（n=704）	非贫困新生（n=2 397）	t 值	P 值
偏执	1.52±0.49	1.47±0.47	2.05	P<0.05
精神病性	1.52±0.42	1.42±0.38	5.46	P<0.001
附加项	1.53±0.51	1.45±0.45	3.81	P<0.001

2. 贫困生的性别差异比较

男女生 SCL-90 各因子分和差异比较见表 2。从表 2 可以看出男生的心理状况在焦虑、恐怖因子上与女生有显著差异。

表 2　大学贫困新生 SCL-90 各因子评分的性别比较（x±s）

因子名称	男生（n=240）	女生（n=464）	t 值	P 值
躯体化	1.34±0.46	1.35±0.38	0.07	P>0.05
强迫症状	2.02±0.63	1.99±0.60	0.58	P>0.05
人际关系敏感	1.72±0.58	1.77±0.58	1.05	P>0.05
抑郁	1.58±0.55	1.66±0.59	1.68	P>0.05
焦虑	1.52±0.53	1.61±0.53	2.17	P<0.05
敌对	1.48±0.51	1.45±0.49	0.65	P>0.05
恐怖	1.36±0.43	1.56±0.55	4.71	P<0.001
偏执	1.54±0.51	1.50±0.48	1.02	P>0.05
精神病性	1.51±0.44	1.52±0.42	0.32	P>0.05
附加项	1.49±0.51	1.55±0.51	1.51	P>0.05

3. 与全国青年常模的比较

与全国青年常模的比较结果如表 3 所示：大学贫困新生在 SCL-90 的强迫、人际关系敏感、抑郁、焦虑、恐怖、偏执、精神病性和附加项因子上的得分显著高于全国青年常模，而在其他因子上，如躯体化、敌对上的得分显著低于常模。从这里也可以看出大学新生的心理问题主要在强迫、人际关系敏感、抑郁、焦虑、恐怖、偏执、精神病性这几个方面。

表 3　大学新生 SCL-90 各因子评分与全国青年常模的比较（x±s）

因子名称	大学贫困新生（n=704）	青年常模（n=1 388）	t 值	P 值
躯体化	1.35±0.40	1.37±0.48	1.15	P>0.05

续　表

因子名称	大学贫困新生（n=704）	青年常模（n=1 388）	t 值	P 值
强迫症状	2.00±0.61	1.62±0.58	14.71	P<0.001
人际关系敏感	1.75±0.58	1.65±0.61	3.87	P<0.001
抑郁	1.63±0.58	1.50±0.59	5.11	P<0.001
焦虑	1.58±0.53	1.39±0.43	9.40	P<0.001
敌对	1.46±0.50	1.46±0.55	0.12	P>0.05
恐怖	1.50±0.52	1.23±0.41	13.72	P<0.001
偏执	1.52±0.49	1.43±0.57	3.47	P<0.001
精神病性	1.52±0.42	1.29±0.42	12.33	P<0.001
附加项	1.53±0.51	1.31±0.50	9.98	P<0.001

（三）UPI 的测查结果

1. 与非贫困生的差异比较

由表4 可见，贫困新生 UPI 总分显著高于非贫困生，说明贫困生的心理健康状况比非贫困生差，贫困生出现更多的心理问题。

表4　贫困新生与非贫困新生的差异比较（x±s）

因子名称	非贫困新生（n=2397）	贫困新生（n=704）	t 值	P 值
总分	12.85±8.06	14.68±8.73	5.00	P<0.001

2. 贫困生的性别差异比较

男女生 UPI 总分差异比较见表5。从表5 可以看出男生的心理状况在总分上与女生无显著差异。

表5　大学贫困新生 UPI 总分的性别比较（x±s）

因子名称	男生（n=240）	女生（n=464）	t 值	P 值
总分	14.22±8.70	14.92±8.73	1.01	P>0.05

三、分　析

本研究对我校 2009 级的 3 192 名新生进行了调查，重点考察了 704 名贫困新生的心理状况。SCL-90 的结果显示贫困新生与非贫困生和青年常模相比，可以看出大学贫困新生的心理问题明显比其他学生多，主要表现在强迫、人际关系敏感、抑郁、焦虑、恐怖、偏执、精神病性等这几个方面；而贫困新生UPI总分显著高于非贫困生，说明贫困生的心理健康状况比非贫困生差，贫困生出现更多的心理问题。这与有关贫困大学生的研究报告和事实：贫困大学生的心理问题明显多于其他学生，和我校多年来的学生咨询与危机干预的数据相吻合。具体而言，贫困新生在人际交往时，表现出明显的不自在、心神不安，对他人、对自己的态度总往消极方面想，总觉得他人冷落、瞧不起自己，因而变得十分敏感，为避免受到伤害而自我封闭，离群独处。在待人处世上，多有投射性思维、猜疑妄想、被动体验和夸大负面事件的影响和后果。严重者可表现出一些急性症状和行为，或者某些分裂性生活方式。贫困新生这7个心理问题之间有着内在的联系，由于思维偏执使他们在人际交往中固着于消极的体验和想法，因而自我封闭，或形成分裂性生活方式。

相关研究发现贫困新生在性格上要比非贫困生内向、掩饰性要强；在社会条件方面，他们多大来自农村、边远地区，父母的教育水平明显偏低，从家庭里获得的支持相对较少。这些都是贫困新生心理健康和良好适应的潜在威胁因素。一方面他们在面临巨大经济、学业压力的时候可能会较少的主动寻求支持，有苦宁愿藏在心理；另一方面他们能够从家里获得经济、心理上的支持又非常有限，久而久之，巨大的心理压力得不到及时有效的疏泄就容易形成心理疾患。不仅如此，在贫困生中，女生比男生焦虑，恐怖也强一些。这似乎暗示在面临困难的时候，女生可能更加沉默，防御机制更强，当然也会有更大的压力。故此贫困女生的问题也应得到同样的重视。

刚入校不久的贫困生与非贫困生相比，在心理状况上更容易出现心理问题；贫困新生要比非贫困生抑郁、焦虑、恐惧，社会条件较差，这些是贫困新生心理健康的潜在威胁因素；而一切存在心理问题的贫困生，他们问题的心理根源就在于极度的自尊与自卑的冲突。所以要对贫困新生实施心理健康教育，其中自我意识的教育尤为重要。帮助他们进行自我分析，引导他们在新的环境中正确地认识自己、客观地评价自己、有效地接纳自己，正确地看待差距，实现现实自我与理想自我的统一；要激发他们自主努力、战胜困难勇气；适当地多给他们创造成功的机会，增强自信心，树立正确的理想和价值观；要引导他们从自我小的世界走向更广阔的天空。

四、结　论

一是贫困大学新生的比例为22.7%。贫困生更多的来自农村和边远地区，贫困生父母的教育水平明显偏低。

二是贫困新生在心理状况上除敌对因子与非贫困生无显著差异外，其余因子：躯体化、强迫症状、人际关系敏感、抑郁、焦虑、恐怖、偏执、精神病性、附加项，均与非贫困生有显著差异；与全国青年常模相比，大学贫困新生在

SCL－90 的强迫、人际关系敏感、抑郁、焦虑、恐怖、偏执、精神病性和附加项因子上的得分显著高于全国青年常模；贫困女生比男生略显焦虑与恐怖。

三是贫困新生在 UPI 总分上与非贫困生存在明显差异，即贫困新生更易出现心理问题；贫困男生的 UPI 总分上与女生没有明显差异。贫困新生实施心理健康教育应以自我意识的教育为主。

参考文献：

［1］杨韶昆：《高校贫困大学生的心理特点及教育对策》，载《焦作工学院学报》（社会科学版）2004 年第 3 期。

［2］辛勇、黎万和：《贫困与非贫困大学生防御方式和心理健康状况的比较》，载《中国临床康复》2005 年第 36 期。

［3］程利娜：《贫困大学生个性特征与心理健康的调查研究》，载《中州学刊》2005 年第 3 期。

［4］谭健烽、吴建玲：《贫困大学新生人格特征及心理健康状况分析》，载《中国健康心理学杂志》2008 年第 5 期。

我校助困育人资源的整合性研究

云南农业大学 周剑云 沈 梅

一、高校助困育人资源整合的必要性及研究方法

（一）高校助困育人资源整合的必要性

20世纪90年代初以来，我国的高等教育公共政策作出了两项重大调整：一是教育成本的补偿与分担政策，二是扩大招生政策。这两项政策的调整，在缓解“穷国办大教育”的财政压力的同时，也造成了高校家庭经济困难学生数量剧增的后果。高校家庭经济困难学生现象已成为全社会关注的热点，在国家政策的干预下，学校通过探索实践，建立起了一套“以国家助学贷款为主，‘奖、助、补、减’以及‘绿色通道’为补充”的助困体系，这种体系的形成，在资助家庭经济困难学生方面起了巨大的作用，从一定程度上保障了该类学生群体顺利完成学业。

但是，一方面高等教育资源的准公共产品的属性所具有的消费排他性和非竞争性，必然导致某人占用资源其他人就无法再进行分享。另一方面教育“产业化”的商品牟利意识浓厚，国家投入不足，学校盲目追求规模化效益，个人收入整体偏低的社会大背景，使得高等教育资源日趋紧张，高校举债办学和学生欠费，使原本就已捉襟见肘的高校助困资源显得尤为窘迫。因此，如何在现有条件下整合高校助困资源，使之发挥育人的最大功能，已经成为高校助困工作重点研究的课题。

1. 高校助困育人资源整合面临的现状

在高校扩招边际递减效应影响下，高等教育资源的匮乏严重制约了高校助困育人资源的合理配置，严重失衡的生均教育可利用资源比使高校助困工作陷入困境，高校办学和助困投入的困境引发的“办学难”和“读书难”问题在社会上被广为议论。2004年至今，国家出政策，政府、学校、银行、社会多方协作共同投入的一系列学生资助的新政策先后出台，新的国家助学贷款机制通过银校合作协议的平台搭建来解决学校办学经费和助困投入不足的情况，使高校助困工作呈现新的曙光。

但是，政府投入不足、银行贷款风险戒备、社会筹资困难、学校负债办学、学生还贷的风险等因素，都使高校助困育人工作举步维艰。截至2007年7月，

我国在校大学生人数达到1 480余万人，其中，家庭经济困难学生约295万余人，占在校生总数的20%，特别困难学生约123万余人，占在校生总数9%。助困资源的投入仍然面临较大缺口。

2. 我校助困育人资源整合面临的现状

云南农业大学是云南省高校中家庭经济困难学生比例较大的一所学校，2004—2008年，我校全日制在校生平均人数达13 000多人。其中，农村学生比例大致占65%～70%，少数民族学生比例约占22%～24%，家庭经济困难学生比例近40%，特困生比例近20%。困难学生人数多、困难程度深是我校助困工作面临的现实问题。

目前，学校办学经费紧张，银行负债5亿多元，学生欠费近800多万元，每年的助困经费投入不足600万元，如何更好地利用有限的经费，资源的整合显得格外重要。

（二）各种角色在助困育人资源整合中的作用

助困育人资源整合中的角色包括国家、社会、学校和家庭。其中，国家扮演的是政策指导和资源配置的角色，它主要从决定教育投入的宏观政策和资源比配方面提出指导性意见；社会扮演的是舆论影响和资源利用监督的角色，它主要从影响教育投入决策和社会公正方面起监督和引导作用；学校扮演的是助困育人资源合理利用的角色，它负责指导每一个学生公正合理地使用资源，培养学生良好的个人修养和品德；家庭扮演的是辅助教育学生的角色，同时，它也将是资源整合结果的最大受益者。

（三）助困育人资源整合的研究方法

结合工作实践，采用日常信息统计和调研的方式，通过分类指标评价的方法对云南农业大学2004—2008年资助工作情况进行了分析和梳理，旨在为高校助困育人资源的整合研究探索一种思路，为高校助困育人工作决策提供一些有益的参考。

二、高校助困育人资源整合分类指标的研究

（一）物质资源指标

物质资源指标，指按资源整合中的角色划分，国家、社会、学校和家庭在助困育人物质资源整合中所发挥的不同作用。国家物质资源指标包括教育指导政策和经费的投入以及各级政府奖助学金和各种补贴的划拨；社会物质资源指标包括各类企事业单位、人民团体和社会个人的物质捐赠以及舆论媒体的报道宣传阵地；学校物质资源指标包括教学软硬件建设投入经费和师资人力投入（可参考教育部本科教学评估相关指标）；家庭物质资源指标包括学生读书所消耗的各种开支费用和时间成本以及机会成本。

物质资源指标衡量的是助困育人物质资源上的投入产出比例是，国家、社

会、学校和家庭总的资源配备和责任担当，它是衡量教育资源是否能够公正合理配置的重要条件。国家、社会、学校和家庭四者联系紧密，才能将投入的助困育人物质资源合理配置，达到有效整合的目的。

（二）思想教育指标

思想教育指标，指按资源整合中的角色划分，国家、社会、学校和家庭在助困活动中思想教育资源的整合。加强对家庭困难学生的思想教育，树立健康向上的世界观和人生观，需要国家、社会、学校和家庭四种教育资源的协调配合。

（三）心理教育指标

心理教育指标，主要指在学校和社会上通过专门的心理健康咨询救助机构，帮助特殊群体学生解决心理问题，排遣心理压力，治疗心理疾病的资源配置。当前，心理教育资源主要以学校心理辅导为主，社会心理治疗为辅开展活动。

（四）实践成长指标

实践成长指标，是物质资源、思想教育以及心理教育三项指标成果的试金石。通过国家、社会、学校和家庭的各项资源配备，家庭困难学生在社会、学校和家庭中学习成长，在待人接物、学习实践和社会冲突中自我定位，成长成才，自立自强。

（五）助困育人资源整合指标测评的信息平台搭建

助困育人资源整合指标测评涉及国家、社会、学校和家庭的资源配备关系。在实际操作中，资源整合的信息平台搭建至关重要，沟通顺畅是保障信息对称的前提，信息对称是确保资源合理配置，确保教育公平有效的基础。

三、我校助困育人资源整合研究的成果

（一）物质资源指标方面

2004—2008 年，国家制定和出台了一系列助困新政策，从“绿色通道”、助学贷款新机制、奖助学金到勤工助学等几个方面提出了较为完备的指导意见，从政策方面对助困资源加大的投入和落实力度前所未有，有力地促进了学校资助工作的投入，激发了社会的关注热情，部分减轻了家庭对子女教育的负担。据统计，四年间，国家和学校共投入的助困经费约达 3 200 万元。通过校内资源整合，学校设立学生处资助办公室，在规范学校日常助困工作流程和整合助困资源方面建立了长效工作机制，制定和颁布了一系列助困工作的重要文件，如：《云南农业大学学生资助工作管理办法》、《云南农业大学家庭经济困难学生认定管理办法》、《云南农业大学学院学生资助工作考评办法》、《云南农业大学勤工助学管理办法》《云南农业大学班级诚信互助基金管理办法》等，从制度上保障了学校的助困工作有章可循，学校形成了“以国家助学贷款为主，‘奖、助、补、减’以及‘绿色通道’为补充”的较为完善的助学体系。

2004—2008 年，通过校外助困资源的整合，通过银行为家庭经济困难学生

办理了 8 417 笔，放款金额达 4 000 万元的助学贷款，筹集社会助困资金 650 多万元，有效地保障了学校的助困物质资源供给。

（二）思想教育指标方面

利用学校资助工作平台，通过网络、宣传栏和课堂等团学工作阵地，对困难学生进行助困政策宣传，注重学生的政治思想教育。

2004—2008 年，通过举办 120 多场次的全校诚信教育大会、勤工助学交流会、奖助学金座谈会、学生资助工作调研会、专题讲座，对家庭经济困难学生进行了集中统一的教育。

注重思想教育的制度建设和过程管理，在国家助学贷款、奖助学金和生活补助名额分配和人选推荐上，坚持公平、公开、公示原则，培养学生的民主参与和社会责任意识。树立家庭经济困难学生的感恩意识，将社会对学生的关爱、学生对社会以及他人的回报和关心作为道德教育的内容，有针对地组织受助学生参与社会慈善事业活动，通过“受助者助人”和“爱心传递”等实践活动，倡导学生带头做生活中的点滴小事。通过自觉遵守学校和社会秩序、努力学习、积极参加活动、爱护公物，尊敬老人、团结同学等行动来表现自己的感恩意识，学会用自己的爱心来回报社会、回报他人，增强社会责任感和使命感。

（三）心理教育指标方面

对家庭经济困难的新生，一律先办理入学手续。在新生入学时建立家庭经济困难学生信息档案，全面掌握家庭经济困难学生信息，一方面积极帮助他们寻找助学岗位，申请助学贷款，解决生活问题。另一方面对其进行精神资助，鼓励同学主动与他们交流，使他们充分感受到来自学校大家庭的温暖。让某些有自卑倾向的家庭经济困难学生发挥自己的特长，鼓励他们进入学生会或加入学生社团。

发挥勤工俭学社团的作用，定期组织勤工俭学等社团座谈，发表自己勤工俭学的感想，畅谈自己的心理困惑，学习应对各种挫折的心理学方法和提高心理调节能力的方法。对有严重心理障碍的学生通过个别咨询、团体辅导等形式有针对性、有重点地开展心理咨询活动，使其心理问题能够得到及时解决。对大一新生进行心理普查，对大四的家庭经济困难学生加大精神资助力度，加强对他们的就业教育和诚信教育。物质资助和精神资助有机整合，有效解决家庭经济困难学生的心理问题，促进其健康成长。

（四）实践成长指标方面

通过为家庭经济困难学生提供情景模拟的形式，提高学生的实践认知能力，帮助他们树立起正确的劳动观、价值观。

2004—2008 年，引导 100 多名学生会助贷部学生和各学院助贷联络员积极参与到国家助学贷款实际办理的指导工作中来，通过全程参与国家助学贷款实际办理工作流程和到银行协助放贷等一系列助学贷款工作实践，获得了银行的好评，加强了学生对社会工作和银行管理的实践认知，增强了家庭经济困难学生通过工作实践，树立自强自立的人格信念。

另外，在全校推行班级诚信互助基金制度，即学校为解决学生的临时困难和急难之需，按每60人的班级2 000元的标准向学院下拨班级诚信互助基金启动金，由学院、班级在此基础上再自行筹资补充在各班级建立班级诚信互助基金和班级诚信度评价体系。

按照《云南农业大学班级诚信互助基金管理办法（试行）》的操作要求，学院各班级在同学中成立“班级诚信互助基金”管理小组，建立了班级诚信互助基金以班级为单位管理使用，由班主任签批负责，学生分别管账、管钱的班级管理制度。通过班主任的监督，学生形成有效的自我管理，大多数借款学生都能在约定时间内归还借款，使基金能够正常滚动使用。

通过班级诚信互助金的一借一还的使用管理和个人借还记录的档案建立，解决了学生的困难，培养了学生的诚信意识，创建了学生诚信实践的体验教育环境，提高了学生对诚信教育的直观认识，强化了学生的行为养成和自我管理。通过将近5年的实践，共为6 000多人次的学生解决临时困难和急难之需，受到全校师生的一致好评和教育部的充分肯定。

按照“做事、练人、出方法”的实践成长理念，以学生参与管理为主，教师积极引导为辅，学校提供场地、设备，组织创建云南农业大学“爱心驿站”，将社会各界捐赠的款物通过学生管理、服务、发放的形式开展助困实践的运作，通过学校、社会和学生各项资源配备，有效地帮助家庭经济困难学生在社会、学校和家庭中学习成长，在待人接物、学习实践和社会冲突中自我定位，成长成才。

拓展勤工助学的岗位，与大学生勤工助学网建立了联系，通过高效便捷的信息平台，使学校勤工助学服务机构和社会招聘单位加强联系沟通，尽可能满足贫困学生为主的大学生勤工俭学的需要。加强校内勤工助学的监督机制，每年通过教室卫生片区责任人招聘的形式，鼓励家庭经济困难学生竞争上岗。

2004—2008年，学生社团勤工俭学学会和起点贫困生救助会通过积极联系校外勤工助学岗位，为8 000多人次的学生提供了4 500多个假期或业余时间的勤工助学工作岗位，获取勤工助学金额近80万元。

在短短四年的时间里，通过一系列助困实践活动的开展，家庭经济困难学生的思想觉悟、竞争意识、价值观念和创业能力都得到了有效的提升，真正实现了助困育人“自助助人”的培养目标。

（五）建立了助困育人资源整合的信息平台建设

为确保助困育人资源整合操作中国家、社会、学校和家庭的信息沟通顺畅，确保资源合理配置和教育资源的公平有效利用。2004—2008年，在以全国学生资助管理中心网和高等学校国家助学贷款网站为政策指导的前提下，依托校内各学院和学生处网站资源搭建助困信息平台，通过资助工作板块的信息建设，留言板的解答，以及资助管理系统软件的开发和利用，及时有效地保障了国家、社会、学校和学生信息的发布、沟通和交流。

（六）家庭经济困难学生就业和创业实践平台亟待建设

鼓励和引导家庭经济困难学生参加各种形式的培训和社会实践活动，根本目的还是为他们将来的就业和创业乃至最终脱贫提供指导和服务。

目前，家庭经济困难学生的就业和创业缺乏实践平台，就业和创业形势不容乐观，需要国家、社会和学校的进一步加大关注力度，建立较为完备和切实可行的家庭经济困难学生的就业和创业实践平台机制，探索一条有利于毕业走向社会的家庭经济困难学生就业、创业乃至最终脱贫的政策道路，是助困育人资源整合需要解决的根本问题。

助困育人资源整合可提供的就业和创业实践平台建设问题，可通过国家出台相关的法规和政策，鼓励学校与社会各界用人单位加强合作，建立就业和创业实践基地，为家庭经济困难学生提供实际工作经验；开展“订单式”人才培养和用人服务，拓宽学校、社会选材和用人渠道，有效减少选材和用人上的成本浪费。

参考文献：

［1］符晗、刘海华：《贫困大学生物质资助与精神资助有机整合的对策研究》，载《吉林广播电视大学学报》2007 年第 5 期。

［2］李栓久：《“助困育人”：高校扶贫模式探索》，载《西南民族大学学报》（人文社科版）2006 年第 5 期。

［3］陈蓉：《从构建和谐社会的视野审视贫困大学生救助机制》，载《科技情报开发与经济》2006 年第 16 卷第 2 期。

［4］吴庆：《中国城市贫困大学生救助政策研究》，载《中国青年政治学院学报》2004 年第 23 卷第 3 期。

［5］朱生营、张强：《贫困大学生教育援助探究》，载《哈尔滨学院学报》2007 年第 28 卷第 2 期。

［6］戴艳：《“助困育人”：高校帮困助学途径的再探讨》，载《江苏高教》2007 年第 3 期。

贷款助学　诚信树人

——大理学院资助工作优秀案例

大理学院　施锦华

大理学院通过设立各级各类奖学金、助学金，推行国家助学贷款，开展勤工助学，实施临时特殊困难补助，采取学费减免、缓交，开辟“绿色通道”等措施，积极帮助家庭经济困难学生顺利完成学业。通过多年的努力，学校已经形成了以“奖、贷、助、补、勤”为主的家庭经济困难学生资助体系，我校在帮助家庭经济困难学生资助工作方面做了积极有效的工作，特别是在学生诚信教育工作方面成效显著。现将我校开展诚信教育方面的工作总结如下：

国家助学贷款是帮助家庭经济困难学生顺利完成学业的有效办法，我校对此十分重视，成立了学生资助科，并配备专人具体负责。学校合并之初就与中国农业银行大理州分行签订了《学生助学贷款合作协议书》。截止 2009 年 7 月，我校贷款学生比例占学生总数的 20%。其中 2006 年获国家助学贷款人数为 1 917 人，发放贷款金额为 863. 652 万元。2007 年获国家助学贷款人数为 2 239 人，发放贷款金额为 1 030. 5 万元。2008 获国家助学贷款人数为 2 478 人，发放贷款金额为 1 071. 75 万元。

为推动我校学生国家助学贷款工作的健康持续开展，在经办银行建立“大学生信用档案”的基础上，我校加强对获得国家助学贷款学生的诚信教育，增强学生的诚信意识，树立“诚信待人、诚信处事、诚信学习、诚信立身”的诚信观念，使每个学生做到以高度的责任感和意志力抵制不诚信行为。

一、开展诚信教育系列活动

大理学院结合国家助学贷款管理工作，将每年 5 月作为诚信教育月，坚持开展诚信教育活动。通过举办专题报告会，组织学生观看国家助学贷款信用教育专题片，进行个人诚信知识普及宣传工作，建立大学生个人诚信档案，汇编诚信案例，开展模拟诚信法庭、“诚信在我心”征文活动，邀请学工部领导做以“征信伴我行”等为主题的系列的诚信教育专题讲座，在校园内外营造重视诚信、践行诚信的良好氛围。

我校还把国家助学贷款管理工作和学费收缴工作作为诚信教育的主要内容，建立了国家助学贷款工作助理制度、还息提醒制度、欠息欠款追讨制度、违约学生曝光制度，把诚信教育与贷款办理、学费收缴和对学生的关心、教育、要求有机结合。目前，我校所有新老机制国家助学贷款的违约率仅为3%，学费收缴率达到95%。

二、组织贷款毕业生进行“一元钱还款行动”

“一元钱还款行动”活动旨在组织获得国家助学贷款毕业生在毕业离校前进行一次象征性提前还款演练，鼓励获贷毕业生提前还款。“一元钱还款行动”活动每人还款金额一元钱不纳入个人还款账户，以个人捐助的形式捐给其他贫困生，纳入学校贫困生基金统一管理。我校每年先后在下关校区、古城校区针对贷款毕业生分别举办大理学院贷款学生“一元钱还款行动”签字仪式暨签订还款计划活动，并进行“一元钱还款行动”宣誓仪式。此后贷款毕业生依次进行还款。通过“一元钱还款行动”活动，不仅让贷款学生了解到归还贷款的程序，而且也作了一次行之有效的诚信教育，让贷款学生真正了解到诚信的重要性。“一元钱还款行动”活动的举行收到了良好的效果，在全校师生中和社会上反映较好。积极的促动贷款毕业生在离校前提前还清贷款。

三、实施感恩教育

学校针对获得国家助学贷款及生源地信用贷款的学生群体，开展了“爱心奉献，回报社会”的教育活动，使他们在得到资助的同时，能够感激国家、社会和学校对他们的关爱，并将爱心继续传递。几年来，我校在市区的街道、社区、养老院、儿童村设立了一批爱心奉献基地。组织获国家助学贷款的学生开展清理洱海海滩白色污染、校园卫生清理与绿化维护、送爱心到社区和街道义务服务等活动。学生参加人数规模不断增加，在服务社会的同时，使学生得到锻炼，展示了大理学院学子的良好风貌。

四、给申请贷款的学生家长寄发通知书

为完善我校助学贷款贷后管理工作，学校给获得国家助学贷款的学生家长各邮寄一份《告同学家长书》和《学生助学贷款家长连带责任书》。为了确保通知书邮寄到贷款学生家长手中，须由学生本人填写邮寄地址，由各校属学院通知到各班班主任，由各班班主任组织已通过学校审核贷款的学生填写与家长联系的邮寄地址，《学生助学贷款家长保证书》是贷款经办银行要求提供的材料之一，在银行收到《学生助学贷款家长保证书》后经办银行才将发放助学贷款，由各班班主任要告知贷款学生，请贷款学生主动与家长联系，在家长收到《学生助学贷款家长保证书》后按要求如实填写相关内容，填写好后寄回大理学院学生处学生资助科，未如实填写或者未按时将保证书寄回学校的学生将取消其贷款资格。

五、与各学院签订《贷款学生贷后管理责任书》

助学贷款贷后管理也是助学贷款工作的重点，而贷款毕业生毕业后的还贷监管工作又是贷后管理工作的重中之重，也是今后学校助学贷款工作能否顺利开展的关键，为此经学校研究决定，将与各校属学院签订《贷款学生贷后管理责任书》，完善我校贷款学生贷后管理工作。在学校与各校属学院签订《贷款学生贷后管理责任书》后，建议各校属学院与负责学生助学贷款工作的老师及班主任签订责任书，进一步明确责任。班主任作为贷款学生的推荐人和证明人，有责任向学校提供贷款毕业生毕业后的联系方式、去向和就业情况，各学院可指定班主任为贷款毕业生毕业后的联络人。请各学院抓好各学院贷后管理和宣传工作，加强对贷款毕业生的相关信息采集，并协助银行做好贷后管理工作。

六、积极推进生源地信用相助学贷款

根据《财政部、教育部、银监会关于大力开展生源地信用助学贷款的通知》（财教〔2008〕196 号）有关精神，从 2009 年秋季学期开始，已在全国范围内推行生源地信用助学贷款，新生凭录取通知书（在校生凭学校证明）到借款学生户口所在地县（市、区）教育行政部门下设的资助管理中心申请办理，学校鼓励家庭经济困难学生办理生源地信用助学贷款。截止到 2009 年 10 月 1 日已经有 1 109 人办理了生源地信用助学贷款。

在学院领导的重视下，经过学生工作处、中国农业银行和中国建设银行的共同努力，同学们通过积极参加各种诚信教育活动，加深了对国家助学贷款政策的了解，加强了诚信意识。通过国家助学贷款，学生顺利完成学业。在获得完成学业的信贷同时，也使学生获得了一种关爱。获得国家助学贷款的学生表示，他们会珍惜机会，学会生活，学会做人，以诚信为本，努力在合同期还清贷款。

我院国家助学贷款工作的回顾及展望

昆明医学院 鲁 彪 肖 成

摘 要 随着高校招生规模的扩大，高校中经济困难学生人数也在增多，国家助学贷款正在成为资助经济困难学生完成学业的主渠道；要把这项工作做好，需要政府、银行和学校的共同努力，特别是需要广大贷款毕业生的精心呵护。

关键词 国家 助学贷款 工作 回顾展望

国家助学贷款，是在社会主义市场经济体制下，国家利用金融手段加大对高校经济困难学生资助力度而采取的一项重大举措，也是进一步完善资助经济困难学生顺利完成学业的新探索。从长远和全局的观点来看，国家助学贷款正在成为资助经济困难学生完成学业的主要渠道。

我院国家助学贷款工作自 2000 年年底启动以来，至今已是第四个年头，为使我院的国家助学贷款工作做得更好，有必要对此项工作进行回顾，总结经验，继往开来。

一、我院国家助学贷款工作的现状

我院国家助学贷款工作自启动以来，在学院党委和行政的领导下，经过全院做学生工作的老师各方各面的努力，取得了初步的成效，目前正步入良性运行的轨道。

（一）学院领导重视，建立健全机构，常抓不懈

从国家助学贷款业务开办以来，学院党委就非常重视这项工作，党政领导对资助经济困难学生顺利完成学业问题达成了共识，充分认识到，开展国家助学贷款工作是实施科教兴国战略、加速人才培养的重大政策；是在社会主义市场经济条件下，帮助高校经济困难学生顺利完成学业的重大举措；是江泽民同志“三个代表”重要思想在教育工作中的具体体现。充分反映了社会主义制度的优越性，有利于党的教育方针、政策的贯彻落实，有利于人才的培养。为此，学院专门成立了以分管学生工作的党委副书记和副院长为正副组长的国家助学贷款工作领导小组，负责国家助学贷款业务的开展，遇到重大问题，学院领导亲自抓、亲自过问。

（二）各二级学院的老师心往一处想，劲往一处使，形成合力把工作抓实抓牢

国家助学贷款工作是一项复杂的系统工程，从学生申请贷款到毕业生把贷款归还给银行，涉及方方面面，任务繁杂，工作量大。各二级学院负责此项工作的老师从新生入学的第一天起，就对每个学生的经济状况进行摸底，系统地建立经济困难学生档案，对困难的同学依次排队，该补助的及时给予补助，该申请办理国家助学贷款的同学帮助其申办贷款，工作中做到“五个优先考虑”和“三个及时”。

五个优先考虑：一是优先考虑来自边远地区、高寒山区、贫困地区的同学；二是优先考虑兄弟姐妹多人读书的同学；三是优先考虑单亲家庭的同学；四是优先考虑父母一方或双方下岗的同学；五是优先考虑烈士子女。

三个及时是：一是及时使急需贷款的同学获得贷款。老师们通过班团两委会的推荐、拟贷款同学名单公示、同学间互相监督等办法，从下到上，上下结合，使有限的贷款名额和金额用到急需资助的同学头上。

二是及时在贷款学生中形成激励机制。对申请到国家助学贷款的同学，我院实行动态管理，对少数学习不努力、违反校纪校规受到处分的学生，学生处及时通知经办银行停贷，待其改正错误后再恢复贷款。这样一来，形成了一种促进同学们遵守校纪校规、奋发向上的激励机制。

三是及时上报贷款毕业生的有关资料。对贷款的毕业生，学院及时将他们的毕业去向、有效的联系方式、家庭通讯地址等整理、上报教育厅助贷中心并通知经办银行，为毕业生的还本付息提供便捷有效的联系方式和催交途径。

（三）取得的成效

一是毕业生违约率在本省高校中居低线。毕业生的还款率，常常是一所学校低年级学生能否继续得到银行支持、获得贷款的风向标。我院的结对银行是建设银行，在2000年贷款工作启动时，同我院一道与建设银行签订银校国家助学贷款合作协议的，还有另外三所高校，四年过去后，该三所高校都因居高不下的违约率（超过50%）相继被建设银行停贷整顿，有的至今尚未解冻。用建设银行个人信贷部主任的话来说：在四所高校中，昆明医学院学生获准贷款的人数最多，签订的贷款合同金额及发放的金额量最大，毕业生的违约率保持在30%左右，纯属不简单的事，老师和同学都作出了很大的努力。就2004年第二季度来说，我院的违约率是3%，在云南高校中偏低线。

二是毕业前一次性还清贷款的同学逐年增多。在帮助贫困学生完成学业的过程中，我院始终注重把物质助困与精神助困结合起来，把帮困助学与育人结合起来。学生在校期间的诚信系列教育及毕业时的诚信教育、还款知识讲座等，促进了毕业生毕业前的一次性还款。

近两年，毕业前一次全额还清贷款的同学逐渐增多，2004年6月，为促使

毕业生在毕业前一次性还清银行的贷款，我院对贷款的学生逐一谈话，要求每个贷款毕业生制订一份切实可行的还款计划，举办了“诚实守信，从我做起”的签名活动，并实行了还贷奖励制度，即在毕业生离校之前，凡一次性还清银行贷款的学生，按其还款金额的5%予以奖励。2004届毕业生中，有268人向银行贷款，毕业离校时，有103人向银行还清了贷款，全额还款率达38.4%，受到了省教育厅国家助学贷款管理中心的表扬。

三是得到了结对银行的信任和支持。由于我院毕业生的违约率偏低线，按时还款的人数较多，对贷款工作中出现的问题及时与银行沟通、协调，赢得了银行的高度评价，得到了银行的大力支持，从而有效地推动了我院国家助学贷款工作的开展。近四年来，我院从未出现过银行停贷的现象，与此同时，凡我院申请贷款的学生，只要资料齐全，银行都全部给予获准贷款，获贷率达100%。

四是无任何学生因家庭经济困难而辍学。我院党政领导高度重视经济困难学生的资助工作，从新生入学开始，就对资助经济困难学生完成学业问题进行周密的部署和安排。几年来，我院通过国家助学贷款、开办“绿色通道”、社会捐资助学和勤工助学等方式，帮助经济困难学生正常、顺利完成了学业。迄今为止，没有任何学生因家庭经济困难而中途辍学的。

五是广大贷款毕业生、家长对党和政府的路线、方针、政策一致认同。在与贷款毕业生个别谈话和部分家长的谈话中，笔者了解到，绝大多数的学生和家长对国家助学贷款这一新生事物是持十分肯定的态度的，不少毕业生在谈话中都一致认为：大学属于非义务教育，每人每年要交几千元的学费，对家庭经济困难的学生来说，如果没有国家助学贷款业务的开展，仅凭家庭和亲戚朋友的资助，是无法完成学业的；国家助学贷款对经济困难学生无疑是雪中送炭。同学们衷心感谢党和政府的好政策，决心毕业后全心全意为患者服务，报答党和政府的培育之恩。

二、目前存在的问题

第一，尽管国家政策对专科升本科、本科考取研究生、硕士考取博士的同学的贷款期限作了可展期的明确规定，但在具体的实施过程中，由于金融系统技术条件的限制，往往难以实现，造成不少的客观违约情况，给学校声誉带来不良影响。

第二，少部分学生毕业后，尽管学校通过各种途径帮助其寻找、落实就业单位，但由于种种条件的制约，暂时没有就业或工资低，一时难以如数还清银行贷款，也是客观违约的一个重要因素。

第三，金融部门目前尚未建立健全国家助学贷款的咨信查寻系统，对欠款的毕业生尚无有效的回收途径。

第四，对个别恶意违约的毕业生，目前尚无法律体系的约束。

三、展　望

2004年6月，政府对国家助学贷款的政策作了较大的调整，教育部、财政部、人民银行、银监会联合出台了《关于进一步完善国家助学贷款工作的若干意见》，从贷款政策、实施机制、风险防范、补偿机制等方面进行了调整、补充和完善，这是国家助学贷款政策的新突破。根据“意见”的有关规定，笔者认为，以下几方面是我们开展国家助学贷款工作的目标。

1. 保证机构和人员的配备，必要的经费投入是进一步做好国家助学贷款工作的前提

尽管我院的国家助学贷款工作取得了一定的成效，但仍有不尽如人意的地方。国家助学贷款政策是一项涉及面广，功在千秋，利在当代，影响深远，利国利民的政策，它的贯彻落实是一项复杂的社会系统工程，初期的基础工作，包括数据的收集、整理等，对今后教育主管部门、银行、学校对贷款学生的管理、分析、研究，相关政策措施的出台，有着至关重要的作用，应按政府的规定健全机构，特别是在目前在校生人数增多，贷款学生大量增加的情况下，笔者认为应按在校生1：2 500的比例配置相关工作人员，增加经费投入，添置必要的现代化办公设施（如电脑）。这样，才能把各项工作真正落到实处

2. 加强政府相关部门、银行和学校三者间的协调和沟通

在今后一个很长的时期内，政府相关部门定期召集协调会，对国家助学贷款工作的顺利开展是十分必要的，银行和学校要加强对国家助学贷款工作各个环节的管理，做好相互之间的衔接，增进相互的了解和信任。从国家助学贷款业务的角度来看，助学贷款的实施是有明确界限的两个阶段，第一阶段即学生从贷款到毕业，这个阶段主要是学校的教育和管理，银行配合；第二阶段即贷款学生毕业到归还银行贷款，这个阶段主要是银行的不懈努力回收，学校配合工作。

从某种意义上来说，学校和银行的通力合作是做好国家助学贷款的关键，如果缺少学校第一阶段的有效教育、管理和各种信息数据的收集、整理、积累，将会给第二阶段的工作带来很大困难，第二阶段工作的绩效又直接关系着回收贷款的多少，从而进一步影响着学校承担的风险金的数量、在校学生得到国家助学贷款的额度、学校的利益。为此，学校和银行双方的齐心协力，默契配合对做好经济困难学生的助学贷款工作显得非常重要。

3. 加强学校和银行在其他金融业务方面的合作

为使银行和学校双方都在合作中受益，实现双赢，增强银行支持教育事业发展的信心，学校在一些基本建设、重大投资项目的借贷资本金上，应尽可能将这些项目业务照顾给开办国家助学贷款的结对银行，使银行在其他金融业务的合作上也受益。这样，可以做到堤内损失堤外补，便于双方长期合作下去。

4. 加强学生的诚信教育

大学是社会的窗口，许多社会问题首先是从大学校园反映出来的。就目前来说，虽然大学教育已走向大众化，但大学生在适龄青年中毕竟占少数，他们在国家助学贷款问题上表现出来的态度，对整个社会而言，具有强烈的示范作用，关系着整个社会的诚信问题。

鉴于兄弟院校居高不下的违约率及每年大批贷款毕业生离校，学校必须充分发挥教育的职能，从新生入学起，就应加强大学生的诚信教育，制定长期的道德教育目标，通过“两课”和其他思想教育阵地，分阶段进行教育，努力提高在校生的道德诚信，从我做起，从现在做起，做一名诚实守信的大学生。

5. 积极推进生源地助学贷款

笔者认为，生源地助学贷款是国家助学贷款的一种创新方式和必由之路，经济困难大学生凭录取通知书或学校的证明到家庭所在地银行办理国家助学贷款业务，这种方式既便于对贷款毕业生的跟踪管理，又便于银行利用贷款学生的家庭信息，加强贷款的回收。这样一来，可以大大降低银行和学校双方承担的风险。

总而言之，国家助学贷款对帮助经济困难学生完成学业所起的积极作用，已是不争的事实，要使国家助学贷款工作健康地向前推进，健康、顺利地发展，需要政府、银行和学校的共同努力，特别是需要已走上工作岗位的广大贷款毕业生的精心呵护。

建立国家助学贷款偿还激励机制，促进国家助学贷款工作良性开展

——昆明医学院资助工作案例

昆明医学院 张爱云 姚 俊

一、背 景

国家助学贷款是党中央、国务院在社会主义市场经济条件下，利用金融手段完善我国普通高校资助政策体系，加大对普通高校贫困家庭学生资助力度所采取的一项重大措施。始于1999年，并在2004年建立了国家助学贷款新机制。它是由政府主导、财政贴息、财政和高校共同给予银行一定风险补偿金，银行、教育行政部门与高校共同操作的专门帮助高校贫困家庭学生的银行贷款。借款学生不需要办理贷款担保或抵押，但需要承诺按期还款，并承担相关法律责任。借款学生通过学校向银行申请贷款，用于弥补在校学习期间学费、住宿费和生活费的不足，毕业后分期偿还。我校自2000年开始为同学申请办理国家助学贷款，2004年新机制建立以来已经为2 348名同学办理了国家助学贷款，发放贷款金额2 760.64万元。

二、存在的问题及原因分析

2004年，我校部分同学进入了还款期，从2005年开始学生贷款违约现象时有发生，违约率一直在8%左右徘徊，而且有少数同学已经上了黑名单。主要原因有：

一是部分同学因就业形势严峻，没有顺利就业。原本贫困的贷款毕业生在严峻的就业形势下因各种社会原因很可能在竞争中处于不利地位。不能按期就业的贷款毕业生很难按预先签订的贷款合同计划按时还款。

二是全面系统反映学生信用记录的征询系统未建立，是助学贷款违约率高的根本原因。助学贷款是一种商业性的信用贷款，学生毕业后是否偿还全凭学生个人信用，尽管国家出来了对违约学生进行公开曝光等规定，但就目前来说，因学生违约而产生的损失几乎为零。欠贷不还对其生活、工作和学习不会造成影响，学生抱有侥幸心理。

三是缺乏必要的金融知识。助学贷款作为一种金融产品被广大贫困学生所接

受，其单一的目的是帮助自己完成在校期间的学业，而贷款学生对一些金融知识并不了解，比如计息时间、利率调整、罚息的计算等。由于缺乏相应的金融知识，容易产生对国家助学贷款政策的错误理解，毕业后，由于缺乏必要的金融知识，无法把握贷款的到期时间和违约时间，更或许不会计算当月还款金额。

四是还款渠道的限制。贷款学生毕业后，可能分布在全省各地，甚至分布在乡村的每个角落。学校贷款经办银行为建设银行和农业银行，学生还款必须在工作当地要有这两家银行，这给偿还工作带来很大的障碍，在条件的限制下，很多贷款被迫形成违约。

五是诚信意识淡薄。社会不良风气的影响，个人诚信行为缺失，不能履行还款承诺，少数同学恶意欠款不还。

三、对　策

1. 建立激励制度

为探索国家助学贷款还款激励机制，改善和降低国家助学贷款的违约率，学校于 2004 年率先在省内高校出台了《昆明医学院提前还款奖励实施办法》，具体做法是：从助困经费中划拨部分资金，用于对应届毕业生在规定时间内一次性还清贷款的同学，学校按还款金额的 5% 给予奖励。

2. 以诚信教育月为抓手，加强法制教育和诚信教育

在日常工作中把解决贫困学生经济困难问题同加强学生思想政治教育紧密结合起来，学校从 2005 年开始实施诚信教育系列活动，每年邀请国家助学贷款经办银行有关负责人到学校举办“个人征询系统”、“珍爱信用记录享受幸福人生”大学生信用教育专题讲座；2008 年开始制定实施诚信教育月方案，形成每年的专项主题教育活动。在贷款毕业生中积极开展“五个一”诚信教育活动，即：举行一场诚信报告会、观看一次《贷款助人信用助人》宣传教育专题片、开展一次诚信还款签名活动、开展一次诚信主题班会、寄送一封致贷款学生家长信等活动；利用报告会、座谈会、辩论赛、讲座、集体宣誓、百人签名、诚信考风等多种形式培养学生的诚信观念，营造人人、事事、时时讲诚信的良好氛围。

四、取得的效果

1. 提前还款率提高，违约率降低

通过激励措施再配合诚信教育的开展，我校毕业生在毕业前提前还清国家助学贷款人数比例逐年提高，由 2004 年的 38.43% 提高到 2009 年的 86.43%。

昆明医学院历年国家助学贷款毕业生提前还款情况统计

毕业年度	毕业生贷款人数	毕业生提前还款人数	还款比例
2004	268	103	38.43
2005	362	160	44.20
2006	388	171	44.1
2007	261	167	63.98
2008	211	147	69.7
2009	140	121	86.43

诚信教育活动的开展在同学之间形成互相监督、互相学习的良好风气。有的同学毕业后工作一段时间有能力还款，来到学校办理手续时，看到班上还有同学没有还款的主动和老师要下未还款同学的名单，积极联系同学，督促他们按时归还贷款。2007 年以来，我校学生国家助学贷款违约率保持在 3% 以下。

2. 建立了风险防范机制

学校在学生转学、休学、出国、退学等学籍变动时及时将信息反馈给银行，并协助银行督促学生偿还贷款本息；在学生毕业前，将就业去向、联系方式等信息以书面形式告知银行，将学生的贷款情况纳入学生档案，在“报到证”中载明学生的贷款信息。为加强学生与银行之间的沟通交流，学校积极创造条件，专门举办新生金融知识讲座、贷款申请咨询会、贷款合同签订会、还款确认仪式等活动，同时，为保证申请贷款的贫困学生都能获得批准，学校通过各种方式，向银行介绍学校优良的学风校风、学生良好的思想道德素质以及较好的就业前景，增强银行为学生提供国家助学贷款的信心。学校与经办银行建立了相互信任、相互支持、相互配合的合作关系。2004 年以来为 2 348 名同学办理了国家助学贷款，发放贷款金 2 760.64 万元，实现了“应贷尽贷”的目标。

五、评　价

通过激励机制的建立和诚信教育活动的完善，学生还款积极性得到激发，还款主动性增强，诚信风气逐渐形成。贷款经办银行信心十足，国家助学贷款工作实现良性工作状态。

六、建　议

第一，目前有的高校已经把提前还款奖励标准提高到 8%、10%，有的学校还实行按照还款金额给予不同的奖励：全部还清奖励 10%，还 2/3 奖励 8%，还一半奖励 5% 等，同时把学生还款和二级学院学生管理教育工作紧密结合，制定辅导员国家助学贷款工作奖励机制，形成学生、学院、学校三级联动奖励机制。

我校虽然是第一家提出激励机制的学校，但随着形势的变化，应该考虑对还款激励机制进行修订并使之完善，促使三级联动工作得以开展，提高工作积极性。

第二，风险补偿金的支付方式值得商榷。目前的风险补偿金支付方式按照贷款总额提取，无论是否违约都按统一的比率支付，这样，对于违约率较低的学校来说有失公允。建议将风险金与还款违约率挂钩，实行奖优惩劣的激励机制，激励学校更加重视国家助学贷款的工作。

第三，建立高校国家助学贷款工作评价体系和考核机制，促进国家助学贷款工作深入可持续发展。

边疆高校贫困生资助工作现状分析

——以临沧师范高等专科学校政教系为例

临沧师范高等专科学校 李林山

摘 要 随着高校扩招政策的落实，贫困大学生的比率呈上升趋势。大部分生源为边穷山区的边疆高校，贫困生资助工作难度进一步加大。本文结合开展学生工作的实践，浅析边疆高校贫困生资助工作的现状，以求达到共勉，为学生管理工作的顺利开展提供借鉴。

关键词 边疆高校 贫困生 资助工作 现状

高校贫困生资助工作是学生管理工作中不可缺少的重要组成部分，尤其是扎根于边疆的高校，贫困生资助工作是一项复杂而艰巨的工作。其大学生贫困面的增加，国家对西部地区贫困大学生采取了一定的扶贫政策倾斜，贫困学生受资助项目逐年增多，贫困学生的类型也日趋复杂。临沧师范高等专科学校作为地处滇西南边陲的一所高校，认真贯彻国家的资助政策，紧密结合边疆实际搞好大学生资助工作。

一、边疆高校贫困生的构成成分复杂

（一）边穷山区学生为主，贫困生基数大

一是生源多集中在边疆。目前边疆地区经济发展滞后，边疆高校的培养目标和生源基础决定了边疆高校80%以上大学生来源于边穷山区。二是生源来自边疆的贫困山村。在对临沧师专政教系作抽样调查时发现，51个学生的班集体中没有一个学生是双职工家庭，95%以上的学生都来自农村。三是部分来自山区的残疾学生在一定程度上增大了贫困生基数。

（二）少数民族贫困学生比率大

特殊专业和预科班少数民族学生比率达90%以上。少数民族学生中主要以佤族、藏族、拉祜族等边疆特少民族为主。特少民族的居住区域决定经济发展滞后，大多居住在高寒山区，以农业为主，甚至都无法自给自足，谈何赚取学生昂贵的学费。在调查中，政教系一个27人的少数民族班级，有14名学生靠借高息贷款来上交学费，5名学生通过亲戚东拼西凑来交学费，2名学生是缓缴学费，2名学生通过奖助学金来上交学费，贫困面达到85%以上。

（三）单亲家庭贫困学生逐年增加

一是由于父亲或母亲病逝造成，二是父母离异，后者的人数逐年增多。有新生进校就属单亲的，也有进校后父母离异的。后者对学生各方面的影响很深，学校不仅要做好物质补助，同时思想沟通方面的工作要求更高。

（四）自然灾害的频繁，贫困生基数波动大

2009 年楚雄姚安等地地震的影响，直接波及生源地为地震区的学生；2010 年的旱灾导致云南省多个地州农村绝收，使以农业为主的家庭经济陷入困境。自然灾害的频繁发生，使贫困生基数不断加大。

二、边疆高校贫困生资助工作现状

（一）严格贯彻国家资助政策，结合学校实际选定资助范围

学校坚持公平、公正的原则进行贫困学生范围的选定。采取三步措施对贫困范围进行选定。首先，在新生报到时要求班主任对学生本人和家长的情况进行详细了解，获取真实的学生家庭经济情况并做好详细记录。其次，通过老师对学生平时消费行为进行观察并落实所获取信息的真伪，随后通过班会进行无记名投票方式进行调查，看学生对贫困学生的真实状况了解与所掌握信息的偏差，抽查本村或本乡镇同班同学进行了解学生信息。最后，通过学生所建的贫困档案对贫困学生所在政府部门和民政部门进行电话形式或走访形式进行落实。

“贫困”观念的理解差异。在选定贫困学生范围过程中生源所在地的政府部门和民政部门的责任心至关重要。一是对学生填写经济情况的真实性进行必要的把关，二是地区差异容易造成对“贫困”观念的理解差异。来自云南昆明、曲靖、玉溪等经济发达地区中贫困学生来校报到时，相对于当地经济状况属于经济困难，当地政府同样给予贫困证明。与迪庆州、怒江州的贫困学生相比，前者只能是相对贫困学生。三是学生对“贫困”观念理解差异。目前以自我为中心的学生居多，在其世界观里强调的是助学金是国家的钱，为何不给自己。别人可能为解决生计而贫困，而部分学生认为买不起奢华的东西也是贫困，导致不择手段弄虚作假获取资助的情况出现。

学校首先资助的是残疾、单亲的学生，其次是贫困生中少数民族学生，再次是按照调查结果按贫困档次进行适量资助，确定资助对象后对各类资助金的发放使用严格把关。

（二）结合学校实际，确定资助标准

贫困生资助工作中强调的是“助学”，品学兼优才有资格获取资助。首先必须严格遵守校纪校规，思想积极，好学上进。各班级再根据困难程度评出获助等次；在初评名单确定后再通过学校成立的评审小组的讨论，严格按照民主评议一致通过才进行推荐名单；推荐名单通过公示，公示期间如发现有学生提供虚假信息，经核查情况属实，一票否决，并对该学生进行调查，查出行为动机并对症下

药，进行再教育。

(三) 针对资助对象家庭情况变动，灵活调整资助范围

学校根据学生的实际情况灵活调整资助范围。资助工作的前提条件是“以人为本”，学生中如有特殊情况发生，优先考虑这类学生。如2007年2007级学前教育班学生刘丽因母亲去世，政教系给予她保险公司资助的1 000元助学金；2009年2007级思想政治教育班学生松学宝由于身体原因做手术，家庭一时无法承受上万元的医药费，学校考虑到这个实际情况把保险公司每年1 000元的资助给予了该同学。此类学生原来不属于贫困对象的评定范围，但根据实际情况学校仍给予了资助，真正做到了以人为本。

真正意义上的贫困生即特困生。政教系2005级幼儿教育二班陈云萍同学，每年都是系上的资助对象，原因是她属特困生。该同学从小一直由年迈的爷爷奶奶抚养，爷爷奶奶已基本丧失劳动能力，同时综合考虑到该生在校思想进步、努力学习、表现良好，几年来学校都给予了该同学大额资助，让真正困难的少数民族学生顺利完成了学业。此外，家庭情况发生改变如下岗家长再就业的部分学生，学校根据实际又从特困档次调整到一般贫困档次，尽量兼顾困难学生顺利完成学业。

(四) 拓宽资金来源渠道，为贫困生服务

学校给予贫困学生的助学金以国家和学校的资助项目为主，自筹资金为辅。如政教系2007级学前教育班的满晓琴同学，由于家庭困难，通过自己申请，获得了中国发展基金会6 000元的资助；2009级社区管理班学生李德仙在政教系教师的帮助下获得住房公积金公司资助。系上在李德仙入学时就了解到她的家庭贫困后，通过征求学生本人意见，再经系领导的协调，最后由临沧市住房公积金公司自愿给予该学生1 000元资助，并由公积金公司领导亲自送到学生手中，鼓励学生好好学习，今后回报社会。

学校还想方设法为贫困生寻找勤工俭学岗位。新生入学后，学校根据需要增设勤工俭学岗位，让特困学生在业余通过劳动获得报酬，既解决经济上的部分困难，又获得了学习、锻炼的机会。另外，政教系还采取了组织教师自主捐款给贫困学生的资助方式，解决部分贫困生的燃眉之急。

三、边疆高校贫困生资助工作困境

(一) 贫困学生数量和资助项目金额无法匹配

边疆高校的资助资金来源渠道狭窄。边疆高校资助工作主要以国家、省校奖助学金为主，国家、省级奖助名额有限，无法满足边疆高校贫困生基数大的弱点。首先只能先满足特困学生，校级奖助学金根据学校资金的实际情况来发放。边疆高校正处于发展完善跟随的处境，每年得到国家教育扶持的资金有限，很难筹到解决贫困生经济困难的资金。目前学校领导和资助工作者迫于这样的处境在

短时间内很难摆脱“资助贫”的困境，表面上校企合作是很好的机会，但是地处边疆经济决定边疆的企业发展不景气，没有稳步发展长期盈利的企业。即使有的企业愿意资助，名额和金额都极为有限，国家大企业资助首先考虑名校，很难顾及到边疆高校。

（二）少数民族特困生的资助与资助政策目的矛盾

少数民族特困生资助的重要性。边疆高校以培养边疆的建设者为主，一个特少民族家庭培养出一个大学生十分不易。既是家庭的希望，又是整个家族甚至村寨的寄托。因此，培养好一名少数民族特困生甚至可能带动一个家庭或者一个村寨的发展。

资助工作中“助学”与“助困”的矛盾。少数民族特困生从经济困难的角度与国家、省校级的资助政策吻合；从学生管理的角度，“助学金”顾名思义是“助学”，并非助违纪。部分贫困少数民族学生的行为易与校级校规相冲突，少数民族喜好饮酒，这与学校的校规相冲突，甚至饮酒中无法控制量，惹事触犯校规。为了达到促进少数民族特困生完成学业的目的，发放给该类学生助学金，在学生管理中很难说服别的贫困学生。另外，少数民族学生由于地区教育不公等各方面因素的影响，学习基础差，进入高校很难适应高校的教育体制，学习成绩普遍落后。资助工作主要针对品学兼优的贫困学生，但是边疆高校中部分学生处于“多困”状态。发到的助学金受助学生很难合理利用，理财与习性冲突。擅长吃喝弹跳与学校教育的目的相悖，导致危及班级管理。从教育者的角度来看，是以教育为主，努力培养优秀学生为目标，但在资助工作中却是很难跨越的多困障碍。

（三）资助工作中的诚信障碍

贫困生资助工作中访谈的真实性是一个值得思考的问题。有的新生入学时就已经准备好齐全的贫困证明，开学期间新生咨询最多的问题也是如何申请助学金。笔者在一次贫困生重新调档中进行访谈时发现，学生本人的描述已经够贫困，经过电话联系家长，家长说得更凄惨，最后达到让访谈者觉得扶贫是学校义务的地步。无形中给教育管理者增加了包袱，试想学校应该以教育为主，相反把经济贫困的负担强加给学校。

诚信障碍不仅扰乱了资助工作的目的，也是社会诚信缺失的表现。让利己主义表现得淋漓尽致，是对教育中思想政治教育的一次挑战。目前可采取从小学就开始诚信教育，建立个人诚信档案，对违背诚信的学生进行教育或相应的惩罚。这样层层推进，使诚信档案进入高校，对高校贫困生资助工作帮助意义重大。另外，加强监督力度，对学生中监督有力者进行奖励，从根本上让学生做自己的主人，提高自觉意识，自己管理自己。

四、结 语

边疆高校的贫困生资助工作是学生管理中最棘手的工作，贫困生资助工作者能否摆脱困境会为学校人才培养起到不可低估的作用，只有在社会各界的关注与支持下，在家长、学生的理解与配合下，学生资助工作才能真正落到实处。

参考文献：

[1] 付新超：《贫困生资助中存在的问题与对策》，载《河南教育学院学报》2001年第3期。

[2] 朱湘虹：《高校扶贫助学工作的困惑与对策》，载《继续教育研究》2004年第1期。

[3] 冯静：《经济全球化与思想政治教育的创新》，云南师范大学，2003年。

国家助学贷款与大学生诚信教育

思茅师范高等专科学校 罗承松 张 红

摘 要 学生贷款拖欠问题，无论是发达国家还是发展中国家，都不同程度地存在着。对我国部分大学生拖欠国家助学贷款，我们必须持正确的态度，既要看到大学生诚信缺失拖欠国家助学贷款现象产生的客观环境，又要看到大学生诚信道德培养中存在的问题。我们要从多方面入手，长期、深入地做好大学生诚信教育工作。

关键词 国家助学贷款 大学生 诚信档案

一、国家助学贷款的性质和作用

国家助学贷款是为实施科教兴国战略，加速人才培养，特别是使经济困难的优秀青年得以深造的重大决策，是帮助学生树立自立自强观念，鞭策学生勤奋学习，努力上进，全面提高综合素质的重要措施之一。它是大学生凭借自己的信用申请，毕业后逐步归还的贷款制度，是一个集政策、福利、教育和金融的复合工具，具有明显的政策性特征，但本质上属于商业性贷款。国家助学贷款的基础是大学生的个人信用。我国的国家助学贷款始于1999年7月，国务院办公厅联合几部委颁发文件，宣布家庭经济困难的本科学生可以申请国家助学贷款。但当时规定，申请人必须提供月收入在一定额度以上的担保人，尽管许多高校教师愿意为经济困难学生担保，但对于多数经济困难学生而言，寻找担保人仍是极为困难的事。因此，从1999年7月到2000年3月国家助学贷款进展缓慢。2000年3月，国家助学贷款又采用信用贷款方式进行，然而商业银行由于存在种种风险顾虑，发放国家助学贷款的积极性不高。到2000年8月，国家再次强调，大学生申请国家助学贷款必须采用信用贷款方式，从此，国家贷款获得迅速的发展，到2003年，国家助学贷款在国家资助经济困难学生的“奖、贷、助、补、减”体系中已处于重要的地位。“在大学生资助体系中，从获得资助的抽样学生在全部抽样学生中的比例来看，获得国家助学贷款的学生比例为9.63%，获得学费减免的学生比例为4.98%，获得助学金的学生比例为7.47%。从资助金额来看，国家助学贷款在学生总资助中的比重超过了50%，助学金占16.5%，其他来自学校财政补贴的学生资助占29%。”① 说明国家助学贷款的覆盖面和资助数额大于其他资助形式。

目前，世界上共有50多个发达国家和发展中国家已经实行了学生贷款计划。世界银行专家齐德曼对世界上许多国家的学生贷款的作用、目标进行总结，认为高等学校学生贷款的目标有五类：①弥补高等学校财政不足；②扩展高等教育；③增加贫困家庭子女上大学的机会，促进入学机会平等；④满足特殊领域。特殊地区劳动力的需求；⑤减轻学生负担。我国实施助学贷款是实施科教兴国，确保我国高等教育持续，健康发展的一项重大举措，是我国社会主义制度优越性的具体体现，是社会主义市场经济下助学方式的一种新探索。其意义主要体现在五个方面：①是党中央国务院实施科教兴国战略，加速人才培养，特别是使困难优秀青年得以深造的重大决策；②是国家为了利用金融手段支持高等教育体制的深化改革，促进我国教育事业发展的重大举措；③进一步完善了高等学校经济困难学生的资助体系，缓解了高校资助资金不足的矛盾；④帮助青年学生树立了自立自强观念，鞭策学生勤奋学习，努力上进，有力地推动了高校学生素质教育的改革；⑤为公民获得公平、公正的教育机会提供了社会保障机制。

国家助学贷款是一件利国利民的大事，开办以来受到社会各界的好评，但随着贷款偿还期的到来，出现了人们不愿看到的事实，即借款大学生违约（到期不还款）现象频繁发生，违约率居高不下。2003年中国人民银行不得不为违约攀升情况下达了助学贷款警戒线，规定违约率达20%以上或人数达20人以上的高校暂停发放国家助学贷款。面对一系列的国家助学贷款拖欠事实，大学生诚信问题成为整个社会都倍感关心而又十分敏感的话题，同时也对高校诚信教育提出了新的时代要求。

二、诚信的社会功能

“诚”与“信”在古义中是互通的。《说文解字》中说：“诚，信也，从言，从声。”“信，诚也，从人，从言。”同时“诚”与“信”又是两个分别有着不同含义、相对独立的范畴。“诚”，从伦理学的角度看，是指人的一种真实不欺的品性和做人的原则和道理，其根本要求是“真实无妄”，即符合实际，没有虚妄。从道德修养的角度看，“诚”是道德修养的重要内容。《礼记·大学》中，把“诚”列为八条目之一，“物格而后知至，知至而后意诚，意诚而后心正，心正而后身修，身修而后家齐，家齐而后国治，国治而后天下平”。这里“诚”在个人修养中具有承上启下的重要地位。“信”原指祭祀时对神和祖先所说的诚实不欺之话。到了春秋时期，经儒家创始人的倡导，把言行不悖、严守诺言作为重

① 刘文利、魏新：《助学贷款对入学机会公平的促进及可持续性发展》，载《中国高等教育》2003年第9期，第32页。

要的道德规范。在《迟海》中把“信”解释成：“诚实；不欺”；又指“信用”，即守信。“信”的基本含义是诚实不妄、遵守诺言的品质和行为。

“诚”与“信”尽管各有侧重，但从先秦开始，人们就一直把他们连在一起使用，其内涵也不断得到丰富与发展。诚信的内涵是指诚实不妄，恪守信用，其要求就是言合其意与“言必信，行必果”。

诚信在社会生活中处于十分重要的地位，有着重要的社会功能和社会价值。从个体的角度来看，诚信是一个人道德基础，是每个人立德修身之本，也是人之所以为人的最重要的品德。从社会的角度来看，诚信是社会赖以生存发展的必要条件，而且是社会有序、有效的重要标志，是社会的基本道德规范要求，是市场成熟的标志，它在经济运转中有着重要的伦理价值和经济价值。从政治的角度来看，诚信是民主社会、法制社会的内在要求，是实现政治文明的前提条件。诚信不等于经济学上的信用，信用主要是指货币借贷商品买卖活动中延期付款或交货的形式，也包括无须付现金即可获取商品、服务的形式。信用只是诚信的部分内容，信用需要以诚信作为基础和支持。

三、大学生国家助学贷款诚信缺失的原因

助学贷款拖欠问题，无论是发达国家还是发展中国家都不同程度地存在着。我国大学生助学贷款拖欠现象相对普遍，究其原因，主要有以下几方面：

一是在教育体系中，学生的人品评价缺乏正确的教育评价体系。目前，我们的教育始终还存在重智轻德、一手软一手硬的现象。衡量一名学生仍然是以学习成绩评论高低，评优评奖同样是以学习成绩这把尺子来衡量。在中学阶段，升学率成了教育的指挥棒，社会、学校、家庭一切围着高考转，人们只注重对学生智育成绩的评价，至于老师的德育情况、学生的品质养成，没有给予足够的重视，就是给学生写的品行鉴定也扬长避短，严重失真。

二是我国的诚信规范处于整合时期，社会上一些不良现象对大学生的诚信带来负面影响。随着市场经济的不断发展，对外开放的进一步扩大，在与计划经济相连续的传统价值观、道德观已失去效力，新的被大众所认同的价值观、道德观还未形成，加上西方的价值观、道德观的蜂拥而入，使得当前我国社会中各种各样的价值观、道德观出现了相互交错、相互冲突的局面。这往往使人们从自己所信奉的价值观、道德观出发选择自己的行为，而很少去认同社会所提倡的共同价值观。一些缺乏信用理念，排斥理想和道德的价值观，把追求自我利益最大化的经济理信作为判断、选择和决定一切事情的基本依据或唯一依据。他们一切从利益出发，一切向钱看，把一切社会关系都变成了一种交易关系和利益关系，使得市场平等原则、自由竞争原则、诚实信用原则和负责、守时、互相尊重、共同合作的精神全部置于金钱关系中。多元的价值观和道德观的混乱与冲突，还使得一些人道德权威意识淡薄，在他们眼中“诚信”、“契约”等观念也失去其原有的

地位，“良心”、“责任”、“正直”、“信念”、“守信”这些最有效的道德约束机制变得毫无价值，他们只热衷于计算功利的大小，金钱的多少。

三是部分大学生不良的家庭教育与固有的小农意识，滋长了诚信缺失。家庭教育对一个人的成长有着巨大的影响，在家庭环境中，家长的言行举止，对子女有潜移默化的影响。有的家长忽视孩子的品行养成，对子女偶尔发生的不规范行为，不但不及时制止，还起了教唆作用。另外，申请国家助学贷款的学生大多来自“少、边、穷”地区，那里自然经济和半自然经济仍然占很大的比重，商品经济不发达，人们束缚在狭小的范围内，人们彼此之间依靠血缘相联系，大家相互了解，知根知底，社会信用的确立不用依靠对契约的重视，而更多依赖于“面子”或相互之间的信任就可以了。市场经济条件下的现代社会，人员广泛流动，信息广泛传播，社会交往突破了地域的限制，人们来自四面八方，生活习惯各异，彼此陌生，社会经济生活秩序必须依靠契约来确立。有的学生对自己签订的国家助学贷款契约未引起足够的重视，他们一方面带有侥幸心理，认为毕业以后远走高飞，学校、银行难以知道去向，对自己不会有什么影响，也不伤什么“面子”。另一方面，有的学生不能正视社会转轨时期国有资产流失、社会腐败现象等存在的问题，把自己拖欠国家助学贷款视为是天经地义的事。认为自己拖欠国家助学贷款，与那些国有资产蛀虫、社会腐败分子相比算不了什么。

四、加强大学生的诚信教育，是国家助学贷款良性发展的关键

对我国部分大学生拖欠国家助学贷款问题，我们必须持正确的态度，既要看到大学生诚信缺失拖欠国家助学贷款现象产生的客观原因，又要看到大学生诚信道德培养中存在的问题。既不能惊慌失措，又要加以重视。要从多方面入手，长期、深入地做好大学生的诚信教育工作。

一是积极宣传国家助学贷款政策，培育学生正确的贷款上学观念。为使社会各界理解、支持国家助学贷款政策，学校要与新闻媒体积极配合，正面宣传国家助学贷款有关政策及意义，树立好的典型。发放国家助学贷款，需要加强学生思想政治工作，培育学生正确的贷款上学观念。要抓住一切机会和条件，大力开展宣传活动，使每一个申请贷款的同学都清楚。第一，国家助学贷款是让学生用自己明天的钱圆今天的大学梦，是一种值得学生自豪的自食其力的行为，学生必须以此为契机，刻苦学习，立志成才，回报社会。第二，国家助学贷款是银行的商业贷款行为，既体现了银行和社会对大学生的关心，也体现了银行和社会对大学生赋予的职责，讲求诚信、按期还款是大学生应尽的职责。第三，学生是否诚信，既体现了学生个人基本素质，也影响着国家助学贷款事业的持续运行和良性发展。

二是加强校园文化的诚信道德建设，树立良好的校风。校园文化是全体师生员工在长期的办学过程中培育形成并共同遵守的最高目标、价值标准、基本信念、行为规范。校园文化是信念的力量、道德的力量和心理的力量。三种力量相互融会贯通，形成校园文化优势，推动学校各方面向前发展。校园文化对学生的影响无时不有，无处不在，它是一种环境的影响、气氛的影响，也是一种意识、习惯上的影响。诚信意识作为校园的重要组成部分，在加强校园文化建设的过程中，要把诚信教育作为思想道德教育的切入点，通过诚信道德规范的学习。宣传和讨论加深学生对包括诚信在内的公民基本道德规范的理解，提高人们的道德意识和道德水平。在教育方式上，从实际和效果出发，尽量采用适合青年学生特点的、大家喜闻乐见的教育方式。通过设立诚信教育网站、诚信论坛、诚信专题演讲或者辩论等大力宣传诚信品德，批判各种不诚信的行为和理念，营造诚实守信的校园文化氛围，以丰富广大学生的文化生活，陶冶他们的情操，激励他们的斗志，使他们在耳濡目染、潜移默化中形成一致的态度、共同的理想行为方式，铸就诚信品格，形成良好的校风。

三是建立大学生诚信档案，让大学生在实践活动中锤炼自己的诚信品质。道德不仅是一种规范常识，更重要的是，它是一种实践力量，只有当其撞击到具体的实践问题时，道德才能真正彰显其意义。恩格斯曾经指出："人们自觉地或不自觉地，归根到底总是从他们阶级地位所依据的实际关系中——从他们进行生产和交换的经济关系中，获得自己的伦理观念。"① 所以大学生诚信道德的养成，既要使学生充分掌握基本的诚信道德理论知识，又要加强学生的诚信道德实践锻炼，完成诚信道德从"内化"到"外化"的实现过程。目前部分高校已经建立了大学生诚信档案，对培养大学生的诚信意识、健全大学生的人格、提高大学生的综合素质具有积极的意义。诚信档案的内容一般包括家庭基本情况、学习效果、品行说明、信用记录等。其中信用记录是大学生诚信档案的核心，它包括大学生申请国家助学贷款情况及还贷情况、学杂费交纳情况、参加勤工助学情况，参加社会公益活动情况以及违纪情况等。大学生诚信档案以"大学生诚信档案卡"的形式，每生每年一卡，年初发给学生，由学生在自己的学习、生活活动中逐步记录完成，学年末交院系审查，并对学生一年的学习、生活情况以及所表现出来的道德品行进行诚信品行等级认定（分优、良、中、差四等），然后上交学生工作处进行审核，装入学生人事档案。这种大学生档案建设的运作方式，一方面让大学生直接参与了建立诚信档案的整个过程，在实践中对学生的诚信行为进行了检验，使之得到相应的教育，实现诚信道德的知行统一。另一方面，诚信档案归入人事档案，有利于把大学生诚信教育进一步延伸到社会，推动整个社会的诚信道德建设，有利于用人单位了解大学生在校期间的诚信表现，有利于用人单位督促、监督大学生按时偿还国家助学贷款。

① 马克思、恩格斯：《马克思恩格斯选集》第三卷，人民出版社1995年版。

参考文献：

[1] 刘文利、魏新：《助学贷款对入学机会公平的促进及可持续性发展》，载《中国高等教育》2003 年第 9 期。

[2] 马克思、恩格斯：《马克思恩格斯选集》第三卷，人民出版社 1995 年版。

感恩思进，帮扶助困

——德宏师范高等专科学校教务党支部资助家庭经济困难学生纪实

德宏师范高等专科学校　余才旺

德宏师范高等专科学校教务党支部在学校党委的直接领导下，以邓小平理论和“三个代表”重要思想为指导，深入贯彻落实科学发展观，坚持党要管党、从严治党的方针，加强党的执政能力建设和先进性建设，构建马克思主义学习型政党，按照“统一规划、整合资源、分类实施、整体推进”的总体要求，丰富教育内容，创新教育方式，注重教育效果，切实提高广大党员的整体素质；结合德宏师专实际，开展以“自力更生、勤劳致富、感恩思进”为主题的教育活动，团结一心，知恩图进，立足本职，进一步增强全校师生爱党、爱家乡、爱学校、爱学生的感情。

德宏师范高等专科学校教务党支部由学校教务处、学生处、招生就业处、成教处和现代教育技术中心的21名党员组成。长期以来，积极开展对家庭经济困难学生的“帮扶助困”工作，并取得了可喜的成绩：近6年来，一直坚持资助两名在校贫困大学生，累计资助金额达20 000多元，不但帮助受助学生顺利完成学业，而且还通过对学生的关心、引导，使其顺利走上工作岗位。

2005年9月，德宏师范高等专科学校教务支部召开全体党员会议，决定资助两名在校特困生。在学生申请、学生处推荐的基础上，我支部确定2004级小学教育英语班（五年制）晏华葵同学（德宏州内生源）和2005级思想政治教育班（三年制）皇凤英同学（德宏州外生源）为资助对象。每人每月资助150元生活费，每年资助10个月，直至毕业为止。

为了更好地了解掌握学生在校学习、生活情况，支部对两名资助学生提出严格要求：首先，要求思想上进，生活勤俭，行为端正；其次，要求勤奋好学，努力奋斗；再次，遵纪守法，尊老爱幼；最后，要求受助同学每学期向支部做一次书面的思想汇报，让学生谈谈自己的收获与感想。经过几年的努力学习，资助学生在学习、生活等各方面都有了长足的进步。特别是晏华葵同学认真完成本专业的学习任务，成绩优秀，获得国家一等助学金；同时，她还利用课余时间自学，参加本科自考学习；在思想上，认真学习党的基本知识，积极争取向党组织靠拢，并用自己的实际行动接受了党组织的考验，在校期间光荣加入了中国共产党；在生活上，不卑不亢，勤俭节约，充分利用假期时间参加勤工俭学活动，想尽办法解决生活中的困难，成为受助学生的典型。

“资助贫困学生，放飞爱的希望”，教务党支部对家庭经济困难学生在最困难、最无奈、最渴望的时刻给予帮助，成就他们的前途和命运。如今，两名家庭经济困难学生胜利完成了学业。2009 年 9 月，晏华葵同学参加德宏州教师普通岗位招教考试，以优异成绩被招聘录取，顺利走上教学工作岗位。

光阴似箭，日月如梭，资助学生顺利走出校园而踏上新的工作岗位；年复又一年，2009 级新生载着新的希冀跨入大学校门。2009 年 9 月开始，教务党支部又资助两名同学：2009 级历史教育专业顾凤同学（德宏州外生源）和 2009 级音乐教育（五年制）专业曹依凤同学（德宏内生源）。继续播撒着爱的种子，延续着“帮扶助困，放飞希望”的资助工程！

德宏地处祖国西南边陲，居住着傣族、景颇族、阿昌族、傈僳族、德昂族等众多少小民族，这里的人们勤劳、善良，但物质生活条件相对落后。德宏师范高等专科学校大多数学生来自贫困的农村家庭，生活极其困难。在这种情况下，学校需要帮助的学生太多太多，而仅仅依靠个别力量无法让这些贫困生完成学业。如今，我国已经基本建立起以奖学金、学生贷款、勤工助学、特殊困难补助和学费减免为主体的、多元化的资助贫困家庭学生的政策体系。作为边疆少数民族地区的普通高校，对家庭经济困难大学生的资助工作具有重要现实意义，对家庭经济困难学生在最困难的时刻给予帮助，帮助他们完成学业，平等地享有接受教育的权利，成为我们义不容辞的责任。我们希望，通过大家的共同努力，让边远农家孩子走进高等学府，把人力资源变成人才资源，加快边疆地区的建设；让受助学生顺利完成学业走向社会，用自己所学的知识改变自己的命运，为社会作出新的贡献；让社会各界更多的人士关心与支持党的教育事业，建立和谐、博爱、奉献的社会关系。让我们携起手来，为我校贫困学生获得更多的关爱与支持而努力！

通过教育培训学习、资助特困学生等活动，每一位党员深刻领悟到“感恩”是一个人不可磨灭的良知，是中华民族的传统美德，是做人的最起码的道德修养，是每个人都应该具有的基本道德准则。“思进”，要我们深刻认识到今天的幸福生活是源于邓小平理论、“三个代表”重要思想和科学发展观的指引，源于坚持党的基本路线和方针政策，源于党委、政府的坚强领导，更加坚定马克思主义的信仰，坚定社会主义的信念，进一步增强对改革开放和现代化建设的信心，增强对党和政府的信任；让学生懂得“感恩”是一种对恩惠心存感激的表示，是不忘他人恩情而萦绕心间的情感，学会感恩，感恩父母、感恩老师、感恩社会……“思进”奋发，做到在困难面前吓不倒，压力面前不后退，自力更生，生活俭朴，争当 21 世纪优秀的大学生。

今后，我们将一如既往地坚持资助家庭经济困难学生的工作，通过以点带面，发挥全校师生乃至全社会力量关心教育事业、支持教育事业、资助贫困学生。认真贯彻落实科学发展观，以学生为本，不让一位学生因为家庭困难而上不了大学。在学校党委的正确领导下，我们将集合全校师生员工及全社会的力量，放飞爱的希望，延续爱的希望，让更多的贫困学生从容面对困难，从困难走向胜利！

生命的赞歌

——拯救重病学生鲁刚云纪实

德宏师范高等专科学校 张向军

有一首歌叫“有一个美丽的地方”，歌唱的就是我们美丽的德宏，正如歌曲中唱的一样，这里山美、水美，世代居住在这里的人们更是勤劳、善良。

在这美丽的德宏有一所美丽的高校——德宏师范高等专科学校。有近五千师生生活在这美丽、温馨的大家庭里，教师兢兢业业，学生努力学习。学校里的每一份子，都在这美丽的校园里辛勤工作、努力学习，一片生机勃勃。

可在2007年10月14日，我校计科系2005级计算机科学教育班的一名学生在上课时突然流血不止，立即被同学们送入州医院进行急救，很快被确诊为“特发性血小板减少紫癜”，随时都有生命危险，必须立即住院治疗。

一个人生病本不是什么大事，可这位同学所得之病却非同一般，一是病情太重，二是所用之药价格昂贵。在第一方案的医治中每天必须用的药就2 000多元钱，而且第一方案只是保守治疗，如果没什么显著效果，还必须进行第二方案即脾脏切除手术，整个治疗如果顺利，可安全救回这同学的生命，但医药费不会少于6万元。

这名不幸的学生是谁呢？

鲁刚云，系保山地区腾冲县高寒山区新华乡邢家山人，2005年到我校就读2005级计算机科学教育班。此时已是即将毕业的大三学生了，在该生就读的前两年中就因家庭贫困，一直未交学费，但该生平时学习努力，是一名勤奋好学的学生。所以学校一直都很照顾他，经常给他提供各种帮助，可家中实在太贫困，鲁刚云平时吃的较差，身体一直都不好，长此以往致使大病突发，真是雪上加霜。

这么多钱到哪里去筹呢？

鲁刚云的父母来了，把家里所能卖的都卖了，只是筹到了几千元而已，杯水车薪，只够几天的医药费。看着老泪纵横的老人，善良的老师、同学谁还能坐得住呢？

系部领导马上将情况向校领导汇报，校领导指示：先在系部解决，有困难再报。系部领导马上开会研究，决定由系团总支在老师和同学们中进行宣传和募捐。募捐开始后，老师和同学们个个解囊相助，伸出友爱之手，一元、两元、五元、十元……经过两次募捐，筹到了近两万元。

可这两万元，没几天就用完了，病情还是不见好转，怎么办？系上领导没办法，只好求助于校党委。

校领导一句话：决不放弃，只要有一点希望，就一定要坚持不懈。

校党委副书记景德萍亲自出面向社会各界请援，百忙中还多次到民政局亲述学生病情。很快，民政局送来了 10 000 元，加上社会各界的捐助，总共筹到了 12 000 多元。

还不够，校党委会议研究决定从学校本来就紧张的经费中再拿出 20 000 元。

有了经费的保证，病人得已顺利进行治疗，第一方案没效果，进行了第二方案，顺利地进行了手术。终于，一个生命从死亡线上被拉了回来。手术后，鲁刚云同学的身体恢复很快，不久就康复出院，重新投入到学习、生活中来了。

2008 年 6 月鲁刚云同学顺利地完成了学业，并在腾冲县柏联和顺旅游文化发展有限公司找到了一份满意的工作，现在工作、生活都很好。

毕业一年后的 2009 年 6 月，在我校 2009 年毕业生欢送晚会上，鲁刚云同学再次回到母校，回到了亲爱的老师、同学中间，面对着台下的领导、老师和同学们，他心情非常的激动，久久都说不出一句话。

他说："大家对我的救命之恩我无法用语言来表达。正当我走投无路、生命万分危急之时，学校、老师、同学、社会伸出了温暖的双手，让我从生命的绝望中看到了未来与希望，重新站了起来。现在我的身体已康复，能够正常地生活与工作了；可每当一想起那被病魔折磨的日子，就看到一双双恩人们的温暖的双手，是你们用人间的真爱击退了病魔，使我的生命得到了重生……"

一个普通的学生，一个普通的故事，却在德宏师专这美丽的校园中谱写了一首爱的赞歌，在生命的延续中，它所蕴涵的却是师生们互助互爱的传统美德，是学校大家庭般的温暖，是社会主义制度优越性的又一次活生生的体现。

少数民族贫困家庭学生资助工作研究

——以云南民族大学为例

云南民族大学 李春波 杨志远

云南是一个多民族的边疆省份，在大学生中，少数民族学生占有相当的比例，他们具有淳朴、坚忍、勤奋的良好美德，是一支边疆民族地区所需要的出得来、回得去、留得住的后备人才队伍。这些学生大都珍惜得来不易的学习机会，勤奋刻苦。但是他们来自边疆民族地区，贫困家庭学生多。以云南民族大学为例，据统计，少数民族学生中家庭人均月收入低于100元的占在校生人数的70.93%，其中家庭人均月收入低于80元的占在校生人数的49.55%。因此，关注少数民族贫困家庭学生的资助工作是学生资助工作的一个重点。然而，长期以来，帮困助学成为学校学生工作的难点。让贫困家庭学生入得了学，读得了书，“绝不让一名学生因家庭经济困难而辍学”成为学校认真践行“三个代表”重要思想、落实科学发展观、构建和谐社会、办人民满意的民族高等教育的具体行动。为此，我们以云南民族大学为例，以系统总结开展少数民族学生资助工作的措施、成绩和经验的形式，从实例着手，力求对做好大学生资助工作进行简明扼要的研究，以期提供借鉴和参考。

在省委省政府领导的关心下，在省教育厅、省民委、省财政厅的支持下、在社会各界的帮助下，云南民族大学结合自身实际，通过多种切实可行的措施，为贫困家庭学生铺就了一条顺利完成学业之路。经总结，主要的措施和经验有以下方面：

一、加强领导，落实责任，争取外援

云南民族大学认真履行助困工作第一责任制，成立了以校长为主任委员，以分管学生工作的校党委副书记、副校长为副主任委员的云南民族大学学生资助领导小组。成员单位有学生处、教务处、计财处、校团委、后勤处，下设立办公室，现编制配备专职人员3人。各学院成立以院长为第一责任人、组长，分管学生工作的副书记、副院长为副组长，学院团委书记、辅导员、班主任为成员的学院资助工作小组。每年6月和10月校党委召开两次专题会议，总结学年资助工作，研究对策。新学年开学前召开助困工作学院领导会议，签订新学年学院学生资助工作责任书；召开辅导员、班主任会议，组织新任辅导员、班主任上岗前培

训，明确培养少数民族专门人才是党和政府交给民族大学的历史重任，帮助来自边疆贫困地区各民族的青年学生顺利完成学业是我们义不容辞的职责。

面对众多的贫困家庭学生，助学金是保证资助工作顺利开展的关键。校党委在专题会上决定，继续坚持2003年以来的不低于“10%学费提成”，专项用于学生勤工俭学、贫困家庭学生补助及奖学金。同时在全校教师中倡议为贫困家庭学生捐款，校领导带头积极争取社会捐赠，3年来，通过积极与各个基金会、社会团体及个人进行联系和合作，不断拓展奖助学金的范围和内容，共评选奖助项目25项73次，资助学生16 641人次，资助金额3 424.542元。在原奖助评审办法的基础上，部分改革了评审办法，既有资助也有激励，有力提高了奖助的使用效率，使真正贫困、优秀的学生能通过努力得到国家的扶持和表彰。同时，在受资助同学当中，广泛开展“爱心回馈”活动，据不完全统计，两年来受助学生开展各类回馈活动46 071小时。

二、盘清家底，动态管理，重点保障

随着学校办学规模扩大，为及时了解和把握在校学生及其家庭信息，资助中心总结了以往管理工作经验，开发了《云南民族大学学生及其家庭信息管理系统》，对全校贫困生实行了动态管理。学生可以通过互联网进入学校“资助信息中心”全面了解学校的资助政策，又可以对本人及家庭经济状况适时更新，还可以上网申请国家助学贷款和勤工俭学岗位，查询获得资助和获得国家助学贷款情况，使学校资助工作成为公开和透明的“阳光工程”。各学院也可以通过校园网及时了解和把握学生的动态信息，实现了资助工作的远距离网上办公自动化。截止到2009年6月，全日制在校学生中有8 760名学生在校园上网注册了个人家庭经济状况，占采集对象学生人数即在校生人数的78.88%；2009—2010学年的学生及家庭信息正在注册统计中。

为打消新生及家长无力缴纳学费不敢到学校报到的顾虑，学校在每年招生宣传中，加大学校助困政策宣传，在寄给新生的《录取通知》中都附带了“学校新学年助困政策（情况）”、“新生申请国家助学贷款须知”等材料。2000年学校开通了新生入学“绿色通道”，在全省率先实施《云南民族大学新生入学“绿色通道”管理办法》。2000年9月1日至2009年9月30日下午7：00，共为3 301名新生办理了《绿色通行证》，缓缴金额1 219.28万元，先后有242人次减免学费407 050.00元。学生资助中心还将新生申请办理“绿色通道”的情况进行分类，对孤儿、单亲贫困家庭学生和烈士子女、多子女上学等特殊困难群体给予特别关注，与年资助额在3 000元以上的项目捐赠单位联系，将他们优先列入新学年资助对象，从而保证他们入学后的基本生活费开支。

三、贴近学生，把握消费，保障学生生活

在部分副食品市场供应价格上涨后，为及时把握新学年学生开学后的基本消费状况，于2007年新学年开学后第四周，资助中心在网上对7 877名在校贫困生的在校消费情况进行了调查。学生中已没有发现以往存在的吃不饱饭或因家庭经济贫困而节食的现象。同时，针对学生的整体生活水平有所下降，有近45%的学生只能保证一天两顿正餐才有一个串荤，有近26%的学生每两天正餐才有一个荤菜（含串荤），20%的学生每周才有一个荤菜（含串荤）的现象，学校及时对后勤学生餐饮部分给予补助，控制饭菜涨价。同时向校外部分资助项目提出适度调高贫困家庭学生生活补助。如香港房角石协会昆明有限公司从去年3月起的每生每月200元调为250元，今年3月又上调至300元；香港伍集成特困学生奖学金从每年2 000元调到3 000元。到2007年12月底先后有7个项目调高了学年资助金额。

为进一步发挥学校助困工作主动性，学校一方面增大向海内外募捐的力度，另一方面在增加投入的前提下调整了传统资助项目，加大单项资助金额，2007—2008学年新增资助项目6项，单项最低年资助额从原有的500元调整为1 000元。同时学校还设立了冬寒衣补助、定期困难补助、临时困难补助、校级助困奖学金、校内勤工俭学、特殊困难助学金建立了住院学生看望慰问制度、春节留校学生年夜饭制度、中秋节月饼发放制度、残疾学生助残日慰问制度、家庭受灾学生慰问补助制度等。如2008年学校共计投入380余万元，有学生6 500余人次受益。2009年预计投入480万元，将有9 000余人次受益。

四、多渠道开展学生勤工俭学工作

我们注重引导学生除了需要国家和社会各界的资助来解决必要的学习和生活费用外，更需要通过社会实践，勤工俭学以获得相应的报酬来支付学习和生活费用，减轻家庭负担。从而获得成就感，从心理和思想上得到成长、成熟，并以此来认识社会、了解社会、融入社会。同时，学校积极在校内提供贫困生勤工俭学的机会，近年来，每年投入经费45万元为3 000余人次提供勤工俭学岗位。学校还通过“校内自训，以老带新”的特色军训模式，每年向二、三年级学生提供近500个勤工俭学岗位；常年向获贷低年级学生提供近45个勤工俭学岗位；建立假期协助保卫处的护校队，提供勤工俭学岗位近100个。目前在校生中有78.60%学生有从事勤工俭学的愿望，有40.42%的学生能有机会从事校内和校外的勤工俭学机会。

五、严格把关，规范奖助学金评定和发放工作

贫困家庭学生认定是做好学生资助工作的前提，是公平、公正、合理地分配

资助资源，切实保证各项资助政策和措施真正落实到家庭经济困难学生身上的关键。为此，学校从三个方面做好贫困家庭学生的认定工作：一是地方民政部门或家庭所在地街道办事处和家长单位证明（《云南民族大学学生及其家庭信息调查表》或《云南民族大学学生家庭经济情况调查表》，以及下岗证、失业证等相关贫困生证明）；二是考查学生日常消费情况；三是学生个人陈述，班会评议，即个人书面申请（提供相关证明），个人在班会陈述（到会人数不得低于全班总人数的五分之四），班级认定小组以申请人日常消费为主要依据、参考相关证明确定认定等级和排名，班组范围内公示。从而提高了贫困生认定工作的可靠性。

学校学生奖助学金严格执行“收支两条线”，财务处负责助学金的管理，学生处负责助学的评定。具体操作是：财务处负责助学金的收支和账目管理；学生处制定项目管理办法，根据各项目助学金的到账通知制定学校学年助学金评定指标分配表，组织实施评定工作，学院将指标分配到班级，公示资助政策，符合条件的学生在接通知后 10 个工作日内向班委会提出书面申请并提供相关证明材料，个人在班会（参会学生不得少于本班学生的 4/5）陈述，经班会表决、班主任同意后向学院推荐；学院在 5 个工作日内进行审核，在学院范围内公示不低于 3 个工作日，学院领导会议通过后报学生处；学生处初审名单后，提请云南民族大学学生工作委员会评审，在校内公示 5 个工作日；经校长会议批准上报或通知财务处组织发放。

六、把思想教育融入学生资助工作之中

我们一方面保障特别困难学生能够顺利学习，另一方面不断激励贫困家庭学生自强、自立，健康成长，努力成才。我们努力将资助工作打造成为有力推进学风、校风建设的良好载体，在获奖助学生中开展了以感恩教育、诚信教育活动为主要内容的在校园文化活动，并使之制度化、规范化、长期化、日常化，力图在学生中养成感恩、诚信的良好品德。我们切实把社会主义核心价值体系融入大学生思想政治教育的全过程，按照“育人为本，德育为先”的方针，加强大学生的社会主义荣辱观教育，弘扬爱心传递的宗旨，培养合格的建设者和接班人，将学生在校期间的爱心回馈社会、诚实守信情况作为思想品德综合量化考评的主要内容。在资助工作评审中，我们实行思想品德一票否决制，凡思想品德综合量化成绩不达标的学生不能申请新学年学生资助评定。通过这些工作，既教育了学生，又保证了我校学生资助工作健康有序地开展。

云南民族大学少数民族家庭困难学生资助工作的六条措施和经验，归结起来是，开展此项工作必须以学生为本，加强领导，落实责任，积极争取外援，充分掌握学生情况，严格资金使用和分配，辅之以勤工助学；必须在学生中加强思想政治教育和诚信教育，开展爱心回馈等活动。实践证明，这些措施和经验行之有效，对于开展贫困家庭学生资助工作有着十分积极的借鉴意义。

关于制定云南高校贫困生助学地方法规的提案

云南民族大学 耿 明

云南省高等教育的发展制约因素很多，既有历史和现实的原因，也有体制和人的因素，其中贫困生比例高，这是云南高校普遍存在的现象。近年来云南省委、省政府一直关心和高度重视高校经济困难学生的帮扶助困工作，把该项工作作为实现云南经济、社会和谐发展的大事来抓。目前我省高校已逐步建立起了一种以“奖、贷、助、补、减、免”为主要内容的多元化助困学生的政策导向体系。但问题在于：一是云南高校学生贫困面大、贫困程度深，加之随着我国经济发展、物价变化的现实，高校贫困生需求也存在相对扩大的趋势。二是贫困是一个复杂的社会问题，但每个公民所享有受教育的权利，则应该是平等的。学生如果因贫困而无法追求知识；无法靠知识来摆脱贫困，这会使社会无法建立自己的有效的价值体系，同时这也是一个国家和民族的悲哀。目前社会一些因贫困导致“读书无用论”错误思潮苗头的出现，应引起人们的高度重视。三是随着国家经济发展水平的提高，引导和吸引更多企事业单位、社会团体以及个人力量对高校贫困生助学扶困已具备了一定的基础与条件。目前除国家对高校贫困生助学力度加强之外，现社会上企事业单位、社会团体以及个人对高校贫困生的关注与帮助力度也在增强，为了吸引更多的社会资金加入到贫困生助学行列，进而改善高校发展基础与条件，我们有必要制定出能保护资助人、受助人（受益人）、学校、家庭等各方权益的地方法规，使其助学扶困更为切实有效，便于操作，使贫困生的资助、受助等社会各方权益得到有力保障。

为了持续推进我省高校贫困生助学工作及其支撑体系的完善，高校贫困生助学亟待由政策体系向法制体系转化，即高校贫困助学的政策进一步规范化、法制化，建立起强有力的、稳定有效的运作机制，应尽快制定云南高校贫困助学的地方法规，以法律的稳定性、规范性来进一步实现云南高校贫困助学的制度化。

云南省高校贫困生助学地方法规的主要框架由五部分构成：一是总则。主要规定助学立法的依据、目的、意义、主要目标与基本原则；二是助学资金的来源。明确国家、社会、学校、个人等不同助学主体均为资金来源，以及资金来源的合法和助学人应享有的优惠等；三是助学资金使用范围与程序。明确贫困生受资助的界定与范围，公开、公平、简化助学金的发放程序；四是助学资金的管理与监督。各高校应在相应职能部门或者单独设立助学资金管理机构，对助学资金使用进行规范管理，明确社会监督与审计方法；五是附则。主要规定对法规的解释权与变通权，以及实施的时间。

在对云南省高校贫困助学地方法规的制定中，尤其要注意和解决：一是建立高校贫困助学的长效机制。使每一个因家庭经济困难而求学上进的年轻人能够上得起大学、能实现接受高等教育的愿望，有切实的制度保障。二是通过法律使国家在教育发展中的主导作用得到体现。按照建立公共财政体制的要求，各级政府应增加财政投入，建立以政府为主导的家庭经济困难学生资助体制。在法规的制定中应明确各级政府助学的资金比例与保障措施。三是激励和吸引社会资助力量增强对高校贫困生的资助力度和覆盖面。扶贫助困是社会文明程度和道德提升的标志。社会组织与个人经过我国经济多年持续快速发展，社会资本的积累已经达到一定程度，有一部分企业或个人资金也愿意或在寻找回馈社会、扶贫助困的方式。四是切实对资助人与受助人权益进行保障。从资学人来讲，助学资金的用途与范围要有严格的监管与信息反馈；对受助人来讲，个人权利及家庭隐私要予以保护，尤其是注意保护“隐性贫困生”的保护；简化资助的程序。

总之，加强和完善对云南高校贫困生的助学机制，既是我们践行“三个代表”重要思想、落实科学发展观、构建社会主义和谐社会、关注民生的重要举措，也是实施科教兴国和富民兴滇、促进教育公平和社会公正的有效手段，具有其重大意义。

助学篇

加大勤工助学力度，重视家庭经济困难学生的能力培养

云南农业大学 龚 涛 张刘东

摘 要 随着高校招生规模的扩大，家庭经济困难学生的资助问题越来越重要。勤工助学作为其中主要手段之一，不仅为家庭经济困难学生提供经济资助，而且为其提供能力的培养。本文通过对勤工助学的探讨，提出要加大勤工助学的力度，培养家庭经济困难学生的综合能力。

关键词 高校 勤工助学 能力培养

随着高校招生规模的不断扩大，在校大学生中家庭经济困难大学生占有相当的比例，这个比例在农业院校中尤其突出，中国农业大学2006年调查显示，在校大学生中来自中小城镇和农村的经济困难学生较多，占全部本科生的28%。71%的经济困难学生的家庭年人均收入低于1 500元，其中年人均收入在500元以下的占18%。91%的经济困难学生月生活消费低于300元，其中8%的经济困难学生月生活费低于150元。

家庭经济困难学生最大的困难是经济上的，以及由此产生的心理和综合能力方面的一些问题。

由于生活困难而形成的挫折感，往往使他们感到无能为力，在心理上表现为自卑、孤独、无助。“拿到大学通知书，看着天文数字般的学费，因为贫穷，我有些无助，有些绝望。面对贫寒的现实，我开始害怕……” 这是“2005新长城云南关爱月”开幕式上曲靖市富源一中高考特困生吕加勇以优异的成绩被北京邮电大学录取后的一段真实感言。长期心理问题的积累可能会产生消积对待人生的态度，使人生带有浓重的灰色调。

另外，由于这种心理特点的影响，使贫困生在人际交往和群体活动中存在不同程度的困难。往往会因为自身的问题导致矛盾和冲突。他们有得到周围环境支持的心理需求，却又不愿接受他人的同情和怜悯。

相比较而言，家庭经济困难学生多来自经济相对落后的地区，在人生历程中接触社会的机会相对较少，特别是大多数家庭经济困难学生到大城市上学后，或多或少表现出对社会的不适应或回避，甚至有部分学生毕业生有意回避迈入社会而盲目选择继续深造。

就业竞争力差也是家庭经济困难学生存在的问题。对于临近毕业的贫困生来说，由于家庭背景、就业观念和社会关系等方面的原因，在择业与就业的过程中也明显处于不利地位。其次，各方面综合能力的欠缺也是家庭经济困难学生中存在的主要问题，尽管他们在学习上投入了极大的努力，但获得学习优秀奖学金的比例仅占6%，他们的英语四、六级通过率以及操作计算机的能力也低于其他学生，他们的英语基本都是“哑巴英语”①。综合能力的欠缺也使得家庭经济困难学生在就业竞争中处于弱势地位。

而解决这些心理和综合能力方面的欠缺最佳的途径就是加大对这部分学生的能力培养，为他们提供较多的社会实践的机会，使其能够通过接触社会、参与实践活动尽快地打开心结，自我调节，适应社会。

所以，对家庭经济困难学生资助中的能力资助问题应该成为社会、学校热点关注的问题。

一、目前家庭经济困难学生资助体系的存在的问题

1. 资助手段相对比较单一

多年来，学校及社会各方面在重点帮助解决贫困生经济困难问题的同时，却较少关注对他们的心理解困、精神资助与健康成长的关爱，在资助模式上出现了重物质和经济资助、轻能力帮扶的倾向。②

很多高校对家庭经济困难的资助，仅限于对界定为家庭经济困难学生的程度给予一定程度的经济资助。

而社会上各种家庭经济困难资助的基金也多是选择一定的受助群体，简单地进行经济资助，这种资助方式虽然简便而直接，也能比较快地解决家庭经济困难学生的燃眉之急，但对于家庭经济困难学生长期的身心健康、能力培养作用不大。

2. 勤工助学岗位少、层次低

相比较直接地给予家庭经济困难学生经济资助，勤工助学不仅能得到一定的经济资助，有效地帮助了他们度过生活难关，顺利完成学业，而且对于家庭经济困难学生的能力培养、社会锻炼等方面都有较大的帮助，是既能解困助学又利于育人的方法之一。③

目前各高等学校基本都有相关的勤工助学管理和服务部门，但由于普遍只有高校学生管理部门的参与，而高校环境相对比较简单，能够提供学生参与勤工助

① 李洋：《中国农业大学：三种资助一个都不少》，载《人民日报》2005年02月17日。

② 王宏卫：《高校贫困生资助工作模式转换初探》，载《陕西师范大学学报》（哲学社会科学版）2006年第7卷第35期，第59~61页。

③ 张晓琴：《充分发挥勤工助学的育人功能》，载《中国林业教育》2005年第6期，第23~25页。

学的岗位非常有限。很多高校投入不少精力将勤工助学推向社会，但由于受社会劳动力竞争的影响，同时学生存在受学习任务上的时间限制，导致在社会上形成勤工助学市场的效果并不理想。

另外，大学生勤工助学很多还仅停留在低层次的简单劳动上，很多高校的勤工助学岗位仅限于打扫教室卫生、管理宿舍楼等。这种助学活动虽然能获得一定的经济回报，但对参与同学的知识应用、能力拓展帮助不大。对于提高这些家庭经济困难学生的社会适应能力锻炼、综合能力锻炼效果不明显。

二、加大勤工助学力度进行能力培养的措施

如何改变目前资助手段相对单一，充分发挥勤工助学的育人功能，是我们必须思考与研究的课题。

1. 社会资助手段和形式多样化

为了使家庭经济困难学生在受助的同时能够获得更多综合能力的培养和锻炼。要求经济资助的实施主体为家庭经济困难学生提供多方位的资助活动，例如精神资助和能力资助。

单纯的经济资助手段虽然能够解决家庭经济困难学生的经济问题，但从长远来看，这只是简单的授之以鱼。如何能够使资助手段更有力，内容更丰富，就要求高校、资助者或资助团体将经济资助向勤工助学的角度转变，通过勤工助学的过程来进行能力锻炼，授之以渔，使得受助群体在走入社会后有更强的核心竞争力。贫困学生通过诚实劳动获得报酬，对于其自信心理的培养也很重要。

中国肯德基曙光基金在资助经济困难学生的工作中开创出了一种新的模式，除了在经济上资助贫困优秀大学生外，同时又给同学们提供了勤工助学的机会。受助同学们通过在肯德基餐厅打工，有更多的机会来接触社会，主动地融入社会。

可口可乐公司对家庭经济困难大学生的资助也走出了一条比较有特色的路线，为受助学生提供先进的企业文化的教育，有计划地举办企业人力资源的培训活动，并且利用植树节等机会对受助群体进行感恩和回报社会的教育。这些举措对于受助学生的能力培养、正确的人生观和价值观的形成都有很大帮助。

2. 勤工助学活动社会化

勤工助学岗位受限唯一的出路就是把学校的勤工助学活动推向社会，在社会的广阔市场上去拓展大学生勤工助学的领域和岗位。

目前各高校的勤工助学主体仍然是学校的学生管理部门，在勤工助学推向社会的过程中由于精力和能力有限，勤工助学社会化的效果不明显。

为使勤工助学社会化效果更明显，我们不妨换个角度来思考，吸引社会力量和民间资金来管理和发展勤工助学，由高校让位给社会力量来管理，家庭经济困难学生优先参与，通过充分的社会实践锻炼解决学校和社会脱节问题提高家庭经

济困难学生的综合能力。

3. 加大力度提高勤工助学活动的层次

目前勤工助学的层次基本为劳动型，校内的勤工俭学曾是一个颇为尴尬的岗位，因为学生一旦加入就意味着被贴上了“贫困”的标签①。大学生是综合素质相对较高的群体，如何使勤工助学更好地和学生所学知识学习结合，提高勤工助学群体的专业技术水平是勤工助学面临的问题。

提高勤工助学活动的层次就需要学校教学科研实体的参与，学校教学科研实体优先为家庭经济困难学生提供参与专业相关生产实践和社会服务的机会并从中获得一定数量的报酬，受助学生在获得经济资助的同时提高专业能力。

提高勤工助学活动的层次还需要加强对家庭经济困难学生的技能培训，使其有更多的机会参与高层次的岗位。为提高家庭经济困难学生的技能，中国农业大学学生处开展针对贫困学生的英语口语培训和计算机技能训练。家庭经济困难学生通过技能提高参与勤工助学，更有利于加强信心和动力，而并非耻辱和低人一等。

4. 积极引导勤工助学向“创业型”转变

目前很多高校基本采取学校拔出部分资金用于资助勤工助学学生的报酬，但毕竟高校资金有限，不可能完全满足家庭经济困难学生的需求。要改变这种境况，就需要勤工助学活动在学校给予一定的“输血”和有自身的“造血”功能。学校积极引导勤工助学形成创业模式，由学生经营、管理，发展到一定规模可以再次为其他学生提供勤工助学机会，形成良性循环。

这种“创业型”的勤工助学活动，使得家庭经济困难学生真正参与经营，学会如何开拓市场、如何在市场中竞争、如何进行管理，有更强的克服困难的能力，甚至有助于个人人生计划的形成。

5. 利用勤工助学为着力点进行感恩教育

随着勤工助学管理和服务水平的提高，可以将勤工助学为着力点进行思想教育和感恩教育。

勤工助学参与同学将自己的一部分收入拿出来作为支持学弟学妹发展的基金，或者这部分同学工作后将自己的第一份工资捐给基金，通过这些感恩回馈的教育，使得家庭经济困难学生更有善心，更懂得珍惜和感恩，能够正确对待贫困，自强自信，自立成才。

三、关于高校勤工助学模式的一些思考

随着高校家庭经济困难学生的资助工作的压力和挑战不断增加，勤工助学作

① 徐真华：《知识型取代劳务型：勤工助学的升级》，载《中国高等教育》2006年第8期，第52～53页。

为高校学生资助体系的一部分将起到越来越重要的作用。因此就需要不断完善和发展勤工助学体系。

1. 建立独立的勤工助学管理机构

我国高校一般将勤工助学管理和服务挂靠在学生工作管理部门来实施，但由于精力和时间投入的不足，工作缺乏积极性和创造性，不能满足勤工助学工作的开展，因此高校应建立专门的勤工助学部门来专职管理家庭经济困难学生勤工助学事务。该管理部门从贫困生的确定、勤工助学活动的开展和考核、为家庭经济困难学生服务等方面来开展工作，使勤工助学工作更有延续性，管理更科学合理。

2. 建立完善的规章制度

高校应以国家相关文件精神为指导，建立健全的规章制度，对勤工助学管理机构的职责、岗位内容、考核标准、审批程序等给予明确的规定，以制度来保证勤工助学活动的有序进行。制定学生申请参加勤工助学的程序、学习情况、学生参加活动的时间、效果和奖惩等要求，使勤工助学工作规范操作，做到有章可循、有法可依，切实维护学生的合法正当权益。既能保证勤工助学任务的完成，又能达到培养教育的目的，使勤工助学活动持久深入地朝着健康向上的方向发展。①

3. 广泛吸收资金作为勤工助学开展的基础

我国目前高校勤工助学基金来源渠道单一，基金总额严重不足。高校勤工助学基金主要来源于国家拨款与学生学杂费，基金增值和社会捐赠相对较少。而美国的勤工助学基金则有政府强大的经济资助和政策保证，凡属于联邦勤工助学计划的工作岗位 70% ~75% 的薪酬由联邦政府支付，剩余薪酬由用人单位支付。②

为解决资金不足的问题，一方面要保证国家拨款和学校基金能够专款专用，独立管理；另一方面，广泛吸收社会团体和个人捐赠资金作为勤工助学基金的一部分，而不是简单地直接以经济资助的方式发给受助学生。除此之外，用人单位的薪酬也是学校勤工助学基金的主要来源，还可以广泛吸收社会力量和民间资本来促进勤工助学的发展。

4. 勤工助学需要高校相关部门的参与

勤工助学活动是家庭经济困难学生经济资助体系的一部分，但从家庭经济困难学生的育人角度来看，和高校的各个部门相关。勤工助学的开展需要学校的各个部门为受助学生提供相关的机会，例如实验室管理、教室和宿舍管理、参与科研和生产活动等。通过较多的锻炼机会，才能切实地从各方面提高家庭经济困难

① 袁琦：《美国高校勤工助学的特点及启示》，载《当代教育论坛》2006 年第 4 期，第 131 ~ 132 页。

② 陶波等：《中美两国高校勤工助学体系比较研究》，载《新西部》2007 年第 6 期，第 108 页。

学生的综合能力。

四、加强家庭经济困难学生的能力培养对社会的积极影响

1. 有助于社会、家庭和谐以及消除贫富两极分化

每个经济困难的家庭都是社会的一个“细胞”，而在校家庭经济困难学生所处的家庭更在其中起到榜样和示范的作用，这部分家庭经过大学教育、能力培养改变生活状况和人生观念，促进家庭和谐，必然能带动整个社会的和谐进程。

反之，随着近些年教育投入和就业竞争压力的增加，如果家庭经济困难学生在获得大学教育后，本身能力并没有很大提高，在就业之后不能及时地取得相应的回报，就会挫伤经济困难家庭对大学教育的信心，甚至导致“读书无用论”的抬头。

大家普遍认为教育是经济困难家庭脱贫致富的机会，而这部分学生的能力培养才真正为脱贫致富创造了条件，为消除社会贫富两极分化起到积极作用。

2. 有助于人力资源的优化、合理配置以及专业人才的培养

家庭经济困难学生是社会人力资源得到生力军，这部分学生通过大学期间较高层次的勤工助学的锻炼，提高社会实践水平和专业技能，走入社会必然能够使社会人力资源得到优化和合理配置。

3. 促进创业，提高国家的核心竞争力

创业模式的勤工助学如果能够得以充分发展，学校勤工助学创业团队能够在市场中立足壮大，特别是以科技服务为龙头的“智力型”的创业团队的成长，能够带动高校的创业氛围，这部分参与其中的家庭经济困难学生不仅为家庭和社会创造财富，而且通过创业为国家经济发展作贡献，提高国家的核心竞争力。

高校勤工助学工作的内容是多方面、多层次的。实践证明，勤工助学不仅要为家庭经济困难学生寻求经济解困，也要为这部分学生提供能力培养的平台，使这部分学生成为长为坚强而自立、贫困而乐观、综合能力强、对社会有用的优秀人才。勤工助学是一项系统工程，需要全社会的共同关心与支持。

参考文献：

［1］李洋：《中国农业大学：三种资助一个都不少》，载《人民日报》2005年2月17日。

［2］王宏卫：《高校贫困生资助工作模式转换初探》，载《陕西师范大学学报》（哲学社会科学版）2006年第7卷第35期。

［3］张晓琴：《充分发挥勤工助学的育人功能》，载《中国林业教育》2005年第6期。

［4］徐真华：《知识型取代劳务型：勤工助学的升级》，载《中国高等教育》2006年第8期。

［5］袁琦：《美国高校勤工助学的特点及启示》，载《当代教育论坛》2006年第4期。

［6］陶波等：《中美两国高校勤工助学体系比较研究》，载《新西部》2007年第6期。

指导与服务融合互动是创新贫困生家教管理工作的重要途径与形式

——地方普通高等师范院校贫困生家教指导与服务项目案例

楚雄师范学院 李 辉 马文军 杨占平

家教作为勤工助学的一种重要形式，是广大贫困学生增强社会实践能力、培养自强自立精神、顺利完成学业的有效途径与方法。地方普通高等师范院校的家教管理工作，由于受地域、人口和社会经济发展水平等因素的影响，与坐落于省会城市的同类院校相比较，管理的能力与水平相对较低，广大贫困学生由于经济贫困所导致的个人能力与素质的差异，获取家教信息和获得家教岗位的能力较为薄弱。2005 年 11 月，我校申报了“PHE Ⅱ 地方普通高等师范院校贫困生家教指导与服务”项目，项目实施两年来，通过精心指导，热情服务，努力培植市场，积极推进指导与服务融合互动等活动的开展，搭建了学校所在地城市的家教服务信息平台，形成了稳定的家教信息源，获得家教岗位的贫困学生人数逐年增多，参与项目活动的广大贫困学生的专业技能和家教能力与水平有了显著提高，就业能力不断增强，易推广、易操作、可持续发展的集指导与服务为一体的贫困生家教管理运作模式已初步形成，并呈现出良好的发展态势。

一、项目的基本情况

项目是针对地方普通高等师范院校贫困生家教管理工作的现状进行设计的，计划的项目活动主要包括“家教指导”与“家教服务”两个部分。项目实施过程中，针对贫困学生在家教过程中所遇到的困难和存在的问题，增加了“家教指导与服务融合互动”活动，将指导与服务有机结合起来，形成了“以指导为基础，以服务为保障，指导与服务融合互动”的项目运作管理机制，项目的指导功效显著，服务成效明显，并为广大贫困学生普遍认同和积极参与，有力地推进了我校家教工作的开展，家教指导服务工作的能力与水平有了显著提高。

（一）指导活动篇

大学生从事家教的最大特点是将自己已有的学习经验、学习体验和知识传递给被辅导学生，贫困大学生由于家教技能与水平相对较差，获取家教岗位比较困难。针对这一实际，在项目实施过程中，按照“立足实际，科学规划，精心指导，悉心帮助，整合资源，务求实效”的原则与指导思想，系统全面地开展指导活动。

1. 立足实际，全面了解贫困生的需求，科学规划指导内容

在对我校近年来家教管理工作所存在的问题进行认真分析研究的基础上，召开了由项目顾问和项目指导教师（均为中学校长和骨干教师）参加的项目指导活动设计咨询会，贫困学生家教需求恳谈会，家教学生家长座谈会，认真听取各方对家教的意见、建议与要求，设计制作了“楚雄师范学院 PHE Ⅱ 项目贫困学生家教指导活动需求调查问卷”，对贫困学生在家教过程中亟待需要指导和帮助的问题进行调查了解，根据项目计划制定了家教指导活动实施方案，开展了家教培训、家教教学实践指导、家教教学咨询辅导、家教资料借阅等项目指导活动。

2. 举办家教培训班

开展了家教基础概述和中学各学制阶段相关课程教育教学培训。家教基础概述是培训的公共课，参加项目活动的所有学生必须参加培训，教学时数为 10 学时，培训教师由校内外从事基础教育研究的专家学者、中学校长、初高中骨干教师担任，培训内容为：家教与学校班级教学、家庭教育的关系，家教与“应试教育”、“素质教育”的关系，中小学生学习心理与家教教师应具备的基本素养，家教方案的制订与实施，家教的方法技巧与效果评价。

各学制阶段相关课程内容培训由学生结合自己所学专业和个人的特长选择参加，专业以外的课程限选两门课程参加培训，培训内容为：初高中教学与新课改基本要求；初高中学制阶段各年级语文、数学、外语、物理、化学教材与教学内容导引，教学时数为 20 学时，培训教师由初高中骨干教师担任。通过培训使学生对初高中教育教学的现状与要求有了更加系统全面的掌握和了解。

由于培训内容系统全面，聘请了院内外的专家学者和骨干教师授课，贴近了广大贫困学生的家教需求，避免了以往家教培训和第一课堂教材教法课程教学中教学内容陈旧、理论多、实践少的状况，广大学生积极参与，对培训活动给予了较高的评价。项目实施两年多来，共举办培训班三期，参加培训的学生达 2 500 多人，全校 50% 以上的贫困学生参加了项目的培训活动。

3. 创新指导载体

将家教技能培训与师范生专业技能训练教育紧密结合起来，通过制度与资源的有效整合，为贫困学生从事家教提供切实有效的指导。在培训活动结束后，聘请了本市重点中学的 36 位教师组成家教培训实践教学指导组，下设数学课指导小组、外语课指导小组、物理课指导小组、化学课指导小组，对各专业的学生开展以下指导工作：其一，按照学制阶段介绍、分析、讲解各年级、学期教材的基本内容、教学大纲、教学重点、难点和考点。其二，组织学生备课、试讲。参加培训的学生 20 人为一组，按照学期的教学内容准备 1 课时的教案在组内进行试讲，全体组员观摩，指导教师进行点评。其三，由实践教学指导教师为每位参加

培训的贫困学生提供一至两名其所任课班级中需要进行家教辅导的学生进行家教实习，实习次数为3次，均为免费试教。在第一期培训中，共有300余名贫困大学生参加了家教实习，辅导中学生340多人，在实习活动中有部分学生因教学教法得当，在家教实习结束后被聘为了家教。两年来，有近1 000多名学生参加了家教实习，免费辅导中学生近2 000多人次。

4. 精心指导，悉心帮助

为了帮助贫困学生及时解决家教过程中所遇到的疑难和困惑，不断增强广大贫困学生克服困难，战胜自卑的勇气和信心，项目活动中开展了“家教咨询”和建立“家教资料室”活动。参加项目活动的学生针对自己在家教课程中遇到的难题和困惑，通过电子邮件、QQ和电话与家教中心培训部联系，中心根据同学所提出的问题和需求进行梳理分类后联系项目指导教师，通过回复电子邮件或在QQ上群发信息等方式告知同学咨询的时间、地点和教师，在项目开展的初期，每周末还有两名项目指导教师到学校为广大同学提供咨询。项目实施两年多来，共聘请了150人次项目指导教师为近2 300多人次的贫困生开展了家教咨询。

建立家教资料室。项目实施以来，家教资料室购买电脑一套，各类教材、教辅书籍800多册，上网学习付费卡150多张，通过网络收集到初高中学制阶段各门课程的单元测验题、综合测验题、各类练习题、中考模拟练习题3 000多份，课件40余件，最大限度地满足了贫困学生家教工作的需求。两年来，家教资料室共向同学和部分教师借阅各类书籍资料8 000多次，提供免费上网5 000多小时。

（二）服务活动篇

随着市场体系发育的不断完善，家教市场作为信息服务业的一个重要部分在内地大中城市已经粗具规模，然而作为西部少数民族边疆地区的学校所在地楚雄市来看，由于家教市场尚未形成，供需市场不畅，家教岗位中介基本上处于“熟人”介绍层面，家教市场业尚处于一种无序自发的状态，为此，开发和建立学校所在地的家教信息服务市场，搭建家教服务信息平台，形成稳定的家教信息源，为贫困学生提供大量的、可供选择的家教岗位与机会是项目服务活动的关键，也是项目实施的一项重要的预期目标。基于上述目标的确立，按照市场运作的原则，在项目的服务活动中，开展了健全完善家教管理服务机构，建立楚雄家教信息网，在当地的各类媒体发布家教信息广告，到城区各中学发放家教宣传单等服务活动。

1. 健全完善家教管理服务机构

将学校原家教管理服务部更名为楚雄师范学院家教管理服务中心，下设市场信息部、人力资源部、财务部、培训部、综合部，中心主任由项目执行教师兼任，综合部主任外聘一名临时工（本校毕业未就业的学生）担任，其余部门主任由贫困学生担任，并配设了两名工作人员。同时，中心还建立了一整套工作制度，规定了各部门及其人员的工作职责与任务，规范了家教服务工作流程，确保各部门各司其职，各负其责。

2. 建立楚雄家教信息网

网址为：http：//www2. cxtc. edu. cn/jiajiao/，网站于2006年3月开通，到2006年7月31日，浏览该网页的人数已达40 000余人，到2007年12月31日浏览网站的人数已达60 000余人。为了提升网站的知名度和影响力，网站在“楚雄公众信息港”主页面建立了链接点，目前该网站是楚雄市唯一的家教服务信息网。

3. 拓展家教信息源，培育壮大家教市场

项目实施以来，在本地的电视、广播、报纸等媒体共发布家教信息10期，向社会发放家教宣传单15 000余份。同时，中心还开通了家教服务专线电话，为16名工作人员配备了小灵通、申请了QQ号，注册了电子邮件，确保家教服务信息更加及时畅通有效。

4. 规范服务管理，建立健全有效的监控机制，促进项目稳步健康发展

一是聘请校内的法律教师为中心的常年法律顾问，设计制作了《家教协议书》，明确界定学生、家教学生及其家长、家教服务中心权利与义务，所有学生在上岗前必须签署协议书，中心作为丙方对家教活动进行监管。二是注重家教信息反馈，通过发放问卷调查表、电话联系和电子邮件等方式，对学生的教学情况，家长及其子女的满意度、意见及建议等进行调查了解，及时掌握了解学生的工作情况，确保家教服务的质量。

（三）指导与服务融合互动篇

针对贫困学生参加项目活动和在家教工作中所存在的问题，经过大量的分析论证，2006年2月，通过举办“PHEⅡ项目中学课程辅导班”的形式开展了“指导与服务融合互动”活动。在寒暑假期间，举办中学课程辅导提高班，聘请本市基础教育界认同度较高的各学科“名师”作为授课教师，承担各班次、各学科的教学，挑选经过项目培训合格的贫困大学生作为各班次、各学科的辅导教师，对学生进行个别辅导。每个学习时段分两个阶段，第一阶段由授课教师讲授，学生和辅导教师同时听课，第二阶段由辅导教师进行辅导。每个教学班学生30人，配授课教师1人，辅导教师4人，每人辅导7～8名学生。每期办班时间为15天左右。

通过“指导与服务融合互动”活动，集中了当地的优秀教师资源，广大贫困学生学习观摩了“名师”们的教学教法，经济上得到了资助，并在他们的指导下完成了教学实习活动，获得了家教岗位，真正实现了助困与育人的融合互动。

二、取得的成绩和主要经验

项目的实施，为我校贫困生资助工作引入了全新的理念和模式，并取得了以下成绩和经验。

1. 贴近广大贫困生实际需求的家教指导模式基本确立

通过开展家教培训，家教教学实践指导，家教教学咨询辅导，家教资料查询、借阅等项目活动，为广大贫困学生做好家教提供了全方位、全过程、全范围的有效指导，实现了项目实施的预期目标和目的，广大贫困学生通过参与项目指导活动，掌握了家教的基本技能和方法，增强了自信，社会适应能力和专业技能有了明显提高。

2. 适应学校所在地城市的家教服务市场体系基本建立

通过项目的实施，搭建立了学校所在地城市的家教服务信息平台，促进了家教服务市场的发育与完善，并按照信息服务业市场运作的一般原则，建立了一整套既能够适应市场需求和学校家教服务工作可持续发展，又能够帮助贫困大学生提高个人能力与素质的运作高效、管理规范的家教服务体系，获得了稳定的家教信息源，拓展和开辟了大量的家教岗位，为贫困大学生从事家教创造了良好的条件，使我校家教服务工作的能力与水平得到了全面提升。项目实施两年多来，获得家教岗位的贫困学生逐年增加，2005 年全校有 230 多名贫困学生有家教岗位，2006 年增加至 980 多人，2007 年增加至 1 300 多人。目前，家教中心储备的家教岗位数达 600 多个，基本上能够满足广大贫困学生的家教需求。

3. 创新了贫困生家教指导服务的载体与形式

通过“指导与服务融合互动”活动的开展，广大贫困学生学到了“名师”们的教学教法，获得了家教岗位，经济上得到了资助，项目活动实现了收益。两年来，在“指导与服务融合互动”活动的开展过程中，项目活动所收取的费用除支付授课教师的课酬外，主要用于支付参加项目活动的贫困学生的报酬，平均每人每天可以得到 30 元左右的补贴。两年来，共举办辅导班 4 期，有 400 多名贫困大学生参加了项目活动，向贫困学生发放报酬 100 000 多元，办班所收取的费用在支付报酬和其他开支后还有了积余，为项目的可持续发展奠定了坚实的基础。对研究和构建集帮困与能力素质提高为一体的贫困生家教指导服务体系的有效途径和形式进行了大胆的探索与实践，并取得了显著的成效，项目的知名度、美誉度和社会影响力得到了提高。

4. 对师范生专业技能训练和教学实践能力培养模式的改革进行了有益的探索

通过项目活动的开展，聘请中学骨干教师系统讲授与介绍高初中阶段各年级、各学期、各门课程的教学内容、教学大纲、教学重点、难点和考试要求，并开展备课、试讲、评课、观摩、咨询辅导等活动，使学生的专业技能和教学实践能力的训练培养更加贴近初高中教育教学及其改革的要求，对现行教学体制下师范专业“教材教法”课程的教学改革进行了大胆的探索，并提供了许多有价值的可供借鉴与参考的经验与和方法。近一年来，随着学校迎评促建工作的开展，部分系（院）主动与项目办联系，安排学生通过参加项目活动，进行师范生专业技能训练和毕业实习前的教学观摩活动。

通过项目活动的开展，创新了我校贫困生资助工作的模式与途径，广大贫困学生的专业技能和就业能力得到了增强，适应学校和专业特点的贫困生家教指导模式基本确立，储备了大量的家教岗位信息，服务能力明显增强，基本上能满足广大贫困学生的家教需求，项目实施达到了预期目的，实现了预期目标，一个易推广、易操作、可持续发展的贫困生家教指导服务管理运作体系基本形成。

高校勤工助学的新发展

云南民族大学　杨志远

摘　要　勤工助学是高校帮困助学的重要措施，在我国高等教育中地位和作用将日益彰显。对当前大学生勤工助学的现状、特点、在育人工作中的作用及其发展趋势的研究，具有现实而又深远的意义。

关键词　大学生　勤工助学　发展

勤工助学是指高校大学生利用课余时间在校内参加助教、助研、助管、校办产业生产、后勤服务等公益劳动，或在校外参加适宜身心健康的社会劳动，从中获取相应报酬的助学活动。勤工助学在高等教育从精英教育向大众教育快速发展后仍然是培养学生走教育与科研、生产相结合的重要途径。首先，勤工助学拓展了课堂教育，扩大了学生视野，有利于全面落实素质教育，加强学生德、智、体、美全面发展。其次，勤工助学是国家"奖、助、贷、勤、减"现行资助政策中的重要组成部分，有利于帮助贫困家庭学生顺利完成学业。再次，勤工助学可以缩短毕业生从课堂教育到市场择业、上岗培训的过渡期，减轻择业恐慌心理、规避择业盲目性和随意性，提高就业率和就业质量。随着高校贫困学生人数的增加，勤工助学在我国高等教育中地位和作用将日益彰显，对其研究将不失现实而又深远。

一、勤工助学的现状

勤工助学最早是以勤工俭学于20世纪初期在我国高校中出现，大多发生在一些家境贫寒学生群体中，他们通过勤工俭学挣取必要的生活费用，以达到减轻家庭负担、自助完成学业的目的。到社会主义初级阶段，我国城乡人民生活质量有了显著提高，但区域间发展不平衡，西部地区、农村地区特别是少数民族地区发展滞后的问题仍然存在，贫困学生人数从20世纪末开始随着高校扩招不断增加，现有的资助政策无力"全包"，大量随之增加的贫困学生加入其中；同时社会发展特别是第三产业的快速发展对大学生"零工"人数的需求也呈快速增长，勤工助学成为帮困助学体系中的重要举措。随着世界前500强企业陆续投资我国，他们带来了先进企管理念，用工制度更是让人耳目一新：毕业生要有从业经验。越来越多的非贫困家庭学生将勤工助学作为自己接触社会、拓展知识面、初试就业的平台。近年来，传统的勤工助学从业主体、从业人数、从业目的、从业方式、从业心理都发生了明显变化，勤工助学已发展成为一种校园文化现象。

当前大学生勤工助学的信息来源主要有以下几种：一是家教中心介绍。由于家教具有需求量大、学生容易上岗、收入稳定、安全保障等特点，受到学生的普遍欢迎。二是商家委托勤工助学中心招聘。这种情况出现在需求量大、用工集中的企业，大约占勤工助学总人数的20%。一般在生活区、学生相对集中的文体中心等公众场所张贴勤工助学中心的招聘信息、海报。三是勤工助学中心在校内安排。勤工助学中心是学校统一组织、管理、协调全校学生勤工助学的组织机构，每年负责安排校内一定数量的勤工助学岗位。但数量有限，收入较少，以体力劳动为主。四是通过招聘广告或同学朋友介绍。随着勤工助学在大学生中升温，部分企业特别是服务行业青睐大学生心灵手巧，做事认真、踏实、诚信，让一些人看到了商机，出现了各种各样针对大学生的中介所，招聘广告在校园内随处可见。五是网络招聘。目前网络发布勤工助学的信息量还相对较少，但网络因信息量大、浏览便捷，学生普遍有每天上网搜索各类资讯的习惯，网络将成为今后勤工助学信息发布、搜集的主要途径。据不完全统计，多数有勤工助学期望的同学都比较留意网上相关信息，并有不时浏览、筛选、应聘的习惯和经历。

勤工助学由于具有自助性、灵活性、公平性、易操作、可持续等特点，同时兼具帮困助学、素质教育与就业指导的多重功能，受到大学生特别是贫困大学生的普遍青睐。然而，时下勤工助学在各地区、各高校的重视程度不一，普遍缺乏有效的市场指导和管理。首先，勤工助学方式种类繁杂，档次高低不一。从事家教的比例占50%以上，从事单纯体力零工的比例有40%以上，从事技术性、管理性、学用结合的不足10%。其次，高校勤工助学体制不健全，管理不规范。目前将学生资助中心设为学生处下属科室，或者将勤工助学列入团委、学生会工作的部分高校，有的制定了管理条例和规章制度，但受职能、编制、经费、办公场所的限制，大都没有设立专门的勤工助学服务机构，没有配备独立的办公场所和专职老师。这些学校勤工助学的学生人数少，信息量小，搜集滞后，供需信息不对称，矛盾突出，勤工助学发展缓慢，让越来越多的学生求助于社会中介机构。再次，勤工助学市场缺乏有效监管。部分高校没有设立专门的勤工助学机构或者是管理薄弱，一方面弱化了勤工助学在资助政策中作用，另一方面将学生推向了社会中介机构，增大了学生校外勤工助学的隐患。目前，对劳动力中介机构普遍缺乏有效监管，一些中介机构利用大学生急于寻找勤工助学的心态，往往以押金或服务费的名义向学生收取一定的费用，钱到手后销声匿迹；另外一些雇佣者利用大学生对劳动保护法规的不熟悉，把他们视为廉价劳动力，任意克扣拖欠报酬；还有的学生不懂得学校统一组织的重要性，私自从事勤工助学，也容易出现问题，校方很难进行及时介入、有效干预，出现纠纷难以得到合理合法的解决，学生成了最终受害者。

二、当前大学生勤工助学的特点与作用

首先是勤工助学的观念逐步深入人心。对贫困家庭学生是以“勤工”达到“助学”，对非贫困家庭学生是以“参与”积累“经历”。据不完全统计，目前在校生中70%的学生有勤工助学愿望，有45%的学生正在勤工助学，有近25%的学生将在有自己满意的岗位时勤工助学，有10%稍强学生持观望态度，有10%不足的学生持无所谓或反对态度，有10%的学生曾经从事过勤工助学。二是“报酬”与“体验”并重。学生勤工助学的目的不仅仅是“钱”。时下大学生参加勤工助学已不满足于获取“报酬”，减轻对家庭的依赖，他们更多的是希望通过勤工助学积累自己的“从业经验”。不少学生还找到了一些与自己专业相关的工作，把“学”与“用”结合起来，学会了自立、自强，培养了吃苦耐劳的实干精神，增加了社会阅历。三是越来越多的学生更倾向于选择校外勤工助学。校内岗位虽然安全、固定、收入保障，但在校外勤工助学能广泛地接触社会，更具挑战性，对自身能力的要求高，更能锻炼人；同时收入较高，更有成就感。目前，选择校外勤工助学的占50%，选择校内勤工助学的占20%，二者都可以的占30%。四是多数学生希望在寒暑假勤工助学。选择寒暑假勤工助学的占50%，选择周末勤工助学占30%，都可以的占20%。五是学生勤工助学向侧重知识性、能力性的管理类、技术类偏移。六是勤工助学的主体组成特点。从事勤工助学的学生中文科生比例较大，医科生比例最低；本科生尤其是大二、大三学生比例最高。寒门学子占七成，一般家庭子女占二成以上，富家子弟不足一层；学习成绩偏中、下的占70%以上，优等生较少。七是勤工助学内容多样，载体丰富。校内主要从事助教、助研、助管、实验室协管、校园绿化、保洁、校办产业的生产、后勤服务等。校外主要从事家教、兼职、产品推销、新产品发送、派发宣传单、餐馆和饭店服务生。翻译、网管、校园代理、清洁工、卖报、快递、超市收银员、搬运、零工等。从业人数最多、最适于学生的是家教，目前从事家教的学生人数约占从事勤工助学人数的三分之一强，部分高校占到50%；受学生追捧、工作稳定、收入不菲的是兼职，最无奈从事的是时有时无的苦力“零工”。

20世纪初，我国就有一大批有志青年抱着救国理想赴欧美勤工俭学，他们中的很多人日后成为中国革命的领导者或社会主义事业的建设者。新中国成立后，理论联系实践、学以致用、全面发展成为培养社会主义接班人的根本途径；勤工助学成为全面贯彻党的教育方针的一项措施，在全国各级各类学校得到持续开展。《中国教育改革和发展纲要》中明确指出：“教育必须为社会主义建设服务，必须与生产劳动相结合。”高等教育收费制度改革以后，高校贫困家庭学生成为一种社会现象，勤工助学成为高校帮困助学的重要举措。例如，云南民族大学现有12 000名全日制在校学生中，有90.51%的学生来自边疆民族地区和内地

农村家庭，近70%的人为家庭人均月收低于100元的贫困生，50%的人为家庭人均月收低于80元的特困生，他们中60%的人除了国家、学校、社会的资助外，还需要通过勤工助学才能完成学业。但是，勤工助学似乎成为贫困家庭学生的“专利”，以影响学习为借口被一部分学生和家长所不齿，导致了他们轻视体力劳动和体力劳动者，甚至于出现上大学的目的就是为了摆脱从事体力劳动的思想。如果高等教育培养的学生不热爱劳动，缺乏劳动技能，他们将难于接好国家建设的班，直接影响到中华民族的素质。社会主义现代化建设要求在提高全民族的科学文化水平的同时，必须大力提高思想道德素质。勤工助学是高校开展社会主义精神文明建设的重要途径，是中国特色社会主义高等教育的重要组成部分。勤工助学对于全面落实素质教育、培养社会需要的接班人具有重要的战略意义和现实意义。

随着我国教育体制改革和素质教育的全面铺开，学生参加勤工助学活动已经成为课堂教育的拓展渠道，是课堂和书本的补充。第一，勤工助学是课堂教育延伸的第二课堂，实现了理论与实践相结合，有利于开发学生智力。教育的主要功能在于开发学生的智力，勤工助学活动有利于培养学生在实践中发现问题、分析问题、解决问题的能力，有利于培养学生创新能力和科学发展观。第二，勤工助学作为社会实践，有利于培养、提高学生的动手能力。学生的动手能力关系到其劳动技能和劳动素质，关系到学生能否在竞争中找到自己的位置，能否适应社会需求，能否受欢迎，是评估学校教学水平的客观标准，关系到专业教育和学校的持续发展。第三，学到书本上没有的社会知识，有利于加强思想品德教育。从艰辛的劳动中懂得了“钱”来之不易，懂得了体谅父母；从“收获”的成就感中懂得付出与收获，懂得热爱劳动；从集体劳动中学会团结协作、尊重别人；从接触社会中认识社会复杂，积累社会经验；从完成自己的工作中检验并锻炼了能力，找回自信心并自立自强；从劳动中参与管理，激发了自己热爱科学、爱护公物、遵守纪律、艰苦奋斗的良好品德，加深对爱岗敬业精神的理解和感悟，树立社会责任感。第四，能升华学生的职业生涯规划。调查发现曾从事勤工助学的大学生能较好地评价“自我”，对“职业”有一定认识，有助于树立正确的职业价值观，培养良好的就业意识，建立完整、合理的职业生涯发展规划，为今后职业发展打下坚实基础。第五，勤工助学是大学生创新、创业的必然准备。作为高素质的大学生要被社会、企业认可就需要具备较高的文化素质和社会实践能力。学生要想要具备创新、创业的意识，积累经历，必须经过长期的实践积累和检验才能具备，勤工助学是向在校大学生提供创新、创业实践锻炼的重要途径和必然选择。第六，勤工助学已成为大学生喜闻乐见的校园生活方式，成为一种校园文化现象，既丰富了大学校园文化生活，又引导大学生陶冶积极向上的文化情操。因此，高校要充分利用当地条件，因地制宜地把勤工助学活动开展起来，坚持下去，勤工助学必将全面提升、夯实学生的综合素质，为深化教育体制改革、全面落实素质教育，培养和造就下一代建设者和接班人作出更大贡献。

三、勤工助学的发展趋势

古今中外，勤工助学在育人工作中的普世价值得到了各国政府和学校的公认，并给予了高度重视，成为高校大学生的自觉行为，具有乐观的前景。第一，勤工助学已由单一的“帮困助学”功能向“帮困助学”、“素质育人”、“就业指导”全面发展。第二，勤工助学的主体和组织形式由零星、自发向规模化、规范化发展。第三，参加勤工助学的主体心理从因“贫困”被迫参与向要“实践”主动参与发展。第四，勤工俭学由“立足校园”向“面向社会”发展。随着我国商品经济的快速发展，特别是第三产业日益发展，校内期望从事勤工助学人数和校外勤工助学岗位的快速增长，勤工助学必然从“立足校园”转向“面向社会”发展。第五，勤工助学向社会化、规范化发展。社会发展要求提供具有一定规模化的勤工助学人力资源，并具有良好的诚信品质，较强的组织纪律性、团结协作的精神、创新创业意识，必然导致勤工助学向社会化、规范化发展。第六，勤工助学类型向多样性发展和大学生选择勤工助学向所学专业和兴趣爱好发展。一方面随着高等教育向多学科、综合方向发展，学生所学知识面广；另一方面，社会向大学生提供的勤工助学岗位呈多样性，大学生选择勤工助学的几率增加，选择与所学专业相关的机会将大大增加，实现专业学习和勤工助学相结合，学以致用，达到“助学”与“育人”共赢。第七，“职能部门+实体”是校内勤工助学的发展方向。传统的校园勤工助学岗位多以“零工”形式存在，校外勤工助学的学生没有参与单位内部管理和重要岗位的工作机会，单位也不提供晋升机会，学生缺乏主人翁意识和责任感。目前在校园掀起的“职能部门+实体”模式是在学校勤工助学部门的指导下，在校内成立完全由学生负责策划、决策、建设、管理、营销的勤工助学实体，受聘学生在实体中能以主人翁意识参与实体的发展，并提供晋升机会，充分激励学生参与实体营销的积极性，完全模拟了企业运行的完整过程，学生可以获得充分的锻炼。我们有理由相信，勤工助学将演变成产业化成果，并在高校教育体系中承担社会所赋予的内涵，在我国整体素质推进工程教育中发挥其重要的作用。

参考文献：

[1] 李岚清：《李岚清教育访谈录》，人民教育出版社2003年版。

[2] 葛守勤、周式中：《美国州立大学与地方经济发展》，西北大学出版社1993年版。

昆明医学院勤工助学现状及研究

昆明医学院 徐本记 张泽雁 冯瑞芳

摘 要 勤工助学是指学生利用业余时间，在学有余力的情况下自愿通过自己的劳动来获取一定报酬的活动。当前，勤工助学活动已成为我校贫困生经济资助的主要措施之一，并在一定程度上缓解了贫困生的经济压力。为深入了解当前我校勤工助学活动开展情况以及开展过程中出现的问题和难点，对进一步做好勤工助学工作出谋划策，我们对我校勤工助学开展情况进行了全面而深入的调查和了解，并从实际出发，在借鉴部分其他高校成功经验的基础上提出建议和对策。

关键词 勤工助学 贫困生 现状 问题 对策

勤工助学在其发展的历史上，又称为勤工俭学。在不同的时代，勤工助学的目的、内容及组织形式也各不相同。社会主义市场经济体制的建立，促进了大学生商品经济观念和竞争意识，唤醒了广大学生强烈的社会实践欲和自我价值的实现欲。特别是贫困生，他们希望能够尽快地接触社会、了解社会、适应社会，通过社会实践活动来锻炼自己，完善自我，寻找自己未来的生活坐标，从而为走向社会打下坚实的基础。而勤工助学活动就为他们提供了良好的途径和方式。随着我国高等教育管理体制改革的不断深化，尤其是高等教育成本分担制的实行，1999 年高校扩招后，高校中贫困生比例逐年上升。自 1993 年 9 月原国家教委和财政部联合发文，要求把高校勤工助学活动作为“高校改革的配套措施”和“学校重要的日常工作”以来，学校一直高度重视勤工助学工作，并制定了《昆明医学院校内勤工助学管理暂行办法》（昆医院发〔2005〕122 号）。我校勤工助学工作开始于 2003 年，针对我校贫困生较多的实际，学校通过国家助学贷款、奖学金、助学金、学费减免、困难补助、勤工助学等途径帮助学生顺利完成学业。其中勤工助学已成为一种新兴的行之有效的方法之一，因为同学们在得到经济补助的同时承担起了一定的社会责任，并从勤工助学活动中学到了一定的课外知识，锻炼了自己敢于拼搏、吃苦耐劳、自立自强的优良精神。经过多年的不断探索和努力，初步建立了后勤服务发展中心、图书馆两个勤工助学基地，以及部分临时勤工助学岗位。

一、资料来源与方法

资料来源：昆明医学院助贷科在校在册登记的贫困生。

研究对象：从我校勤工助学岗位只有贫困生才能申请的实际出发，对在校的1 848 名贫困生中随机抽取 200 名进行问卷调查及访问，最后收取有效问卷194 份。

研究方法：对 194 位贫困生进行了勤工助学的意识、是否参加勤工助学活动、报酬情况等方面的调查，主要用 SPSS 统计软件中一般描述性方法对数据进行处理。

二、结果分析及存在的问题

（一）我校贫困生勤工助学的意识

我们进行问卷调查的 194 人中，76 个同学非常渴望参加勤工助学，占调查人数的 37.2%。92 人渴望参加，占调查人数的 47.4%。无所谓参加不参加的 21 人，占 10.8%。仅有 5 人不渴望参加，占 2.6%。有勤工助学意识并且正在采取行动的有 58 人，占 35%。有勤工助学意识但没有参加的有 110 人，占 56.7%。另外，有143 人认为在学校获得一份勤工助学很困难，占 73.7%。32 人认为不太困难，占16.5%。19 人认为一般，占 9.8%。这组数据反映出绝大多数贫困生渴望参加勤工助学，但觉得获取很困难，以致没有机会参加。究其原因最主要的是岗位太少，其次是招聘信息不能及时传达到学生，同时也存在一些其他的因素。

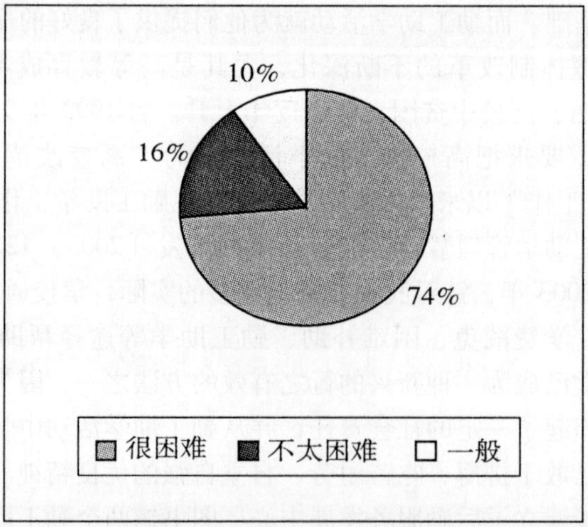

图 1　勤工助学岗位获得难度

（二）供求关系失衡，勤工助学岗位难以满足学生的需要

随着招生规模的不断扩大，我校贫困生人数比例逐年上升。截止 2008 年年底，我校贫困生总人数为 1 848 人，但学校目前所能提供的勤工助学岗位只有 514 个，出现了“僧多粥少”的情况，绝大多数同学没有机会参加勤工助学。同时，我们的问卷调查的 194 人中，做勤工助学的仅有 58 人，占 30%。由此可以看出供求关系失衡，我校勤工助学岗位难以满足学生的需要。

（三）我校勤工助学服务类型单一，弱化了勤工助学的功能

我校勤工助学服务类型单一，大学生的知识优势难以发挥。我校现有的勤工助学岗位还停留在低层次的劳务型，大部分是体力型的。以 2008 年 11 月份的岗位情况为例，我们所收集的 421 岗位，从事管理型工作的有 91 人（宣传部、就业中心、财务处等），其他的 330 个岗位的学生主要从事打扫卫生、绿化、食堂清洁等工作（西教学楼、东教学楼、花园等），75% 以上的岗位属于劳务型。在进行的调查中发现有 78 人是为了锻炼自己而参加勤工助学的，占调查人数的 40.2%。而简单的体力劳动不能让学生的所学知识得到实践，在一定程度上丧失了勤工助学的功能，我们的问卷也反映了这一点，93 人认为参加勤工助学工作对综合素质的提高仅有一点帮助，占调查人数的 47.9%。上述数据说明，我校的勤工助学还停留在单一的物质给予上。

（四）我校勤工助学工作量大、报酬偏低

我校勤工助学体力劳动花费时间多、比较辛苦，但报酬偏低。在工作时间方面，做勤工助学的 58 人中，每天参加勤工助学的时间 1 小时左右的 34 人，占 58.6%；2 小时左右的 21 人，占 36.2%；2 小时以上的 3 人，占 5.2%。在报酬方面，每月的勤工助学报酬在 100 元以下的 9 人，占 15.5%；100 元至 150 元的 16 人，占 27.6%，150 元至 200 元的 21 人，占 36.2%；200 元以上的 12 人，占 20.7%。在时间与报酬的对比方面，参加西教学楼北教室打扫卫生的同学平均每月工作约 40 小时，每月报酬只有 205 元，即每小时工资仅为 5 元。图书馆上架、倒架的每月劳务费是 180 元，打扫卫生的每月 160 元。组织部、保卫处等部门也以每小时 5 元计算劳务费。而随着物价的上涨，低报酬已难以满足他们基本的生活费开支。从我们调查的 194 位贫困生来看，生活费低于 200 元的 7 人，占 3.6%；200 元至 300 元 55 人，占 28.4%。300 元至 400 元的 80 人，占 41.2%；大于 400 元的 52 人，占 26.8%。也就是说 68% 的同学生活费在 300 元以上，勤工助学所得报酬占生活费的比例不断下降。而为了获得一定的补助参加勤工助学的同学有 112 人，占调查总数的 57.7%。这组数据一定程度上说明了勤工助学活动在解困助学功能方面有弱化的趋势。

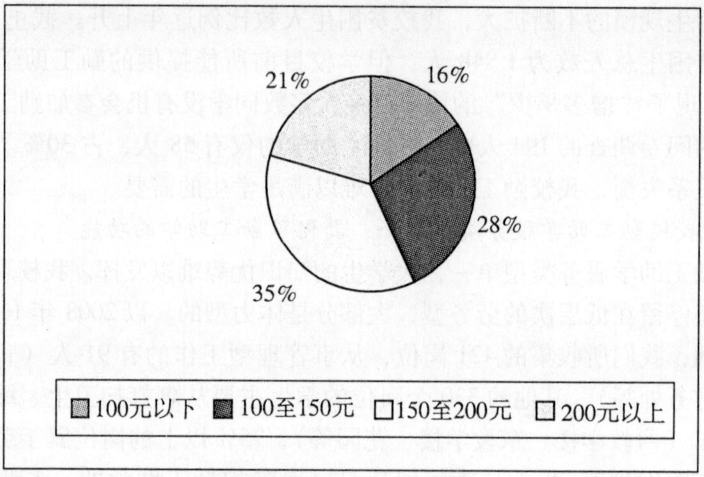

图2 勤工助学报酬情况

（五）收入开支和学生满意度情况

收入开支情况：51 人用于生活费，占 87.9%；1 人用于学习用品，占 1.7%；用于其他的 6 人，占 10.3%。说明绝大部分学生所获得的报酬主要用于生活费。对目前报酬的满意度：11 人认为满意，占 19%；31 人认为一般，占 56.3%；16 人不满意，占 27.5%。不满意的原因有以下两个方面：一是工作量大、时间长、报酬偏低；二是勤工助学部门老师对同学不够关心和重视。

（六）勤工助学管理监督机制有待健全

在管理手段方面，缺乏规范的管理，难以对勤工助学的学生进行动态监督，不能及时地根据学生的情况作出反应。据我们的调查显示，在做勤工助学的 58 人中工作的考核频率情况如下，没有考核的有 6 人，占 10.3%；每学期考核一次的 4 人，占 6.9%；每月考核一次的 13 人，占 22.4%；每周考核一次的 35 人，占 60.3%。在我校勤工助学规范与否方面我们也作了统计，接受调查的 194 人中，9 人认为我校勤工助学管理非常规范，占 4.6%；136 人认为一般，占 70.1%；49 人认为不规范，占 25.3%。

（七）勤工助学基金来源单一，金额明显不足

我校目前的勤工助学基金全靠从助困经费中提取，即《云南省高等学校提取部分学费用于专向助困经费管理办法》（云财教〔2006〕124 号）规定从学费收入中划出 10% 用于专项助困经费，再从 10% 中提取 20% ~30% 用于开展勤工助学工作。所以，勤工助学资金十分紧张，不能很好地满足勤工助学工作的开展。同时，当前的勤工助学基金利用依然停留在“输血型”阶段，用完就没有了，从“输血型”走向“造血型”是解决资金不足所必须采取的措施。

三、对我校勤工助学的几点建议

（一）扩宽勤工助学渠道，改善供求失衡

目前，我校的勤工助学岗位远远不能满足学生的需求，主要原因在于勤工助学岗位主要集中在校内，校外的岗位开发较少。学校要为勤工助学活动广开绿灯，尽可能提供新型的助学岗位，在政策上和经费上给予大力支持。促进勤工助学活动向高层次发展，转变思想观念，不能把勤工助学活动仅仅理解为一种单纯的劳动形式。大力开拓社会市场，紧紧围绕社会的现实需要，面向社会开展勤工助学活动，例如和规范的中介机构建立合作机制，为学生提供适合的兼职岗位。要建立相对稳定和独立的勤工助学基地，保证勤工助学工作持续、健康、稳定，实现跨越式发展。

（二）减少工作量，适当提高报酬

我们医学院的学生与其他学校的学生相比，学习量大，压力也很大。一部分同学将来肩负着救死扶伤的神圣使命，如果因参加勤工助学而影响了学习将得不偿失。学校应把工作时间控制在一小时左右，工作量大的可以多招几个同学，这样将有更多的同学有机会参加勤工助学。我校一小时 5 元左右的工资与国家规定的一小时不得低于 8 元相差甚远，所以应该尽量调整。

（三）勤工助学岗位由劳务型走向管理型、知识型

勤工助学工作的类型大致可分为劳务型和智力型，劳务型的工作一般学生都能胜任，但对学生的综合素质提高不大。智力型的工作要求学生具备一定的基本技能、专业知识及相关素质，使学生在一定程度上把所学知识与实践相互结合，在实践中锻炼自己、深化对所学知识的掌握程度。针对我校勤工助学岗位还停留在“劳务型”岗位的基础上，积极开拓“管理型”、“知识型”助学岗位。大力挖掘在助研、助教、助管等方面的勤工助学岗位，还应促进贫困生资助与大学生科技活动相结合。利用政策导向，鼓励贫困生参与课外科技活动，适当给予报酬，建立考核标准——如学生在报纸上发表文章及参加创业计划大赛获奖，即可发放一定额度的助学金。既助学，又促进学生发展，还可扩大学校知名度。

（四）建立独立的勤工助学管理机构

目前几乎全国所有高校都把勤工助学指导工作挂靠在学生工作（部）处，工作人员往往是兼管此项工作，不能投入主要精力，工作缺乏连续性。结果造成大部分高校的勤工助学相关制度陈旧且不能严格执行、工作开展不规范、勤工助学渠道难以扩展、学生的工作质量不高。为此，我们认为学校应建立独立的勤工助学管理部门专职管理学生的勤工助学工作，在有专职人员负责日常管理工作的前提下，全面规划学生的“勤工”与“求学”。努力扩大勤工助学的影响力，开拓更加广阔的勤工助学渠道，让勤工助学走出校园接受市场的洗礼。同时，严格执行申请参加勤工助学的条件、程序、时间、工作任务、各项奖惩制度，使勤工

助学工作规范操作，做到有章可循、有法可依，切实维护学生的合法正当权益。让勤工助学活动深入地朝着健康向上的方向发展。据了解，我校现在已建立了勤工助学服务中心，我校的勤工助学将一步步走向规范化。

（五）建立勤工助学网站，采用先进的管理方法

网站有信息传送快、资源共享率高的特点，建立勤工助学网站，实现勤工助学工作信息化、网络化。可以有效加强勤工助学工作的宣传，更好地在社会、学校和学生之间建立联系。另外，在网站中建立贫困生电子档案库以及用人单位招聘信息库，给学生和用人单位各一个登记信息的入口，并及时将信息发布出去。同时，通过建立勤工助学网，可以实现资源共享，提高工作效率，让学生、用人单位和学校及时互通信息和加快交流。

（六）扩宽勤工助学基金来源渠道，早日实现勤工助学从“输血型”向“造血型”转变

目前我校勤工助学基金的唯一来源仅是从助困经费中提取，随着贫困生人数的增加，这部分资金显然不能满足日益增长的开支。因此，要加强勤工助学工作的宣传，扩大其影响力。面向社会，加强与社会团体、企业和知名人士的联系，积极从中寻求支持。与此同时，学校有关部门应解放思想、勇于创新、敢于实践，大胆尝试以再投资的形式，实现勤工助学资金的保值和增值。目前勤工助学资金由学校统一存入银行，银行的利率不断下降，资金收益减少，资金的保值、增值面临困境。在投资方向上，可以建立更多的校内外勤工助学基地、创办勤工助学经济实体、勤工助学相关产业等，如校园超市、电影院、报刊亭、水吧、洗衣店、复印店、书店、服装店等。例如，襄樊学院勤工助学服务中心在校园建立报刊亭，在主营报纸及杂志的基础上，逐步引进电脑耗材（腾达路由器、笔记本外壳贴膜、笔记本内屏贴膜、笔记本键盘贴膜、联想外置键盘、笔记本底座风扇 NB-7、笔记本底座风扇 FUN、游戏单打手柄、游戏双打手柄、普通笔记本锁、密码笔记本锁、台冠无线鼠标、天狐无线鼠标、义宏伸缩鼠标、插线板、2G 金士顿 U 盘、4G 金士顿 U 盘、神州笔记本、华硕笔记本及组装电脑）、电话卡、充电器、台灯等，在方便同学们购买日常用品的同时实现了“造血”功能；上海交大在投资方向上，与国内外知名企业合作建立合资勤工助学基地 40 家，提高勤工助学岗位超过 160 个，学生勤工助学年收入超过 180 万，同时创建了全国规模最大、实力最强的以学生创业为主的勤工助学经济实体上海交大昂立科技公司，该公司每年提供勤工助学岗位 100 多个，实现资金增值 100 多万元。当然，要尝试或实现这些资金运营方式，必须得到学校有关部门的大力支持，在政策上给予照顾和在资金上给予支持。

四、总　结

我校的勤工助学开展时间较晚，虽然在很大程度上缓解了部分贫困生的经济

压力，但在许多方面都还存在着不足。任何事物的产生和发展都将经历漫长而复杂的过程，才能走向完善。要把我校勤工助学工作做好，使其真正发挥应有的功能，切实帮助学生顺利完成学业和提高学生的社会实践能力，仍然需要我们去探索、实践和完善。据我们的调查和了解，我校的勤工助学工作在云南高校中处于前列地位，且学校现已成立学生勤工助学服务中心，这将会在很大程度上促进我校勤工助学工作的开展和进步。与此同时，学生处已在努力增加“助教、助管、助研”等岗位的设置，如在寒假期间就组织了多名同学参与教师的科研项目。我们也相信学校的勤工助学工作在全校师生的共同努力下，将不断走向规范化、现代化，实现我校勤工助学工作的跨越式发展。

附录：

昆明医学院勤工助学调查问卷

为深入了解我校勤工助学工作开展的实际情况，更好地做好勤工助学的管理、服务工作。我们针对我校的部分学生设计了如下调查问卷，希望你能如实填写，真诚地谢谢你的配合！

1. 你的性别：

a. 男　　b. 女

2. 你来自：

a. 城镇　　b. 农村

3. 你所学专业的类型：

a. 医　　b. 理　　c. 管　　d. 法

4. 你的年级：

a. 大一　　b. 大二　　c. 大三　　d. 大四　　e. 大五

5. 你每月的生活费是：

a. 低于200元　　b. 200～300元

c. 300～400元　　d. 大于400元

6. 你是否渴望参加勤工助学活动？

a. 非常渴望　　b. 渴望　　c. 无所谓　　d. 不渴望

7. 你认为在学校获得一份勤工助学困难吗？

a. 很困难　　b. 不太困难　　c. 一般　　d. 很容易

8. 你认为参加勤工助学的主要目的是：

a. 获得一定的补助　　b. 锻炼自己

c. 认识一些老师和同学　　d. 打发课余时间

9. 你现在是否从事勤工助学（若选否请跳至18题）？

a. 是　　b. 否

10. 你每天花多长时间参加勤工助学活动？

a. 1 小时　b. 2 小时　c. 超过 2 小时

11. 目前你每月的勤工助学报酬是多少？

a. 100 元以下　b. 100 ~ 150 元　c. 150 ~ 200 元　d. 200 元以上

12. 对目前所得的报酬是否满意？

a. 很满意　b. 一般　c. 不满意

13. 你勤工助学的收入主要用于：

a. 生活费　b. 学习用品　c. 其他

14. 就你现在的勤工助学岗位而言，你工作起来：

a. 很轻松　b. 过得去　c. 很吃力　d. 无所谓

15. 勤工助学过程中，老师对你工作的考核频率：

a. 无　b. 每学期一次　c. 每月一次　d. 每周一次

16. 你目前参加的勤工助学工作会影响你的学习吗？

a. 不会　b. 有一点影响　c. 影响很大

17. 在勤工助学活动中老师是否关心你的学习？

a. 非常关心　b. 关心　c. 不关心

18. 你认为参加勤工助学工作对学生综合素质的提高是否有帮助？

a. 有很大帮助　b. 有一点　c. 没有

19. 你认为学校的勤工助学管理规范吗？

a. 非常规范　b. 一般　c. 不规范

20. 谈谈你对我校勤工助学工作的意见和建议。

参考文献：

[1] 张建：《对当前大学生勤工助学活动的认识与思考》，载《滁州学院学报》2002 年第 2 期。

[2] 罗建国：《勤工助学的历史考察及现状分析》，载《湖南师范大学教育科学学报》2003 年第 2 期。

[3]《昆明医学院学生工作手册》。

[4]《昆明医学院年度勤工助学工作总结》。

[5] 曲龙巨：《新时期开展大学生勤工助学的政策建议》，载《中国科技信息》2006 年第 17 期。

[6] 谢应东：《我校学生勤工助学的实践与思考》，载《广东外语外贸大学学报》2002 年第 2 期。

为了贫困生的成长

昆明理工大学 刘 辉 田云辉

贫困生在高校是一个特殊的群体，他们与其他人有着不一样的经历和家庭环境，需要学校及全社会予以关注和帮助。2009 年 4 月 25 日，昆明理工大学材料与冶金工程学院聘请昆明尚德心理咨询有限公司的专业讲师团队，在学校莲华校区图书馆二楼报告厅对学院 2007 级贫困生及学院在莲华校区就读的 22 个班级的贫困生负责人进行了为期一天的素能培训。昆明尚德心理咨询有限公司的讲师们通过讲授、游戏、体验、分享等方式，开发同学们的内在潜能，提高贫困生的综合素质。

一、讲座分析

早上九点，160 余名贫困生在团队助理的引领下顺序进入庄重严肃的培训会场开始进行培训。培训讲师结合自身经历以及各种社会现象，对大学生初入社会即将面临的问题、未来的职业生涯规划和将来的生活等一系列与学生息息相关的话题，结合案例进行深刻的剖析，给大家提出了可行性建议。听了培训讲师的专业指导之后，在场的同学都沉浸在对过去的忏悔和未来的憧憬中，他们表情都很凝重，第一次受到如此大的心灵震撼和精神洗礼，似乎也只有在这样的一个时间、在这样的一个场合，他们才能够静下心来去真正思考他们的过去、现在和未来，才能够好好地对他们曾经淡漠的心灵进行激励和震撼。

二、游戏体验

下午，在培训师的引导下贫困生通过游戏、共同体验、互相分享等，体会每一个小活动中所蕴涵的生活哲理和人生准则。

主要有三个游戏：第一个是“我的时间，我做主”。其实时间对于每一个人来说重要性是显而易见的。我们自小就知道，“时间犹如生命”，“一寸光阴一寸金”诸如此类的哲理，但是真正懂得珍惜时间的却寥寥可数。这个活动就给了大家一次更真切地感受时间珍贵的机会。培训讲师给每人一张纸，这张纸就代表自己的一百年寿命，之后在纸上再逐步减掉自己之前花掉的和以后必将会用去的时间，其余的便是自己工作、学习的时间，让每位同学来掌控自己的时间。这个游戏的过程中大部分同学在后来都对自己时间的分配方面犹豫不决，因为他们突然间发现自己已经没有什么时间可以再去撕掉了，已经没有什么时间可以去挥霍浪费了。这个游戏对在场的特贫困生触动都非常大，大家最后都很无奈地面对着自己现在所能把握的为数不多的时间，面色凝重，感慨万千。时间都是自己一手掌握的，他们从这个游戏中得到的启发是：要对自己今后的时间进行合理的规划，绝对不能再随意浪费自己的青春。

第二个游戏是心灵感恩。游戏也是源于一张纸。每人一张，之后培训师要求每位同学在自己的纸上写上一生中最为珍惜的五样东西，在一次又一次的不同环境下使他们不得不逐次舍弃一样，在这样的选择煎熬中让他们感受失去的痛苦，最后被告知其实刚才舍弃的那些东西你们每个人都还是拥有的，使他们更加珍惜那份爱、那份亲情、那份友情、那份尊敬……逐渐地同学们从游戏中回到真实的环境里，各自感受着心里的那份情感，珍惜自己应当珍惜的东西。当时很多在场的同学由于抑制不住自己的内心的情感而痛哭流涕。他们的泪水是对过去的忏悔，同时也代表着对未来的决心。经过这样的一个游戏，让同学们学会要更加珍惜自己现在所拥有的东西。

第三个游戏是关于选择的。一对对真情父子、一对对真情母女、一对对真挚的朋友或者一对对互不相识的陌生人都出现在了活动现场，当然这些父子、母女和陌生人是由同学们来自己扮演的，他们组成一对一对，把对方当做是自己的亲人朋友或者陌生人，在特定的场景、在特定的条件下对对方进行评价，进行选择，是支持包容他、帮助他还是无视他，一切都是由同学们自己选择的。通过这个游戏，使同学们以后能够更加宽容地对待亲人、朋友、同学。人的一生能选择的机会并不多，只有好好珍惜现在所拥有的机会，选择现在把握未来。

三、互动感恩

晚上是最后的感恩环节，学院分管学生工作的领导及学院所有的辅导员也参与了感恩活动，老师们对最需要关心、最需要帮助的同学赠送了鲜花，让学生们感受到了学院、老师的关怀。同学们也以自己的拥抱和欢呼向老师们表达了他们对老师的感激和尊敬，老师们也表达了对每一位学生的深切关爱和殷殷之情。最后，领导和辅导员代表还和大家一起分享参加此次活动的感受，与大家共勉。还为在此次培训过程中表现突出的小组和个人颁发了奖品。

素能培训活动持续到晚上9：30。师生们在“飞得更高”的歌声中，相互拥抱、相互祝福，圆满完成了一天的培训。此次培训，让贫困生用科学的方式了解自己、审视自己、科学地发展自己，并且培养了团队精神，发掘了每个人的最大潜力，让他们敢于面对自我、肯定自我。

四、总结座谈

通过素能培训活动，同学们在各个方面都有了很大的提高，在随后的跟进活动——素能培训总结座谈会中，同学们都踊跃发言，谈了很多自己参加培训的感受以及将来的想法，同学们都针对座谈会拟定的话题进行了讨论，也进行了自由发言环节，并为学院贫困生工作提出了许多宝贵意见和建议。

1. 素能培训活动的感受、感触、感恩和素能培训对自己的学习生活引起的重大改变

一些同学说到要坚持自己的目标、永不放弃、珍惜时间；一些同学说到了感恩这一话题，他们说感谢学校、感谢学院对我们一直以来的帮助和关怀，他们定将不负厚望，在大学期间学好科学文化知识，努力成为建设国家的栋梁之才；还有一些同学说要力所能及地去帮助身边的人，最后还要感谢自己的老师、父母、亲人、朋友和同学。

2. 对学校、学院开展贫困生工作的建议

首先让大家提出了对之前工作的意见和建议，再次是对将来开展工作的建议。大家总体评价学院一直以来开展的工作总体上还是很成功的，但是有的时候对于活动宣传力度不是很大，以后应该注意在活动前期做好宣传工作，让大家在事先更多地了解即将开展的活动内容，激起大家的兴趣。对于以后的活动，很多同学建议说，他们即将步入社会，希望学校、学院多开展些与社会接触的活动，为自己以后的就业以及生活打下基础；一些同学说希望开展能解决特贫困生压力的活动，以及心理辅导等，还有使贫困生建立信心的活动，如公益活动、联谊活动、球类比赛等。

3. 对学院贫困生认定、勤工助学上岗以及奖助学金方面的建议

有些同学说，现行的贫困生认定办法还是很合理的，但是希望认定的时候时间再给长一些，以便能有更加充分的时间来准备好相关材料；还有的同学说认定的时候一定要了解到个别学生的真实情况。一些同学提到上岗的某个工作岗位给一个同学的时间不宜过长，同一岗位应该给予其他同学轮流上岗的机会；希望学校、学院能够在校外给大家争取勤工助学的工作岗位等。关于奖、助学金，很多同学反映希望能够按时尽早发放，因为他们很多人急需这些钱作为生活费；还有人说励志奖学金评定名额，应以系为单位不应以班级为单位等；还有就是针对家庭特别贫困的学生不能只考虑其成绩，要综合考虑其家庭情况，不要因补考就不能评助学金了。

4. 对各班级辅导员和贫困生负责人工作建议

很多同学都说辅导员的工作很尽职尽责，希望他们以后能够继续关注自己班级的贫困生；对贫困生负责人，他们说班级贫困生负责人工作很累，希望能够给多一些资助；一些贫困生负责人反映希望能够将签到时间改到周日晚上。

此次座谈会的开展征求到了贫困生的很多建议，学院将根据建议作出工作改进，更好地为贫困生服务，座谈会对素能培训和贫困生工作作了很好的总结。

爱心构建书市 课本联结你我

——记云南民族大学薪火书市

云南民族大学 杨志远

一、社团简介

云南民族大学薪火学社成立于2008年5月。社团成员是香港薪火工程资助的贫困家庭学生群体。他们大多都是孤儿、单亲家庭子女、双亲下岗、兄弟姊妹多人上学的贫困家庭学生，在入学的时候都是通过“绿色通道”注册的。社团的章程里是这样说的：“我们是一个被爱包裹的团体，我们要把自己力所能及的爱奉献给他人，因此，我们的宗旨是爱心回馈他人，爱心回馈学校，爱心回馈社会；我们的行动指南是哪里需要我们，我们就无偿到哪里服务；我们的理想是以自己的实际行动来影响他人，积聚所有的爱心之灯来照亮整个神州大地，让世界每一个角落都充满爱的温暖；我们秉承薪火相传、爱心传递的信念。”

薪火学社从一开始就特别注重自身的建设和突破。除了严明的纪律、严格的分层式管理，还积极利用各种资源来提升社员的综合能力，从而使社团更加具有活力和动力。社团聘请摄影师进行摄影技能培训，旨在帮助大家用一颗友爱的心、爱美的心去发现美和记录美，最终创造美。为提高社团成员的专业写作能力，提升就业竞争力，社团邀请校报主编给社员们讲授写作课；社团还编辑了一份社团内刊——《薪火之声》；社团还不定期举行“演讲比赛”、“社团发展感受和总结发言会”等一系列锻炼大家口才和心理承受力的活动。薪火学社是一个拥抱着爱、滋养着爱的团队，又是一个奉献着爱的团队。社团成立的时间虽然短暂，但始终秉承“薪火相传、爱心传递”的信念，行走在爱的道路上，播撒爱的温馨与感动。社团先后开展过为武定县格章拉小学捐赠儿童读物，到岗头村“美好时光”敬老院看望老人，与云南省青少年发展基金会合作进行过“加油2008山区孩子迎奥运”，为汶川地震灾区小朋友捐款，和香港岭南大学的学生一起到武定县第一中学进行过英语教学计划、绿色奥运等一系列的爱心活动。在这些活动中，广大社员都能积极参与，增进了互助互爱，培养了团队精神，相互感染，体味和理解爱的奉献。

二、薪火书市

薪火书市是薪火学社每位社员面向全校贫困家庭学生汇集爱心、奉献爱心的一个平台。

（一）市场开发

2008年，每次新学期开学后的新老社员学习交流，大家总是不约而同地涉及每学期购买课本的费用，这对于大家都是一笔很大的开支。为此，2009年3月，指导教师要求社团负责人将社员按学院分组，对各学院、分专业教材使用情况进行了为期两个月的调查发现：首先，老生随着年级的升高出现了很多不再需要的教材，有85%的同学愿意转让他们的旧课本，有近50%的同学愿意低价购买专业仍然可用的旧书本，但不好意思直接向老生购买；有近两成表示无所谓，还有近两成同学表示先看看情况再说，剩下一成多学生表示不会用别人用过的教材。其次，因为教材的价格比较贵，因而大家在使用时都非常小心，用完以后虽然课本已经不再需要，但书本保存比较完整，也舍不得丢弃。再次，许多专业教材的使用相对比较稳定，但各年级同学之间缺乏相互转让或交换的平台，使得几年积压下的教材在主人毕业时，绝大部分被当废品卖掉，既不利于环保，也是资源浪费。社员大会讨论后一致认为：薪火学社既然已经发现了旧课本交易对广大同学都有益而无害，同时通过调查又掌握了第一手市场信息，就应当敢为人先，在课本和废品之间寻找一种切合点，变废为宝，让广大的贫困家庭学生能够实实在在得到实惠。至此，薪火书市的概念开始在大家的脑海中浮现：每学期开学前后两周的时间里，薪火学社如果在校园内开设一个专做旧课本收售的市场平台，市场定位在占在校人数70%贫困家庭学生，以代理方式开展无偿的旧课本收售活动应当有很大的市场空间。因为薪火学社代理收售旧课本一则可以减少交易双方面向交易的心理压力，一定程度上消除心理上的“面子”障碍；二则可以帮助老生收回部分购书成本，减轻部分困难学生的购书负担；三则可以达到课本循环使用，延迟课本的使用周期，一定意义上变废为宝，达到环保的作用。四则通过义务收售活动模拟市场运作行为，向社员提供校内市场平台，可以锻炼大家的市场适应能力，提高服务意识，这也是促进社团建设和发展、提高社员“全人”素质的有效的途径。

（二）市场筹建

一是人事准备。社团原来设立了社长一名，副社长两名，同时设有文艺部、外联部、宣传部、组织部，这样的机构设置和分工明显不能适应于建立书市。为此，2009年6月，社团首先调整机构设置立了社长一名，副社长三名，同时设有人力资源部负责社团的人力资源配置、财务部负责社团的财务管理、信息部负责社团的微机管理和信息搜集处理、销售部负责社团的产品销售。在此基础上根据社员所学专业和爱好进行了分组：收书组、信息组、财务组、销售组、场务组，为了保证书市营业时间不间断，根据上课时间不同又将每组细分若干小组，实行小组轮班；书市实行社长负总责、考核副社长，副社长分部负责任到组、考核组长，组长具体抓落实、考核社员机制。二是制度建设。为了充分调动社员的积极性，将收书的数量折合成参加义工的时间，作为学年考核的重要内容。三是建市目的。薪火书市的建立旨在节约资源，提升教材利用率；以非营利方式运行，实行零利润、零报酬服务。四是定格机制。视教材的磨损程度按一至五销售，即教材第一次进行书市的售价不高于原价五折，第二次不高于原价二点五折，以此类推。但书价必须是在收书时与书主达成协议并填写在销售书签上。五是收书方式。学期结束前夕，薪火学社社员按学院分成小组，社员负责深入本学院学生中进行宣传，社团负责在全校范围内进行海报宣传，让广大同学了解活动的初衷，以获得最大范围的支持和参与。本着诚信原则，在每一本书本上都标贴了书签（书主的简单信息），并置于书的底页，对买卖双方透明。社团还对每一本书进行了造册登记，由学院小组长负责保管核实，以方便统一明细，及时归还书款，以及未售出书退还工作。六是销售机制。为减轻旧课本买卖双方面向交易的心理压力，书市采用了代理销售协议制，即书主与收书人订了书价、填妥书签后，旧课本即由薪火社员收走，在销售过程中书主不在书市出现，只见买书人在书市中挑选自己中意的书本，并由薪火学社代为销售，代表书主进行现金收讫。售书款由收书人按协议全额归还书主，同时要求书主收款后在书签上签字予以确认。若没有售出的书本也将在书市结束后尽快退还书主。七是倡导爱心奉献。在收书的过程，薪火书市欢迎和鼓励大家捐献旧课本赠予低年级贫困家庭学生使用；同学们捐赠的旧杂志将在假期由薪火学社转赠给武定县贫困山区的小学生。

（三）书市开业

为便于贫困家庭学生选择是向学校教材科购买新课本，还是循环使用旧课本，第一届薪火书市安排在2009年8月30日开业，即新学年学生注册当日，同时确定今后每学期学生开学当日开市，开学后10天歇业。开业前一天，社长集中全社员，对放暑假前收到的教材按学院、分专业分类整理、标识。为便于又快又准寻找到同学询问的教材，场内销售部社员又按学院细分小组，每组2至3人，实行小组长负责制。每个学院的书本都集中在一块，形成一个摊点，每个摊点都有流通小组的社员负责书的查找、讲解和出售服务，不停地为前来买书或咨询的同学耐心地讲解着活动的初衷，尽量让广大学生找到自己需要的书。对销售过程中可能遇到的问题进行了设想，安排了相应预案；同时对社员进行分组模拟销售流程的培训。要求每位社员在活动中要认真体会、认真负责，谨记自己是书市的服务者，做到一要细心周到，二要不厌其烦，三要微笑服务，要让来到书市的每位贫困家庭学生到感受到薪火之家的真切、薪火书市的实惠，感受爱心的存在和温暖。每售出去一本书，书市财务员都会撕下书本后面我们事先贴好的书签，予以保存，用于归还书款时让书主签字确认，同时对书市面上售出的课本进行标注，加盖“薪火书市”字样的专用章，一是便于掌握该教材进行书市次数，二是让同学们认识薪火书市、接受薪火书市，让越来越多的同学在学期结束时想到薪火书市，将他们用过的课本送薪火书市循环交易，让更多的贫困家庭学生在下学期开学时获得薪火书市的帮助。薪火社也重视书市的监管工作，为保证数量庞大的书本不丢失，规范书市的交易行为，书市实行集市交易。同时每天都安排社团负责人和销售、财务、场务人员对书市进行协调和监督，确保交易活动能够规范、有序进行。

在整个活动中，每天每位值班社员都能以主人翁的态度参与，积极热情，书市热闹而轻松。社团在开市之前对书市进行了模拟，同时对社员进行了培训，把可能出现的事态进行了设想，并安排了相应的预案，所以在售书过程中也是比较顺利的。由于书市是做爱心活动，社团担心同学买到已不再使用版本的教材，因此都很谨慎。每当遇到同学不知道自己用的是哪个版本的课本时，先问清他们是什么学院、什么专业，再帮他们问清用的是哪个版本，确定后才建议他们买。我们不是为了卖书而卖书，我们“卖”的是爱心。卖书活动期间各组内部实行小组轮流值班的制度，确保每个时间段都有人值守。财务组和销售组实行每晚十点半打烊后盘点，统计和整理书本和销售款，做到当天书、款对齐。虽然每天需要投入很多时间，也很辛苦，但是，大家团结一致，分工合作，有条不紊，每当看到同学以便宜的价格买到自己需要的书时，从脸上对社员报以轻松笑容，或道一声谢谢时，每位薪火成员都有一种说不出的感动与幸福。从早上八点到下午三四点钟不间断地站立、长时间地交流、不停地移动，就使往日生龙活虎的社员们唇舌干渴，腰酸背痛，汗水粘连衣服都被这种慰藉慢慢地融化，变得很甜美了。然而，每当看到有同学买不到自己所需要的书时，那种扼惋和无奈的表情，让每位现场的社员在内疚中意识到书市的规模离同学们的期望还有许多不足，如书量不足、专业面不广；却也激发了社员们投入更多的热忱来为广大同学服务。

2009 年暑期薪火书市从 8 月 30 日开业至 9 月 10 日歇业，从统计数据看，书市前期收书 5 126 本，销售书本 4 891 本，有将近 3 500 位同学买到了自己中意的课本，代售额总额 30 358 元。截止到 9 月 20 日，所有书款已如数归还书的原主，剩余 235 书本也全部归还书主。至此薪火书市活动圆满结束，得到了广大同学的赞同和欢迎。

三、几点收获

万事开头难，任何事情总是在探索中前进，活动结束后，社团及时召开全体大会，对活动进行总结以及今后努力的方向进行探讨。通过薪火书市，社团在实践的过程中也发现了许多不足之处：第一，统计代售工作过于复杂，还需要有更为细致的分工。第二，有些教材的类别范围不是很广，有些书本的循环利用价值不高。第三，宣传力度亟待加强。第四，监督机制有待加强和完善。第五，应与学生社团联合会、保卫处、校区管委会进行更多的沟通和联系，获得他们的支持，以保证书市的正常运转。书市活动期间，遇到的困难有些超出之前的设想，但是，让社员们真正体会到薪火书市是一座沟通同学互助互惠的桥梁，让同学们感受到爱心的温暖，让每一个进入书市的同学深刻感受到活动意义的重要性。社团有信心将第一届薪火书市活动延续下去，并在不断地总结、改进、完善中逐渐成长，服务更广泛的同学。

薪火书市从当初购买课本的花费太高开始，设想使用旧课本，调查课本使用情况，掌握旧课本循环使用的可行性，探讨旧课本交易，体现了当代贫困家庭大学生自强不息的精神风貌；为了让更多和自己一样的贫困家庭学生服务，构建薪火书市，体现了当代大学生团结互助风尚；薪火学社作为受助团体，在书市以“零利润零报酬”为广大同学服务，又是当代大学生的用感恩之回报社会的具体体现。把循环使用旧课本与倡导环保、低碳的生活方式结合起来，充分体现当代大学具有强烈的社会责任感和自觉性。

独立学院学生勤工助学工作的理论与实践探析

云南师范大学文理学院 杨世红 周 妍 孙 懿

摘 要 独立学院随着全国高等教育的不断发展进一步得到社会和行业的认同，独立学院的发展也从不成熟逐渐向质量、规范迈进。如何对学生的勤工助学进行正确引导，规范管理，切实维护学生权益，更好地为社会服务已成为独立学院学生教育管理工作的主要内容之一。作者系上学期从事高等院校学生思想政治教育管理工作，见证了独立学院诞生及发展的全过程。对探究独立学院学生勤工助学的运行规律及管理思路、去向有些心得。探寻一条能结合独立学院人才培养模式又能适应社会需求的在校学生勤工助学的新路子能对此项工作有所促进是本文之要旨。

关键词 独立学院 勤工助学 学生 去向

独立学院开展学生勤工助学活动不仅有利于学生德、智、体、能等综合素质的提高，而且可以使学生通过接触社会、了解社会、参与社会实践并通过自身劳动取得相应报酬，解决求学道路上经济拮据之忧，为学生顺利完成学业奠定物质基础。这对广大学生特别是家庭经济困难的学生是十分有效的途径，是中国教育史上有成功经验而又不能脱离新时期现实人才培养需求的好办法。根据教育部颁布的《普通高等学校学生管理规定》和教育部、财政部《关于进一步做高等学校勤工助学工作意见的通知》精神。为了有组织、有成效地开展勤工助学工作，笔者认为独立学院勤工助学工作应坚持因地制宜、注重实效、规范管理、发挥优势、锻炼才干、提升品位的方针，进一步推进独立学院学生勤工助学工作与时俱进、健康可持续发展。

一、改变观念，统一认识

首先，勤工助学是学生接触社会，了解社会的有效途径，也是个人被社会选择和认同、实现人生价值的双边过程，是学生增长才干、社会得到了服务的双赢过程。在社会高速发展的今天，勤工助学不仅仅只是贫困生谈话或独享的话题，而成为大学生的一种普通的社会需求，社会竞争、市场竞争归根到底是人才竞争。人才不仅仅是具有丰厚的知识储备，还是运用知识服务社会的能力及在社会实践中创造新知的实干者。这种没有硝烟的战争不是步入社会才开始，早已由社会转至学校，学生提早已成为“参战者”或预备员。高校学生择业早已成为全社会、家长及学生本人十分关注的问题。社会早已把择业人员要求从“起跑线”（大学文凭）移至产业、行业人员从业的全过程素质要求。如何更快地适应社会、行业需求，甚至把适应期在学校内完成而踏入社会就能创造的价值，更好地为社会、行业提供服务早已在当代大学生心中播种、生根、发芽。学生们都清醒地认识到，有需求才有发展，有特长才能上水平，社会的需要是学业之舟的航向。其次“勤工助学”也不能简单地理解为“帮困”的代名词，而要把感性认识上升为理性认识的过程，是一种全新、有效的学习方式。不但可以增长才干，还可以通过社会实践获得自信，获得社会认可、行业认可、独立生活的成功人生体验。被试中的许多困难学生都谈到等、靠、拿、不劳而获是懦夫行为，他们不愿躺着等待救济，他们追求站立行走，他们呼唤秉承传统，他们需与社会最强音合拍，他们有信心、有能力在世界的东方将五星红旗举的更高、抬得更稳、飘得更好。作为成长中的独立学院具有新世纪敢于诞生的勇气，也有把它建设得更好的信心。全面组织，有信心把学生送到社会最需要的地方展现是新时期大学生风采，占领属于大学生自己的市场，为祖国的繁荣，社会、经济、社会的发展而守教育之业，展教育之彩，尽教育之责。

二、搭建平台，强化规范

独立学院属高等教育的新型模式，其有别于公办普通高等学校之特色。但其终究是中华人民共和国的高等教育，成功的、有效的并经实践中检验的经验和教育规律需秉承并发扬光大。学生勤工助学在中国教育史上有数千年的历史辉煌，有很好的经验可以借鉴，结合独立学院宗旨坚持以科学理念指导学生勤工助学工作，以科学制度保障学生勤工助学工作的开展，以科学方法推进勤工助学工作开创新局面。首先应成立学生勤工助学为中心（或实体），由学生工作处或团委负责指导，由专任教师专职指导此项工作。其次是“中心”下设校内和社会服务部，开辟校内和社会服务市场。以专业为龙头，充分挖掘校内外资源，整合大学人才力量为学校建设和社会发展尽大学之责。再次是“中心”要结合当前就业形式、民生需求，专门成立学生创业实验工作团队，宣传创业政策，传授创业技能、知识，掌握创业须加强的相关手续及项目规划专项业务能力，撰写项目翔实计划书，引导学生进行自主创业，增强学生勤工助学的造血功能，也是勤工助学的强大生命力所在。同时与实习实训以及企业单位紧密联系，充分利用寒暑假优势，加强合作，承担一些长短结合的顶岗实训工作，为社会吸纳毕业大学生提供战前训练。还有“中心”的骨干力量及从业人员最大限度由学生担任，充分体现学校的发展，学生是新的增长点这一现态。一方面可以培养学生、增长才干；另一方面可以弥补独立学院专职专任较公办院校少的现状。同时要科学规范地建立相应的制度及设定项目合同，用工合同及财务制度，报酬发放及考核标准要与行业规范一致的相关规章。

为学生勤工助学健康发展搭建平台，提供保障，现今的市场具有高度的集团化、产业化的特点，须从原来单一、单打独斗转为系统、规范、科学的管理实体，充分利用网络市场调研获得全面信息及市场发展前景进行规划、组织、落实，以实体（中心结合公司）行为从校园走向社会，努力从书本走向市场，为在市场竞争中打造品牌赢得一席之地。

三、倡导学习助学，扶志助学

随着市场经济体制的不断完善，高校助学工作应在理念、认识上有所拓宽，对当前解决高校贫困生的方式："奖"、"补"、"勤"、"减"、"贷"也将重新认识，特别是独立学院性质属民办，一切办学经费来自学生缴费，个别学院有一定社会力量捐赠。社会上有少部分"言论家"认为能就读独立学院的学生家庭都不贫困，针对这样的说法笔者只能说这与实际不符，只能说这些同志可能对中国高等教育的现状，独立学院实际以及老百姓为孩子上学宁愿砸锅卖铁也不穷孩子的求学需求心情不甚了解。完善独立学院的助困体系一方面在目前生存发展期没能更好地体现"奖"、"补"、"减"、"贷"政策的情况下，加大勤工助学力度，规范勤工助学工作是更好、更广泛成为独立学院学生成长成才的有效必经途径。另一方面是倡导学习助学、扶志助学工作、悉心指导同学认真定位、科学学习，树立以勤奋为帆、以节俭为桨，以优异的学习成绩赢得奖学金，在可能的条件下求得求贤之人，企业的赞助（或代言人）等，缓解经济拮据之状。同时学校应针对人才培养及社会需求制定相应奖学金，在奖学金的设定意义上下工夫，以增强奖学金的吸引力，使努力学习的同学通过勤奋学习，辛勤汗水，将希望的船儿划向理想的彼岸。扶志助学是解决贫困的出发点，也是帮困的归宿。一方面要呼吁全社会来关心、支持教育，关爱贫困学生成长，更要完善助困体系，加大工作力度。另一方面，要加强贫困生的思想教育。扶贫的根本是扶志，让他们自立、自强、勤俭节约刻苦学习、树立远大理想，以优异的成绩来报效祖国和人民。再有要做好全国上下全面启动的国家属地助学贷款工作，让此项利民之花开得更艳。

四、学以致用，形成多样

独立学院学生勤工助学工作既要主动适应市场需求，又要发挥高校资源优势，张显大学生特点，占领市场高校份额，为社会市场提供优质服务。①先进文化服务：如成立礼仪队、彩云"锣鼓"队等，为企事业庆典等提供有偿服务。②科研服务：如成立市场行业信息调研小组，家电维修小组等，为企业作市场调研并负责提供有质量、符标准的提供市场专项调研报告，参与合作单位及个人进行一些应用科研、科技发明以及科研项目的市场调研、文献检索、资料整理等基础性质服务工作。家电维修小组可与社会相联合定期、定点上门服务、咨询等，③家教服务：如成立中小学综合、单科培训小组、家政服务小组、家教协会等充分利用学校、师生资源对不同需求的群体或个人提供课余、节假日服务。④顶岗实习：如成立实训体验工作小组，与企业联合，利用寒暑假为企业提供顶岗顶员实习服务工作。⑤三下乡服务：如成立学生艺术团、学生农村医疗、生态、农科知识宣讲小组等，利用寒暑假深入农村演出农民朋友喜闻乐见的文艺节目，开办农科知识、医疗卫生等培训班或讲座，把祖国改革开放三十年的伟大成就和建国60周年的辉煌以艺术文学的形式向农民展现，宣传新农村建设及农民的新生活。

总之，勤工助学对于公办普通高校来说是老话题，但对于独立学院而言是新课题、新领域，是学生思想政治教育工作最佳载体，是独立学院培养应用型人才最好的模块，是认真践行胡锦涛总书记2009年5月4日在中国农大的讲话精神，做好独立学院学生勤工助学工作是顺应时代潮流，积极推动独立学院健康持续发展的重要因素。历史赋予独立学院学生勤工助学新的时代内涵，努力使独立学院勤工助学工作既体现科学性、文化性、规范性，又体现时代性、严谨性、自觉性，是学生所需，形式所迫，大势所趋。

参考文献：

[1] 中华人民共和国教育部第21号令：《普通高等学校学生管理规定》2005年9月1日起施行。

[2] 杨世红等：《浅析高师院校学生勤工助学的走向》，见吴志功等《素质教育——从经验走向科学》，贵州教育出版社2000年版。

有限的资金　无限的爱心

——记茶文化及茶艺技能应用实践项目

云南农业大学　龚元圣　和立青　周红杰

在福特基金会、云南省教育厅及社会各界人士的关心支持下，云南农业大学PHE项目——“农科大学生实用技术培训与实践”项目于2005年11月获准立项并启动，该项目包括“茶文化及茶艺技能应用实践”和“动物门诊流动站”两个子项目。项目以提高我校家庭经济困难学生能力为中心，通过培训、实作两个阶段，达到提高参与项目学生能力、创新学校助困工作理念、建立有效可持续的帮困助学育人新机制三个目标，突出参与性、创新性、可持续性、可推广性四个特点，从而形成学校助困工作的新模式、新机制。通过近几年的项目运作，参与项目的贫困生各方面能力得到了较大提高，项目取得了预期的效果。我们认为“茶文化及茶艺技能应用实践”项目是比较成功的一个案例，现把相关情况总结如下。

一、立项背景

云南农业大学是云南省唯一以农科为优势、多学科交叉融合、协调发展的多科性省属重点大学。由于学校的专业特点，学生大多来自于农村、山区和少数民族地区，家庭经济困难学生占了学生总人数的40%。这一群体学生家庭收入普遍偏低，经济困难，大部分支付不起学费，生活拮据，导致他们在学习、生活、交友等方面都存在一定的困难；语言表达能力相对较差，与人沟通困难，人际交往面窄，社会交往技能弱等；由于家庭经济的困难，在心理上处于不利的弱势地位，容易产生自卑心理。面对这一群体学生，学校的投入是有限的，加之目前助困工作的理念、方法存在一定的局限性，导致很难从根本上解决学生因家庭经济困难而带来的弱势状况，而这种状况如缺乏科学、有效的引导，将会影响到这部分学生的健康成长。

为提高家庭经济困难学生的能力，我们通过项目培训，一方面提高学生的综合素质，增强同学的动手能力和创新能力，扩大知识面，进一步巩固、优化和发展学校办学特色和优势；另一方面，使贫困生在一定程度上学有一技之长，毕业后能自谋职业，为拓宽就业途径奠定基础。基于上述背景，开展了针对贫困生的茶文化及茶艺技能实践项目。

二、开展过程

1. 基础培训

项目于2005年11月获准立项并启动，请专家为参加项目的学生作《演讲技巧》、《公共关系礼仪》、《心理健康》、《团队精神》等相关知识的培训，举办演讲比赛，提高贫困学生的综合素质及与人交往、适应社会的能力；开展感恩教育、大学生心理沙龙等活动，召开爱心恳谈会，组织项目学生参与做义工，树立“服务社会、关爱他人”的意识。

2. 理论培训

项目于2006年3月开展理论培训，为达到预期的目的和效果，保证学生广泛的参与和具备充足的理论知识，前期理论知识培训安排32学时，内容涉及《茶学知识》、《茶艺技能》等，针对经济困难学生的特点进行了多方面的理论知识强化培训。在理论培训中，注重安排较强的教师授课，既有校内知名的教授，又有社会知名茶学人士为学生授课。通过理论培训，参与项目学生的理论知识得到了前所未有的提高，效果显著。

3. 技能培训

按照计划，项目组于2006年4月开展了技能培训。培训中重点针对茶叶的冲泡及茶艺的技能进行训练。通过近30多个学时的培训，大多数学生基本掌握了茶叶的冲泡及茶艺的基本技能，达到了中级茶艺师的水平。参与培训的学生积极性很高，反响很好，达到了预期效果。

4. 实作训练

按照计划，项目组于4月中旬购进了一批普洱茶原料，并于2006年5月22日开展了项目的实作训练，请专业教师指导，整合利用各种社会资源进行实习、实作训练，重点针对普洱茶的渥堆、加工制作进行实践，通过实践，增强了学生的动手操作能力。

为加深对普洱茶加工制作的了解，项目组成员于2006年7月到昆明云普茶厂参观并亲自参与制作普洱茶产品。在社会企业的大力支持和帮助下，贫困学生通过培训、实作，学到了茶文化及茶艺方面的基本知识和技能，基本掌握了普洱茶的制作方法和技能，而且还制作普洱茶产品——福特慈善基金爱心饼。

5. 开展产品销售和读书活动

为进一步增强贫困生参与产品销售的实践能力，提高动手能力和增强市场竞争意识，项目组安排贫困生利用暑假、周末参与福特慈善基金爱心饼的销售和读书活动，开学后返回学校汇报销售情况并交流读书心得体会。

6. 争取社会资金

项目组在经费有限的情况下，突破常规思维，积极引入社会资金。按照常规思维，用福特基金和学校配套提供经费，最多可以生产200多饼产品，但项目组突破常规思路，积极引入社会资金购进茶叶原料，由贫困生自己制作了2 000饼普洱茶。

7. 回笼了部分资金

通过参与项目学生的努力，到目前为止，已销售了部分爱心茶饼，回笼部分资金。通过产品的销售，一方面锻炼了学生销售的能力，另一方面，提高了学生就业的能力，为项目下一步的可持续发展打下了一定的基础。

三、项目效果

1. 参与项目学生个人能力得到明显提高

通过基础培训、技能培训、应用实践，学生的自信、自立、自强意识明显增强，交往能力、社会适应能力、动手能力得到提高，并培养了学生良好的创新和创业意识。参加项目的同学通过培训和实践，在制茶和售茶的过程中，既提高了动手能力，也增强了适应市场的意识。参与项目学生在毕业离开学校工作之后感慨："作为项目组成员的我，除了学到在逆境中创新奋斗的思想之外，更重要的是锻炼了自己跳出山坳、把握全局的思维雏形。"而更多的学生则感到"很高兴参加了这个项目，它帮我找回了兴趣，找回了自信，让我走出了贫困自卑的阴影"。

2. 充分整合各种资源，保证了项目的良好运作

充分利用学校资源。我们开展的项目由于很好地结合了学校的专业优势，在项目的实施过程中，充分利用学校的硬件设施、师资力量等资源，共有100多人次教师参与了项目的实施，为项目的顺利开展奠定了坚实基础。学校为支持项目的开展，除配套了2万元人民币经费外，还免费提供培训及实践的场地、设备等。积极争取社会支持。项目为了让参与同学完成茶产品的生产制作，争取社会企业的大力支持，请企业的专业技术人员指导，利用企业的生产设备顺利做出了我们的茶产品——福特慈善基金爱心茶饼。

3. 确立了帮困助学的新理念

通过开展项目，我们在原有的帮困助学的途径、方法的基础上，进一步确立了我校帮困助学的新理念，即：一是改输血式的助困到输血与造血相结合的助困理念的转变；由"授人以鱼转变为授人以渔"。二是家庭经济困难学生由被动地接受转变为主动地参与；三是我们的服务方式由静态的、程序化的方式转变为动态的、人性化的方式。

4. 在促进教学观念转变、提高人才培养质量方面产生积极影响

通过项目的实施，参与到项目中的师生有一个真实的感受，即传统的课堂理论教学对学生实践动手能力的培养是有局限性的，而福特项目的开展使我们教师的教学方式由注重课堂理论教学向理论教学与实践动手能力相结合的方面转变。

5. 促进了学校助困机制的创新发展

通过项目的运作，总结参与式方法在家庭经济困难学生工作中的自助作用，借助项目理念改进现有的工作思路，出台了《云南农业大学关于设立“提高家庭经济困难学生个人能力”助困基金的通知》，由学校出资5万元人民币，设立专项基金，学校的个人、团体可以申请关于帮困助学的活动，经审核通过后予以立项并给予经费支持，形成了学校助困工作的新机制。

四、项目特点

1. 立足学科和专业优势，开展项目的运作

我校开展的茶文化及茶艺技能应用实践项目，依托我校茶学这一特色专业，结合当前茶文化在社会经济发展中的影响，开展培训和实践，充分发挥学科和专业建设上的优势，组织教学经验丰富的教师参与项目的指导，使参与项目的家庭经济困难学生通过学习和实践，提高素质，增长才干。

2. 立足家庭经济困难学生实际，提高贫困学生的综合素质

针对家庭经济困难学生存在的问题和实际需求，我们除了做好项目开展所需的专业技能培训外，还重点加强了素质培训，如《演讲技巧》、《公共关系礼仪》、《心理健康知识》的培训，团队精神训练，开展感恩教育，读书活动等，使他们克服心理上的弱势，敢于大胆交流及表达自己的意愿，由自卑到自信，不断提高了同学适应社会的能力。

3. 突出项目的可持续性

项目的实施不仅提高了参与学生的个人能力，还通过销售自己亲手制作的产品获得了一定的经济效益，这部分收入除了少数用于学生的劳动报酬外，大部分利润将用于项目的滚动发展，为项目的持续推广提供经济保障。

4. 突出团队精神

在项目实施的过程中，我们除了关注贫困生个人的能力外，更重要的是贫困生与人打交道的能力。现代社会讲求的是团队，而团队精神是需要培养的，不是生来就有，越竞争的时候越离不开团队，所以，在项目的实施中我们注重突出团队精神的训练。

5. 社会资源的整合拓展了帮困助学渠道

在茶文化及茶艺技能应用实践项目中，我们利用学校茶学专业在社会上影响，积极向相关机构、企业宣传福特项目的助困理念，得到了经费、人员、技术等方面的大力支持，使该项目的开展扩大了规模，扩展了领域，让学生从原材料的选购、生产制作、销售管理得到了真正意义上的实践锻炼，也拓展了我们在帮困助学工作上的思路和渠道。

总之，通过近三年项目的实施，参与项目的贫困学生不仅有效提高了个人能力，增强了自信、自立、自强意识，还在沟通交往、社会技能、心理调适、就业

能力等方面得到明显加强，能顺利地完成学业，更好地融入校园、融入社会；而且项目运用有限的资金，生产出无限的爱心产品，为项目的可持续发展打下了坚实的基础。我们也将福特项目的全新理念应用到帮困助学工作中，进一步创新助困机制，推动帮困助学工作进一步发展。

帮助贫（特）困学生顺利完成学业之我见

昆明医学院 鲁 彪 赵 红 张国兆

在高校对招生、收费和毕业生就业政策进行一系列重大改革的过程中，高校中经济困难学生的问题一直是全社会关注的热点。最近，笔者对昆明地区部分大专院校的3 611名本、专科学生的经济状况、生活水平进行了一次摸底调查，结果令人担忧。

一、调查结果及分析

就目前昆明市的生活水平而言，在校学生每月的生活费用一般在250～300元之间。低于150元，学生就难以维持正常的学业。因此，凡家庭人均月收入低于100元者，就应界定为贫（特）困生。

表1 本科生经济情况调查表

年级	九五级		九六级		九七级		九八级		九九级	
项目＼百分比	学生人数	占学生人数百分比	学生人数	占学生人数百分比	学生人数	占学生人数百分比	学生人数	占学生人数百分比	学生人数	占学生人数百分比
在校生人数	454		540		605		734		924	
家庭人均月收入80元以下人数	42	9.25	52	9.63	58	9.59	83	11.31	98	10.61
家庭人均月收入80～100元人数	31	6.83	42	7.78	114	18.84	94	18.11	134	14.50
贫（特）困生合计	73	16.08	94	17.41	172	28.43	177	24.11	232	25.11

表2 专科生经济情况调查表

年 级	九七级		九八级		九九级	
项 目 \ 百分比	学生人数	占学生人数百分比	学生人数	占学生人数百分比	学生人数	占学生人数百分比
在校生人数	143		114		97	
家庭人均月收入80元以下的人数	17	11.89	22	19.30	20	20.62
家庭人均月收入80~100元	18	12.59	11	9.65	25	25.77
贫（特）困生合计	35	24.48	33	28.95	45	46.39

从调查的总体情况来看，专科生中的贫（特）困学生比例要比本科生高，主要原因是本科生多数来自于教育质量好，经济、文化较发达的地区；专科生则多数来自于教育滞后，经济、文化欠发达的地区。1997年以后入学的学生，贫（特）困学生的比例明显上升，原因是：从1997年起，大学实行招生全面并轨，交费上学，加之近两年企业效益不好，国企改革的力度增大，企业减员增效，下岗职工增多，部分家庭难以承担子女的学习和生活费用等。

由此，我们窥一斑可见全貌。怎样帮助贫（特）困学生完成学业，不让一名在校学生因家庭经济困难而中途辍学，成为每所高校学生工作部门迫在眉睫的工作，同时，也是每位从事学生思想政治工作和管理工作的老师义不容辞的责任。

二、对贫（特）困生的资助办法

1993年7月，国家教委和财政部就联合下发了《关于对高等学校生活特别困难的学生进行资助的通知》，要求各高校从"奖贷学金"中提取一定数量的经费补助贫（特）困学生，部分省市还动员金融系统和经济效益好的大型企业捐资以帮助经济困难的学生。但是，由于资金的有限性，需要补助的学生面较大，究竟将补助费发给谁呢？这常常使做学生工作的老师、班主任们陷于两难的境地。

通过近几年的实践，笔者认为，帮助家庭经济困难的学生顺利完成学业，可以采取以下的途径。

1. 用好政府下拨的贫（特）困学生补助金

（1）制定贫（特）困学生补助费管理使用办法。

各学校应根据自己的实际，制定出符合本校实际的补助费使用和管理办法。

按照现有的生活水平，笔者认为，可将补助费用分为三个等级，一等月均100元，二等月均80元，三等月均60元，然后视贫困学生的情况给予相应的补助。这样，可把上级教育主管部门下拨的、有限的贫（特）困学生补助费用来帮助尽可能多的贫困学生解决生活问题。

（2）严格审批程序，切实帮助家庭经济困难的学生渡过难关。

需要资助的学生，首先由本人写出书面申请，并附有父母所在单位、街道或县乡教育部门出示的证明；在此基础上，做学生工作的老师、班主任应本着点面结合、实事求是的原则，召集班团两委会根据该生平时的表现、一日三餐的生活水准进行评定；最后，经所在院（系）复核审定报学生工作主管部门批准，逐月发放。

在审批过程中，笔者认为应做到五个“优先考虑”，一是优先考虑来自边远地区、高寒山区、贫困地区的同学；二是优先考虑兄弟姊妹多人读书的同学；三是优先考虑单亲家庭的同学；四是优先考虑贷款的同学；五是优先考虑父母一方或双方下岗的同学。如此，可使那些真正需要资助的贫（特）困学生得到应有的资助，安心完成自己的学业。

（3）严格受资助学生的操行考评。

为了更好地鞭策、督促同学们学习，充分调动同学们争先创优的积极性，在每月发放补助之前，应对享受补助的同学的早操、晚自习，学生宿舍熄灯后的纪律，参加班集体活动的表现等进行全面认真的考评。对无故不出早操、不上晚自习、不参加集体活动、违反校纪校规的，停发当月的贫（特）困学生补助费，并限期改正，待其改正后再另行发放。这样，可以体现资助中的“奖优罚劣”原则，充分调动同学们的学习积极性和遵守纪律的自觉性。

（4）加强对补助费的管理和使用。

为了把有限的补助费用到刀刃上，使真正困难的贫（特）困学生受益，学校应加强对资助费的管理，建章立制，做到专款专用；同时，学校还应严格建立享受资助学生的档案，将每次发放补助费的名册一式两份复制，一份存留院（系），一份报学生工作主管部门备查。

2. 积极争取社会力量捐资助学

从长远的角度来看，贫（特）困学生的助学是一项长期的任务。如果仅仅依靠政府的财政拨款，显然是杯水车薪。为此，学校应积极争取社会各界对贫困学生的资助，学生工作部门应通过各种渠道与愿意捐资助学的基金会、公司、个人取得联系，争取社会各界对贫困学生的关注和资助。

3. 在学校设立企业、公司奖学金

在过去旧的分配体制下，一些艰苦行业、重点保证单位要想得到一名急需的短线专业毕业生是十分困难的，而在企业效益好、工作环境好的单位却往往是人才聚集。如今，在“双向”选择的就业形势下，学校学生工作部门可主动与自己专业对口的企业、公司取得联系，让这些急需人才的企业、公司在自愿的基础上直接与在校的贫困学生签订合同，每年划拨出一定数量的资金资助这些学生，让这些学生毕业后就到相应的企业、公司去作出贡献。这样一来，一方面企业、公司得到了需要的人才；另一方面在校的贫困学生也得到了有效的资助。

4. 组织贫（特）困学生开展勤工助学活动

学生工作部门应组织好贫困学生参加勤工助学活动。要设置专门的机构，指定必要的人员负责此项工作。当然，贫困学生的勤工助学活动最好是以参加校内的助教、助研、实验室、校内产业的生产活动和后勤服务为宜。如：搬迁教研室，周围环境、走廊、卫生间的打扫，学生宿舍门房的管理，实验室的课题项目研究等，凡是学生能够承担的工作，都尽可能安排贫困学生去做。这样，既培养了学生的劳动观念，更加珍惜来之不易的学习机会、珍惜他人的劳动，也使他们在参加劳动的同时获得一些收入，以补充学习和生活上的费用。

学校团委、学生会可组建勤工助学社团，积极为贫（特）困学生开辟勤工助学的场所。在不影响这些学生正常学业的前提下，多为他们寻找一些有酬劳动的岗位，如家教、钟点工、为公务繁忙的家长接送上学的小孩等，让贫困学生利用课余时间，赚取部分学习和生活费用。

此外，为配合勤工助学活动的开展，学校应从教育事业费、学杂费、预算外收入中提取出一定比例的经费设立勤工助学基金。使勤工助学活动具有稳定、可靠的经费来源，使助困工作逐步走向经常化、规范化的轨道，让家庭经济困难的学生，特别是特困学生得到及时而有效的资助，能够顺利完成学业。

5. 适当减免贫（特）困学生的学杂费

对于家庭经济困难的学生，学校各部门应积极为其排忧解难，根据其困难的程度，适当减免学杂费。

总而言之，高校的学生工作部门，从事学生思想政治工作和管理工作的老师，要本着对党、对国家、对人民高度负责的精神，为党和政府分忧，重视解决贫（特）困学生的生活问题。要把解决学生生活困难问题放到保证高校稳定，保证社会稳定，保证教育体制改革顺利进行，充分体现社会主义制度优越性的高度予以重视。

"三生教育"中班主任管理工作的一些思路

临沧师范高等专科学校　宇艳芬

摘　要　"三生教育"既是一种教育理念，也是一种教育行为，它不仅体现为学校的自觉行为，也应当成为家庭和社会的共同教育目标和教育氛围。班主任是学校中全面负责一个班学生的思想、学习、健康和生活等工作的教师。笔者认为，班主任在实际的班级管理工作中更应该围绕"三生教育"的教育理念，指导好班级管理工作。

关键词　三生教育　班主任管理　思路

"三生教育"包含"生命教育、生存教育、生活教育"三个目标点，其目的是通过认知以及实践让学生认识生命、尊重生命、爱护生命；促使学生能够主动、积极、健康地提高生存价值，明确生命的意义，实现生命的价值；关心自己和家人的生命安全，推而广之关心朋友、他人的生命安全；掌握生存技能，强化生存意识，把握生存规律；了解生活常识，掌握生活技能，获得生活体验、情感体验，树立正确的生活观念。最终把学生塑造成比较有社会公德心、能应对生存压力、能以乐观心态面对生活的合格社会公民。

作为一名教师，育人的根本目标就是要使学生有健康的心智，有实践能力(包括生存能力、生活能力)、创造能力，富有爱心和责任感。笔者认为，对学生来说物质贫困固然可怕，但精神贫困更为可怕。物质贫困孩子上不了学，政府都在资助，但精神贫困却是资助不了的。教师就更应该通过"三生教育"，保持教育精神的不流失，提高学生的精神素质，提高他们的能力，健全他们的心智。班主任是学校中全面负责一个班学生的思想、学习、健康和生活等工作的教师，是一个班的组织者、领导者和教育者，也是一个班中全体任课教师教学、教育工作的协调者，更应该将"三生教育"的教育理念融入班主任日常管理工作的细节中。

一、"三生教育"与思想道德教育相结合

当代大学生是一个国家繁荣富强、一个民族团结稳定的重要力量。要使大学生成长为中国特色社会主义事业的合格建设者和可靠接班人，不仅要大力提高他

们的科学文化素质，更要大力提高他们的思想政治素质，只有真正把这项工作做好了，才能确保党和人民的事业代代相传、长治久安。在新时期，开展大学生思想道德教育，应该关注一些新情况、新问题。如：理想信念意识不强，社会意识认知水平偏低，价值观倾向利益化，传统美德认同度滑坡，网络媒体负面影响较大，自由散漫思想严重等，作为教育者要充分认识新形势下进一步加强和改进大学生思想教育工作的重要性和紧迫性。

学校是进行系统教育的重要阵地。学校的思想道德教育不能单纯停留在课堂讲授知识上，而是必须采取丰富多彩的形式和手段，通过感化、熏陶等各种途径，春风化雨，润物无声，使学生养成良好的观念和行为习惯。教育并不是填鸭式的知识灌输，也不是简单的道德说教。教育要抛砖引玉，不愤不启，不悱不发。因此，班主任在班级的思想政治教育中，首先要通过提高学生的认识，帮助他们形成明确识别善恶美丑的能力，这是思想政治教育的起点和基础。同时，在社会实践、文化活动中进行学生思想道德教育，如通过各种课内课外活动，让学生多从个人的兴趣、爱好、志向出发，自觉自愿地参与各类实践行为，让学生自己管理自己，自己教育自己，突出学生的自主性，有利于他们的个性发展，充分发挥自身才能，同时又注意调整自己，增强人际交往能力，促进个人和集体的共同发展，陶冶他们的情感，锻炼他们的意志，使他们形成正确的信念，养成良好的习惯。此外，以主题班会的形式对学生进行荣辱观教育。积极引导学生自觉地养成自律自省的意识和知耻改过的观念，勇于反省自己的思想和行为，提升自我的人格魅力，学会堂堂正正做人，踏踏实实做事，辨别是非荣辱，自觉加强自我约束，使优良思想道德观念的树立成为他们主动的人生追求。利用学校的各项政治活动，对学生进行政治思想教育。

二、“三生教育”与心理健康教育结合

心理健康教育是素质教育的重要内容，其教育的目的和功能是培养人的健全的心智，是抓好“三生教育”工作的一个重要指标。通过心理健康教育，帮助学生树立正确的、健康的生命观，培养学生对自己、对他人、对自然生命珍惜和尊重的态度。一是通过与学生日常生活的接触，取得学生对班主任的信任，与学生多交流，多听学生的心里话，正确引导学生学会了解自我，学会自我调适，学会面对挫折，学会应对生活危机，学会理性地面对生活，培养健全的心理素质和积极、乐观的生活态度。二是针对当前教育中普遍存在的独生子女、单亲家庭子女、学生网络依赖等教育难题，作为班主任应该积极学习、了解各方面心理教育知识，对学生进行耐心的教育，帮助学生走出困境，勇敢地面对生活。三是加强对单亲家庭、双困生、品行有缺点的学生的关爱和帮助，这部分学生由于没有健全的家庭成长环境，大部分性格孤僻，学习成绩不理想，在家没有父母的关爱，在同学面前容易产生自卑心理，对这部分学生应给予特别的关爱，用爱融化他们

心里的阴霾，增强自信心，增加学生的学习信心、勇气和坚韧不拔的毅力。培养他们在困难面前不轻言放弃的优秀心理品质。

三、“生存教育”与择业、就业结合

现代社会是一个充满着竞争与挑战的社会，当代大学生就像温室中的花朵，没有经历过风吹雨打，当离开学校这个温室步入社会，可能会遇到挫折，不适应环境。不懂得生存，必定会被挫折打垮，被社会淘汰。“物竞天择，适者生存”，所以在学校中就应培养生存的意识、能力、让学生学会生存。

在新生刚入学时，班主任就应该积极引导学生明确大学时光的学习目标，结合当前就业情况，给学生介绍现在各行业需求的人才是什么类型，让他们明白自己将来要在社会立足、生存，应该怎样完善自身的能力；让他们学会规划自己的大学生活，明确大学的学习目标，把握好学习时光绝不虚度。让他们明白能够生存、懂得生存是生命得以延续的条件；生存是一种能力，同时也是一种智慧。世界是一个相互联系的有机整体，真可谓“牵一发而动全身”，为了绽放生命的火花，需要不断提高社会生存能力。

现实生活中激烈的竞争对学校教育提出了挑战，素质教育培养的应该是会学习、会生存、会生活的下一代。生存教育是帮助学生了解生存知识，掌握生存技能，提升生存意志，增强生存本领，确立正确生存意识，掌握生存规律的教育。有生命就有希望，有希望才能有追求，有追求才能更好地生存，体会生存的意义和价值。生存的意义就是能让自己更多地适应社会，拥有实力，去让社会选拔和考验，学习就是为了生存，学无止境，这就诠释了为何世间的旧事物总是不断地被新事物所代替。生存教育能帮助学生学习生存知识，掌握生存技能，提高他们的生存能力、发展能力和创造能力，树立人与自然、社会和谐发展的正确生存观，帮助学生树立适合个体的生存追求，学会判断和选择正确的生存方式，应对生存危机和摆脱生存困境，善待生存挫折，较好地去解决安身立命的问题。

在经济全球化的今天，科学技术是一把双刃剑，在追求发展的基础上要关注民生问题、生态文明问题，达到自然、经济与社会和谐发展。面对即将择业的学生，班主任除了给学生提供好就业信息外，教会他们正确全面地了解自己也是十分重要的一个工作环节，在充分正确认识自身条件与相关环境的基础上再教会学生如何来进行职业的选择。例如：要审视自己、认识自己、了解自己，做好自我评估，包括自己的兴趣、特长、性格、学识、技能、智商、情商、思维方式等。即要弄清我想干什么、我能干什么、我应该干什么、在众多的职业面前我会选择什么等问题。让学生认真做好职业规划，高效地走出校门，走上适合自己的工作岗位及创业之路。

四、结　语

“三生教育”有利于让学生树立正确的生命观，培养学生珍惜和尊重生命的态度，增强学生的爱心和社会责任感，使学生在人格上获得健全发展。同时还有利于学生学习生存知识，掌握生存技能，保护生存环境，强化生存意志，把握生存规律，提高生存适应能力、发展能力和创造能力，树立正确生存观。“三生教育”教会学生了解生活常识，掌握生活技能，实践生活过程，获得生活体验，确立正确的生活观，追求个人、家庭、团体、民族、国家和人类幸福生活的教育。只有通过“三生”教育，正确引导学生珍爱生命、学会生存、享受生活，才算是实现了现代教育的目的。

参考文献：

[1] 罗崇敏：《生命、生存、生活》，云南人民出版社 2008 年版。
[2] 李镇西：《做最好的班主任》，漓江出版社 2008 年版。

高校贫困学生勤工助学工作思路

云南警官学院 刘 华 杨铠华

摘 要 勤工助学是高校大学生资助体系的重要组成部分，在提高当代贫困大学生的综合素质及适应社会发展要求方面有着不可忽视的作用，同时也是加强和改进贫困大学生思想政治教育的重要举措。面对当前高校勤工助学工作存在的困境，实现“四个”转化是进一步加强和完善高校勤工助学工作的有效途径。

关键词 勤工助学 高校贫困生 资助体系

勤工助学是指大学生利用课余时间，通过运用科学知识、专业才能等为用工单位或个人提供智力、体力服务劳动，从而获得报酬的一种活动。作为高等教育收费制度改革的一项重要配套措施，勤工助学不仅能从物质上帮助家庭经济困难学生顺利完成学业，而且有助于培养其健全的人格和社会适应能力、自立及创业能力，是将教育与实践紧密结合的一种良好方式。

一、高校勤工助学在大学生资助体系中的意义

国务院办公厅《关于切实解决高校贫困家庭学生困难问题的通知》和共青团中央、教育部《关于进一步做好大学生勤工助学工作的意见》强调指出，帮助数百万高校贫困学生解决经济困难，使其顺利完成学业，是高校坚持社会主义办学方向、加强思想政治工作的重要内容，是推进素质教育全面实施、加强和改进大学生思想政治教育的重要举措，勤工助学是高校人才培养的关键环节，有助于贫困大学生的健康成才。勤工助学在引导学生融入社会、适应社会、服务社会的过程中发挥着不可替代的作用，已成为促进大学生社会化的一条有效途径。

（一）锤炼贫困生的思想素养，强化自身修养

勤工助学是大学生克服自身挫折感、在逆境中图强的过程，实质上也是自我教育与提高的过程，对增强大学生的自立意识和劳动观念非常重要。通过勤工助学，大学生体会到了劳动的艰苦、生活的艰辛，学会了计划开支、勤俭生活，学会理解、懂得感恩。明白了独立自强的内涵，树立自信心和责任感，增强了自我约束和管理，有效地帮助大学生培养劳动观念和职业道德，锻炼品格毅力，提高综合素质，实现德、智、体、美全面发展。

(二) 增强贫困生的专业技能，提升竞争实力

勤工助学是多层次、全方位的社会实践活动，是课堂教育的补充和扩展。它不仅能提高学生的专业水平，锻炼专业知识的运用能力，引导学生不断合理地调整知识结构，还能帮助学生走向社会、认识社会、了解社会，使自己的知识和能力得到社会的认同，在实践中磨炼意志、提炼心灵、锻炼能力。同时，大学生通过开展勤工助学，可以检测自己的知识结构和业务能力。对知识结构的完善、知识领域的拓展、知识层次的升华和个人素质的提高等方面都起到积极的促进作用。

(三) 提高大学生综合素质，拓展自主创新能力

在勤工助学的过程中，学生可以学到人际交往的知识和经验，积累开展社会活动的能力，在实践中发现自身价值。勤工助学能培养学生的时间观念、纪律观念、劳动观念、团队观念等，使大学生活过得紧张而充实。为广大贫困学生提供走向自主的经济基础，促进大学生生活自立化。帮助学生树立“自立自强、回报社会”的意识，积极地结合实践来设计自己的人生道路，用自己的知识为周围的人和社会服务。

(四) 加强对贫困生的教育和引导，起到“心理解困”的功能

贫困生因其特殊的家庭环境和生活条件，使他们的心理问题更为突出，主要表现为：自卑、人际交往困难、心身疾病频繁。贫困生进行勤工助学，扩大交往圈，间接地对其进行教育和引导。帮助他们树立正确的人生观、价值观，引导他们摒弃等、靠、要的依赖心理，树立起自强自立的精神，使他们穷而益坚，在逆境中奋发成才。另外，提高贫困生的承受挫折能力和自我调节能力，使他们正确看待暂时的困难，并认真对待困难，勇敢接受生活的挑战。使他们自尊、自信、自立、自强，克服自卑心理，用乐观向上的态度，学会自我调适，在竞争中完善和发展自己。

二、勤工助学工作的价值理念——育人为本

勤工助学作为大学生社会实践的重要方式，作为高校大学生工作的重要内容，有组织地实施，逐步做到制度化、规范化。勤工助学的内涵完成了从纯粹“经济功能”到“人的全面发展教育功能”的转变。作为一种成才方式的勤工活动和学校的育人工作有着更强的内在联结性，在塑造正确“三观”、提高道德修养、促进心理健康、拓展知识领域、提高综合素质、培育实践能力、创建和谐校园等方面，具有诸多优势。它不但有解困助学的经济作用，而且有“实践课堂”的育人价值，是加强和改进大学生思想政治教育的社会实践新机制。

高等教育的目的是培养人和教育人，如何将勤工助学活动引向良好健康的发展轨道，并借助勤工助学的优势创新勤工助学“帮困为主、育人为本”功能，提高勤工助学的附加值，是当前高校在组织勤工助学过程中应始终关注的问题。

以勤工助学为平台，完善高等教育的育人功能，彰显勤工助学的育人价值。

在勤工助学中完成思想政治教育的任务。勤工助学和思想政治教育结合，力争使大学生们在个体社会化的进程中，以感性认识体验社会，感受时代的脉搏，加深对国情民情的了解，促进大学生运用辩证、历史的观点去看待社会和人生，正确分析和评价现实生活中政治、经济、文化、道德现象和各种思潮，树立科学的世界观、人生观和价值观，能够出色完成高校思想政治教育的任务。

勤工助学不仅培养了大学生艰苦朴素、吃苦耐劳、诚实信用的品德，而且使大学生意识到对家庭、社会和国家的责任，感受到靠自身诚实劳动实现自身目的，为社会作贡献的成就感和自豪感。通过从“接受服务”到“服务他人”的角色转变，让他们学会尊重别人的劳动成果，自觉提高社会公德意识。在工作中告诫大学生必须遵守劳动纪律、组织管理制度，按照用人单位的要求工作，从中体会到竞争的有序性和组织纪律观念，集体意识得到强化。

在勤工助学中激发学习专业知识的热情。勤工助学的过程也是青年大学生在实践中吸取营养、补充学识的过程。岗位的分配应尽量按照考虑大学生“专业对口”的原则，安排相关专业的大学生，尤其是对专业性强的岗位更要安排学有专长的大学生。大学生在实践中深切体会到专业知识的价值所在，加深对专业的了解，稳固专业思想，激发学习热情。同时，拓宽勤工助学活动的领域有利于帮助大学生在经济、法律、史地、文艺等知识领域上进一步拓展。

三、学院资助家庭经济贫困学生勤工助学工作

（一）贫困学生的推选

根据学院的有关规定，勤工助学办公室要求各大队以大队的形式上报各大队的贫困生情况以及各大队需要勤工助学岗位情况。各大队又以中队为单位推选。随后，中队各区队利用课余时间选举产生部分家庭情况困难的学生作为候选人，然后将名单汇总各个中队中队长处，各中队中队长组织区队干部根据掌握的情况以及对选举出来的家庭贫困学生进行筛选。最终确定特困生、贫困生以及勤工助学岗位申请人的情况报大队，大队将情况报到勤工助学办公室。

（二）帮助家庭困难学生

根据各大队及学生处各单位助学岗位要求，安排需要勤工助学的同学到相应的岗位，每月根据用工部门的考勤发放补贴。学院在贯彻落实国家、政府“奖、助、贷、补、减”助学体系的同时，对贫困生、特困生还每月发放肉食补贴。

（三）对贫困生的心理辅导

帮助贫困学生全面了解自我、社会与职业，顺应时代，扬长避短。培养良好的道德品质。参加勤工助学，通过自己的劳动换取报酬，能克服不劳而获的思想。并能磨炼自己的意志，培养吃苦耐劳的精神，懂得只有付出才有收获，树立一种与社会主义市场经济相适应的劳动观念。

四、学院勤工助学工作的困境

近年来全国高校的扶贫政策正全面贯彻落实，教育部在《关于我国高校经济困难学生情况与资助政策措施》中指出，我国大学贫困生占了高校学生总数的20%，勤工助学成了高校解决贫困生经济问题的一条重要途径，而当前的我院在勤工助学工作方面仍有一些困境。

(一) 勤工助学岗位数量有限，不能满足学生的实际需要

随着高校的扩招，要求参加勤工助学岗位的学生数量急剧上升，导致勤工助学岗位长期处于供不应求的状态。学校有能力安排的勤工助学岗位不到申请学生总数的25%，距离教育部提出的“用3～4年的时间，使60%以上的在校学生能够兼任‘助教、助研、助管’工作岗位”的要求还有明显差距。

(二) 勤工助学岗位层次较低，多以劳务型为主导

勤工助学岗位应该是多层次、全方位的。然而，我校大学生勤工助学活动的层次均较低，多停留于低层的劳务型，如图书馆书籍的整理、办公室打扫卫生等。这些勤工助学的岗位不需要发挥专业特长或运用相关技能，对学习专业知识促进不大，无法体现大学生的价值。

(三) 勤工助学渠道基本集中于校内，缺少与校外企业联盟

尽管学校鼓励大学生从事家教、社区服务等工作，积极为学生到校外参加勤工助学活动创造条件，但是由于体制和认识上的不足，加之我校的特殊性，我院学生只能周末才能到校外开展勤工助学活动，勤工助学岗位的社会化困难重重。制约了勤工助学活动的进一步拓展。

(四) 勤工助学活动体制不健全、管理不规范、专职老师缺乏

学校有关部门没有把勤工助学活动提高到育人成才工程的高度来认识，没能把勤工助学活动与大学生思想教育工作紧密联起来，而只是把勤工助学作为解决贫困生生活困难的一种手段。学校方面没有进行比较规范的组织。

五、加强和完善高校勤工助学工作的思路

为保证贫困大学生接受高等教育机会的均等，各高校初步建立了以“奖、贷、勤、助、免”为主体的多元化大学生资助体系。进一步推动勤工助学政策的实施，对促使大学生资助体系形成良性、互动的发展，促进资助基金的可再生增长和不断优化资助体系内部结构都将起到重要作用。

(一) 工作方式由单一型向规范化发展

拓宽服务领域，加强与社会的联系，整合校内资源，规范勤工助学岗位，建立勤工助学基地，积极在校园内部为学生提供更多的勤工助学岗位，从等待市场需要变为主动向市场提供服务，达到容纳学生数量大、渠道畅通、岗位稳定的规模效益。推动勤工助学的基地化和产业化建设。产业化是指将高校勤工助学管理

机构建成按产业方式运作的社会实体。为此，高校要建立勤工助学产业，经过运作使其滚动发展不断增值，不断扩大学生勤工助学的空间，以便资助更多的贫困生。

（二）工作岗位由劳务型向智力型转变

贫困生勤工俭学应与课余科技活动相结合，与教师的教学科研工作相结合，与专业学习相结合。当前市场经济条件下，高校勤工助学管理机构要做好内部结构的调整与外部环境的协调工作，努力建成按产业方式运作的社会实体，促进科技向生产力的转化，使勤工助学的组织和实践成为一个经济运作过程。目前高校和企业的联系日趋紧密，高校学生到企业生产实习，为科研及新产品开发提供了良好的物质条件，企业则提供经济支持，充分发挥大学生专业和智能优势，双方可达到实现互利双赢的目的。

（三）工作模式由个体自发型向集体组织型发展

成立学生勤工助学服务中心专门的管理机构，与学校内部的教学、行政、后勤管理等各项工作有机结合，对勤工助学实行专项管理，从岗位设立、资金使用、奖励评定到检查监督等都要做到规范有序、准确高效，实现高校勤工助学工作的自主化和规范化。

（四）勤工助学基金由单一渠道向多渠道筹集转变

目前，高校勤工助学基金大多从学费收入中划拨，划拨比例往往达不到国家要求，不仅总额小、缺口大，而且缺乏监管，专款专用难以保障，拓展资金筹集渠道是推进勤工助学工作的当务之急。

1. 从国家扶贫基金中划拨一定比例

国家和各级政府应从扶贫基金中拿出一定的比例，将其划入贫困生勤工助学基金，加大对贫困生的扶持力度。扶贫基金对贫困家庭起到了扶持的作用，贫困生学成后的就业，从学识技术和经济上都能为贫困家庭解困。

2. 从教育事业费中提取一定比例的资金

可以把原来的助学金、减免学杂费费用中的大部分经费纳入勤工助学基金，同时将该基金中的一部分用于滚动发展，另一部分用于贫困生勤工助学奖励。

3. 政府通过政策引导企业、个人在高校设立勤工助学专项基金

采取政策措施，如规定企业事业单位按一定标准向国家交纳高等教育成本费，用于设立或捐助勤工助学专项基金。通过高税收使其纳税不如捐赠，鼓励向贫困生提供捐赠。

将大学生勤工助学活动提升到人才培养的高度，把它作为正规教学的有益补充和人才培养的重要途径。加强大学生的思想教育和勤工助学活动的正确宣传，教育部门也应加强对大学生勤工助学活动的管理，确保勤工助学活动解困育人双重功能的实现。

城市低保　圆我成才梦

——城市低保资助项目个案研究

思茅师范高等专科学校　周建红　曹红辉

资助高校经济困难学生工作关系到高等教育改革和发展的大局，关系到高等教育机会均等和高校的稳定。我校建立健全家庭经济困难学生资助政策的体系是以科学发展观为统领，促进教育公平的又一件大好事，是构建社会主义和谐社会的重要组成部分。长期以来，我校认真贯彻党中央国务院的一系列指示精神和要求，将“绝不让一名学生因经济困难而辍学”作为工作的最低标准，大力推进资助高校经济困难学生工作，取得了一定的成绩。

我校全日制学生 4 604 人，生源大多来自农村和少数民族地区；农村学生有 3 683 人，占在校学生人数的 80%；家庭经济困难学生人数占在校学生人数的 30%左右。学校在不断巩固和加大政府资金投入的基础上，进一步拓宽扶贫助学的范围，为帮助农村家庭经济特别困难学生顺利完成学业，对家庭经济特别困难的农村学生进行城市最低生活保障资助，在我校建立和实施农村低保制度，是践行“三个代表”重要思想，全面落实科学发展观，高度重视解决我校经济困难学生问题的具体体现，是建设社会主义和谐校园的重要方面，对于保障我校农村困难学生的基本生活权益、维护校园稳定，具有十分重要的现实意义。

低保是城乡居民最低生活保障的简称。1997 年，国务院下发了《关于在全国建立城市居民最低生活保障制度的通知》（国发〔1997〕29 号），要求 1999 年年底前，县级以上城市和县政府所在地的镇都要建立城市居民最低生活保障制度。2007 年国务院下发了《国务院关于在全国建立农村最低生活保障制度的通知》（国发〔2007〕19 号），开始在全国推进农村低保，对于家庭人均收入低于当地最低生活保障标准（分城镇和农村两个标准）的居民，均纳入居民最低生活保障范围，所需资金由中央和地方各级人民政府列入财政预算。

三年来，我校共有 1 389 人次享受城市最低生活保障，总金额达 1 618. 43 万元。2009 年市委、市政府有拨款 72. 5 万元，逐月下拨我校救助家庭经济困难学生每人每月 187 元。五年来近 1 200 名家庭经济困难学生受惠，圆了他们的大学梦，受到各方面的一致好评。

一、加强领导，构建组织保障体系

学校加强了学生资助工作的领导，建立了学生资助管理工作领导小组，多次召开办公会议，专题研究贫困生救助工作，学校十分重视学生资助管理工作，学校把学生资助工作纳入日常管理的日程，作为长期工作来抓。同时成立了学生资助管理专门机构。2004 年，我校按照省教育厅部署设立了学生资助管理中心，现有专职工作人员 3 人，确保了低保工作的顺利开展。

二、强化管理，构建监督保障体系，实现享受低保的同学的档案的动态管理

学校建立了公示制度。对于低保的发放，我校在班、系、校内进行了公示。通过公示，使贫困家庭学生的救助从界定、上报到审批、发放的全过程都在“阳光”下进行，切实做到公开、公平、公正。建立了督察制度，年度不合格学生，取消享受资格。每学期通过督察，加强了低保资金的使用效益。这样，提高了我校学生资助工作的公信度，近年来，我校学生低保资助工作实现了“零投诉、零举报、零上访”。

三、助学工作与德育相结合，营造良好的育人环境

在做好贫困学生救助工作的同时，我校采取多种形式开展了“学会助人，学会感恩”的主题教育活动。我们注重引导和培养学生的感恩意识，鼓励学生以自己的实际行动回报社会关爱。奉献自我、回报社会也成为大学生的自觉的内在行为。

四、城市低保的成果

（一）城市低保工作的资助成果

三年来，我校共有 1 389 人次享受城市最低生活保障，总金额达 1 618. 43 万元。2009 年市委、市政府有拨款 72. 5 万元，逐月下拨我校救助家庭经济困难学生每人每月 187 元。五年来近 1 200 名家庭经济困难学生受惠，圆了他们的大学梦。受到各方面的一致好评。城市低保资助工作的开展不仅实现了让广大家庭经济困难学生快乐学习、幸福生活，服务学生成人成才的工作目标，还极大地促进了学校的学风和校风建设，为提高学校人才培养质量作出了应有的贡献。

（二）接受低保学生内心的话

作为资助工作者，我们最大的欣慰是受到了享受低保同学写给学校的感谢信，我们非常欣慰，也给了我们工作的力量，再苦再累我都会认真做如低保资助工作。下面是我们摘抄部分同学的来信。

2008 年 9 月，我坐上了开往思茅的列车，离开家来到思茅师范高等专科学校，开始了我三年的大学生活。记得当时我心里很高兴，也觉得自己很幸运，因为我被我们学校的英语教育专业录取了，因为我喜欢英语，在这里能够继续学习英语，我心里真的觉得自己很幸福，所以我带着一颗感恩的心进入了学校。

我来自农村，而且家里的条件也不是很好，姐姐也在上大学，爸爸妈妈的负担很重。放假回到家看到爸爸妈妈那么的辛苦，看到年迈的奶奶还下地做活，我的心里真的很不好受，不知不觉间眼泪哗哗地落下，我想是因为感动吧。因为我知道为了供我和姐姐上大学，家里已经向亲戚借了不少钱。所以我想为爸爸妈妈减轻负担，在学校我不敢买漂亮的衣服、鞋子，也不敢像室友们一样买化妆品，也很少和她们一起去逛超市，一起出去玩。虽然有时心里很羡慕，但我知道我不能这样做。有时也想找份兼职做，可找了好几次都没有找到。真的觉得自己很没有用。不但学不好自己的专业知识，而且综合能力很差。

当班主任向我们说家里困难的同学可申请城市低保的那天，我真的很想为家里考虑也很想争取，所以我按照家里的真实情况写了申请书，结果我被选上了。当时我心里很高兴，当拿到农行卡并取出钱的那天，拿着260块钱，我哭了，心里突然很平静，好像平时在学习生活中遇到的一些困难、一些烦心事都被我忘了。因为我感受到了政府和学校的各位领导对我的支持、帮助和的关心，我觉得自己该做的、能做的、必须做的就是要变得坚强，要好好地学习。等到自己毕业的时候以优异的成绩来回报学校。这样也才对得起辛辛苦苦供我读书的父母，对得起学校。

各位领导、各位老师，在这我想对你们说真的很谢谢你们。谢谢你们对我的帮助和支持，在以后的学习生活中我会把对你们的感谢放在心里。然后努力地学习，在学好自己的专业知识的同时，也好好地学习做人做事，努力提高自己的综合能力，做个好学生。

英语教育47班：王红艳

在党和政府关怀下，我获得了城市最低生活保障金，这对我的生活有了更多的保障，我想这是我们国家越来越富强的表现，在中国共产党的带领下，国家和政府越来越重视教育，越来越重视贫困大学生的生活，制定了很多的政策来帮助我们更好地完成学业，我想感谢党对我们的关怀，国家和政府对我们的关心，我会更加努力学习，将来尽自己的最大力量来报答国家、政府和学校对我们的帮助，为社会作一份贡献。

毛会颖

我首先感谢思茅师专收留了我，在我高考失败后，还有机会上大学。虽然我的家庭经济不好，但是我还是坚持求学。学校考虑到一部分学生生活困难，都尽可能地给予了帮助。这种关心是无私的。在这里我衷心感谢学校对我们的帮助和关心。我会努力学习来报答我的母校。我会怀着一颗感恩的心感谢所有帮助我们的人。

普文娟

自从踏进思茅师专，受到了学校老师和同学的许多关怀，师专总是想着不同的方法帮助每一个有困难的学生，让每一个学生顺利完成学业，我作为一名贫困生，享受着低保，让我在生活有保障的情况下能安心读书，对此，我向学校，向每一位为我们忙碌的费心的老师，还有国家深表感激，我会怀着一颗感恩的心，努力学习，做个道德高尚的人，感谢您，我的母校！

濮永新

首先，我要感谢国家有这项好的政策，帮助了很多的人，其次，我要感谢政府，给予了我们很多的支持和帮助，再次，我要感谢学校给予我们的关爱，解决了我们生活和学习中的很多问题，同时也减轻了家里的负担，使我们能更好、更安心地学习，帮助我们顺利地完成学业，实现我们的梦想。真心地谢谢你们！

吴成梅

感谢政府和学校对我们的关怀，虽然低保不多，但是也给我们的生活带来了春风，让我们能够无忧无虑地读书，以后我们要更加努力学习，这样才对得起你们对我们的帮助。

周　纯

我来自贫困的小山村，原本就不富裕的家境，再加上沉重的学费，让我和家人一时陷入了困境，在这个时候是政府和学校帮助了我，因为政府向我们提供了城市低保，因为学校让我有这个机会获得这份待遇，因为有他们的帮组让我和家庭走出了困境。在这里我衷心地感谢普洱市政府、思茅师专及师专的各位老师。我承诺我会好好学习，积极参加一些有利于社会和学校的各项活动，同时也会以勤工俭学为家人减轻负担，争取将来做一名有益于社会的有用之人。

顾开雄

我是思茅师范高等专科学校英语系英教50班的学生李正梅，彝族。家住高寒山区，家中经济周转甚差。

感谢您在我读书间给予我经济上的支持及精神上的鼓励，您对我的帮助犹如是冬日的太阳，给了我光明和温暖。

在我现在最困难的阶段，您向我伸出的援助之手无异于是雪中送炭，为我解除了后顾之忧，使我能够安心地坐在教室中学习，认真听老师讲课，接受高等教育。对此，我忠诚的向您说声：谢谢！

自我享受低保以来，我倍感幸福，因为有了党及学校领导和社会各界人士给予我无微不至的关怀和照顾。有了你们的关怀，让我不论在学习上还是生活上都轻松了许多，特别是在精神上。你们为我排忧解难，促使我攀向知识的高峰。

贫困的命运让我深刻体会到读书才是摆脱贫苦的出路，你们的帮助在我读书路上给了我莫大的支持，为此，我要努力学习，不辜负你们及家人对我的希望，为祖国将来的社会主义现代化事业作贡献。

最后，再次向学校及相关部门说声诚挚的感谢！

李正梅

自从我享受城镇低保的照顾以来，我感到很幸福——因为我家居高寒贫困山区，经济收入十分薄弱，几乎难以维持我上学的一切基本费用，为此我对学习几乎没了信心，对我能否顺利完成大学学业不敢抱有希望！但出乎我的意料，大学生活的优惠政策较多，比如：助学金、助学贷款、奖学金等优惠政策，虽然我也曾为此写过申请，虽然我那时没有得到，但是我没有难过，我只是更加努力学习，因为我知道也许别人比我更需要它。然而，这次城镇低保的照顾给了我享受它的机会，我感到十分的快乐，为此，我衷心地感谢国家、政府、学校等相关部门，是他们的关心与帮助让我能够继续我的大学生活，与此同时，我也感谢我的老师、同学的关心！

我会在今后的学习生活中更加努力，以我最优异的成绩来回报所有关心我的人们，无论遇到什么样的困难与挫折，我都不会轻易放弃，因为我坚信：没有过不去的坎！在21世纪的今天，我知道我不能做一个生活中的弱者，因为我要生活，我就得成为强者，做一个坚强的女性，有了城镇低保的照顾以来，我对学习不再不感兴趣，我不畏生活的艰辛，反而是更加地努力学习，对生活也充满了希望，为感谢国家、政府、学校等对我们这些贫困生的鼓励与帮助，我一定会尽我的最大努力，积极上进，刻苦学习，为将来的国家、政府、学校尽我的一点微薄之力！最后，我对国家、政府、学校等相关部门及领导表示由衷的感谢！

胡凤超

感谢学校给我这个机会，为我的父母减轻负担，也让我自己能够轻松地学习，对此我能做什么呢？除了写下这封感言，表达我深刻的感激之情，并在生活中尽自己最大的努力为学校做点力所能及的事以外，恐怕只有更加刻苦努力学习来回报了吧！我会的，好好加油，争取为学校的发展壮大，尽我微薄的力量。

在此，希望学校不断兴旺发展，前程似锦！

叶敏、李翠莲

感谢大家给我这个机会，感谢国家对我们的关心，祝愿我们伟大的祖国越来越繁荣昌盛！

我一定努力做一名合格的公民，为社会尽自己的一份微薄之力！

李艳芳

我觉得我是一名幸运儿，家里贫困却得到国家、老师、领导以及同学们的帮助，我真的很感激这么多人对我的关心，我难以用与言语来表达我的谢意，我觉得我应该充实自己，完善自己，做一个有用之人，不辜负关心我的人，真的谢谢你们！

随着国家经济实力的增强，生活水平不断提高，国家政策越来越好，政府也给予了我们很多关心、帮助。正由于在国家、政府的优惠政策下，我们也得以接受良好教育。同时也减轻了家庭的经济负担，让我们能顺利地完成学业。

马言娟

感谢南屏镇政府给我提供的帮助，在你们的帮助下让我在前进的路上有了更多的力量和勇气，在以后的生活中，我会努力学习，尽自己的力量来回报社会！谢谢你们！

张良梅

首先要感谢各位领导，给予我补助金的机会，让我的学习、生活所用资金有了一定的周转。我会好好利用这笔补助金购买相关的学习资料，努力学习。我也会帮助其他经济有困难的同学，共同进退完成好学业。不辜负领导、老师、家人的期望。

毛莉芳

感谢领导对我们贫困大学生的关心，这对于我们来说无疑是雪中送炭，让我们有更好的学习环境，在以后的学习生活中，我会有效利用这笔钱，更努力学习，以实际行动回报领导对我的关心。

邓　娜

感谢领导对我的关心和帮助，能让我有更好的学习环境和生活条件，以便能顺利完成学业，在今后的学习生活中，我会更加勤勉努力，用我的实际行动表达我对你们的感谢之情。

陈明雪

感谢普洱市人民政府对我们的关心和帮助！在你们的帮助下我们得以更全身心的投入学习中，在今后的学习生活中，我们会怀着一颗感恩的心不断地充实和完善自己，将来更好地回报社会、回报祖国，将爱心一代代传承！

杨星星

这些同学的内心的话，不难看出他们的心灵是纯洁的、健康的，资助政策的落实，使他们感受到社会主义的优越，感受到教育的公平，这样的毕业生一定会成为社会的栋梁。

学校还为我们争取城市低保补助，谢谢政府和学校对我们的关心。我们相信，在市委、市政府的高度关怀下，学校领导的领导下，家庭经济困难学生资助政策体系一定得到贯彻落实，发挥其应有的作用，我校家庭经济困难学生资助工作将不断获得新的成绩。

图

图

育人为本，德育为先。在今后的工作中，我们将继续坚持“学生为本”的办学理念，用爱心育人，一如既往地把贫困学生资助工作抓好抓实，努力办让人民满意的高等教育，让贫困生在学校里感受到家庭的温暖和国家对他们的关心，争做有用的人。

参考文献：

［1］国务院发《关于在全国建立城市居民最低生活保障制度的通知》（国发〔1997〕29 号）1997 年。

［2］国务院发《国务院关于在全国建立农村最低生活保障制度的通知》（国发〔2007〕19 号）2007 年。

大学贫困新生教育及扶助

玉溪师范学院 万永坤

在中国的每一所大学，几乎都有一个特殊的群体，他们被称作贫困生。他们除了紧张地学习，还得为学费、为养活自己操心、奔波。戴上校徽，他们是大学生，走出校园，他们是打工族。他们挣回了养活自己的钞票，也积攒着别人不曾有的经历和经验。他们吃着最便宜的饭菜，穿着最不入流的服装，却是校园里最刻苦学习的一群。

——节选自《中国青年报》2005年3月21日的报道

一、大学贫困生——一个新的弱势群体

贫困大学生主要是指家庭经济困难的大学生；从目前全国平均状况来看，一般将学生月生活费低于150元的确定为“贫困生”。

贫困大学生作为一个特殊群体，出现于20世纪90年代中期。据国家有关部门1996年的调查统计，在校大学生中，有学费、衣食之忧的贫困大学生有近百万人，其中，特困生占30%。十多年后的今天，再一次走进大学校园，我们发现，贫困大学生人数和比重呈快速增长趋势，在有的高校，贫困生的比例已接近50%。

据统计，目前高校经济困难学生一般占在校生总数的15%～30%，其中经济特别困难学生一般占在校生总数的8%～15%。一些地区、一些学校或专业，这一比例更高。据调查显示，目前云南省高等学校在校学生总数为九万余人，其中贫困生占三分之一左右。他们大多数入校时已经身无分文，或是家人流着眼泪四处举债，欠下一笔对他们来讲无异于天文数字的巨款。入校后，他们只能通过高校开设的“绿色通道”先免费入学。因为贫困，他们连早饭吃与不吃也要斟酌再三；因为贫困，有的学生不得不在漆黑的夜里到校园的垃圾桶里翻捡食物……这些催人泪下的故事，真实地发生在贫困大学生的身上。

某高校普通大学生的开支清单

(500 元过一个月，一年花 9 500 元)

◇每天伙食：10 元，再加上买饮料、到外面吃饭，每月合计 500 元。

◇电脑：4 600 元（摊到每年 1 150 元）。

◇每年教材费：300 元。

◇手机：1 400 元（摊到每年 350 元），每月话费：30 元和电话卡 15 元，一年电话费约 540 元。

◇坐车：20 元，一年 180 元；两个月回家一次，一年 200 元；寒假实习 21 天，花 300 元；暑假实习 50 天，花 800 元。

◇过年消费：400 元。

◇一年总计：9 500 元（不含不可预计开支）。

该校贫困生叶子的开支清单

(110 元过一个月，一年花 1 800 元)

• 早餐：无，中餐：1.5 元，晚餐：1.5 元。

• 水费：每月 3 元（冬天再加 8 元热水费）。

• 电费：12 元。

• 洗衣粉、牙膏等：5 元。

——每月合计：110 元。

• 每年教材费：300 元。

• 每年班费：10 元。

——一年总计：1 800 元（不含不可预计开支）。

• 奢侈品：无。

• 电脑：无。

注：以上数据均不包括学费和住宿费。

高校贫困生现象是各地区经济发展不平衡、收入存在差距的社会现象在高校中的反映。区域经济发展不平衡、贫困地区总体收入水平偏低，经济体制改革不断深入造成城镇职工大面积下岗，许多家庭收入急剧下降等，是高校贫困生形成的主要原因。同时高校招生收费全面并轨和教育成本分担机制的逐步建立，也在一定程度上增加了经济困难学生的比例，大学贫困生成为都市里一个新的弱势群体。

二、玉溪师范学院扶贫助困工作体系介绍

从总体上看，我国高等院校并未实施真正意义上的学分制，对贫困大学生的完善的救助机制尚未形成，勤工俭学、国家贷款等措施还受到观念、意识等因素的影响。因此，贫困大学生的生活保障、学业完成以及由于种种原因带来的贫困生社会心理问题依然是城市发展和稳定的重要问题。

（一）当前玉溪师范学院贫困生的现状分析

玉溪师院的生源来自全省各地和部分外省经济较落后地区。据当前调查统计，全院经济困难学生占25%，其中特困生占10%，少数民族贫困地区学生约占80%，父母下岗人数占10%。1995年实施招生并轨后，困难学生问题日益突出，其主要成因有：一是多数学生来自老、少、边、穷地区。二是家庭有特殊困难。三是物价上涨，加重了学生日常生活的经济负担。四是学杂费用增加，这也是造成贫困生增多的原因之一。

（二）当前的扶贫助困工作体系

多年来，玉溪师院一直重视大学贫困生的“扶助”工作，坚持把贫困生工作作为大学生思想教育工作的一项重要内容来抓，遵循“以人为本”的原则，通过多渠道建立了一套比较完善的以奖学金、助学金、国家贷款、年度困难补助、临时困难补助、减免学费、勤工助学、社会资助等为主体的多元化“七位一体”贫困生资助体系，在一定程度上解决了经济困难学生的后顾之忧，为贫困生顺利完成学业提供了前提保障，保证了玉溪师院基本上没有一个贫困生因家庭经济困难而辍学。

（三）现行资助政策体系存在的问题及相应的对策

随着情况的变化和发展，现行的这套资助政策在实际运作过程中，也反映出一些需要予以关注的新问题。在当前市场经济条件下，如何进一步加强贫困生的帮困工作，事关高校及社会稳定的大局，很有必要进行研究和思考。无疑，我们应正视面临的新情况、新问题，不断地改进和完善我校贫困生的资助政策体系，以期更充分地发挥其社会效益和教育功能。

首先，进一步转变学生与家长的观念，防范依赖思想的滋生。公民接受高等教育既是国家建设发展的需要，也是个人为自己造就未来命运，铺设美好前途的必经之路。

其次，增设贫困生奖助学金，更有效地激励贫困学生。

再次，加强勤工助学管理，挖掘知识技能型岗位。

最后，在高校大力开展贴息助学贷款工作。

三、对当前高校部分贫困生中某些不良现象的思考

“贫困不是他们的错，他们需要真正的理解与尊重。”湖北大学心理学系谢桂阳副教授这样说道。贫穷，对有些学生来说，是一种隐私，是心灵的一道伤痕。因为贫困，所以敏感、脆弱、自卑、封闭。一些同学在各自狭窄的思维空间里越走越极端，这样的例子并不少见。

不久前，有媒体报道，一个出生在鄂东平原的贫苦女孩，被“贫困生”这顶沉重的帽子压得透不过气来，勤工俭学想换份自己更喜欢的工作遭老师白眼，和城里同学交往被当成是图人家钱财，就连在旧衣服上缝朵花也被人笑话“吃都吃不饱，还臭美”……

沉重的经济负担给贫困生带来了巨大精神压力。贫困生的心理贫困，是一个沉重却不可不正视的话题。都市的繁华与自身的困窘、内心的渴望与条件的局限、校园的热闹与心头的落寞……强大的反差落在五彩斑斓的大学校园里，贫困的帽子重重地压在一颗颗孤寂的心灵上。如此众多的贫困生，作为一个特殊群体，在高校的天空下艰难地行走着。他们或者抑郁自卑，抑或自立图强，走着属于自己的独特的生命轨迹。

大学贫困生当中，大部分精神面貌是好的：他们积极、健康、向上，勤劳节俭，乐于学习，艰苦努力，能够自立自强，真正做到“人穷志不穷”。然而，在部分大学贫困生中确实存在着一些不良现象，这主要表现在以下几个方面：①学习成绩较差。②道德水平偏低。③虚荣心强。④自卑心较强。⑤缺乏健康的心理素质，心理承受能力差。⑥恋爱观不正确。

可喜的是，各高校都已成立心理咨询中心和勤工助学中心，把关注贫困生的心理健康和鼓励他们自强、自立作为“重中之重”的工作，精心烹制贫困生的“心灵鸡汤”，使他们达到物质精神双重脱贫。专家们指出，在期待他人理解、尊重的同时，贫困生自己更应该在生活、心理上都要自立。不是每个贫困生都能幸运地得到社会和国家的帮助而渡过难关的，它还要靠贫困生自己去调整自己的人生道路与追求目标。

在湖南省桃源县，曾有这么个贫困辍学女生，走出了一条“辍学——打工——读书——创业”的人生轨迹。她叫龚海燕，1976 年生，现在是一个非赢利性质交友网站的“站长”。高二时，她因为家境贫困而辍学，去珠海打工。两年后，她重回学校学习，以优异的成绩考入北大中文系。四年后，她又考取了复旦新闻系的研究生，后又取得了复旦大学媒体经营管理专业硕士学位。2003 年 10 月 8 日，龚海燕创办了第一个针对高学历者以爱情和婚姻为主题的交友网站。她现已婚，并育有一子。

刘峰，武汉大学 2005 级热能与动力工程专业学生，父母种田，妹妹读大学。他同时做两份勤工助学工作，担任学生干部职务，荣获国家一等奖学金，赢得了

老师和同学们的尊重。他说："贫困，既然无法逃避，那就坚强面对。生活的磨难出现太早，反而让我更自立自强。"这句话不禁令我们想起海洋里一种叫"珍珠贝"的小生物，每当有一些泥沙类异物进入到它软软的身体时，它总是把它们温柔地包裹起来，直到化为一粒珍珠。同样，一个人如果能将贫困、挫折和磨难用心包容，天长日久，它们也会化做内心颗颗璀璨的珍珠！

每个人的人生轨迹都是不同的，一个人的家庭出身并不能决定他的一切。在这样一个有着激烈竞争的社会面前，大学贫困生更应当努力进取，调整好自己的心态，摆正自己的位置，拥有"乘风破浪会有时，直挂云帆济沧海"的气概，为自己的人生写下绚烂的篇章。

育人篇

在活动中体验，在体验中成长

——玉溪师院贫困生暑期城市生存体验纪实

玉溪师范学院 彭 松 时遂营 杨 光 陆正江 高 凌

“（记者薛玲见习记者叶枝）如果给你50元现金，你能在成都生活15天吗?如果不亲自实践，或许谁也不知道答案。于是，来自云南玉溪师范学院的21名学生在老师的带领下来到了成都，决定用自己的亲身体验来回答这个问题。昨日，这篇名为《50元能在成都呆上15天吗?》的新闻成为读者关注的焦点，当选为昨日最好看新闻。”

2007年7月30日，四川省《成都晚报》刊发了《“50元生存体验”引读者关注》的新闻。在即将结束的这个暑假，对于玉溪师范学院的21名贫困大学生来说，肯定会留下长久而深刻的记忆，从7月23日到8月8日，他们远赴千里之外的成都体验了15天“非常生存”的实践训练：50元钱在四川成都生存15天，包括衣、食、住、行。体验第3天，所有的学生都找到了工作，虽然他们三个人挤一张床，每人每天买两元钱的面包充饥；虽然他们的工作大多是饭店厨师、服务员、超市迎宾员、促销员以及企业普通员工，但这样的“生存体验”却让学子们的社会实践活动有了新的含义。

2007年暑期，玉溪师范学院团委按照项目化、标准化、基地化、科研化的暑期社会实践活动总体思路，在总结多年社会实践工作经验的基础上，积极探索社会实践新模式，提出了以“生存体验”为主要内容的大学生社会实践活动新模式，让学生在活动中体验，在体验中成长，在体验生存的同时领悟生活，在自我成长的同时自我升华。将课堂教学、社会实践、能力提升一条龙连接起来，形成了以大学生职业竞争力为导向的社会实践组织运行机制，改善了学生的就业观念、提高了学生的社会适应能力、提升了学生的职业竞争力。通过开展社会实践活动，学生在社会所需和学校所学之间架起了一座沟通的桥梁。

“生存之旅——贫困生暑期城市生存体验”成为玉溪师院2007年暑期社会实践活动的鲜明主题。活动一推出，就受到了全校贫困学生的广泛欢迎，21个生存体验名额，700多学生报名。2007年7月29日，《成都商报》独家头条刊登了该院学生50元15天的成都生存体验，随后，成都当地媒体《成都晚报》、《华西都市报》、成都电视台；云南媒体《都市时报》、《生活新报》、《玉溪日报》、云南电视台、玉溪电视台；北京媒体《北京青年报》、《法制晚报》以及新华网、网易、腾讯网、中国21世纪基础教育网、中国西部网、云南青年信息网、四川新闻网、四川在线、云南新闻网、云网、彩龙中国、南海网、搜狐教育等多家媒体对学校暑期贫困生城市生存体验活动进行了密切关注与跟踪报道，为活动营造良好的舆论氛围的同时也为我校赢得了良好的社会声誉。

一、工作理念：全面提高贫困学生职业竞争力

玉溪师范学院的学生工作，是以服务学生成长成才、提高学生的职业竞争力为主要目的；而服务学生成才，就必须充分调动他们的积极性，发挥他们的主观能动性。传统的大学生暑期社会实践更多的是“走走看看”，容易流于形式。今年学校在社会实践活动上大胆创新，探索新的模式，不只局限于“走走看看”，而是让学生到社会上去切身体验，通过“贫困生暑期城市生存体验”、“农村生活体验”、“学生干部乡镇挂职体验”、“教师顶岗位实习”等体验活动来锻炼大学生适应现代社会竞争与合作的各种素质，帮助学生获得直接的社会体验、就业体验等实践经验，让学生在体验中认识自我、认识他人、认识社会。

二、体验目的：过程同结果一样重要

通过生存体验活动，有四个目的，一是让学生学会学习。体会到自己具备了什么，自己跟社会有什么差距，“在学校学的是理论，而社会需要的是实践能力，是不同的两回事情”。体育系读大三的沈晓光感慨地说，“除了专业知识的欠缺，更重要的是自身素质和能力的不足。”

二是让学生学会团结、协作。现在许多学生都以自我为中心，自己最重要，别的什么都不重要。在这个活动中，团队成员并不是单打独斗，所有队员是一个团队，这个团队每天晚上9点要开会，互相鼓励，互相帮助。

三是让学生学会沟通、关爱。通过这个活动，每个学生都会主动和陌生人打交道，不仅提升了自己沟通交流的技巧，同时也会更加地理解父母：父母赚钱不容易。

四是学会奉献。生存实践得来的收入全部回报给社会，捐助给贫困大学生，具体捐赠对象由队员协商确定。

三、实施过程：构建生存体验CI标准化工作体系

一是制定严格的生存纪律。①晚上9时必须归队，准时参加每日生存体验例会；②除启动基金50元以外，不能私自使用额外现金；③不允许队员随便接受别人的馈赠；④不允许通过私人关系寻找打工机会，一定要靠自己争取；⑤绝对不允许损坏大学生形象，从事不正当的职业。

二是做好活动安全保障：①所有队员必须购买人身保险；②由校团委为队员支付往返旅费、生存启动基金和购买当地地图；③带队老师全程陪同，队员每晚

9点准时归队，参加每日生存体验例会；④队员自备手机，便于及时联络；⑤每个队员可以带200元的备用金，用信封盖章后封存，备用金一旦启用，“生存训练”就宣告失败；⑥队员3到5人自由组合，彼此照应，互相督促，自觉遵守活动规则。

三是建立合理的考核评价体系。为挑战成功的体验者颁发《暑期社会实践体验证书》，为优秀的体验者颁发荣誉证书，同时给予素质拓展积分，登记学分。

四、体验纪实：云南大学生自讨苦吃50元成都谋生半月

到7月28日为止，云南玉溪师范学院21名贫困大学生在成都的“生存体验”已是第5天，所有同学都找到了工作。7月24日，21名云南玉溪师范学院的大学生，每人怀揣50元钱，踏上了前往成都的火车。这50元钱，是他们在成都“生存体验”15天的全部资金。除了50元生存基金外，每个人还有200元的后备基金，用一个信封密封着，并且加盖了学校的公章，作为同学们的最后一根“救命稻草”。但是，一旦启用后备基金，也就预示着此次行动失败。

24日上午10时许，刚下火车，每个学生得到了一份成都市区地图。之后，同学们开始了首要任务——找住处。美术系大二学生张鸿说，“我们全都是第一次来成都，大家背着行李，从上午10点找到晚上10点，终于找到一个两个人睡一张床每个人只需11元的旅馆，我们还是觉得贵了。”幸运的是，第一天，有5名同学找到了包吃包住的工作，主要以餐馆、茶楼为主。刘芸岑就是幸运儿之一，她在肖家河一火锅店做迎宾员。

五、吃：包子、面包是主食

由于住宿花了一大笔，同学们只能在吃上节约。25日，白璐和张鸿在一个超市找到一份类似护卫的工作，每天工作6小时，20元钱的工资。但这个活不能马上拿到钱，生存的压力让白璐和张鸿必须重新找工作。另外一组的同学在“百联天府”找到一个散发广告单的工作，每天最少都有25元钱的收入，张鸿听说后也马上加入了。截至昨日下午，他已经仅剩15元钱，“我现在有两份工作，但都不能马上拿到钱，今晚的住宿花去11块钱后，看来明天必须重新找份可以管饭或者可以当场拿钱的工作了”。为了节约，昨日中午，张鸿和另外一组的两位同学去了川大食堂，张鸿吃饭花了2块多，另外两名同学只花了1块多钱。他们都表示，这是他们这几天来第一次吃米饭，之前都只敢吃包子、面包，早饭能省就省了。临走时，张鸿向记者打听哪里可以卖报纸，他准备卖报纸以应急。

六、行：上班迷路丢了工作

由于是第一次到成都，认路成了同学们的大难题，每个人的地图都已经折破了。为了尽可能节约，同学们都是能走就走。赵晓艳本来 24 日就在一个茶楼找到工作了，但第二天去上班时，她迷路了，无奈之下只好打的。但她既不记得打工的地址，又不记得旅馆的地址，打了两次车之后，赵晓艳终于找到住处，却花了 30 余元。加上头一天住宿的费用，赵晓艳在 25 日就已经只剩几元钱。这让赵晓艳在老师面前忍不住哭了起来。知道她的遭遇后，在双流一个工厂找到工作的同学让赵晓艳也去，这份工作包吃包住，身上仅剩 2 块 2 的赵晓艳最终也没有失败。

七、感悟：生活没时间让人哭泣

“惊喜多，失望多，体验多。”说起找工作的情形，白璐总结了这“三多”，“到了成都之后，发现有很多招工信息，觉得机会挺多的。结果 4 个用工信息，没有一个成功的，西餐店嫌我们没有健康证，卖冷啖杯的又觉得我们没实用价值。”

“此次来成都，是我生命中的很多个第一次。第一次出远门，第一次来成都，第一次迷路，第一次感到绝望……”赵晓艳在每天的生存感悟中这样写道。除了少数女同学刚到成都时哭过外，大多数同学都选择了快速适应。张鸿说：“这几天成都挺凉快的，饥寒交迫的滋味也体会过了，生活没时间让人哭泣，如何生存下去比较重要。”

八、人民网博客：喜看玉溪师范学院吃螃蟹

一名退休老干部在人民网 Blog 撰文《喜看玉溪师范学院吃螃蟹》，全文如下：

华西都市报 7 月 29 日有一则消息，说的是云南玉溪师范学院组织学生参加生存体验的事。读了之后感到一丝欣慰。眼下，看到现行教育体制弊端，大呼改革者众多，然而勇于付诸实践者确实是太少了。

五十元挺十五天，这在小城市已经大大低于生活低保线标准了，何况要在成都这样的大都市生活，似乎不可思议。可是奇迹毕竟还是发生了。学生们从旅程开始的第一天就打起了主意，用老师发给他们的小玩具出租给火车上的旅客，赚到了第一笔钱。到了成都，找最便宜的住地，三个人挤一张床，每人每天买两元钱的面包充饥。这样的生活他们不以为苦，还觉得很有成就感。最可喜的是二十多位学生都在三天之内找到了一份工作。在这些经受过生存极限挑战的年轻人面前，他们将没有克服不了的困难，他们将无往而不胜。

现在，最令老一辈人担心的是应试教育体制下，培育出了聪明的一代，敏感

的一代，实实在在又是脆弱的一代。经受不起失败，经受不起打击。一旦有波折，或一蹶不振，或自甘堕落，或离家出走，或跳楼自杀等已是屡见不鲜。最直接的原因是生活好了，家长们对孩子就宠了，惯了。由宠而骄，家长们自然奈何不得。成天像端一碗油，小心翼翼，战战兢兢侍候着。可怜天下父母心！

而学校教育呢，理应对孩子的心理和性格进行矫正。但由于办学标准长期偏离，什么省重呀，国重呀，通通按分数和升学率考核，于是抓分数第一也是不得已而为之。具有讽刺意义的是，无论作为家长，作为学校，都同样认为应试教育必须改革，而又都同样看重学生的每一次考分和每一阶段的升学状况。两难选择使我们处于十分尴尬的境地。

玉溪师院的可贵之处，在于他们不再是把箭拿在手里搓来搓去，而是射出去了。他们下水了，他们是勇敢者。因为不但要面对旧体制的习惯势力，还要战胜自我，说他们勇敢是一点不为过的。可笑的是还有一种不和谐的声音，说“这样的活动形式效果大于实际意义”。难道玉溪师院的师生们是在作秀吗？否！他们志在把自己锻炼成为不怕困难，能够应对复杂环境甚至危险局面的强者。他们要做凌空的鸿鹄，不做屋檐下的燕雀。如果我们的青年一代能够百炼成钢，就没有办不成的事，就没有人敢欺负我们，实在是民族和国家的福音。

创新理念与模式 推动助困育人协调持续发展

楚雄师范学院 李 辉

切实做好家庭经济困难学生（以下简称“贫困生”）的资助工作，是当前我国高校，尤其是西部地区高校办学与人才培养中的一大难题。楚雄师范学院是一所设立在边疆少数民族地区的新建本科院校，80%以上的学生来自农村、山区和贫困地区。贫困生比例达到40%。建院以来，学院本着育人为本，为学生的长远发展负责，体现教育公平、构建和谐校园的理念，高度重视并千方百计地做好贫困生资助工作，在科学发展观的引领下，通过创新资助理念、深化助学内涵，助困方式实现了由单一的经济资助向同时帮助贫困学生提高个人能力与素质的转变，助困机制实现了由“输血”向“输血”与“造血”相结合的转变，探索出了一条帮困、助学、育人相互协调融合互动的路子，开创了学院贫困生资助工作协调持续发展的新局面，有效地保障和促进了贫困生的全面可持续发展。

一、在反思中创新工作理念

高校的贫困生问题不仅仅是经济困难问题，而是一个结构性问题，单纯的从经济上帮助个人无法解决这一问题，重要的在于提高他们获取资源的能力和可能性。随着高校家庭经济困难学生资助体系和政策的不断建立与完善，受助学生的比例日渐扩大、资助金额不断增加。就我院的情况看，近两年来，每年的国家助学贷款总金额均达到700万元左右，各级政府每年拨付的各类奖助学金款项已超过600万元，基本上所有的贫困学生均可通过不同的形式而获得不同层次的资助。这种资助模式虽然卓有成效地帮助学生解决了眼前的经济困难，但却暴露出“两个不协调”。一是在促进贫困生成长、成人、成才方面没有发挥应有的功能，偏离了以人为本的终极目标，从而表现出解困与育人的目标不协调。二是对学生能力素质及发展有着决定意义的直接作用与帮助不大，从而表现出解决暂时困难与为学生长远发展负责不相协调。因为就贫困学生的生存状况来看，作为一个特殊的群体，他们在面临着经济压力的同时，还承载着比同龄人更多的来自学业、就业和思想与心理方面的压力，因此，他们成长成人成才的需求不仅仅体现在解决眼前的经济困难问题方面，更多的是体现在主体的在校与未来发展，现行的资助模式由于过多地注重无偿的物质帮助而忽视了“扶志”等精神资助和能力提升，在一贫困生中还滋生了“等、靠、要”和“不患寡而患不均”等思想。正是基于上述分析和反思，学院提出了助困与育人有机结合，解决眼前困难与为长远发展负责的新理念和“扶弱更为励志，济困意在助学”的指导思想。

二、在新理念引领下，创新工作模式

为了实现助困育人的新理念，近年来学院在工作模式和机制创新方面进行了积极的探索。

1. 以项目为依托，探索帮困助学育人新模式

2005年6月，我院成功申报了“提高高校贫困生能力项目（福特基金PHE Ⅱ）”、“地方普通高等师范院校贫困生家教指导与服务项目”，成为全省高校中的六所项目院校之一。该项目克服了以经济帮扶为主的“输血型”助困模式的局限，资助经费不发放到学生手里，而是着眼于贫困生的未来发展，努力搭建为贫困生提高个人能力与素质的免费学习锻炼平台。针对师范院校贫困生专业技能的现状，我院的项目以家教指导服务为切入点，通过开展家教指导活动帮助贫困学生提高个人的专业技能与素质、增强从事家教的能力与信心，通过服务活动为贫困生提供家教岗位而获得经济上的帮助，从而实现了帮困、助学、育人目标的协调与可持续发展。基于福特项目的实施所取得的成功经验，从2006年11月开始，我院又与杭州贝因美集团公司联合开展了“关注未来母亲、知识改变命运——贝因美·提高贫困女大学生个人能力与素质资助行动计划项目”，该项目着眼于贫困女大学生的生存现状与发展需求，通过开展计算机技能培训、“韵律舞蹈”技能训练和“现代女性基本素养”等内容的培训，帮助贫困女大学生提高个人的综合素养与能力，以增强她们的就业竞争力和社会适应能力。近两年来，全院所有贫困女大学生基本上都参加了此项目活动，成为项目活动的受益者。

2. 以生为本，努力构建帮困助学育人新机制

新理念、新模式的引入，使我们充分认识到：要力求从根本上帮助贫困生真正实现脱贫，有效遏制因经济贫困所导致的“贫困循环”，应将广大贫困生求生存、求发展的内在需求作为一切工作的出发点和落脚点，切实推进帮困助学育人新机制的全面发展和可持续发展。为此，我们一方面，立足贫困生的实际，精心设计助困与育人最佳切入点的活动载体与形式，以实现助困育人工作的全面协调发展。不论是立足于专业技能培养提高的项目，还是着眼于综合素养提升培训的活动，学院相关部门均通过发放调查问卷、召开座谈会、分析贫困生学习就业的现状等途径来“识别问题”，确定活动或培训的内容与形式，把解决现实问题与长远发展紧密结合起来，最大限度地调动贫困学生参与项目活动的主动性与积极性；另一方面，规范管理，务求实效，以实现助困育人工作的可持续发展。针对项目活动中表现出的能够满足现实需求的技能培训活动参与人数多，着眼于长远发展的综合素质培训参与人数少这一现象，以及部分学生组织纪律观念不强，甚

者出现无故不参与项目活动等问题，学院研究制定了关于贫困生技能培训的管理规范，与参加项目活动的学生签署了培训协议，并将参与项目活动的考核情况与各类资助的评定挂钩，对培养贫困生自强、自立精神和自律与规约意识发挥了重要作用。有力地推动和促进了帮困助学育人新机制的全面、协调、可持续发展。

三、在创新中取得显著实效

1. 在创新中使助困走出了新路子，促进了“两个协调”

在现有的资助政策和制度背景下，通过大量的工作实践与探索，我院已基本形成经济资助与能力素质提升并重，助学与育人并举，解决暂时困难与为学生长远发展负责相结合的帮困助学育人新机制，资助工作与学生的思想政治教育、学风建设等各项工作找到了有机的结合点和切入点，在全院上下形成了关爱家庭经济困难学生、关注家庭经济困难学生成才成长的良好氛围，有效地激励了广大贫困学生不畏困难、自强不息，助学保障体系的育人作用和功能更加显著。

2. 在努力中获得了学生和同行的高度认同，促进了两个持续

近三年来，我院成功申报了“地方普通高等师范院校贫困生家教指导与服务项目”，获得资助经费10万元，有2 000多名贫困生参与了项目活动，每人每年所获得的报酬均超过千元。该项目被评为“全国优秀创新项目”、“云南省提高高校贫困生能力创新项目一等奖”；2006年10月，成功申报了“PHE－HP计算机网络学习与服务中心项目”，获得价值16万元的计算机设备一批，建立了贫困生计算机机房，免费为贫困生提供多模式、多层次的计算机网络学习机会和条件，共有1 000多名学生参与了项目活动，分别获得国家劳动与社会保障部颁发的计算机操作系统高级工等各类IT资格证书；2007年1月至2008年1月，成功申报了“关注未来母亲、知识改变命运——贝因美·提高贫困女大学生个人能力与素质资助行动计划项目”一期、二期项目，获得资助经费16万元，开展了贫困女大学生计算机技能培训、“三字一画”培训、“韵律舞蹈”技能训练、“现代女性基本素养”等内容培训。三年来，共获得国际资助项目两项，国内资助项目2项，资助经费达42万元，全院90%的贫困学生均成为项目的受益者。与此同时，项目的理念和做法还对增强学院师范生从教技能课程的教学改革，学生综合素质的教育培养提供了许多有价值的可供借鉴与参考的经验，从而使我院的贫困生资助工作创新得到了广大师生的高度认同，在校际交流中也得到了高校同行的高度赞赏。

3. 正在推进的助困育人工作多元化、个性化和互动化路子

近年来，学院每年安排10万元的经费作为贫困生技能培训专项经费，按照项目管理要求，建立院、系两级联动机制，组织各系（院）、各部门、学生社团申报各类助困育人培训活动项目，建立健全全方位、全过程、全员助困育人的工作格局与氛围，以实现助困育人工作向着多元化方向发展；在依托项目开展活动

的同时，根据不同专业、不同学制阶段、不同类型的贫困生的需求，开展针对性更强的能力素质提高和综合素质培训教育活动，以实现助困育人工作最大限度地满足贫困生的需求，从根本上实现好、维护好、发展好广大贫困生的根本利益，服务于广大学生的长远发展和成长成才，推进助困育人工作向着个性化的方向发展；通过更有效的引导激励措施，充分发挥贫困生骨干的带动示范作用，使广大贫困生的主体意识进一步增强，主体作用更加充分发挥出来，从而使学院的助困育人工作在广大贫困生的积极参与和互动下，更具有持续发展的活力。

总之，加强贫困生助学保障体系建设，切实做好贫困生资助工作，促进贫困生的全面发展，是贯彻落实落实科学发展观、构建社会主义和谐社会的重要举措，是实施科教兴国和人才强国战略，优化教育结构，促进教育公平和社会公正的有效手段，我们将按照科学发展观的要求，坚持“扶弱更为励志，济困意在助学”的助困工作指导思想，积极探索和实践帮困、助学、育人工作的新路子、新模式，推进管理科学严谨，体系日臻完善，方法不断创新，效益不断提高的集“贷、奖、勤、补、减（缓）、提”为一体的帮困助学育人新机制建设，为广大贫困生的长远发展和成长成才作出贡献。

借鉴积极心理学理念，探索贫困生教育新思路

红河学院 刘 毅 宗 岚 张富林

摘 要 贫困大学生问题是目前高校发展中较为突出的问题之一，积极心理学对于高校贫困生心理教育具有启发意义：应调动一切积极因素进行贫困生教育，当前高校在加大对贫困大学生物质资助的同时，加强对其“精神资助”：加强职业生涯规划指导，提高就业能力；加强意志品质培养，提高抗挫能力；开展心理辅导，建立积极的心理防御机制；组建互助小组，增强沟通能力。

关键词 积极心理学 贫困生 精神资助

20世纪90年代中期以来，我国高校贫困生人数和比例迅速增长，贫困生问题日益突出。目前我国在校大学生中贫困生已达60万人，占在校生总数的20%~30%。他们在承受着生活上的清苦与艰辛的同时，也承受着心理上的沉重压力。如何建立健全贫困生扶助制度，关注他们的精神世界，在心理上帮助贫困大学生建立奋发向上、积极进取的良好心态，保障贫困生身心的积极健康发展，已成为全社会及高校普遍关注的焦点之一。

一、积极心理学的基本理念

积极心理学是相对于消极心理学而言的，消极心理学关注人类的心理问题、心理疾病，而积极心理学认为每个人内心深处有一种积极力量，希望得到幸福、希望、信心、快乐，心理学的历史使命应该是激发人的积极情绪，使人体验快乐与成功，只有积极力量得到培育，人性的消极方面才会被消除或减弱，心理学不仅要帮助逆境中的人们求得生存与发展，更要帮助处于中正常境遇下的人们学会建立高质量的个人生活和社会生活，使生命过得更有意义。积极心理学的宗旨是要培养和造就健康人格，将个体的人格优势体现到整个生命过程中，帮助人们寻求和掌握获得美好幸福生活的方法，充分体现以人为本的思想，使“积极”成为心理学研究中新的价值取向。目前高校心理教育有两种不同的教育价值取向，消极目标是预防和治疗心理问题，积极目标是使学生的潜能得到最大程度的开发。我国的高校心理健康教育基本上是以传统的消极心理学为理论基础的，强调学校心理健康教育的主要服务对象是那些具有情绪困扰、行为失调以及适应困难

的学生，同样在对于贫困大学生的教育上也存在过于注意其消极心态，对其潜在积极心理品质的开发塑造不足的问题。积极心理学的研究成果为我们提供了一种全新的思维方式和认识视野，高校心理健康教育应把积极心理因素作为开展教育的心理依据，注重贫困生的发展潜能、独立意识、自我意识、进取心等的培养，积极探索创造条件和机会促进贫困生的全面发展。因此高校应加强对贫困生的“精神资助”，也称为“造血工程”，除了从政策上进一步完善奖、贷、助、补、减、免工作体系，扩大贫困生经济救助的渠道和工作力度外，还要认真研究和解读贫困生的心理状态和内心世界，去探寻、抚慰他们心灵的隐痛，建立外部救助与内在关怀相结合的关怀体系，在帮助贫困大学生经济上脱贫的同时也心理脱贫，以健康的心理状态应对环境，融入社会。

二、高校贫困生教育的新思路

（一）加强职业生涯规划指导，提高贫困生就业能力

学校应有意识地帮助贫困生确立职业生涯规划理念，通过创设职业指导机构，帮助每一个贫困生建立职业前期档案，包括学生的专业情况、兴趣、特长、职业倾向等内容。采取科学方法对其职业倾向作初步的测量和定性分析，再针对性地加以辅导。同时为学生报告社会中各行业和职业的发展情况和发展前景，包括各种影响因素的分析，使贫困生及时全面地了解社会职业行情，反思自己面对未来职业生涯中的长处和短处，及时地调整自己的学习和研究内容，有针对性地培养自己的职业能力，全面提升个人能力，挖掘其潜能，缩小或消除他们和其他同学之间的差异，使他们能公平地面对社会的竞争和挑战。

（二）加强意志品质的培养，提高贫困生的抗挫能力

高校要以课堂教学和课外教育指导为主要渠道，初步形成课内与课外、教育与指导、咨询与互助、自助相结合的心理健康教育工作的网络和体系，积极开展有效的心理教育和心理咨询活动，注重心理素质培养，强化适应能力素质是解决心理问题的根本途径，特别是要加强贫困生意志品质的培养，帮助他们不断提高挫折的容忍力，认识到挫折是生活的挑战、成功的机遇，在挫折面前不能气馁，要开拓进取，自强不息，顽强拼搏。通过树立和宣传逆境成才的典型来激励他们正视贫困，帮助其树立自信心，勇敢地面对现实，全面正确地认识和评价自我，看到自己积极优秀的方面，看到存在的问题，以此找回真实的自我并建构新的自我。要树立积极的价值观，增强自尊、自主、自强的主体意识，懂得真正的贫困是知识的缺乏，而拥有知识和运用知识的能力是巨大的财富。要珍惜大学时光，利用现有条件去改变自己未来的命运，以贫困磨炼意志，消除贫困所造成的消极影响，让人格朝完善的方向发展。

（三）开展贫困生心理辅导，建立积极的心理防御机制

当一个人在心理上遇到挫折或出现困难时，有许多方式可以应付与适应，其

中采用心理防御机制是应对挫折的有效方式。学校应建立贫困大学生心理贫困防御和干预机制，帮助贫困大学生避免、减轻和摆脱由于挫折而产生的心理贫困。高校可以采取以下措施：首先开展新生心理健康普查，建立贫困大学生心理档案，了解贫困大学生的心理健康状况，预防贫困大学生产生新的心理贫困，遏制原有的心理贫困进一步加剧，为解决贫困大学生存在的心理问题打下基础。其次是教会贫困大学生懂得心理防御的有关知识与应用方法。高校可以利用心理辅导老师的角色优势，通过开设大学生心理健康方面的课程和讲座，帮助学生了解其自身的心理健康状况，树立起心理健康与心理保健的意识，让他们知道自己需要改变的心理特点以及引起这些不健康心理的原因，帮助他们直面环境和压力，进行自我调节、自我接纳和自我欣赏，学会减轻或摆脱情绪困扰的方法，从而预防心理贫困，把心理问题消灭在萌芽状态之中。

（四）组建互助小组，增强贫困生的沟通能力

组建发展小组，以促进小组和成员成长为目的，通过建立成员之间的相互共识，鼓励每一位成员参与团体活动，使团体达到自决和自觉的程度。通过这方面的团队活动，成员应该可以增强学习能力，自己更有创造力，在生活中遇到挫折和障碍时也有更大的承受力，从而提高竞争力，增强贫困大学生面对未来双向择业的信心，因此团体的主题可以定义得广泛一些，如：如何发现自我，如何与他人有效沟通，规划职业生涯等。首先引导成员正确认识自我，能逐渐正确认识并勇敢面对经济条件差异以及群体地位变化等客观事实，同时，相信自己能够通过努力证明自己的价值。同时针对他们当中普遍存在的人际交往障碍，帮助成员从熟悉信任的团体伙伴开始，学习和掌握与人正常交往的技巧。贫困大学生应对生活困难的最主要动力是他人的理解与支持，应该尽可能为他们提供被理解、被接受、被尊重的机会，鼓励贫困生积极参加各种集体活动和社会实践活动，让他们与更多的圈子之外同学进行互动与交流，很能够舒解他们的压力，增强自信心和自我悦纳感。同时营造良好的人文关怀氛围，在校园里提倡艰苦朴素的生活作风，建立一种民主、文明、平等、相互尊重的校园文化氛围，使贫困生有同等机会参加学校的各项活动，获得各种锻炼，并鼓励其他同学走近贫困生，了解他们的生活、尊重他们的人格，增强贫困生的归属感，使贫困生在宽松的人际环境中学习、生活，体现学校对贫困生的人文关怀。

参考文献：

[1] 王希永：《实施积极心理教育的思考》，载《中国教育学刊》2006年第4期。

[2] 周东明：《论积极心理学与幸福的教育》，载《中国德育》2008年第1期。

[3] 吴艳东、王体正：《和谐校园构建下的贫困大学生心理健康问题探究》，

载《湖北大学学报》(哲学社会科学版) 2006 年第 5 期。

[4] 庞桥:《高校贫困生的心理缺失问题与关怀体系建设》,载《陕西理工学院学报》(社会科学版) 2007 年第 1 期。

[5] 周石其、张春兰:《对贫困大学生进行心理扶助的策略研究》,载《教育与职业》2006 年 11 月中旬刊。

家庭经济困难学生眼中的资助工作

——以云南师范大学为例

云南师范大学 李 薇 任 利

摘 要 新的资助政策体系建立后，高校形成了国家奖学金、国家励志奖学金、国家助学金、国家助学贷款、勤工助学、困难补助、学费减免等多种方式并举的资助政策体系。在此大背景下，本文以问卷调查的方式对云南师范大学家庭经济困难学生对各类资助形式的态度、资助的效果进行调查，了解学生对国家和学校开展的资助工作认可度，为学校进一步改革和完善家庭经济困难学生资助工作提供参考意见。

关键词 家庭经济困难 学生 资助工作 调查

2007年，国务院出台了《关于建立健全普通本科高校、高等职业学校和中等职业学校家庭经济困难学生资助政策体系的意见》（以下简称《意见》），形成了国家奖学金、国家励志奖学金、国家助学金、国家助学贷款、勤工助学、困难补助、学费减免等多种方式并举的资助政策体系。新的资助体系的建立，为切实解决家庭经济困难学生的就学问题、促进教育公平和公正、促进教育事业持续健康发展提供了政策依据。云南师范大学严格按照《意见》相关要求，进一步完善学校资助体系，建立和健全了奖、助、勤、贷、补、免六位一体联动助学体系。新的资助体系已建立一年，我校家庭经济困难学生对其的认知度如何，本文就此开展问卷调查。

本次调查对象为云南师范大学家庭经济困难学生，调查以定向性随机方式抽取样本。在各学院部分辅导员的协助下，我们采取了不记名问答的方法，以保证回答的真实性。本次调查共发放问卷600份，收回553份，回收率为92%，期间，还采用座谈会方式进行调查。调查中男生占39.96%，女生占60.04%；一年级学生占17.5%，二年级占39.2%，三年级占42.6%，毕业生占0.7%，基本上反映了不同性别、不同年级、不同学科的情况。现将本次调查的结果和调查情况的分析与思考总结如下。

一、调查内容与结果

（一）家庭经济困难学生现状

针对家庭经济困难学生经济现状问题，问卷设置了两个问题：①您在校月平均消费（见表1）；②您的生活费用主要来自（见表2）

表1

	您在校月平均消费
300元以下	23%
300～400元	29%
400～500元	28%
500～600元	13%
600元以上	7%

表2

	您的生活费主要来自
父母提供	56%
亲友资助	6%
勤工助学	17%
奖学金	4%
助学金	11%
其他	6%

从以上两个表可以看出，家庭经济困难学生的消费水平在300元以上的占调查学生的77%。家庭经济困难学生的生活费来源主要依靠父母，同时勤工助学和助学金也占据了一定的比例。这反映了在新的资助政策提高资助标准的作用下，我校家庭经济困难学生大部分能保障最低生活标准，并且奖助学金及勤工助学在家庭经济困难学生资助工作中发挥着一定的作用。同时，也应看到我校仍有23%的同学月平均消费低于300元，这也要求我们仍然要重视家庭经济困难学生资助工作。

针对家庭经济困难学生心理问题，问卷设置了三个问题：①您是否介意别人知道自己的家庭经济情况（见表3）；②您或您周围同学在《家庭经济状况调查表》中家庭收入填写情况（见表4）；③您认为当前家庭经济困难生面临的最主要问题和压力是什么（见表5）。

表3

	您是否介意别人知道自己的家庭经济情况
是	21%
否	33%
无所谓	47%

表4

	您或您周围同学在《家庭经济状况调查表》中家庭收入填写情况
如实填写	63%
为了获得助学贷款或助学金，夸大家庭经济困难程度	20%
没填写过，不清楚	8%
没有关心过这个问题	9%

表5

	您认为当前家庭经济困难学生面临的最主要问题和压力是
经济	50%
学习	10%
情感	9%
人际交往	10%
就业	21%

从上表可看出，我校家庭经济困难学生大部分能正视自己的经济困难，但也应看到，有21%的同学介意别人知道自己的家庭经济情况，这就要求在日常工作中要注意对学生家庭经济情况的保密工作；而有20%的同学是为了获得助学贷款或助学金，夸大家庭经济困难程度，这就要求在家庭经济困难学生认定工作中，不能单纯地只看《家庭经济状况调查表》，而应了解学生日常消费情况，通过多种方式了解学生经济情况。在您认为当前家庭经济困难生面临的最主要问题和压力是什么一问中，排在第一位的是经济，第二位的是就业，这表明经济问题仍然是阻碍家庭经济困难学生发展的一大问题；而排在第二位的就业依然跟经济有直接的关系，毕业后不能就业，不但不能体现自身的价值，而且不会改变自己的经济状况。这表明经济资助仍然是当前助困工作的重中之重。

（二）家庭经济困难学生对资助工作的了解及评价

针对学生对学校资助工作的了解程度，设置了：您了解学校资助家庭经济困难学生的各项措施吗？其中有16%的学生清楚了解，有73%的学生了解一些，两项相加，比例达到了89%，仍有11%的同学对资助措施完全不了解。而对了解途径的调查中，有35%的同学是通过学院老师了解到的，有28%是通过班级同学，有15%是通过学校相关部门，其他依次为师兄、师姐8%，学校的网络信息7%，其他方式7%。我校在新生入学时，人手一册《云南师范大学学生手册》，手册中详细介绍学校相关资助政策，仍有11%的同学完全不了解学校资助家庭经济困难学生的各项措施，这是笔者不能理解的。其次只有7%的同学是通过学校的网络信息了解学校资助措施的，这说明网络在宣传我校资助政策上发挥的作用有限，今后，需加强网络的宣传力度。

针对家庭经济困难学生对学校资助工作的认知度，问卷设置了八个问题。问题一：新的资助政策体系建立后，高校形成了国家奖学金、国家励志奖学金、国家助学金、国家助学贷款、勤工助学、困难补助、学费减免等多种方式并举的资助政策体系。您认为这些措施是否能解决家庭经济困难学生的经济问题？有46%的同学认为基本能，有23%的同学持否定态度，有32%的学生对此持模糊态度，认识不确定。这表明本校学生对新资助政策作用的认识有差异，有近一半的学生给予积极的评价，认为基本能解决经济困难学生的经济问题。值得关注的是仍有23%的学生认为并不能解决家庭经济困难学生的经济问题。这从一定程度上表明，我校家庭经济困难学生资助力度仍需要进一步加大和提高。对具体各项资助措施的调查中，也得出了相似的结论。有45%的同学认为“绿色通道”能保证家庭经济困难学生入学，有46%的同学认为国家助学贷款能解决学费问题，有73%的同学认为学校勤工助学对资助家庭经济困难学生有一定作用。在您认为资助学生较好的方式是什么一问中，依次为：30%的学生选择提供勤工助学机会，22%的学生选择助学贷款，21%的选择助学金，20%的选择奖学金，7%的选择其他。虽然前四个选项比例相差不大，但也看出同学们还是偏向于通过自己的劳动来解决经济困难。

对学校资助工作满意度的调查中，问卷设置了六个问题。

表6

	您认为学校每次评选奖学金的过程公平吗？
完全公平	11%
比较公平	36%
不太公平	41%
完全不公平	7%
没有关心过	5%

表7

	您认为学校每次评选助学金的过程公平吗?
完全公平	2%
比较公平	39%
不太公平	42%
完全不公平	10%
没有关心过	7%

从两个表格的比较中可以看出，奖学金的评选过程比助学金的评选过程更获得认可。其原因是，奖学金中有成绩要求，这是定量的，助学金更多的关注学生家庭经济情况，而家庭经济困难的认定相对而言缺乏可操作性。在家庭经济困难学生认定准确性提问中也得出了相同的结论。问卷设置了一问："家庭经济困难学生向所在班级提出建档申请并提交有关书面材料；学院通过调查、访谈、民主评议等方法确定各班的建档对象，组织对各班申报的家庭经济困难学生资料进行审查，确定学生的经济困难等级；学校最后审批"，您认为通过这几个程序可以使家庭经济困难学生的认定准确吗？其中只有33%的同学认为基本可以；有58%的同学认为比较形式化，实际操作中人为因素较大；有9%的同学认为基本不能。

在对学校资助家庭经济困难学生满意度的调查中，有5%的同学选择了非常满意，有28%的同学选择了比较满意，有48%的同学选择了一般，三项相加有71%的同学对学校资助工作基本认同。同时也应看到仍然有19%的同学不太满意或不满意学校资助工作。针对具体的资助措施的满意度，也作了调查。

表8

	您认为学校帮困助学方面做得最好的是
助学贷款	35%
勤工助学	22%
助学金	33%
奖学金	10%

表9

	您认为学校帮困助学方面最需要改进的是
助学贷款	20%
勤工助学	35%
助学金	27%
奖学金	18%

从两个表的比较中，可以看出，同学们对某项具体措施认可，同时也认为这项措施还有很大的发展空间，仍然需要改进，如勤工助学工作，有22%学生认为它是学校帮困助学方面做得最好的，同时也有35%的同学认为还需进一步改进。

（三）受资助学生教育管理

问题一：目前我校每名接受企业助学金的受助学生都会要求给捐赠方写一封感谢信，表示自己的谢意，您认为这一做法是否合适。该问题设置了四个选项：A. 应该，这是最起码的礼节；B. 受助学生应发自内心自愿写，而不该统一要求；C. 比较形式化，起不到教育目的；D. 没什么必要。其中选择A的占52%，选择B的占37%，选择C的占10%，选择D的占1%。

问题二：您认为大学生受捐助不言谢，这是不道德的吗？69%的同学选择是，31%的同学选择不是。

问题三："对受捐助大学生，签订内容为要求受捐助者在条件许可的情况下回捐的道德协议"这一做法合适吗？该问题设置了四个选项：A. 应该。这是延续爱心的方式。B. 不应该。捐助不是要得到回报，这样的要求太离谱了。C. 无所谓。其中选择A的占68%，选择B的占320%，选择C的占12%。

从以上三个问题的分析可以看出，大部分学生具有感恩意识。但同时也要加强学生的感恩教育。针对感恩教育的最佳途径，问卷设置了一问：您认为以下哪些途径更能达到感恩教育目的？其中50%的学生选择组织义务劳动等志愿者活动，14%的同学选择开展征文活动，18%的同学选择举办座谈会或报告会，18%的同学选择其他。

二、调查情况的分析与思考

1. 进一步完善家庭经济困难学生的认定工作

家庭经济困难学生的认定是资助工作顺利开展的基础，只有准确认定家庭经济困难学生才能保证资助工作的公平、公开、公正，才能使有限的助学资源真正发挥其帮困助学的作用。然而，由于地域差异，加之学校无法对学生家庭进行实地调查，认定工作缺乏准确性。目前，只能依靠通过调查、访谈、民主评议等方法确定各班的建档对象，对此做法部分学生持怀疑态度，大多数同学认同实地调查。为使认定工作更加准确，学校应在原有的基础上，招募志愿者以就近原则为主，对学校家庭经济困难学生家庭进行实地调查，从而保证学校资助工作有效开展。

2. 建立家庭经济困难学生档案，加强家庭经济困难学生工作的针对性

家庭经济困难学生档案不仅要包括学生的思想品德、学习成绩、奖惩情况、困难原因、困难程度，还应该包括学生的个人信誉、心理健康状况等各方面信息，以加强对家庭经济困难学生的追踪教育和管理。尤其是对家庭经济困难学生中有心理危机的同学要注意建档、追踪了解，全面细致地把握贫困生的心理特点。平日在加强对贫困学生心理普测的基础上，多进行专项心理咨询和团体心理辅导，找出产生心理障碍的根源，进行有效的心理疏导。让所有烦躁、压抑、自卑、嫉妒等不合理的情绪得到及时合理的宣泄和释放。帮助贫困生培养正确的自我调适心理状态的能力，提高心理素质，健全人格，增强承受挫折，适应环境的能力。

3. 加大勤工助学工作力度

在本次调查中，学生对勤工助学对资助家庭经济困难学生的作用给予了充分的肯定，同时学生也提出勤工助学工作需要进一步改进。在问答题“为保证我校学生资助工作的可持续发展，您认为学校还要采取什么措施”中，大部分学生提到要加大勤工助学力度。但目前我校勤工助学工作可谓是“僧多粥少”，远远不能满足同学们的需要。这就需要从以下几方面解决：一是在学校范围内尽可能多地设置勤工助学岗位；二是以学校名义与企业协商，签订用工合同；三是以社会化运行模式经营学校勤工助学服务中心，加大中心宣传力度。

4. 加强诚信意识教育

“诚信”即诚实守信，这是《中华人民共和国公民道德建设实施纲要》的基本内容，是每个公民做人的基本准则。加强诚信教育对于家庭经济困难学生的认定及助学贷款工作的开展尤为重要，在今后的工作中，要以各种活动为契机，定期对学生进行诚信教育。

高校贫困生不良心态的原因分析及对策研究

昭通师范高等专科学校 陈永华 朱 娥 李剑飞 朱绍宇 彭旭春

随着我国高等教育改革，尤其是高校招生收费制度改革的进一步深化，高校贫困生问题逐渐凸显，贫困生人数逐年上升。党和国家及高校都非常重视贫困生工作，始终把它作为体现社会主义制度优越性、维护社会稳定和构建和谐校园的重要大事。近期通过对我校500名贫困生的调查和20名贫困生的访谈，贫困生中的大多数主流心态是积极健康的，但客观上由于经济压力和人文关怀不到位等原因，部分贫困生存在不同程度的不良心态。这些不良心态客观上影响到了贫困生的健康成长，如何帮助这部分贫困生解决实际困难，摆脱过重的思想负担，清除不良心态，也成为一个不可忽视的重要课题。

一、高校贫困生不良心态的表现形式及原因分析

本文所指的不良心态，就是指贫困大学生由于经济压力等多种原因所导致的一系列个性特征和心理健康上的负面变化。比较而言，不良心态比经济贫困更隐性、更具危害性。通过调查了解，我校贫困生中主要存在四种典型的不良心态。

（一）自卑封闭型心态

自卑是个体的一种心理特征，是个体对自我价值的一种否定和贬低，主要表现为缺乏自信，对自己的能力、品质等自身因素评价过低，心理承受能力脆弱，行为上畏缩不前等。在这种心态下，会出现三种形式：一是通过勤奋学习，以优异的学习成绩来补偿因经济的困窘带来的心理上的自卑；二是在盲目的攀比中产生一种无助感，认为自己先天不如别人，命不好，觉得前途无望；三是退缩、逃避、离群或悲观厌世或仇视社会和他人。

自卑封闭型心态形成的主要原因：一是贫困生在经济困窘的前提下，将金钱等物质条件看得过重，不能正确地评价自我。二是受周围环境的影响。大学校园的“拜金主义”、“攀比风”等不良风气，常常困扰着贫困生。由于自卑，缺乏自信，贫困生大多是独来独往，不愿参加集体活动和社交活动。有意见不敢表达，有才能不敢发挥，很少与老师、同学接触、交往。即使主动与贫困生交往，他们也处于消极被动的状态，甚至排斥。尤其是贫困生一旦遭受到挫折，就会更加自怨自艾，远离集体，行为孤僻、冷漠，形成心理封闭。

（二）自尊嫉妒型心态

自尊心理是一种个体的心理品质，是个人对自己的心理品质的肯定性的评价，是个人要求得到别人尊重的一种心理状态。嫉妒是与他人相比较，发现自己在才能、名誉、地位或境遇等方面不如人而产生的一种痛苦或不满自责的情绪体验。作为贫困生，经济上的窘迫是他们不愿提及的，也是最怕同学怜悯和看不起的隐痛，出于自尊，贫困生容易导致自我保护，表现为偏执和过激。对涉及与自己相联系的事情，总会引起强烈的情绪和情感反应，处理问题偏执，易浮躁激动，与同学相处难以掌握分寸，给人一种难以接近、拒之于千里之外的感觉。实际上他们的内心是脆弱的，只能接受成功，不能经受失败，当自己不能成功时，就会对别人的成功产生嫉妒心理。

自尊嫉妒型心态形成主要的原因：一是他们认为自己不论是学习，还是智力、能力等自身条件都不落后于甚至超出其他同学，仅是因为家境贫寒，所以感到心理不平衡、不服气；二是由于贫困生面对丰富的物质诱惑，而又不能享受，产生的由羡慕而生的嫉妒；三是富裕学生表现出来的优越感和傲慢，刺激了贫困生，使其心生不满，因此往往会诱发其不良心态。

（三）焦虑内疚型心态

焦虑是由心理冲突或挫折引起的复杂的情绪反应。贫困生家庭困难，负担重，思想压力大，精神往往处于一种焦虑状态。由于家庭的困境，贫困生家庭不得不省吃俭用，甚至让其他子女辍学，外出打工等来供养贫困生生活和学习，再加上部分贫困生因为学习方法不当，成绩欠佳，既不能分担家庭的重担，又不能以优异的成绩慰藉父母和家人，而深感内疚、不安。他们或担心家庭欠债增多，或担心父母多病的身体，或担心家庭再出现其他意外的事故等。表现为行为的无所适从、无法正确评价和认识自己。由于焦虑和内疚，贫困生很容易产生封闭和沮丧心理，进而怨天尤人，自暴自弃，在学生和生活中情绪低落，意志消沉，遇到一些小小的挫折就感到困难重重，过度否定自我，丧失学习的热情和兴趣、生活的信心和勇气。

焦虑内疚型心态形成的主要原因：一是家庭无法为他们提供足够的生活和学习费用，使贫困生生活和学生没有稳定可靠的保证。贫困大学生在求学过程中，往往承载着家庭和个人对未来更多、更高的期望，他们希望通过发奋成才来彻底改变自己、家庭的贫困境遇和现实命运。然而，在现实生活中，有许多现实问题是难以通过他们自身的努力和拼搏得到解决；二是同时他们每年还要应付对贫困生来说高昂的学费和生活费，加之高校招生规模的不断扩大，社会竞争激烈，一些社会的不公平导致了贫困生发展机遇的不平等性，造成贫困生心理失衡，这样容易产生对个人生存和未来生活危机的焦虑内疚心态。

（四）依赖攀比型心态

依赖攀比型心态是最近几年出现的一种特殊心态。党和政府及高校重视资助困难学生工作，先后出台了一系列的政策和措施，“确保每一个学生不因经济困难而失学”，为贫困生顺利地完成学业提供了有力的保障。仅昭通师专而言，2009 年各类资助贫困生的资金就达到了 1 600 多万。但在资助过程中出现了一些特殊情况。有的贫困生家庭经济并不十分困难，却夸大困难程度，上学只带几十元甚至几元钱，“反正不交学费，学校又不会让我退学”。有些贫困生不能正确地认识自身环境，一味地进行“攀比”，追求物质生活条件，增加学校和家庭经济负担，甚至有些贫困生获得助学金和助学贷款后，不用在正常的生活和学习上，而是游山玩水、吃喝玩乐。

依赖攀比型心态形成的主要原因：由于资助金额大，在资助贫困生顺利完成学业的同时，也导致了一些贫困生产生“等、靠、要”的心态和攀比心理，只依赖从学校领取困难补助款，缺乏自强不息的奋斗精神。有些学生对自己的贫困和寒酸感到羞愧，在行为方式上出现与自己条件不相符，甚至是相反的举动，极力“包装”自己，不敢正视贫困，往往会导致其心理异常。

二、消除高校贫困生不良心态的对策建议

（一）加强思想教育，正确看待挫折，增强贫困生的自助信心

1. 开展挫折教育和成功教育，帮助贫困生增强自助信心

对贫困生来说，贫困只是诸多挫折中的一种，所以应该让贫困生知道。人的一生无法回避挫折，人正是在战胜挫折中成熟成长的。要通过挫折教育，引导贫困生树立正确的人生观和价值观。要教育贫困生人生的价值在于创造和奉献，只有将个人的需求和崇高的社会责任感联系起来，才能创造有价值的人生。大多数贫困生在情绪表现上是比较低落的，采取成功教育法可以鼓励贫困生参加集体活动，创造条件引导他们获得成功。在成功的体验中，可以增强他们的自信心，提高他们的耐挫力，并正确评价自我。例如，通过培养优秀贫困生入党，用优秀贫困生的典范作用唤起其他贫困生也积极进取。

2. 开展积极有效的心理咨询，培养学生自强自立的健康心态

美国心理学家埃里斯的 ABC 理论认为，一些负性的情绪体验如自卑等都是个体对事物的某些不合理观念造成的。贫困生是心理疾病等心理障碍的高发人群，学校教育中必须提供必要的心理咨询来教育引导贫困生，用发展性咨询来解决贫困生由于暂时困难所造成的心理压力。指导贫困生学会运用积极有效的心理防卫机制，避免一些有害情绪对人的心理造成进一步伤害，用乐观向上的情感来对待暂时的困难，鼓励贫困生自立自强、奋发向上。通过心理调适，帮助贫困生树立正确的贫困观，树立贫穷不贫志的信念。在心理咨询和团体辅导中还要注意保护贫困生的隐私权。

3. 注重校园文化建设，为贫困生创造平等和谐的人际环境

建设校园文化，一是要加大学生思想教育的力度，形成艰苦朴素的校园舆论

环境，形成抵制和克服各种腐朽落后思想和社会丑恶现象的风气，营造开拓创新、拼搏进取的良好局面；二是在日常的教育管理中，注意发挥班、团组织和辅导员、班主任的作用，开展丰富多彩的集体活动，鼓励同学走进贫困生，体谅贫困生的感受，在平等和谐的气氛中增强他们的自信心，克服消极心理，增进理解，建立和谐的人际关系和平等的人际环境；三是发挥社团作用，鼓励贫困生参与各种社团，锻炼自己的能力，体现自己的价值。可以根据贫困生的特点成立贫困生学生社团，并创造条件帮助他们开展活动。

（二）建立完善的资助体系，提高贫困生的自助能力

经济方面的压力是贫困生产生各种不良心态的一个重要因素，必要的物质资助是消除贫困生不良心态的有效途径。加大资助工作力度，要突出三个重点。

1. 突出主渠道作用，全面推进助学贷款

从目前助学实践看，助学贷款是最主要的资助渠道。因此，必须加强和改进助学贷款制度建设，加强监督和制约机制，加强助学贷款的管理。一是延长贷款期限，降低利息，使学生贷得起还得上。二是采取国家和学生家庭共同担保的办法，在贫困生及担保人因意外而无力偿还的条件下，国家应承担起贷款债务。三是在生源地贷款，便与银行跟踪贫困生去向，确保贷款按期收回。四是高校要加强贫困生的思想道德教育，明礼诚信，提高贫困生的信誉度。五是在银行贷款中划定一定的助学贷款比例，指令银行贷款，并把助学贷款工作作为考核银行业绩的一项内容，促进银行积极开展此项工作，保证助学贷款的长期实施。

2. 改革奖助学金等制度，重点倾斜心理贫困生

一是高校应加大从学费中提取奖助资金的额度，扩大资助贫困生的覆盖面，增加资助金额；二是设立贫困生优秀学生奖学金，使优秀贫困生通过自己勤奋学习获取较高额度的奖学金；三是积极争取社会的支持，设立奖助学基金和建立定向委培制度。贫困生、委培单位、高校共同签订定向培养协议，贫困生在校期间的学费由委培单位支持，毕业后到协议单位工作；四是根据当地生活水平，建立贫困生最低生活保障制度，确保贫困生顺利完成学业。

3. 组织开展勤工助学活动，提升学生自助能力

高校勤工助学的指导思想是“满足两个需要，实现两个功能”，即满足学生和学校双方的需要，实现“助困”与“育人”的双重功能。高校应建立健全勤工助学机构，加强勤工助学的管理办法、联系制度、信息反馈制度及奖惩等制度建设，组织贫困生多渠道地开展形式多样的勤工助学活动。一是开辟社会渠道，寻找社会的支持。二是学校提供临时劳动岗位。学校让出部分临时工岗位，为贫困生开展勤工助学提供机会。三是由劳务型向智力型转变。组织贫困生开展科技发明、科技创新与服务及家教等活动。通过勤工助学活动的开展，一方面缓解了贫困生的经济压力，另一方面又培养了贫困生自立奋发的品质，磨炼了意志，提高了能力，体现了他们的自我价值，有利于克服“等、靠、要”的不良心态。

（三）深化教学改革，实行弹性式学分管理模式，增加贫困生的自助机会

根据《高等教育法》的有关规定，在校大学生修满相应学分，可提前毕业也可延长修业年限，参加社会服务和勤工助学活动。当前高校大多都实行了“学分制”，但只是形式上的“学分制”，学生不能自由支配学习时间和学习课程。只有实行完全意义上的“学分制”后，学生才能成为学习的主体，可自由支配时间和选课，贫困生可边打工边学习。经济特别困难的学生，可以申请修学一年或更长时间，这样既解决了贫困生的经济困难，又不耽误其学业的完成。同时贫困生也可以通过勤奋学习，提前修完学业毕业，早日走上自立之路。实行弹性式学分管理，对贫困生的要求不是降低了而是要求更高了，它要求贫困生有较强的自主性、自立性，贫困生必须考虑选哪些课程，怎样发展自己，怎样根据指导性教学计划并跨计划、跨学科修自己选的课程，来安排自己的学习进程，学生可以根据自己的情况提前毕业或延迟毕业，增加贫困生自助的时间和机会。

参考文献：

[1] 孔祥云、李逸龙主编：《大学生发展指导研究》，山东大学出版社 2007 年版。

[2] 马明华主编：《现代大学学生工作的特色与创新》，中国社会科学出版社 2007 年版。

[3] 中山大学主编：《大学文化视野下的学生工作》，中山大学出版社 2008 年版。

[4] 程刚主编：《大学生思想政治教育的实践与创新》，浙江大学出版社 2008 年版。

[5] 张社争、杨文军：《贫困大学生常见心理问题的成因及对策》，中国成人教育 2006 年版。

[6] 王艳春：《高校特困生心理健康状况分析与对策》，中国高教研究 2005 年版。

[7] 贾金玲：《关于完善高等教育助学体系的思考》，学校党建与思想教育 2005 年版。

高校贫困家庭学生“思想扶贫”对策初探

保山学院　张吟梅

摘　要　随着高校贫困生数量的增加，贫困生问题也越来越多，给学校的管理带来了许多的困难，甚至影响到了高校的稳定发展。要解决高校贫困生问题就要首先了解高校贫困生思想状况，分析他们的思想状况的成因，谋求解决对策。

关键词　高校贫困生　思想现状　成因　对策

自从20世纪90年代高校实行并轨招生，高校提高收费标准以来，高校贫困生的数量骤然增多。据相关的调查显示，全国在校大学生中贫困生和特困生，分别占总人数的20%和9%，在西部地区这一比例更高。以保山师专为例，至2004年年底，贫困生人数是672人，占在校生总数的20.6%，特困生人数是448人，占在校学生总数的13.7%。随着扩招的增加，贫困生的人数还将不断增加。在高校的教育教学管理中，贫困生这一弱势群体所引发的问题也将越来越多，给学校的管理带来了很大的困难和压力，甚至影响到了高校的稳定发展。贫困大学生问题成了政府高度重视、社会普遍关注、学校比较担心的问题。思想是行动的先导，要解决这个问题，应对症下药，首先要研究贫困大学生的思想现状，从思想现状的根源着手，才有可能找到确实可行的方法和途径。

一、贫困大学生矛盾交织的思想状况

为了全面准确地了解把握贫困生的思想状况，我校成立了课题组，课题组通过问卷和个别谈话法，历时三个多月，覆盖了全校的政史系、教育系、化学系、中文系、英语系等几个专业的贫困生和非贫困生，掌握了大量真实的资料。通过调查分析，笔者认为当前贫困生的思想状况总体上是乐观向上的，他们坚信贫困只是暂时的、是可以克服的，他们能正视自己的困难，对未来充满了信心。

同时，通过分析研究调查资料，也发现在高校贫困生中存在着一些必须给予高度关注的思想问题。具体的可以将其归纳为以下几点：第一，自立与依赖并存。由于家庭的原因大多数贫困大学生从小就养成了自强自立的品质，进入大学后他们中的绝大多数人想在生活上独立，但是他们面对贫困又无可奈何；接受社会的资助能够解决他们所面临的现实生活问题，久而久之又无法避免形成依赖心理。面对自立与依赖，一些贫困生陷入深深的矛盾之中。第二，自尊与自卑并存。长期以来，人们一直认为贫困生问题的根本是自卑感在作怪。其实，他们的自卑正是在与强烈的自尊相撞而产生的。由于同学之间经济条件的差别和特殊的生活阅历，使贫困生的自尊变得异常敏感和脆弱，在这样的压力下，他们原本所具备的勤奋好学、艰苦朴素的精神在自尊与自卑冲突下慢慢扭曲了，过分的自尊带来了孤僻，过分的自卑带来了自我封闭。第三，焦虑与忧郁并存。贫困生和其他大学生一样有理想，他们渴望成才，对未来充满了向往。但经济的压力使他们自卑，长期的自卑又容易使他们心理慢慢转向忧郁，强烈地渴望摆脱贫困、改变命运。但是，现实又一时无法改变，这使他们在忧郁之外又增添了焦虑。

二、导致贫困大学生思想状况矛盾的成因

通过分析研究，笔者认为导致贫困大学生思想状况的原因，主要来自以下几方面的压力。

（一）来自于家庭经济的窘迫与“金钱观念”影响的压力

首先，由于大学均设在中心城市，有较浓厚的城市色彩，贫困大学生要适应大学生活，就要逐渐适应和养成城市的生活习惯，而这些习惯的养成是建立在一定经济基础上的。这对于只能吃饱穿暖的贫困大学生来说，显然是十分困难的。其次，贫困大学生大多来自偏远农村和城市下岗职工家庭，每年四五千多元的学费和生活费，往往得靠亲友筹措、社会资助、助学贷款等途径来维系。因此，他们无法不长期处于有形的巨大经济压力中，容易产生强烈的自卑心理，将自我封闭起来，造成心理脆弱、敏感、焦虑等不良心理体验。再次，在市场经济大潮的冲击下，社会文化在一些人的心目中被演化成一种以金钱为唯一目标的亚文化，高校不是世外桃源，必将受到影响，人际关系变得势利和冷漠，加剧了贫困生对金钱的渴望。调查中，很多贫困生认为：大学的人际关系就是建立在金钱的基础上的，没有钱就不可能与别的同学交往。如因为没有能力回请同学，同学的生日、集会，贫困生都很少参加，慢慢地就和其他同学疏远了。还有的贫困生图虚荣、爱面子，最怕别人讥笑自己穿戴不时尚、经济不宽裕。

（二）来自于同辈人比较中产生的压力

作为中国社会中文化层次较高而又思维活跃的群体，贫困大学生和所有的当代大学生一样富有理想、渴望成才，有着与其他同学一样强烈的求知欲和对未来生活的美好向往，同时，他们渴望理解，期待沟通，追求友谊，甚至也想尝试恋爱，希望过丰富多彩的大学生活。但是，由于不少贫困生来自农村，文化环境和教育条件相对落后，许多地方的农村学校教育长期以来以应试教育为主，素质教育在这些学校中往往只是一句空话，因而导致这些学生综合素质较差，个性缺乏充分发展。再加上经济的窘迫，一些人的毫无顾虑的消费与他们的囊中羞涩的反差、理想与现实的差距，不停地吞噬着他们的心灵，让一些贫困生原本很脆弱不

堪的心灵遭遇重创。他们中的有些人甚至走向了极端，对自己的生活丧失了信心。在我们的调查中，很多贫困生认为：进入大学从来没有快乐过，看着别的同学无忧无虑地学习生活，而自己不仅要努力地学习，还要为生活费操心，觉得都是同龄人，为什么会如此的不公平。

（三）来自于变数很大的就业压力

市场经济体制的建立，竞争机制的引入，大学生不再由国家统包统分，他们必须进入人才市场，实行双向选择。在新旧体制转型期，由于社会机制还不够完善，人才市场的择业竞争还存在一些不公正的现象。现实明白地告诉他们，大学毕业就等于"捧铁饭碗"的美好生活已成为历史，职业稳定感荡然无存，而找不到工作就意味着艰难投资几年的希望将成为泡影。贫困大学生无法依靠父母，没有金钱作为后盾，他们认同竞争，赞成双向选择，但又担心机会不均，找不到合乎心意的工作。就业的压力、经济的压力使他们对未来更加迷茫。更应该关切的是，他们对市场经济中所带来的一些社会不公正现象不能正确认识，更加加重了他们的思想负担，原来他们的热情和强烈的求知欲被对社会的极度不满后的宣泄和自我沉沦所取代。在调查中，经常听到一些贫困生感叹："自己这样艰辛学，父母这样艰辛供，谁能知道毕业后会不会有一个好的结果？"

（四）来自于助贫方式不当造成的压力

在很多的扶贫解困工作中，人们往往只注意物质扶贫，认为只要对贫困生多给予经济上的帮助，一切问题就可以迎刃而解，许多高校都将资助贫困大学生完成学业作为济贫助学的最终目的，忽视了对贫困生的教育和引导，使一些学生虽然得到了物质上的资助，但精神上却遭受了挫折，感到是在接受"施舍"，自尊心受到了严重的伤害。另一些贫困生，则养成了依赖心理，他们中的有些人认为自己贫困，就应该得到社会的资助，有的甚至用自己的助学贷款去抽烟、喝酒，忙于应酬、打电子游戏，甚至买手机。

三、解决贫困生思想状况的对策

前述目前大学贫困生思想状况的成因可知，笔者认为解决贫困生思想状况的思路应该注意：一是通过适当的措施解决这些学生现实困境，二是要通过各种手段使其增强信心，看好对未来的预期，三是必须营造良好的校园环境和社会环境，使其能够以良好的心态和谐地融入环境，四是加强高校的心理健康指导。具体来说，对策如下。

（一）学校和社会必须采取适当的方式加大扶贫力度

贫困生思想问题形成的主要原因在于现实经济的困境，要解决贫困学生的思想必须从解决其现实物质困境入手。首先，必须完善资助体系。必须根据实际情况，扩大高校助学贷款的对象和范围，而不能只是简单等齐划一，进行名额分配，同时建立健全贷款还贷的法规，实行更为严格的审查制度，使真正需要贷款的学生不应由于各种原因而丧失机会，这样也使有限的资金提高使用的效益；其次，高校和社会应该提供相应的勤工俭学岗位，通过一些勤工俭学岗位的设置，使贫困学生能够在一定的范围内自食其力，缓解经济的压力；再次，学校和社会应积极采取措施，各方面筹措资金为高校贫困生提供各种奖学金，资助在校贫困学生。

（二）加强理想信念教育

随着社会主义市场经济的不断发展和完善，在社会转型时期，人们价值观的多元化使高校并非象牙之塔，社会上所存在的拜金主义在校园也所影响，学生之间在物质享受上相互攀比等现象更加剧了本来已经生活贫困学生的负担，如果单纯地把思想工作简单化和教条式的理解在高校中加以实施，那必然会削弱政治思想工作的实效性。笔者认为，要强化思想政治工作，解决贫困生思想问题首先应注重的是理想信念教育，即必须使学生具有正确的世界观、人生观以及金钱观，使他们认识到目前的困难只是暂时的，要有克服困难的勇气和信心；同时可以采取灵活多样的方式和身边的实例使之对未来的前景有较好的预期。这样使他们立志成才，顺利完成大学学业。

（三）学校应重视校园环境建设和加强健康心理教育

由于大学生生活阅历单薄、年纪小，其心理承受力、心理稳定性较弱，经济的重压、周围人群的态度都有可能导致其心理向不健康方向发展。因此，鼓励贫困生正确面对人生暂时的困难，正视现实与理想的距离，消除不必要的顾虑和不正确的观念，勇敢地接受生活的挑战，在逆境中奋发成才十分重要。要让贫困生认识到困难是实实在在的，不同的人、不同的看法、不同的行动，会产生不同的结果。学校应以促进贫困生健康人格发展为主线，从认知过程、情绪调控和行为训练三个维度开展全方位的心理健康教育与心理咨询活动，使贫困生的自我意识与自信心得到增强，改善情绪调控能力，及时排除成长中的一些心理障碍；帮助他们学会合作，发展建设性的人际关系，从而使心理素质得到提高。

参考文献：

[1] 胡春光：《试析贫困大学生的心理问题及其教育方法》，载《黑龙江高教研究》2003年第2期。

[2] 番本衡、肖冬梅：《贫困大学生心理健康研究》，载《中国青年研究》2003年第6期。

[3] 彭梅芬：《浅析高校贫困生的心理困扰与调适》，载《广西大学学报》（哲学社会科学版）1999年第3期。

[4] 孤草：《逆境心理学》，大众文艺出版社2001年版。

[5] 谢桂阳：《请关注：心理脱贫——关于高校贫困生问题的思考》，载《中国教育报》2002年第10期。

关于“大理学院贫困生”的探析

大理学院　魏红龙

摘　要　贫困大学生占在校大学生的很大比例，他们的确需要学校的关怀。通过我们的调查、研究，深入了解贫困大学生的实际生活。调查内容包括学习状况、心理活动、人生目标、人际交往以及对勤工俭学的态度等。同时调查大理学院已经为贫困大学生做了哪些工作，还存在哪些不足，从而将好地建议上报给学校，以便更好地帮助贫困大学生渡过难关，顺利完成学业，实现人生理想，体现大理学院的人文关怀。

关键词　贫困大学生　勤工俭学　助学措施　建议

目前，贫困大学生占在校大学生的很大比例，2006 年我校在校学生 13 375 人，贫困学生人数 5 216 人，占在校人数的 39%。他们的确需要学校的关怀。我们这次调查研究主要采取的方式主要有：问卷调查、谈话了解、实际观察、心理咨询等。

本次调查研究，共发出问卷240 份，收回210 份，回收率为87.5%。问卷涉及9 个学院，分别是政法与经管学院、马克思主义学院、文学院、数学与计算机学院、物理与电子信息学院、外国语学院、艺术学院、教育科学院、体育科学院；谈话调查了 6 个典型例子；在日常的生活中，观察贫困大学生的日常生活等。

一、调查分析

（一）学习状况

根据调查的情况，总体来说，贫困大学生的成绩不算太差，但是只有很少的一部分成绩拔尖。

在学习态度上，大部分（62.8%）的学生注重学习各方面的知识，锻炼各方面的能力；22.1%的同学要求自己成绩拔尖，争取拿奖学金；其他的同学则是及格就行，或是按照自己的兴趣去学习。

根据分析，占84.9%的同学有积极的学习态度，这个数目无疑是让人感到欣慰的。对剩下的占15.1%抱消极态度的同学，则需要学校、老师、同学都应给予教育、帮助和引导。

另外，有的同学在学习上不适应，农村教育多是“死读书”，而大学强调素质教育，一些贫困生在学习方法上一时难以转变。还有的同学来自农村，对现代化的学习工具不能很好地掌握，比如，网络资源、电子词典、MP3、MP4等。

（二）心理活动

当问到对自己现在的经济处境的态度时，有76.6%的同学认为虽然自己现在贫穷，但会通过自己的努力去改善；有12.1%的同学现在正在勤工俭学；有8.4%的同学觉得现在很烦恼，认为老天太不公平；有2.9%的同学等待别人的援助。

从问卷中可以看出，有相当大的一部分（88.7%）贫困大学生愿意用自己的劳动来换取报酬，他们都不愿意学校或是同学把贫困生的帽子戴在自己的头上。剩下（11.3%）的同学的态度是不太乐观的，表现在他们等待别人的援助，自己不去主动地改变现状。

贫困大学生承受着比一般大学生更大的身心压力。他们为了缓解经济压力，千方百计找机会去打工，打工占用了太多的学习时间，而有的同学则在学习上对自己要求不是太高，临近期末考试都很担心自己的考试科目会不及格。

贫困大学生的心理还承受着来自朋辈群体的压力。家庭富裕的同学出手大方，交友广泛，而贫困的大学生生活拮据，既要学习，又要为生计奔波，没有经济实力和精力进行更多人际交往，参与校园文化活动。于是，贫困学生容易在心理上产生防卫反应，出现敌对态度和强迫症状。

心理不适应，很多贫困大学生有不平衡心理，对家庭和社会有所抱怨，对其他同学有所排斥。他们有的表面上显得自强，但事实上内心很可能脆弱而自卑。

然而，现实生活中，却有许多人面对生活的困境，完全期待别人的帮助，把别人的帮助看成理所当然，并且接受得心安理得。竞争，也出现了诸如“啃老族”、“傍大款”之类的人，最近还看到不少各种各样奇特的征婚者，为了走捷径，不惜卖身，征男、女有钱人作为婚姻对象，自甘堕落。

（三）人际交往

在问到是否经常参加社团活动时，有19%的人表示经常参加，有26%的有时会参加，有55%的不参加。

可以看出，贫困大学生不参加社团活动的主要原因是，浪费钱、浪费时间、觉得自己不如别人等。

交往也确实需要一笔开销，关于娱乐休闲方面的花销，贫困生们无法负担，而现实情况是，对于青年人来说，与他人交往是生活中不可或缺的一部分。学校本来就是一个群体生活的地方，如果不被群体接受，学生就会有很强的失落感，而且，如果没有可靠的人际关系，对将来的发展以及就业都会有一定的阻碍作用。于是，人际交往就越发显得重要。

由于经济上的困难，有很多的集体活动不能参加。同学之间经常会聚餐，当作为贫困生，吃饭都紧巴巴的，自然也就没有那个闲钱了。这对同学之间的交流会存在一定的阻碍。特别是到了“五·一”和“十·一”，还有暑假，眼看同学们都结伴成群地出去旅游了，自己却只能抓紧机会找点勤工俭学的机会，为自己的生活减轻负担。

人际交往中容易发生极大分歧，学生间隔膜相当大（“贫学生”与“富学生”两大群体），贫困生在就业考研上也缺乏经济支持，有心无力，对社会抱有一定的不满情绪，对一些不平等的待遇更是万般的无奈和气愤。

（四）勤工俭学

当问到对勤工俭学的态度，有69.5%的同学是自己主动积极地去找，14.8%的同学等待学校的帮助，15.7%的同学等待老乡、同学的介绍。

可以看出来，有69.5%的同学对勤工俭学的态度是积极的，靠自己的努力去找，而剩下的30.5%的同学则是靠别人的帮助，独立意识有点差。

有的同学提出希望学校多提供一些勤工俭学的岗位，毕竟学校的勤工俭学的岗位有限，况且外面的岗位的报酬还高一点，自己不主动到学校外面找，这种被动等待的态度不是太好。

由于受传统观念的影响，有些贫困大学生存在着参加勤工俭学，尤其在校园内劳动怕同学瞧不起，怕难为情，认为自己“低人一等”。

贫困大学生对勤工俭学的动机各不相同：

（1）有的主要是为了钱（占47%），但为钱的动机却不一，他们或是由于家庭经济困难而想减轻家庭负担，或是想过得潇洒一点，或是想弥补自己的“财政赤字”等。

（2）有的主要是为了培养能力，认识社会，增加自己的人生阅历，锻炼自己的意志，体验自立，而“钱”是次要的（29%）。被调查者坦诚直言：“勤工俭学使我们早日接触社会，开阔了视野，增长了知识，锻炼了能力”，“如果勤工俭学仅仅是为了钱是没有意义的”，“流自己的汗，吃自己的饭”。学生一般认为，参加勤工俭学不论是有意识的还是无意识的，都能得到能力的锻炼，但对于具体能够锻炼哪些能力则认识不一。

（3）其他目的。有人把它看做是丰富课余生活、调节“无聊”生活的一剂良药（19%），不一而足。“挣钱”，“早日接触社会、认识社会”和“锻炼能力”是大学生参加勤工俭学的主要目的，但是，也有少数大学生（约占5%）勤工俭学仅仅是为了钱，他们对“勤工俭学”存在着认识上的偏差。

在勤工俭学的过程中的正面影响和负面影响。

正面影响：一是大学生兼职，为我们的教育注入了新的活力，带来了新的思想。在兼职过程中，由于竞争激烈，参与兼职的学生中任何一个人也不敢要求“60分万岁”，任何人也不敢有“混”的念头和做法。通过参加社会工作，接受社会规范，学习角色职责，在对社会的无意识适应中接受教育和熏陶，在有意识的适应中调控自己的生活方式和行为方式。二是兼职，是青年学生接触社会，努力寻找自己新的人生价值坐标的第一次，不管是否确定了自我的价值方向，寻找本身就是一种价值的外现。参加兼职的学生中大多数并非仅仅为了赚取外快，有很多的人认为主要是为了丰富自己的阅历。三是理论付诸实践，通过兼职活动扩大学生的知识面，培养能力。对于学生专业而言，在实践中遇到书本上没有涉及和不能解决的问题，正是在学习和解决这些问题的过程中，使专业知识得到深化。

负面影响：诚然，兼职对大学生是锻炼的机会。但由于大学生的社会阅历低，心理承受能力有限，缺乏适当的引导，易于走向极端。一是对兼职活动的热衷，往往反映了学生功利意识过强。兼职工作毕竟是短期的行为，学生本身缺乏长远的计划，如社会调查、产品促销等活动，都只是数天的工作，学生为了兼职而不得不经常性轮换工作。对于更能锻炼自己社会综合能力的社会工作，如担任学生会、团委会、学生社团、班级干部的工作，往往不屑一顾，而独自寻求直接见效的赚钱渠道，追求短期功利。一些学生将大部分精力，甚至是全部的精力都投入到兼职工作中，兼有多份工作，为了繁重的业务而不得不连续逃课，精力也无法集中在学业中，造成了“兼职过关，学业受累”的现象，显然也是得不偿失的。二是由于学生心理承受能力还不强，而社会的激烈竞争必然会带来成功与失败。如果自我调适不当，或沉迷于成功之中而沾沾自喜，或由于失败而一蹶不振，都将会造成心理的失衡。

（五）学校已经做了哪些的工作

2006 年学校通过国家、省政府、学校以及社会多渠道筹集助困资金，形成了以“奖、贷、助、补、缓”为主要内容的贫困家庭学生资助工作体系。

1. 国家助学贷款

国家助学贷款已成为我校资助贫困家庭学生顺利完成学业的重要渠道。在每年录取的学生中有 20% 左右的可以获得国家助学贷款，约占我校贫困家庭学生总数的 50%。申请国家助学贷款最高金额为 6 000 元/年。申请贷款金额的项目依次为学费、住宿费、生活费。

2. 勤工俭学岗位

学校非常重视学生勤工俭学工作，目前，校内已设有 600 多个岗位可供贫困家庭学生选择。在学校勤工俭学的岗位上工作的学生，每个月可以获得 100 ~ 200 元的勤工助学的酬金。同时，学校也积极开辟校外的勤工俭学的岗位，部分学生可通过学校的推荐到校外进行勤工助学活动。

3. 临时困难补助专项经费

2006 年按每生 50 元的标准下拨到二级学院，用于学生的各种临时、特困补助。该经费经学生本人申请，层层推荐审批，视情况可以获得 500 元以内的资助。

4. 贫困家庭学生奖学金、助学金

包括大理学院贫困生的奖学金。该奖项面向全校贫困家庭学生，有10%品学兼优的贫困家庭学生可获得500 ~ 1 200元的奖学金；学习进步奖，该奖项面向全校学生，不受名额的限制，凡一年内学习进步成绩进步十名者，可获得奖学金500元。

5. 国家和云南省政府奖学金、助学金

奖项面向贫困家庭学生，我校2006年获得国家和省政府奖学金、助学金总额150.16万元，学生达1 128名，他们分别可以获得1 000 ~ 4 000元的奖励和资助。

6. 关怀工程

为切实做好贫困家庭学生的资助工作，我校从2005年起启动实施了大理学院教职工资助贫困学生“关怀工程”，该工程每年开展两次“捐资助困”送温暖的活动。一次是以党总支为主的全体党员参与的捐助活动，一次是以工会为主的全校工会会员的捐助活动，两次活动捐资约10万元，受资助学生约800余人。2006年全校教职工捐款47 650元，购买毛毯439床，按比例分发到各学院。

7. 社会资助

目前，学校还获得社会资助，主要有：“雄峰奖学金”、“美登”奖学金、“宝隆”奖学金、“同兴—兴化”助学金、“杨希禄”奖学金、“中国电信”奖学金等社会捐资助学项目。2006年共获社会资助17余万元。

二、主要问题原因的简要分析

贫困大学生的产生，是社会的贫困、家庭的贫困和学生自身素质的“贫困”共同作用的结果。

1. 社会原因是贫困大学生产生的根本原因

一是由于我国社会生产力仍较落后，教育基础薄弱，教育总体水平仍欠发达。

二是由于我国人口众多，尽管教育投入总量很大，人均教育支出却很低。

三是由于我国教育体制仍不健全，教育领域内仍存在的教育乱收费等问题加剧了贫困生的负担。

四是教育体制改革，高校教育产业化，学费越收越多，生活费越来越高，公寓费也日益见长。改革开放前，中国高等教育费用全部由国家承担，国家统包了个人的高等教育学费与生活费，因此贫困生问题尽管事实存在但未得以显现。改革开放后，尤其是进入20世纪90年代中期以后，随着社会主义市场经济体制的逐步确立，特别是实行高等教育成本分担制度改革以后，高等教育部分费用由个人、家庭负担，于是高校贫困生问题日益突出。

2. 家庭贫困是产生贫困大学生的直接原因

地区经济发展失衡、社会贫富分化加剧，有统计表明，目前高校大半的贫困生来自“老、少、边、山、穷”地区。同时，近几年，城市贫困家庭尤其是下岗职工家庭数量日趋加大。

3. 大学生的产生，学生自身的因素也不可忽视

一是一些贫困生自立程度较低，技能较差，靠自己解决部分学费和生活费难以实现。由于校园环境的局限性和高校“打工”岗位不足，勤工助学渠道一直不很畅通，严重制约了其作用的发挥。走出校园，发掘社会资源也不理想。尽管有些贫困生高考成绩并不低，但自立程度、各方面的实践能力却较差。

我们羡慕发达国家的很多孩子很早就学会了自立，我国社会也不乏一些边上学边做兼职、读书阶段就赚了一大笔钱的学生。但必须承认的是，在我们周围，更多的是能力一般或较差的学生。也许考试时他们各门功课成绩也都不错，但当面临一份只需具备简单专业素质就能胜任的工作时，却只有望之兴叹。

二是某些贫困生学习成绩不佳，影响了其克服贫困的机会。贫困生大多学习刻苦、成绩优异，又未必都如此。我身边就不乏一些家庭确实贫困，学习成绩也确实较差的同学。得不到奖学金倒也无妨，事实是还要常常去补考、重修。“人穷志不穷”，可惜有些学生似乎连志气也没有了，真的让人不解。

三是少数贫困生不尽合理的生活方式加剧了其贫困的程度。贫困生大多生活俭朴、舍不得花半分钱，但也未必都如此。从农村进入城市，在都市的霓虹闪烁、喧嚣绚丽中，在各种各样的诱惑下，一些原本淳朴的孩子也易迷失方向。向往城市丰富的物质生活是正常心理，而没有钱，却依然要去攀比、去享受，却是可怕的事情。有个别学生，家庭条件本就不好，自己偏又迷恋上网络游戏，甚至沉于其中而不能自拔。偶尔玩一两次尚可，没有抑制地去玩，久而久之，这无疑又是笔不小的消费。

三、给学校提供对策的几点建议

以下意见仅供学校的参考，希望能给学校带来一些帮助。

第一，扶贫先扶志，做好贫困生的思想政治工作比单纯解决经济问题更为重要。

首先，要求班主任本着对学校负责和对学生负责的态度，详细了解掌握本班的贫困生的总体情况和个体情况，深入实际，对症下药，重视对贫困生的心理疏导，帮助他们在思想上“脱贫”。各学生工作部门要根据存在的不同情况，在学生中开展挫折教育、成功教育和自立自强教育，培养他们自尊、自信、自立、自强的意识，打消“等、靠、要”的念头；学校还要开展典型人物的学习。比如洪战辉就是一个很好的例子。面对家庭困境，洪战辉这名年仅 12 岁的少年没有被吓倒，而是勇敢地挑起了家庭的重担。经历过无数艰难困苦，砥砺了乐观坚强

的性格，他不但自己考上了大学，还把“拣来”的妹妹养大，送进学校读书。尽管生活过得相当艰难，但洪战辉却从来没有申请过特困补助，还多次拒绝了好心人的捐助，在他看来，“一个人自立、自强才是最重要的”。通过开展思想工作，缓解了贫困生的心理压力，促进其个性健康发展，积极乐观地面对生活。

其次，培养他们有一颗感恩的心。有些同学认为，那些助学贷款、助学金就应该是他们的，而不是别人的，从来都不会考虑到为什么发给他们。应该让他们知道对他们的资助是党和政府、社会和学校的一种关心和帮助。在目前我国还处在社会主义初级阶段，国家经济还并不十分富裕的情况下，能获得这样的帮助实在不易。如果仅仅把扶贫解困单纯地看成是一种经济行为，那么，这项工作就失去了它应有的意义和作用，甚至会对贫困学生产生负面影响。因此，在解决贫困生实际困难的同时，要使他们在思想上受到一次洗礼，使之从中体会到社会的温暖和学校的关爱，从而更加发奋学习。还要教育学生人穷志不短，经济虽然贫困，但精神不能贫困。只有立志成才，自强不息才能战胜一切困难。对他们进行教育，让他们以后多为班级、学校、国家作贡献。

再次，减轻自己的经济负担，不仅仅是助学金、贷款和奖学金，还有可以参加学校的一些活动。比如可以申请学校的科研基金项目、“挑战杯”职业生涯设计大赛，还有其他社团举办的辩论赛、演讲比赛、废品设计大赛、主持人大赛等。参加这些活动不仅可以获得一定的现金奖励，更重要的是可以锻炼自己，提高自己。这样一举两得，何乐而不为呢？

最后，要正确认识和看待勤工俭学。在勤工俭学的方面，使他们转变一种观念，毕竟学校的勤工助学的岗位有限，并且有的还不是太适合自己。改变那种靠学校的分配的思想，要他们自己主动去找工作。在找工作的工程中，让他们开始了解社会、认识社会，开始了解公司等用人单位的管理，为以后走进社会奠定基础，其人际交往和社会活动能力也在实践中得到了锻炼。同时让他们在勤工俭学的过程中试着发现自己的价值，以图今后在社会中寻找到自己适合的位置。勤工俭学还培养了他们的时间观念和劳动纪律，改变了一些大学生以往散漫拖拉的毛病，使他们的大学生活过得紧张充实。

另外，还要改变一种观念，受传统观念的影响，有些大学生在参加勤工俭学，尤其在校园内劳动怕同学瞧不起，怕难为情，“低人一等”。通过教育，让他们树立这样一种信念：靠自己的劳动去换取报酬是很光荣的。

自己可以选择适合自己的兼职：①家教。家教可能最适合学生，报酬也比较高，要合理的安排自己的时间，使之不要和上课、重要活动的时间冲突。②兼职。大约60%的调查对象对兼职比较感兴趣。选择兼职的原因大概有三个：一是工作比较稳定，有相对较高的报酬；二是较其他方式能更好地培养各方面的能力；三是为以后到公司谋职作职业准备。③零工。零工也不过是发传单、送报纸、去肯德基或麦当劳做服务员等，对女生来说也可以做模特。但这类打工需要克服低贱的思想观念。

第二，针对贫困大学生的一些自己的因素，也应该采取一些具体的对策。

首先，要提高他们的实践能力，学校应引导和鼓励学生参加学校的社团活动和三下乡实践活动等，让他们认识更多的人，提高实践能力和人际交往的能力。

其次，至于学生的成绩不是太理想，学校应该尽可能地鼓励、激励他们去学，让他们懂得知识的重要，尤其是专业课的学习，尽可能地打消以前的“只要及格就行”的学习态度。让他们自己主动地去学，而不是被动地学。

另外，又要对具体的学生进行具体分析，分析是什么造成学习成绩不是太理想，是学习方法不对，还是不努力，还是老师的授课方式不对等。

上面提到的有些学生的学习方法不对，比如以前在高中的方法就不是太适合大学的学习，大学的学习主要是提高自己的素质，提高自己的能力，老师应该及时地指出来，让学生更好、更快地进步。

有些学生的学习时间不够，是由于被打工的时间占用了。学校应该教育他们应该有一个度的问题，另外也可以在打考勤上作一些严格的要求。

老师在授课上，也应该有一些的改变，不应该像以前一样采取只在讲台上讲课，而下面的学生则是做什么的都有。课堂上缺乏的是一种互动的气氛，不能很好地让学生参与进来，不能很好地调动学生的积极性。尽量在课堂上加入一些互动的环节，多讨论，多一些引导，让学生自己去解决问题。

有些学生建议学校降低学校的机房的收费标准和开放语音室。学校可以设计程序，使之不能聊 QQ、看电影等娱乐性活动。这样可以方便学生查一些资料，了解一些国内国际的新闻，还可以在语音室，提高自己的听力水平，练习一下使用计算机，方便过计算机等级考试。学校应该采取一些切实可行的方案，让学生享受更多的学校资源。

另外，贫困大学生对一些新的学生工具不能很好的运用，这个需要周围的人不断地影响，也需要自己去慢慢地适应。

再次，对学生的一些不尽合理的生活方式，学校应该给予一些教育，使之明白当前的任务主要是学习，而不是那些生活上的享受，告之他们，父母的血汗钱来之不易。非常有必要，让他们亲自去体验自己挣钱的辛苦和劳累，在自己劳动后才认识到赚钱的艰辛，开始体谅父母，同时也开始珍惜来之不易的辛苦钱。

第三，学校工作，绝大多数的贫困大学生还是认可的。但也有一些的不足，需要改进。

一是建立贫困生详细档案。做好贫困生解困工作的前提是弄清贫困生的具体情况，做到有的放矢。因此，各学院要建立完整的贫困生详细档案。不漏掉一个贫困生的具体情况，也不让并不贫困的学生混到贫困生队伍中，真正发挥档案功效。

要注意有的学生凭借和班主任老师与同学的关系，本来不是太贫困的学生却等到了贷款和补助。还有，有的班级采取了在一定范围内抽签的方式。这种行为应该予以纠正。

还要注意公平性，不要总是那几个人，这样的话，只会使个别的同学养成坐享其成的习惯，而其他的人却享受不了政策的照顾，更有甚者，个别同学在政策的照顾下，自己上学不仅不用拿一分钱，相反还会多赚上一笔，所以普及的面要广一些。

另外，就是助学贷款不要一下子就确定四年的贷款人的名单，下一年的时候还要在进行一次实事求是的审核，然后再确定是否贷款给他，还是别人。

二是加大奖学金的力度。“以奖代赈”是世界通行的高校解困手段。它不仅能解决学生的经济困难，而且可以调动贫困学生的学习积极性，激励他们奋发向上、立志成才，可以说是一举两得的好事，备受贫困大学生的欢迎。为此，高校要加大奖学金的力度，扩大奖学金的受奖面，并适当向贫困生倾斜，以奖励那些品学兼优的学生。在此基础上还可以设立针对贫困生的专项奖学金，用以扶助那些贫困而奋发好学的学生。这样，使其逐步成为贷学金制度之外的另一种有力的解困手段。

三是积极争取社会力量助学。解决数量越来越多的贫困生问题，仅仅靠政府和学校的力量是远远不够的，还要积极努力，广泛争取社会力量参与助学。目前我国大多高校做得还不够。在国外，大学接受社会团体、私人或慈善机构赞助是很普遍的事情，如在美国，许多大学校长，包括一些著名大学的校长，不仅是教育家，而且是社会活动家，校长通过各种活动或渠道，号召社会各界扶持高等教育。我们可以借鉴这些好的经验，通过多种渠道积极宣传，争取社会的理解和支持。高校要发挥自身优势与社会上的一些企业、外商、地方政府建立密切的联系与合作，一方面争取他们设立多类奖励基金资助在校品学兼优学生，另一方面，可以坚持谁赞助谁优先选人的原则，使企业和捐助者个人也从中得到实惠，以增强其资助的信心和决心，使高校、企业、学生三方都受益，各得其所。

我们可以和当地的一些企业联系，建立一种用工合作关系，签订合同，现在资助的学生，毕业后，到本公司工作一定的时间，然后可以自主择业。

四是开展多渠道的勤工助学活动。学校可以设立专门的勤工助学服务机构，有计划地帮助困难学生寻找助学岗位，如家教、一些兼职工作、暑假工等，有条件的学校可以组织贫困学生到校办产业、校内实验室、后勤服务部门等地方参加一些力所能及的劳动，使他们在劳动中获得报酬和补助的同时，树立起自强不息的信心，培养生活自立能力。

并对聘用人员提出基本要求：热爱劳动、责任心强、经济困难、品学兼优的在校学生（卫生成绩考核岗位组必须是具备以上条件的学生干部或学生党员组成）。

而有如下情形之一者都不予聘用：受过各级、各类行政处罚及处分（含校内通报批评）；学期考试课成绩有一课不及格的；经常吸烟、酗酒、上网的生活奢侈浪费者。

五是还希望对学校的物价有所调控。前段时间，学校的物价有所上涨，比如食堂的饭价，公寓内的桶装矿泉水的价格由以前的4元/桶上涨到6元/桶。这样无疑又要增加一些无奈的开支，加大了贫困生的经济困难。

参考文献：

[1] 《关注贫困大学生，构建和谐社会》，http：//bbs. newssc. org/dispbbs. asp？boardid = 59&id = 581562。

[2] 吴庆：《公平述求与贫困治理》，社会科学文献出版社2005年版。

家庭经济贫困大学生心理现象分析

云南警官学院　刘　华

摘　要　由于我国经济体制的转型和高等教育实行扩招等政策，高校贫困生群体队伍不断扩大，我校自2006年以来，家庭经济贫困学生由原来占全体学生总数的25%，到2009年已扩大到占全体学生总数的33%，在学习期间许多贫困生承受着巨大的心理压力，由此而引起的贫困生心理健康问题日益突出，这种心理使部分贫困学生无法安心读书，不能适应大学生活，有的已经严重地影响了自身的健康及社会稳定，本文试图从贫困大学生心理问题的现状去分析其原因，并提出一些应对问题的策略。

关键词　贫困大学生　心理　现象　分析

在扩大高等教育规模和推进高校收费改革的过程中，我国高校从1994年开始实行招生并轨，逐步发展到“交费上学，自主择业”的招生就业体制。近年由于经济发展不平衡等种种原因，部分来自农村和城市贫困家庭的大学生，经济压力增大，高校中经济困难学生的数量正在不断增加。贫困大学生问题已经成为政府高度重视、社会普遍关注的社会性问题。2003年教育部重申“绝不让一个大学生因经济困难而辍学”。党和政府以及各级高校制定了一系列的政策措施，以确保贫困生安心就学。在全社会和有关政府、教育部门的关心下，社会各个层面向贫困大学生伸出援助之手，以各种方式给予他们物质上的资助和支持，贫困生的大学生活有了一定的保障。

然而在高校，贫困生作为一个特殊的群体，不但需要帮助解决经济上的困难，更需要给予精神方面的扶植，帮助他们适应环境，调整自我，增强心理承受能力。因此，了解贫困大学生这一特殊群体的心理特点和常见问题，以及影响因素，研究高校贫困学生的心理健康状况及特征，对于做好这一部分学生的心理健康教育工作，为高校心理教育提供依据具有重要的意义。

一、高校贫困生的基本情况

随着社会经济的不断发展，由于地区差异、个体差异等原因，高校家庭经济困难学生的比例不断上升，已由2006年的25%上升至2009年的33%，从困难学生家庭经济调查表的信息来分析，家庭经济属于绝对贫困的学生只是极少数，大多数贫困学生的家庭经济属于相对贫困。这些贫困学生按生活区划主要分为农村和城镇家庭经济困难两种。其家庭经济困难的原因主要有：①来自经济不发达的地区，自然条件差，难以支付必需的费用；②父母下岗或者工作不稳定；③来自单亲家庭，缺乏劳动力和经济来源；④家庭子女多（2~6个），有的兄弟姐妹同时在高校读书；⑤爷爷奶奶需要赡养；⑥父母亲长期生病需就医；⑦遭受自然灾害致贫等原因。

这些同学不能全部或部分承担高校现行的学杂费用，甚至有的同学生活都不能保障。家庭经济的贫困使他们在校学习期间承受的压力却远远高于其他学生。物质决定意识，贫困学生因其贫困，其心理状态与非贫困生相比有其特殊性。

二、高校贫困学生的心理现状分析

（一）自我认知中过度自尊与自卑的矛盾心理

通常认为，自卑是贫困生最为重要的心理特征，或者说贫困生的心理问题根源于自卑感，那么这种自卑感是如何产生的呢？其实这种明显的自卑心理是在高校的学习生活中与不断增长的自尊心理相碰撞而产生的。部分贫困学生进入大学后，在丰富的校园生活中与他人的诸多反差对他们的心理产生了巨大的冲击：经济背景的差别以及特殊的生活环境及阅历使得贫困大学生，尤其是刚进入高校时心理上极不适应。生活上的简朴节约在不了解情况的同学眼中变成了“抠门”；知识面较窄，动手能力较差，学习方法过于死板；一些贫困学生，特别是来自边远农村地区的贫困学生，对资讯时代应具备的知识技能如电脑、网络等知之甚少，甚至从未接触过；课余生活中对于其他同学谈论的流行话题难以插上嘴；对环境的适应能力、校园文化的参与度不如发达地区的学生强。对新生活的向往，融入集体的渴望心理与现实生活中与群体的隔膜愈来愈大，巨大的反差所造成的心理落差，这些都很会使得贫困大学生的自尊变得异常的敏感和脆弱。

（二）日常行为中的封闭与虚荣心理的交错

有调查显示，在对其他同学公开自己是贫困生时，有10%的人不能坦然面对，在心理上自感寒酸，自卑感油然而生，往往过度的自尊带来内向、孤僻，过分的自卑形成自我封闭。导致其行为上与当前校园文化氛围相悖，进而产生诸如防卫反应，敌对心理，结果一旦遇挫折，就更加重了相应自卑感的体验。

很多贫困生的自卑心理是与虚荣心相伴随的，由贫困而产生的虚荣与封闭感往往也是相互交错出现的，越是贫困的学生可能越注重维护自己的面子，很多时候表现为不愿与人交往，有的时候又会不切实际地摆阔，这是虚荣心使然，也是内心自卑的反馈。

（三）情感体验中持久的焦虑与抑郁心理

长时间的自卑、封闭容易使一些贫困大学生的心理慢慢转向抑郁。无法挣脱生活的困境，渴望摆脱贫困，改变命运，使得这些贫困的学子在抑郁之外又增添了焦虑。除了经济的负担之外，学习的压力、能力培养的落后、同学交往中对自己行为的误解或歧视以及面对就业机制改革所承受的巨大就业压力，加之未能正确认识甚至部分夸大经济方面的困难，使得焦虑、抑郁的心理成为贫困学生较为突出的心理特点。情绪低落，不愿意与他人交往，自我封闭，缺乏应有的自信，这种抑郁正是贫困生的一种自我封闭、内心苦闷的心态。在重重重压之下，有些心理脆弱的人甚至走上了极端，对自己的生活丧失了信心和意义，原有的热情和求知欲在这种心理失衡状态下逐渐消失，取而代之的则是对社会的不满，对无法改变自身状态的抑郁与焦虑心理。

（四）自我意识中的依赖与自强、自立的矛盾心理

大多数贫困生在求学路上一直是靠政府资助、学校帮助走进大学校园，大部分学生对来之不易的求学机会非常珍惜，家庭的期望、环境的磨炼，他们一面努力学习，一面主动寻求各种勤工俭学机会积极自救，展示了贫困大学生的自强、自立的优良品质。面对贫困时的无奈，对经济资助的需求，与在生活上自强自立的想法的矛盾，使他们陷入了深深的心理矛盾中去，从而成为背负“生活、学习、精神”多重负累的学生。

也有一部分贫困学生依赖性强，认为自己贫穷，就应该得到社会的资助，一味等待学校经济援助，或对外界的资助，认为理所当然，很平淡地接受，有着“等、靠、要”的消极心态。寻找帮助的主动性不够，对助学贷款和勤工助学则表现冷淡，甚至有人为获得更多的资助，在家庭困难的描述上尽可能凄惨、感人，以不切实的手段争取资助名额。得到之后于却不加以珍惜，更有甚者竟然用助学贷款和助学金去购买高档衣服，忙于应酬、泡网吧、打游戏，认为这种过度的物质消费是掩饰贫困、挽回面子的方法，全然没有了原先的自强、自立、勤俭和奋进。

三、高校贫困学生心理在行为上的表现

面对全新的大学生活，经济压力带来的思想负担过重，对家人生活的担忧，大学生活中的种种不适应，人际关系的紧张，各种心理冲突或挫折引起的复杂的情绪反应，使精神往往处于一种焦虑状态。过度或过于持久的焦虑体验，损害了他们正常的心理发展，引发心理疾病，从而严重地影响其学习和正常生活。

实例1：我校学生夏某是一名孤儿，经济来源主要靠舅舅资助，因为不想让同学瞧不起，在入学填写信息时，将舅舅舅妈填为父母，后学校了解到他的真实情况，有位老师要资助他，可他说什么也不肯接受，还要求学校不要给他任何资助，也不要将他的情况让同学知道。据同学说，夏某平时生活一般，和大家一样，与同学关系融洽，就是自尊心特别强，比较敏感。

实例2：我院党委历来非常重视贫困生资助工作，学院领导定期召开贫困学生大会宣传各项资助政策；也不定期地召开各种类型的贫困学生座谈会。在一次

座谈会上，一名贫困学生反映有的贫困学生一个星期都吃不上一次肉，生活十分拮据。学院领导了解到这一情况后，对贫困学生的身体健康非常担心，研究决定每月向每名贫困学生发放4张肉票，特困学生发放8张肉票，并要求开设经济窗口，对贫困学生进行优惠。可是，食堂反映，每天到经济窗口买饭菜的同学寥寥无几，食堂回收的肉票也数量有限，表明大多数贫困同学不愿意在大庭广众之下坦承家庭经济贫困，这种心理是可以想见的。

实例3：贫困同学马某，回族，其队长（相当于普通高校的班主任、辅导员）向我反映该同学生活困难，连吃饭都成问题，希望为其找一个勤工助学的岗位。考虑到他是回族学生，我为其联系了学校回族食堂，每天放学后替食堂抬抬菜，收收碗，除了学校发的勤工助学补贴，食堂还免费供应一顿饭。可是这位同学不愿意去，说是有图书馆的助学岗位就去，其他的就不考虑了。问其原因，推说家长不允许。在这种学生眼中，连助学岗位都有好坏、高下之分，更何况是人本身呢？作为一名贫困学生他认为在同学中已很没有面子，再去食堂打工就不仅丢了自己的脸，还丢了父母的脸了。

实例4：贫困生赵某，女，家庭经济困难，在饮食开销方面非常节俭。可去年评国家、政府奖助学金时却榜上无名，多次找我、找领导反映队部评选不公平。我找到该同学区队的同学、室友了解情况。同学们反映：虽然赵某是贫困学生，经济也确实困难，但她用的化妆品全是名牌，要两三百元一瓶。原来赵某将所有节省下来的生活费都买了高档化妆品，为的是不让同学们小瞧她。

这些个别贫困学生的心理代表着部分高校贫困学生的普遍心理，如果不能加以正确地引导，将使他们的心理扭曲，进而形成不正确的人生观、价值观，严重的还会走向极端，成为对自身、对社会的潜在威胁。

四、高校贫困学生的心理健康教育与引导

（一）要引导学生正确地认识自我，客观评价自我

教育学生要正确对待出身，出身是不可选择的，而贫困者在世界上占了相当大的比例，所以完全不必担心自己是孤独者、特殊者。要正确对待家庭，父母不能选择命运，父母已经为家庭作出了努力，作为儿女要学会理解父母，体谅父母，不应埋怨家庭在许多方面的无能为力或给孩子施加的压力。要正确对待自己，坦然接受现实，并且要和父母一起分担责任。只有贫困生把这一切看做是很正常的，才不至于对现实和命运有怨恨心理，才会有平和的心态。

（二）要引导学生积极地悦纳自我

学生要有积极的态度和行动解决困境，包括要积极争取校内外的各种资助，争取“减”“贷”“补”，要“勤”，抛弃不劳而获的侥幸心理，积极、适当参加勤工俭学，用自己的劳动减轻经济负担。要以实际行动争取“奖”，要奋发向上，争取奖学金是最应该鼓励的方法。贫困生要正确对待学校内外的各种资助，

要抛弃过分的自尊，合理利用资助，但不依赖资助，不把它作为唯一的经济来源。

（三）要引导学生有效地控制自我

自控力是学生素质的一个重要体现。有效控制自我就是对自我情绪、行动合理控制，并正确处理自己和他人的关系。首先要正确对待别人的态度，认识到会有人有嫌贫心理，不必把别人的歧视放在心里，对学校的一些规定要有平常心态，不要自己把它看成是别人对自己的特殊化。认识到正是自己潜意识中把自己特殊化了，才会觉得别人将自己特殊化。所以贫困生要正确对待制度及别人的态度。其次要正确对待社会，懂得获得后要有回报。有些大学生毕业若干年后仍不还贷，有些大学生接受了别人的资助后不懂得感激，这都影响了大学生的形象。要明白有诚信才能真正立足社会，有效控制自我的目的是使自己和他人、社会达到协调、和谐、发展。同时要正确对待未来，不要悲观，对自我发展有清晰而长远的目标是有效控制自我的重要内容，要自己把握和创造命运。

（四）要对贫困生进行适应性教育

学会适应是心理健康标志之一，是有机体与环境平衡的一种状态。贫困生刚进高校时是最困难、困惑和苦恼的时候，环境的巨大差异产生了心理的极不适应，在情绪上表现为孤独、抑郁、失落、沮丧、自卑、退缩、恐惧、逃避、紧张、焦虑、空虚、怠倦，心理极不平衡者出现浮躁、烦恼、愤怒甚至冲动，这些情绪都严重影响了贫困生的生活和学习。因此做好贫困生情绪情感的自我调节是非常重要的。情绪调节的方法有转换认识角度，调控希望值，让贫困生站在全体的角度、社会的角度和未来的角度看待自我，要有长远的眼光和规划，合理地利用学校集体帮助，得到利益满足，并合理规划自我奋斗，对机会要有主动性，多方拓展解决方法，同时建立融洽的友谊，合理地进行情绪宣泄，建立良好的心境，从而达到完全的适应。

贫困生作为大学生，是国家的栋梁。对其进行有效的心理教育，能有力地促进其成才，使他们成为心理健康的全面发展的人才，因此，应物质资助与精神关怀同步进行，积极做好这项工作对大学生的集体建设无疑也具有积极的意义。

构建高校贫困生资助体系和加强贫困生思想教育研究

——以西南林学院为例

西南林学院 刘沧山 肖 辉 彭建松 王宏虬

摘 要 贫困生资助体系的建设关系到高等教育改革的顺利进行，历来受到党和政府以及社会各界的高度关注。西南林学院利用“水池”原理，制定“西南林学院资助经济困难学生办法”，建立以“奖、贷、助、补、勤、减”为主体并配套家庭经济困难学生认定、获得资助经济困难学生志愿岗位管理等措施的资助体系。课题组设计调查问卷对资助体系进行评估，西南林学院现有在校大学生12 000余人，随机发放2 000份问卷，回收1 853份，有效问卷1 673份，对有效问卷进行统计分析。数据表明，西南林学院贫困生资助体系在解决贫困生的生活困难、培养自立精神、加强责任感、树立自信心、引导贫困生成长成才等方面行之有效。

关键词 贫困生 资助体系 思想教育

一、构建贫困生资助体系的目的意义

高校经济困难学生的资助体系建设关系到高等教育改革和发展，党和国家高度重视高校经济困难学生问题，对高校资助经济困难学生工作提出了一系列要求。中共中央、国务院在16号文件中明确要求“要加强对经济困难大学生的资助工作，以政府投入为主，多方筹措资金，不断完善资助政策和措施，形成以国家助学贷款为主体，包括助学奖学金、勤工助学基金、特殊困难补助和学费减免在内的助学体系，帮助经济困难大学生完成学业”。

作为西部林业高校，学生来自经济相对欠发达地区和农村的比重较大，贫困生比例高于其他高校，助困任务艰巨。贫困家庭学生因家庭收入低，学习、生活费用缺乏保障，思想和心理负担都比较重，容易产生自卑、不满情绪，需要予以特别的关心和帮助。高校经济困难学生现象将是长时期存在的一个不可忽视的社会问题。构建科学合理的贫困生资助体系，加强对贫困生的思想教育和引导，是社会主义优越性的体现，是教育公平、社会和谐的体现，有利于高校的顺利发展，有利于社会的稳定，有利于实现人力资源强国的目标。西南林学院在调查研

究的基础上，利用“水池”原理，制定“西南林学院资助经济困难学生办法”，建立以“奖、贷、助、补、勤、减”为主体并配套家庭经济困难学生认定、获得资助经济困难学生志愿岗位管理等措施的资助体系。有效地破解了新时期高校共同面对的贫困生资助这一难题。

二、构建贫困生资助体系的思路和方法

以前对家庭经济困难学生资助是把有限资金分散使用，具体操作方法是来一笔资金，学校根据教学院（系、部）学生总数按比例分配，由各院（系、部）进行评定上报，由于助困资金来源渠道不一样，到校的时间不一致，有时一笔资金刚分配下去，另一笔资金又到位，造成上笔资金还没有评定完，又要忙着评定下一笔资金，有时上级要求上报时间太紧，教学院（系、部）疲于应付，而有时是很长一段时间内没有足够的助困资金可用，这样使部分学生重复、多次享受，而许多真正困难的学生难得获得一次资助。由于随意性大，操作不规范，在学生中造成认识的混乱，评定时缺乏合理性和公正性。西南林学院利用“水池”原理破解了这一难题。具体办法如下。

（一）贫困生界定

所谓高校经济困难学生，是指在国家计划招收的普通高等学校学生中，学生本人及其家庭所能筹集到的资金，无力支付其在校学习期间的学习和生活基本费用的学生。确定经济困难学生是一件十分重要而又复杂工作，要避免简单化。有的学生家庭一时手头拮据，克服一下就可以渡过难关则不能算经济困难学生，对经济困难学生需要动态掌握，只有从总体上分析其家庭收入较低且在一个较长时间之内都不可能改善的学生才可列入经济困难学生。确定经济困难学生的标准应综合考虑学校所在地居民的最低生活水平、学生生活费和学费的来源，全面了解学生家庭经济状况和在校时平时的消费情况来确定。

（二）集中使用不同来源的助困及奖励资金

将国家奖助学金、省政府助学金、社会组织和个人捐助的资金以及学校上年实际学费收入的10%、学校的优秀学生奖学金合并，以上各项经费都称为进水管，一律进入奖助金这个大水池，建立资助家庭经济困难学生及奖励优秀学生基金，统筹使用。奖助分开，奖励以优秀为依据，助困以贫困程度为依据。

（三）确定贫困生比例

参考全国和云南省在校大学生的贫困生比例，结合学校所处昆明市的实际生活水平，确定贫困生的比例为在校学生总数的35%，其中：特困生5%，较为贫困生10%，一般性贫困生20%。

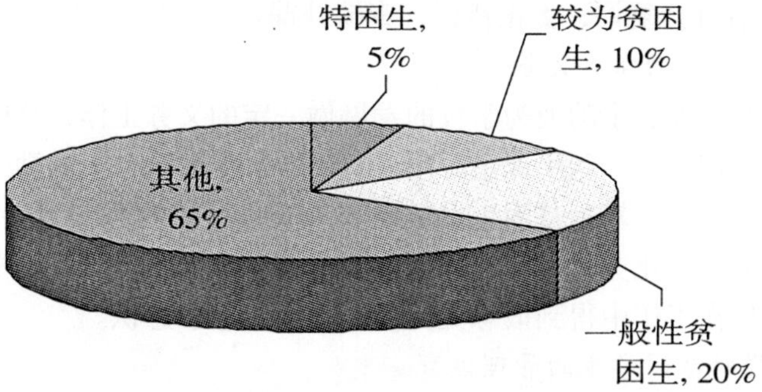

图1 在校贫困生比例

（四）对不同类别家庭经济困难学生实行不同标准的资助

对特困生给予重点资助，对较为贫困生给予一定资助，对一般性贫困生给予适当资助。对遭遇天灾人祸以及突发事件出现特殊困难的学生，根据实际情况，酌情给予一次性特殊补助。

表1 不同类别家庭经济困难学生实行标准

困难等级	资助标准（月）	备 注
特困生	每月300元	每年按十个月计发
较为贫困生	每月180元	每年按十个月计发
一般性贫困生	每月100元	每年按十个月计发
一次性特殊补助	根据实际情况	一次

以上四项为“水池”原理的出水管，贫困生按规定每月得到相应的补助。

（五）严格评选程序

贫困生的界定和评定，是一项十分复杂的工作，一些家庭经济较好的学生也常常以贫困生自居，要求给予补助。因此，一定要规范操作，严格把关。

(1) 由本人写出书面申请，并附有关证明。

(2) 所在班级全体学生结合申请资助学生平时表现和生活水平、消费状况进行评议，进行民主投票，由班主任根据学生评议结果评定类别后，提出意见报所属院（系、部）。

(3) 各院（系、部）组织相关教师进行评审，并进行公示，然后由分管领导签署意见，统一报学校。

(4) 学校公示受资助困难学生名单及补助金额，并设立征求意见箱，接受全体师生监督。

(5) 学校审批后，分类建立贫困生档案。

(6) 半年后进行复评，更正错误，查缺补漏。

(六) 明确受资助学生义务

受助学生要积极、主动地为学校的发展做一定的义务工作，感恩社会，报答学校，要服从学校安排，利用课余时间，每周参加半天至一天的勤工助学志愿服务。原则上，特困生、较为贫困生由学校统一安排；一般性贫困生由各院、系、部安排，主要从事绿化美化、校园保洁、食堂管理、治安值勤、图书资料协管等工作。让贫困生在工作中得到锻炼提高，同时增强感恩意识。

(七) 加强对贫困学生的管理教育

(1) 凡违反校规校纪受到记过处分者，取消半年受资助资格；受到留校察看处分者，取消一年受资助资格。

(2) 有高消费、乱花钱、酗酒等不良行为者，取消受资助资格。

(3) 对学校统一安排的勤工助学岗位工作，无故不参加、经教育不悔改的，取消受资助资格。

(4) 若发现有弄虚作假行为，谎报家庭经济状况而获得资助者，追回全部资助费，并给予纪律处分。

(5) 加强对贫困生的教育，教育贫困大学生树立远大理想，珍惜时光、勤奋读书、遵纪守法、立志成才，为将来报效祖国、服务人民奠定坚实基础。

(八) 配套措施

西南林学院在制定出台《西南林学院资助家庭经济困难学生实施办法》的基础上又出台了一系列配套措施，不断完善贫困生资助体系。配套措施包括：

(1)《西南林学院勤工助学志愿服务岗位管理办法》，规定了贫困生必须参加由学校及各院系安排的一些义务工作。在不影响正常学习的前提下，每周工作半天至一天。目的是让贫困生用实际行动报答学校的资助，在实际工作中得到锻炼和提高。对工作出勤高、表现好的学生还每月给予 20 ~ 30 元的奖励。

(2)《西南林学院特殊困难学生学费减免实施办法》，规定对家庭经济十分困难的孤儿大学生、残疾家庭及残疾大学生及来自贫困山区特少民族大学生的学费减免。其中，孤儿学费全免，云南省七个少数民族学生学费减半，残疾大学生及残疾人家庭学生根据贫困情况减 30% ~50%。

(3)《西南林学院贫困大学生校内贷款管理办法》，针对一些品学兼优且确实贫困的学生，到毕业时实在无法交清全部学费，学校把所欠部分转为对学生的贷款，欠费学生与学校签订校内无息贷款协议，让学生正常毕业，按时参加工作。贷款期限五年，到期还本不计息。所还款项建立校内贷款基金，滚动使用。

三、贫困生资助办法实施效果评价

（一）调查统计

自2006年3月实施《西南林学院家庭经济困难学生资助办法》以来，仅2006—2007学年共有3 672名贫困生按月享受困难补助，补助金额562万；30人享受临时特殊困难补助，补助金额11万元；安排假期勤工助学岗位1 100人次，补助30余万元；减免学费的学生共95人，减免金额近30万元。

为了客观地评价实施效果，我们设计调查问卷对资助体系进行评估，学校现有在校大学生12 000余人，随机发放2 000份问卷，回收1 853份，有效问卷1 673份，对有效问卷进行了统计。

1. 学生基本情况

西南林学院面向全国招生，学生主要来自西部地区，以西南地区省、市为主；其中云南省最多，且呈逐年上升的态势。农村户口学生的比例达65.93%。

生源结构与专业决定了学生的一些特点，主要体现为：①生活上吃苦耐劳；②学业上勤奋努力；③为人老实可靠；④做事认真踏实；⑤社交能力差；⑥缺乏家庭背景和社会关系；⑦学业上受自身经济条件限制较多；⑧经济上和心理上需要学校的帮助更多一些。

2. 学生心态评估

学生对未来工作意向的基本情况：在被调查的学生中，77.58%对就业前景持乐观态度，14.7%感到迷茫。学生最需要获得帮助的方面是：社会实践的机会44.41%，技能培训33.95%，经济资助18.35%，心理指导5.74%。就业意向中愿意到企业就业的达43.57%，准备考研的19.25%；考公务员的20.92%，考研、考公务员热有降温的趋势。接近80%的学生认同：贫穷的经历是人生的一笔财富，自我奋斗就能实现人生目标。由此表明，绝大多数学生心理健康，乐观向上，对自己的工作能力有充分的自信，对未来的社会工作有足够的信心。经济困难问题在学校的有效帮助下，已不是最大需求了。

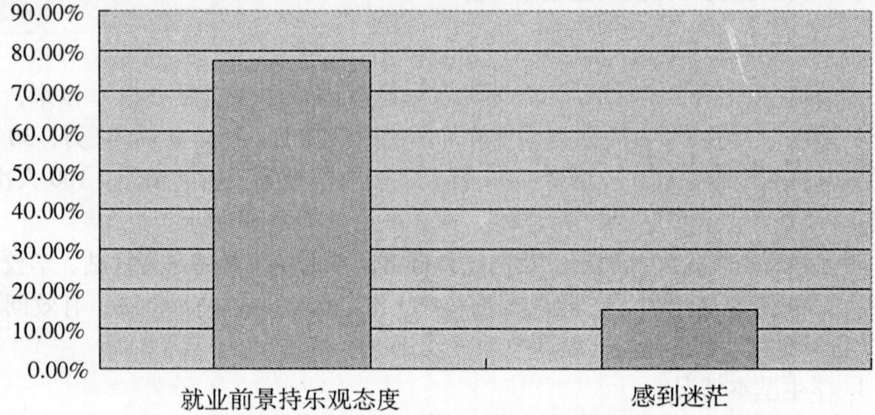

图 2　学生对就业前景的态度

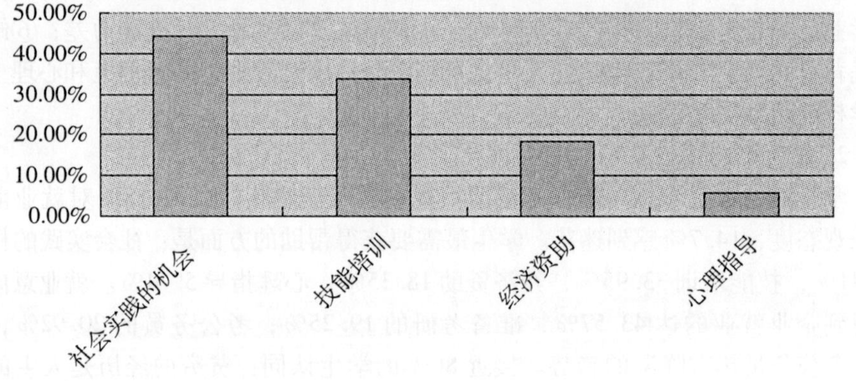

图 3　学生就业需求调查

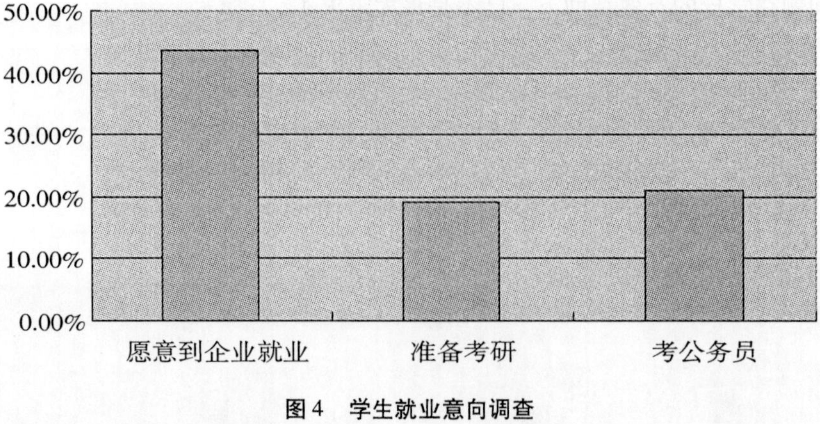

图 4　学生就业意向调查

（二）学生求学成本测算

1. 学生家庭年收入的基本情况

根据问卷调查统计，年收入在 4 800 元以下的家庭占 19. 31%，年收入在 4 800 元至 7 200 元的家庭占 25. 4%，年收入在 12 000 元以上的家庭占 27. 5%；23. 13% 的新生通过"绿色通道"入学。这些数据表明，大部分学生家庭的年收入还是比较低，近一半的家庭年收入低于 7 200 元，只有少部分家庭有相对较高的收入。同时还发现，收入较低的家庭，基本上都处于较贫困的农村地区，经济不发达，家长以务农为主，经济作物和少量的畜牧业成为家庭的主要经济来源。年收入相对较高的家庭，家长基本上都有固定的工资收入，其中也包括少数家长长期外出务工，获得相对稳定的经济来源。

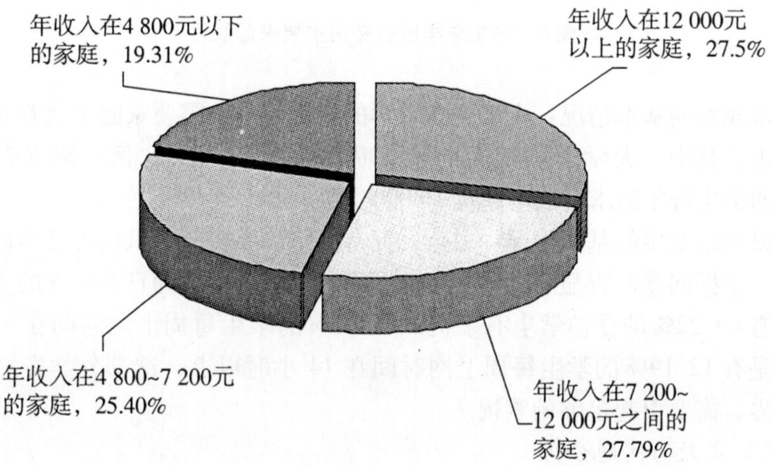

图 5 学生家庭年收入情况统计

2. 学生求学支出的基本情况

学生求学所需费用的主要来源：92. 23% 来自家庭或多或少的支付，除此之外，仍需其他方面的帮助，其中 24. 75% 来自勤工俭学，21. 94% 来自困难补助，17. 57% 来自国家助学贷款，6. 58% 来自奖学金，5. 26% 来自社会资助。因此，对学生教育成本的支出成为绝大多数家庭最大的经济负担。

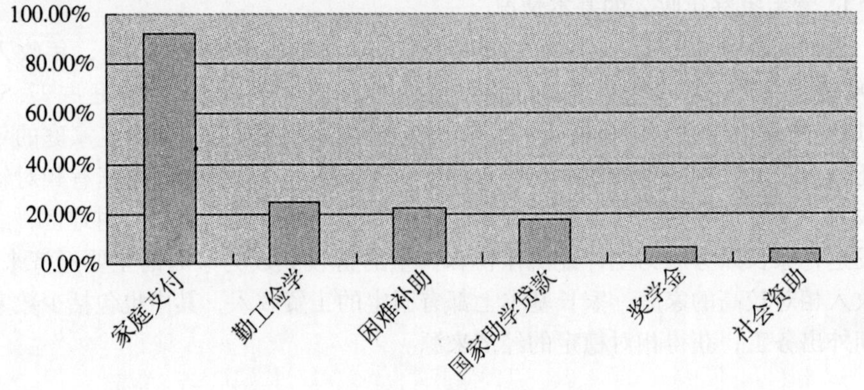

图6　学生求学所需费用主要来源统计

求学成本的基本情况：大学生在求学的十几年中，需要家庭十余万元的教育费用支出。其中，大学学习期间的教育费用支出占很大比例。调查表明，有65.3%的学生每年的求学成本超过10 000元。

通讯网络费用的基本情况：如今，拥有网络、手机等通讯设备已不再是时髦的事情。根据问卷调查显示，大学生的网络通信费用已成为日常开支的主要部分之一，有69.22%的受访学生有手机，73.88%的学生每周上网时间在7小时以内，但是有12.19%的学生每周上网时间在14小时以上，这部分学生易沉迷于网络世界，需要引起足够的重视。

（三）成效与问题分析

1. 比较准确地界定了贫困生

从调查统计可以看出，相当一部分家庭年支出高于家庭年收入，大学生的求学成本费用已成为许多家庭最大的经济负担。这些家庭已无力供子女完成学业。如果我们把大学生平均月消费在200元以下的划为贫困生，月消费在100元以下的划为特困生，那么从调查数据可以看出，大学生中总贫困生比例为34.2%，特困生比例占4.87%，较为贫困、一般困难比例占29.33%。贫困生的标准比较切合实际。

2. 学生了解并认可学校的助困政策

通过学生自主评议，学生有了知情权和参与权，操作过程更加透明、公平、公正；超过87%的学生了解学校的助困政策，67.4%的学生认为贫困生认定过程透明、结果公正。贫困生资助政策方面需改进的地方是：35.39%的学生认为受益面狭窄，32.64%的学生认为贫困生认定过程的透明度需进一步提高，19.13%的学生认为奖助额度小。

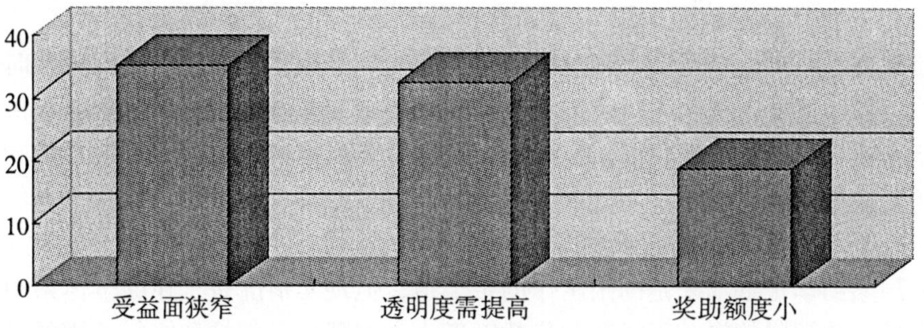

图7 学生认为资助政策需要改进的方面

3. 助困资金充分发挥作用

由于资金捆绑使用，使有限资金发挥了最大的作用，保证了助困资金真正用到了贫困生身上；64.3%的学生认为使很多人受益，使大多数贫困生得到帮助，但还有不足之处。采用“水池原理”，保证了助困工作的长期持续、有效进行，无论上级下拨的奖助资金何时到校，到达数量的多少均不影响贫困生资助工作的持续开展，确保了贫困生的思想和生活稳定。

4. 调动贫困生的学习积极性

42.92%的学生认为增强了受资助学生的责任感，57.08%的学生认为培养了受资助学生的自立能力，33.59%的学生认为提高了受资助学生的与人交往能力，43.04%的学生更乐于接受学校介绍或安排的勤工助学岗位。数据表明助困政策调动贫困生的学习积极性，进一步鼓舞了贫困生战胜困难的信心和决心。

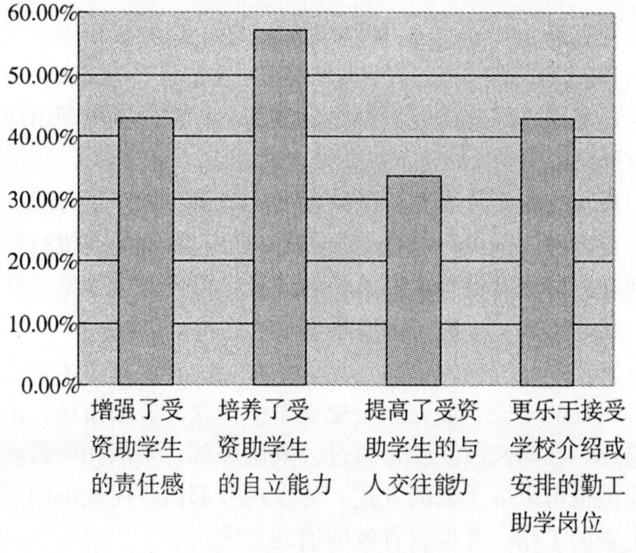

图8 贫困生积极性调查

5. 促进了学费收缴工作

建立了贫困生档案后，客观区分贫困生与非贫困生，促进非贫困生及时交纳学费。以前部分非贫困生对交纳学费持观望等待的态度，很容易把家庭提供的学费挪作他用，致使学费收取工作难于开展。目前，拖欠学费这一长期形成的疑难问题正在逐步解决。

6. 国家助学贷款的贡献率有待提高

国家助学贷款本来是助困工作的主渠道，但现实情况是，在助学体系中的贡献率低，助学贷款渠道不畅通，贷款额度小，期限短，学校和银行承担的风险过高。只有 12.13% 的学生获得助学贷款，数据表明国家助学贷款没有体现出应有的作用。

7. 勤工助学的门路还不多

开展勤工助学活动，学生运用自己的知识和能力获取正当收入，变补助为自助，变“输血”为“输血与造血”并重。勤工助学是资助经济困难学生的重要途径，但是目前的勤工助学工作开展得很不充分，勤工助学的岗位和薪酬远远不能满足经济困难学生的需要。

8. 社会资助的力量过于薄弱

在知识经济时代，大学与社会的联系越来越紧密。大学是全社会的大学，大学以人才、知识和信息的优势服务社会的同时，也需要社会的广泛支持。从调查数据上看，目前学生求学所需费用的主要来源中仅 5.26% 来自社会资助。这与社会、经济的发展程度不相适应，社会资助的力量显得过于薄弱。

四、建立完善以助学贷款为主体的助困体系

要继续完善和强化现有的国家助学贷款机制，充分发挥国家助学贷款的主渠道作用。助学贷款实施几年来，已顺利帮助许多贫困学生圆满完成了学业，得到了社会的一致认可和良好赞誉。但是，国家助学贷款没有体现出应有的作用，需要从以下几方面继续努力：

一是吸引更多的银行从事助学贷款业务，提供多种贷款方式。由国家能支付足够的风险补偿金，降低银行承担的损失和风险，从而提高银行开展贷款的积极性。并将这项业务向所有银行放开，使各商业银行不遗余力地设计贷款方案，提高服务质量，从而形成有序的竞争市场。

二是充分发挥社会机构的职能，允许其参加经济困难学生资助的管理。在这方面，国外有较好的经验。如美国是建立学生贷款的二级市场，由中介机构负责学生贷款和追还。在马来西亚就是通过公共服务部，采取扣除借款人月工资的方式来还贷。我国也可采取类似的方式，要求税务部门、民政部门等机构联手参与经济困难学生资助工作，并探索有效的追还方式。

三是采取激励政策，鼓励借款学生提前还贷。目前国家助学贷款的还款期限

和还款金额是无差别式的，这一点不利于激励学生按时还贷和提前还贷。国家应该对提前还贷者给予奖励，对恶性欠款者给予惩戒；国家还可以利用国家助学贷款的杠杆功能，鼓励学生学习对国计民生有重大意义的冷门专业，鼓励毕业生到国家需要的艰苦地区、艰苦行业和基层就业，形成国家助学贷款代偿机制，由国家资助基金代偿。

四是完善和强化高校现有的“绿色通道”，使更多的学生接受帮助。高校要通过减、免、补助、奖励、勤工俭学等多种形式资助贫困大学生，让更多的贫困学生接受学校的关爱与帮助，以饱满的热情投入到大学的学习生活中去。

五、扶贫与扶志相结合，切实加强贫困大学生的思想教育工作

（一）培养贫困生的自立自强精神

由于目前我国大学生资助制度属于“发放式”性质，学生基本上是被动地接受资助，在一定程度上使学生容易产生依赖心理和“等、靠、要”的思想。对经济困难学生的物资资助应该与精神鼓励相结合，在对贫困生实施经济资助的同时，更应该帮助他们树立自立自强精神。在高校及社会中形成一种关心人、尊重人的良好氛围，建立更加人性化的资助方案，使经济困难学生能够理直气壮地享受国家、学校等为其提供的帮助，将来用实际行动报效国家、回报社会。学校应该在经济困难学生中开展挫折教育、成功教育、艰苦奋斗教育和自立自强教育，引导学生树立正确的人生观、价值观、劳动观和消费观，塑造健康的心理素质，提高综合素质。

（二）加强贫困生责任心和自信心的培养

一些经济困难学生由于缺乏面对现实的勇气，缺乏应付突变和挫折的能力，一旦陷入困境就难以自拔，抱怨社会的不公，怨恨父母的无能。针对经济困难学生敏感忧虑的特点，一方面要让经济困难学生了解国家并轨招生收取培养费，并不意味着完全自费上大学，国家每年仍要投入大量的教育经费支持高校办学；另一方面要引导学生走出自卑的阴影，以乐观坚强的态度正视困境，勇敢面对现实，恢复自信，通过勤工俭学奖学金等形式克服困难，使他们认识到贫穷是一种动力，它能培养人吃苦耐劳的精神，磨炼人的意志，许多成功的人士正是在逆境中克服困难，迈出成功的第一步；再者，正确引导经济困难学生看待社会个人的资助，既不能把它看成是理所当然，也不要把它看成施舍，应将它作为一种动力，激励自己刻苦学习，以优异的成绩回报社会。

（三）激励贫困生奋发进取

一方面要积极发挥各级党团组织的作用，运用身边的人、身边的事，进行人生观价值观的教育，组织德高望重的教授，有突出贡献的专家，与经济困难学生谈人生，谈思想，谈追求，鼓励他们为祖国而刻苦学习，勤奋进取，做到人穷志不穷；另一方面，要发挥辅导员班主任的作用，深入细致地了解经济困难学生的思

想、学习、生活动态，对学生家庭中出现的突发事件及时掌握，及时关心，有针对性地进行教育，帮助对于积极要求上进的经济困难学生，鼓励他们积极向党组织靠拢，积极创造条件，为他们提供锻炼的机会，使他们在实践中受教育长才干。

（四）开展大学生诚信教育

首先要让大学生懂得市场经济是信用经济，信用是维系商品交换的前提条件。市场经济越发达就越需要诚实守信，没有了信用就没有有序的市场，没有了信用，经济就难于发展。作为享受信用经济成果的大学生，应该充分认识到个人信用实际上是一种资源、一种资格。守信者让信用成为财富，失信者被市场经济所淘汰。大学生应以自己良好的信用来影响和推动我国的信用经济的发展，来获得社会的理解和帮助。国家要建立公民诚信系统，共同监督、维护和促进信用经济的良性发展。

西南林学院通过“水池”原理，建立了行之有效的助困体系，科学地界定了贫困生及贫困生的贫困程度，较好地帮助了贫困生，在助困的同时，加强对贫困生的思想教育，帮助他们树立自强不息、努力学习、立志成才的精神，取得了可喜的成效。值得推广借鉴。

贫困生资助工作是一项长期而艰巨的任务，贫困生问题也将是长期存在的问题，我们要坚持社会主义的办学方向，结合实际制定完善助困体系，以培育合格人才为根本的办学目标，坚持以学生为本，授大学生以知识，育大学生之能力，成大学生以创新精神，立大学生民族情怀，为全面建设小康社会乃至中华民族伟大复兴，培养更多更好的合格人才。

参考文献：

[1] 刘沧山：《如何破解当代民族大学生的两大压力》，载《云南教育》2005 年第 3 期。

[2] 刘沧山：《切实加强改进云南边疆高校思想政治工作》，载《高等教育研究》2005 年第 1 期。

[3] 刘沧山：《云南省民族高等教育改革和发展几个问题的思考》，载《大理学院学报》2005 年第 2 期。

[4] 刘沧山：《浅谈云南省高等教育的改革与发展》，载《云南教育》2006 年第 2 期。

[5] 刘沧山：《当前大学生思想政治教育中存在的主要问题及对策》，载《西南农业大学学报》2007 年第 5 期。

[6] 刘沧山：《西南林学院课外学分制实践与理论思考》，载《云南教育》2007 年第 1 期。

[7] 刘沧山：《大学贫困生界定与高校助贫工作新探》，载《云南高教论坛》2007 年第 4 期。

昆明冶金高等专科学校“双定生”模式研究报告

昆明冶金高等专科学校 夏昌祥 杨丽敏
代祖良 谭红翔

摘 要 昆明冶专“双定生”模式的研究报告是经过四年探索实践，2006年经专家认真鉴定并得到教育部高教司审查批准结题后的研究报告之一。该模式结合高职高专实际情况，通过理论体系研究、探索实践体系构建，充分论证了该模式在着力于提高学生就业率的同时，又能更好地配合上级部门对高校家庭经济困难学生开展资助工作，丰富了资助内容，实现了家庭经济困难学生学习有保障，就业有渠道的培养目标，一定程度上解决了家庭经济困难学生读书难、就业难的问题。

关键词 双定生模式 研究

可以帮助贫困生读上大学、能够确保大学生顶岗实习、有效促进毕业生顺利就业、充分实现“双定生”输送到位的“双定生”人才培养模式，是由地处西部的国家示范高职院校建设单位昆明冶金高等专科学校2000年首创试行、2002年列入教育部《新世纪高职高专教育人才培养模式和教学内容体系改革与建设项目计划》研究项目、2006年12月教育部高教司审查批准结题、连续运行到2009年并作为教育部向全国高职院校推荐的全国9种之一的产学合作高技能人才培养模式。在课题组第一负责人夏昌祥教授和第二负责人杨丽敏教授及课题组成员代祖良副教授和谭红翔教授的共同努力下，经过四年的研究、六年的推广和十年的实践，“双定生”人才培养模式不仅帮助近万名贫困生读上大学，而且促进近万名“双定生”顺利就业，同时还帮助几千名“双定生”减免学费、获得奖助学金和争取生活费上千万元，成为一种理论上可行、贫困生看好、企业里管用、实践中能推行在高职教育领域具有广泛推广应用价值的人才培养创新模式。2009年2月，作为云南省高职院校中排名第一的项目，被云南省政府确定为“云南省高等教育教学成果一等奖”。

“双定生”人才培养模式的主要情况着重从三方面予以体现。

一、四年研究形成两大体系

(一)“双定生”模式形成了比较完整的理论体系

在教育部2002年4月8日以教高司函〔2002〕90号文件把我们申报的“高职高专教育‘双定生’人才培养模式的探索与实践”项目列入教育部《新世纪高职高专教育人才培养模式和教学内容体系改革与建设项目计划》(编号49 I 15)之后，到2006年12月教育部高教司审查批准结题，通过四年针对性研究、比较性研究和实证性研究，我们就主要从以下四个方面推进了研究工作。

1. 我们分析了主要的研究背景

(1)冶金矿业人才奇缺呼唤“双定生”模式——作为支柱产业的冶金矿业出现的“结构调整不进人、效益不好不来人、不断退休更缺人、环境较差还走人和无人就读没有人”的现状令人担忧，因此，急需通过“双定生”人才培养模式的应用尽快加以改善。

(2)高职院校办学艰难呼唤“双定生”模式——前几年高职院校办学艰难主要存在的“招生上困难、资源上闲置、导向上失误、就业上不易、管理上混乱”的状况，也急需通过“双定生”人才培养模式的应用尽快得到改善。

(3)贫困学生难上大学呼唤“双定生”模式——社会上普遍存在的虽然学习成绩好、发展潜力大而因高校收费高、助学贷款难和毕业就业难而放弃上大学机会的状况，还急需通过“双定生”人才培养模式的应用尽快得到改善。

(4)高职学生素质堪忧呼唤“双定生”模式——经调研，高职高专院校学生在人文知识方面存在的“学习热情不够高涨、专业思想有些淡化、文化素养普遍偏低、人文知识相对欠缺、人文精神更为缺乏、艺术知识相当缺乏”的状况，仍然急需通过“双定生”人才培养模式的应用加以尽快改善。

2. 我们提出了主要的研究思路

(1)从办出高职特色来构建“双定生”模式——主要努力体现高职办学特色，即：办学思想的社会性、服务面向的地方性、专业教学的针对性、教学内容的应用性、教学过程的实践性、对象来源的多样性。

(2)从客观实践需要来构建“双定生”模式——主要通过体现“以市场需求为导向、以地方经济为依托、以产学合作为重点、以能力培养为核心、以追求特色为目标”的办学思路来构建。

(3)从把握总体思路来构建“双定生”模式——要努力做到同时解决艰苦行业急需人才、相关院校办学艰难、贫困考生无钱上学、贫困学生难以贷款、毕业学生就业困难和艰苦行业难留人才的问题。

3. 我们采取了主要的研究方法

(1)开展针对性研究——我们针对艰苦行业急需人才、相关院校办学艰难、贫困考生无钱上学、贫困学生难以贷款、学生毕业就业困难、艰苦行业难留人才等客观情况进行调查研究。及时构建了只要签订“双定”协议，就可免交学费上学，就可优先获得助学贷款，就可100%就业的“双定生”人才培养模式。

（2）开展比较性研究。一是进行“双定生”与“订单式”两模式的比较研究——结论是：“双定生”模式除了具备“订单式”模式的优点以外，还注重人才培养的针对性、系统性、过程性和适应性。

二是进行国内外高职人才培养模式的比较研究——我们把我国高职教育校企合作人才培养的9种主要模式：“订单式”人才培养模式、“2+1”人才培养模式、“学工交替”人才培养模式、全方位合作教育模式、“实训—科研—就业”一体化合作教育模式、“双定生”人才培养模式、“工学结合，校企双向介入”人才培养模式、“结合地方经济全面合作”模式、“以企业为主”的合作办学模式，和台湾“建教合作”模式，以及六种国外高职人才培养模式：CBE模式、CBET模式、“双元制”模式、TAFE模式、“培训教育第三产业化”的人才培养模式、中东混合高职教育模式进行比较研究，其结论是：“双定生”人才培养模式更具普遍性和适用性。因此，加快“双定生”人才培养模式的探索、应用与推广作用巨大，意义深远。

（3）我们开展了实证性研究——从一开始我们就以昆明冶专作为试验基地，实行边研究、边实践、边完善，取得了明显的效果。

4. 我们取得了主要的研究成果

（1）形成了比较完整的理论体系——“双定生”模式通过对“双定生”模式的主要内涵、主要特征、推行原则、重要类型、适应范围、实现方式、实施对策、推动手段、保障条件、评价方式等十个方面进行了探索研究和深入提炼，形成了比较完整的理论体系。

（2）出版了上百万字的研究专著——一是由课题组第一负责人编著了《“双定生”高技能人才培养模式的创新探索》一书（约20万字）（云南大学出版社）；二是由课题组四位成员共同主编了《“双定生”模式的研究与实践》一书（约70万字）（四川大学出版社）。

（二）“双定生”模式形成了易行有效的实践体系

（1）构建了昆明冶专“双定生”模式的运行机制——主要实施“双定生”模式的办学定位、组织形式、工作重心、协议规定和管理方式。

（2）形成了昆明冶专“双定生”模式的运行模块——主要有综合“双定生”、高职“双定生”、中职“双定生”、国际“双定生”和奖助“双定生”合作培养等五个模块。

二、十年实践取得了明显成效

（一）解决办学四大难题

一是帮助贫困生读完大学；二是确保大学生顶岗实习；三是促进毕业生顺利就业；四是实现“双定生”输送到位。

（二）帮助学生获得实惠

十年实践，学校接到“双定生”订单 8 000 多人，培养“双定生”4 000 多名，还为“双定生”减免学费、提供奖助学金、争取生活费等超过 1 000 万元，并促进所有“双定生”顺利就业。

（三）推动学校快速发展

2008 年与 2000 年相比，在校生从 3 000 余人增加到 13 000 人，高职专业从 10 多个增加到 60 个，专任教师从 200 多人增加到 700 多人，教授、副教授从 40 多人增加到 320 多人，资产从 3 000 多万元增加到近 3 亿元，就业率连续六年超过 92%。学校被确定为“全国冶金行业高技能人才培养基地”七大基地之一，连续六年被评为“云南省大中专毕业生就业工作先进单位”，还荣获“全国职业教育先进单位”、“全国精神文明建设先进单位”等荣誉，并被教育部确定为全国百强示范性高职院校建设单位。

三、六年推广赢得了社会认可

（一）“双定生”模式得到了院校采用推广

据不完全统计，2004 年以来，山西工程职院、镇江高专、吉林电子信息职院、河北工业职院、山东工业职院、昆明工业职院等高职院校共同与 50 多家企业签订了“双定生”人才培养协议，共招收“双定生”专业学生 7 609 名，共有 5 662 名“双定生”专业学生顺利就业。同时，“双定生”模式也在近 10 个省区的中专和技工学校中普遍采用。

（二）“双定生”模式得到专家鉴定推崇

评估中专家对“双定生”模式的评价——专家组在 2003 年 11 月 14 日报给教育部并得到批准的《考察评估意见》中写道：“专家组一致认定，《实施‘双定生’招生、培养、就业系列改革，为艰苦行业培养技术应用性人才》为学校的特色项目。”

结题下对专家“双定生”模式的评价——在 2006 年 11 月 13 日的课题评审会上，专家组组长段万春教授给予的鉴定意见为：“综上所述，《高职高专教育‘双定生’人才培养模式的探索与实践》研究课题，通过课题组的深入研究和探讨，已形成了一套行之有效的理论体系和完整的实施方案，并通过了近五年的实践，证明该培养模式是成功的，是符合学校、社会和企业实际的，具有很强的应用和推广价值，是一种符合高职高专人才培养要求的高技能人才培养模式。专家组认为课题的研究成果完全达到了预期目标。一致同意通过验收。"

（三）"双定生"模式得到省里重视推进

（1）"双定生"模式列为省政协提案。列为2003年省九届一次政协会议提案（695号），并得到云南省教育厅的两次认真答复。

（2）"双定生"模式得到省领导鼓励。从2002年开始，先后得到当时主管教育的云南省梁公卿副省长、吴晓青副省长、高峰副省长和云南省委丹增副书记的肯定和鼓励。

（3）"双定生"模式登上云南省简报。在《云南省解放思想大讨论活动简报》（2008年8月1日第78期）上，刊登的信息中介绍了昆明冶专的"双定生"模式："学校于2000年探索实施的'双定生'人才培养模式，不仅解决了贫困考生上大学难的问题，也解决了企业急缺人才的培养问题。把企业招聘、学校招生、学费减免、顶岗实习等有机地结合起来，密切了校企的合作与交流。"

（四）"双定生"模式得到了部委审查推荐

一是教育部把"双定生"模式列为部级课题；二是教育部确定学校为全国评估优秀院校时，把《实施"双定生"招生、培养、就业系列改革，为艰苦行业培养技术应用性人才》确定为学校的特色项目；三是在2004年7月，由时任教育部副部长的吴启迪同志作序、教育部高教司和中国高教学会产学研合作教育分会联合主编的《必由之路——高等职业教育产学研结合操作指南》一书中，把"双定生"人才培养模式列为我国高职教育校企合作人才培养九种之一的第六种模式并向全国推荐；四是周济部长2005年5月26日视察昆明冶专时对"双定生"模式给予了肯定鼓励；五是教育部2006年12月批准昆明冶专"双定生"模式研究课题正式结题。

（五）"双定生"模式得到了媒体的宣传推动

《中国教育报》、《光明日报》、《云南日报》、《中国矿业报》、《西藏日报》、《甘肃日报》、教育部阳光高考网、中国西藏新闻网、全国法律教育网、中国矿业网等20多家媒体对"双定生"模式进行了宣传报道。

当然，实施"双定生"人才培养模式还有不少问题需要继续研究，方案也还需要继续完善，只有这样，才能更好地适应国内外发展对高技能技术人才的迫切要求，也才能体现高职院校对企业、对社会和对国家的贡献。

浅谈高校贫困生的心理特点及其引导

昆明学院 鲍 鲲

摘 要 近年来，我国政府十分关注家庭经济困难青少年问题的解决，特别是贫困大学生由于心理问题所引发的种种社会问题，更是受到社会各界多方面的重视。本文从分析贫困大学生的心理特点入手，结合实际阐述了贫困大学生心理问题的成因和现状，从而得出教育和引导贫困大学生的途径和方法，力图通过对贫困大学生心理特点的分析找出解决贫困大学生心理问题的方法。

关键词 高校贫困学生 心理特点 引导方法

高校贫困学生是贫穷群体中的特殊群体，在高校学生中所占比例较大。贫困大学生较之普通大学生，由于特殊的家庭环境和生活条件，往往引发更多的心理问题，比如自尊与自卑交织的心理，人际关系敏感，焦虑和抑郁共存的心理，生活中感到孤独、忧愁、烦躁不安，觉得活得辛苦、压力大，有更多的不安全感，承受挫折能力差。他们容易以非积极、非乐观的心态面对生活，而这种心态往往是造成他们主观的、片面的，甚至是偏激的待人接事的重要原因。高校大学生贫困的原因很复杂，家庭经济困难是导致他们贫困的主要原因之一。高校教育实施收费政策，增加了低收入家庭子女占大学生总数的比例①。据教育部统计，截止2005年8月，我国普通本专科在校生数是1 561万余人，其中贫困大学生405万人，约占26%。大部分贫困大学生来自农村，一些特困生的日常生活没有经济保障，甚至缺少必要的伙食费，贫困生的心理压力问题普遍存在。

目前，社会对贫困大学生在物质需求方面给予了极大的关注，我国政府已经建立起了以奖学金、国家助学贷款、勤工俭学、困难补助和学费减免为主体的，个人、企业和社会团体资助为辅的多元化助困的政策体系。此政策体系为解决贫困生上学难的问题发挥了巨大作用。但是，马斯洛的需要层次论告诉我们，人在满足了如生理、温饱等基本需求之后，还有更高层次的心理需求。国家的助困政策满足贫困生的物质需求，同时，学校、教师应该更多地关注他们的内心世界和思想状况。

---

① 赵海利：《高等教育公共政策》，上海财经大学出版社2003年版，第198页。

因此，如何正确认识贫困大学生以及他们的思想现状，准确了解和掌握他们的心理特点以及产生的心理问题，正确的引导和寻求切实可行的解决方法是当前高校学生工作中面临的一个十分紧迫而重要的现实问题。这对创建和谐校园、构建和谐社会、实现社会公平与公正具有非常深远的现实意义。

一、高校贫困生思想教育的现状

1. 高校贫困生的界定

对高校贫困生的界定，是一个比较复杂的问题。据国家有关部门2007年公布的数据，家庭年收入在1 500元以下的称为特困生，年收入在3 000元以下的为贫困大学生。但一般都认为划分贫困生的标准应以学校所在地的最低生活水平线为准。[①] 同时，本人必须提出贫困申请，并出具当地乡镇（或街道办事处）及以上级别政府所开具的家庭经济情况调查证明，还要经班级同学、班主任和年级同学及辅导员对其平时生活表现进行评议等。笔者认为除以上标准外，还应该考虑不同地区经济标准和家庭成员人数等因素。

2. 高校贫困生思想教育的现状

目前，高校贫困大学生思想教育现状不容乐观，贫困生中各种思想问题和心理问题层出不穷。震惊全国的云南大学贫困生马加爵连杀四位同窗事件，彻底暴露了长期以来郁积在贫困大学生心中的心理问题，无疑对高校贫困生的思想教育敲响了警钟。[②]

我国高校贫困大学生的思想教育现状分析：①强调其“弱势”现状，忽视个体的心理需求。我国社会学者陆士祯的研究表明：许多贫困大学生不愿意自己老是被别人“贫困生”、“贫困生”地叫，听起来特别刺耳，好似贫困是一件多么光荣或耻辱的事情，因为贫困生，有很强的自尊需要，对其过度的施舍和关照是他们所不能接受的，即使当时接受了，事后也会在心理上产生莫大的压力，反过来会影响到他们的健康成长。因此，在施行助困政策、设计勤工助学等活动时，一定要考虑贫困生是成长的主体，将促进其发展和助困相结合，弱化他们的“弱势地位”，把培养自主、自强、自助的精神渗透在学生助困工作中。[③] ②注重行政手段管理，忽视了主体的自我教育能力。实行大学生的自我教育能力是思想教育的目标，然而在高校思想教育工作中，教育者采用管理手段多于教育手段，注重行政手段管理，唯恐出事，缺乏人性化的关爱。事实证明：在管理占优势的思想教育中，学生思想、心理更易出问题，因为他们对外在管理多少有抵触和反

① 王幼芳：《高校贫困生资助体系调查及改革的思考》，载《青年研究》2002年第2期，第3页。

② 王异、左振瑛：《青少年人格塑造：马加爵案件的心理学思考》，北京大学出版社2004年版，第101页。

③ 陆士祯：《中国青少年弱势群体现状与社会保护政策》，社会科学文献出版社2004年版，第102页。

感，而放手让其进行自我教育则是信任他们、尊重他们的表现。真正的德育是以人为本，让人体验美好、体验崇高、体验快乐、体验成功，能培养积极的人生态度，鲜明的价值判断和丰富的思想体系。人文关怀和道德情感是一种博大的精神力量和感召力量，推动人们去感受生命价值、感受生命过程。只有感受才会感动，才会在感动中净化灵魂，升华人格和人生；只有感动，才会化为自觉行动，从而达到自我教育的目的。③混淆心理问题与思想问题。贫困大学生的心理问题常常被当做思想政治问题来对待，用思想政治教育的方法解决的结果自然是"医而不得其效"。有部分学生错误地认为心理问题即心理有病，回避或不愿承认自己的心理困惑和心理问题。只有全校师生达成共识，加强心理保健意识，提高贫困生心理健康水平，才能促进其个性和谐健康发展。④忽视感恩教育和诚信教育。目前高校的助困政策更多的是"给予"，却很少考虑对受助学生的感恩教育。当前的助困政策往往造成部分贫困大学生只知道索取，忘了回报国家和社会。更有甚者，还失去了做人最根本的诚信。例如，接受了国家助学贷款的学生，毕业后不但不按时还款，甚至有钱不还、恶意欠款，这种行为已经对其个人和渴望依靠国家助学贷款完成学业的师弟师妹造成了很坏的影响。

二、高校贫困学生的心理特点

1. 高校贫困生的一般心理特点

高校贫困生的一般心理特点有：个性趋于成熟与稳定；思维方式多样化，认知能力增强；情绪波动大，情感丰富；人格趋于健全。

2. 高校贫困生的特殊心理特点

高校贫困生的特殊心理特点有：自卑与自尊共存的心理；潜在的敌对心理；普遍的抑郁心理；狭隘的嫉妒和多疑心理；过度的依赖心理；缺乏感恩的心理。

3. 造成贫困大学生心理问题的因素

第一，对贫困生心理健康关注程度不够。贫困生作为一个弱势群体，受到来自社会和学校的广泛关注，但这种关注更多表现为物质的，却忽视对他们心理的关心。第二，助困与育人相脱节。近年来政府对贫困生实行的一系列奖、贷、勤、免和补等政策解决了他们的经济困难，但此举也使部分贫困生养成了依赖心理，没能从根本上激发他们自立、自强的能力，形成"等、靠、要"的思想，认为国家给予他们的奖助是理所当然，缺乏感恩国家和社会的思想。第三，教育与管理相脱节。由于当前高校学生人数增多，学生自主性、分散性大大增加，出现统一管理相对削弱的现象，对贫困生中出现的心理问题也不能及时、全面地反馈给主管部门，与贫困生的沟通与联系也因此形成断层，不能快速及时解决好贫困生的心理问题。

三、高校贫困生心理问题的引导方法

1. 解决贫困大学生心理问题应遵循的原则

（1）平等原则。贫困生同其他任何一个学生及教育者一样是完全平等的，彼此需要尊重。首先，教育者要明白自己不是救世主，无法拯救学生的贫困。应该以平等的方式，用真诚和热情打动对方，消除彼此之间的距离感，多做面对面的交流，主动沟通，经常关心，这样学生才会信任你，对你说真话，敞开心扉。

（2）尊重原则。教育者在了解贫困生的思想状况、心理动态之前，应该抱着尊重的原则，先听听他们的想法，站住他们的立场考虑问题，不可按部就班，应尊重个体差别。

（3）信任原则。教育者要相信贫困大学生可以和其他任何一个学生一样优秀，甚至是更优秀，相信他们身上都有各自不同的闪光点。

（4）激励原则。教育者要结合物质和精神奖励，激励贫困大学生努力完成自己的学业，培养他们适应社会的能力，让他们相信自己可以在社会上立足生存。

2. 解决高校贫困生心理问题的具体方法

（1）树立正确贫困观，增强心理素质。①贫困生在经济上是暂时的贫困，鼓励贫困大学生树立起正确的贫困观，有利于增强他们的心理素质。勇敢面对自身的贫困，贫穷并不可怕，可怕的是贫穷的思想，认为贫穷是注定的。只有树立人穷志不穷的信念，才能以自尊、自信、自强、积极的心态面对生活。有一部分贫困生，他们会因家境贫困、经济拮据而自卑痛苦，对自己缺乏信心，对人生持怀疑态度，总觉得自己和别人不一样，沉默寡言，不愿意与人交流，甚至怕被人瞧不起，很少参加集体活动，我行我素。②还有一些贫困生把金钱看成是信心和价值观的衡量标准，他们只看到自身的贫困，常常因为一些小事就一蹶不振。虽然贫困是一种不幸，但更应该看到它还是一种机遇与财富。教育者要引导贫困生树立正确、理性的消费观念，避免盲目攀比，不参与高消费活动，不使用奢侈品，防止和克服“打肿脸充胖子”的盲目消费。要勤俭节约，学会理财，合理安排好自己的生活费用。

（2）关注贫困生的身心需求，激励其追求人生理想。①贫困生大部分来自我国“老、少、边、穷”地区或国家级贫困县，在当地成绩优秀，被视为佼佼者。当他们来到与农村截然不同的城市，心中充满强烈的求知欲望，对大学的期望很高，希望借读书改变自己甚至是家庭的命运，同时承受着学习和生活的巨大压力。可是，现实中的期望不一定通过努力和拼搏就能解决能够实现，有形的事实往往容易变成无形的心理压力。他们内心敏感、脆弱，自尊心较强，不轻易接受他人的同情和帮助，容易让周围的人感到难以相处。②教育者在做贫困生的思想工作时，要帮助他们树立正确的人生观、价值观和积极的生活信念；同时，在完成贫困生的各项资助工作时要注意方式方法，重要的是本着真诚的原则，不让贫困生感觉到自己在接受“施舍”。③教育者应该在日常生活中多关心贫困生，比如在贫困生生病的时候，指导他们合理利用社会医疗保障卡就医和获得医疗保险赔付。④贫困生更渴望获得认可和荣誉。教育者要让他们明白在荣誉面前人人平等，大家都有获得荣誉的权利，追求荣誉不是虚荣，希望拥有荣誉是上进的表现。人生就是在不断的追寻中才能离自己的理想越来越近。

（3）丰富校园文化，营造和谐“三风”环境。学校良好的校园文化环境是贫困大学生健康成长的外部条件，是一种无形的力量，它可以使大学生感到轻松、民主、和谐，能在参与活动的过程中拥有积极的心态。良好的校园活动还可以使他们有一种归宿感，心灵上有所依靠，在丰富他们的精神世界的同时，最大限度地减少心理危机感的发生。

（4）人本管理教育与思想教育相结合。将人本管理教育融入高校大学生思想工作是非常重要的，二者结合有利于提升大学生的情商，增强其社会适应能力和促进大学生素质的全面发展。比如贫困大学生中出现的恋爱心理障碍，不是用思想教育的方法就能解决，而是运用人本管理的教育方法帮助他们树立健康的爱情观。再如贫困生的感恩教育，不是简单的行政命令，而是用事实说话，唤起他们内心的共鸣，感召他们用实际行动回报社会，比如参加义务劳动和社会公益服务。思想工作是一切学生工作的根本，能够有效地解决一些由理想与现实的矛盾而引发的问题。人本管理教育与思想政治教育相辅相成、相互促进、相互渗透、紧密结合。一定要将解决贫困生的心理问题、思想问题与实际问题结合起来，才能有效把握好对贫困生的教育。多年来，社会舆论大力呼吁救助贫困学生，却很少强调教育贫困学生要艰苦奋斗，自力更生，力所能及地减少社会和家庭的负担。所以我们在关注学生心理健康的同时不能放松对贫困大学生的思想教育和引导。引导他们树立正确的人生观和价值观至关重要。面对社会上金钱至上和拜金主义的思想，学校应该不断对贫困生进行人生观和价值观的教育，使其懂得人生的价值应该在于创造和奉献。引导他们用积极乐观的态度去面对现实，做到人穷志不短。增强对家庭、对社会的责任感和使命感。

四、结　语

一切鲜活和有效的方法都是在历练的实践中提炼出来的。高校贫困生是大学校园中的特殊群体，笔者作为一名高校的政治辅导员，深深地体会到，要让学生切实地感受到自己为他们所付出的真心、真情，与此同时还要让他们关注自身的感悟，以达到自助并实现自身成长的目的。国家、高校和社会都应从生活、学习、思想，特别是心理上关注、关心他们的成长，因势利导，开展具有实效性、针对性的思想政治教育工作，一切从学生实际出发，切实做好大学生中家庭经济困难学生群体的思想政治教育工作，为他们健康成长、顺利成才提供一个公平公正、和谐诚信的学习和生活环境。

参考文献：

［1］赵海利：《高等教育公共政策》，上海财经大学出版社2003年版。

［2］王幼芳：《高校贫困生资助体系调查及改革的思考》，载《青年研究》2002年第2期。

［3］王异、左振瑛：《青少年人格塑造：马加爵案件的心理学思考》，北京大学出版社2004年版。

［4］陆士祯：《中国青少年弱势群体现状与社会保护政策》，社会科学文献出版社2004年版。

贫困生消极心理分析及辅导员对策

昆明学院 侯青妮

摘 要 近年来，由于高校贫困生的激增，贫困生在学习、生活、心理上都面临着巨大的压力，因此而引发了一些消极心理和不良行为，严重影响学业和身心成长。高校辅导员应根据自身的工作性质和特点，采取一系列的对策帮助贫困生消除消极心理。

关键词 贫困生 消极心理 辅导

高校贫困生是指经济上困难的学生，即他们在经济上难以支付应缴纳的学费、住宿费，购置必需的学习、生活用品以及难以或勉强达到学校所在地的最低生活水平。就月生活费而言，一般低于150元以下的为贫困生，低于100元以下的为特困生。近几年来，由于高校体制改革的不断深化，地区经济发展不平衡的差距拉大，失业人数的增多，高校贫困生人数也在激增。据教育部的资料显示，2008年，全国公办和民办全日制普通高等学校在校生（包括全日制本专科学生、研究生和第二学士学位学生）总数为2 103.27万人。其中，家庭经济困难学生约为473.96万人，占在校生总数的22.53%；家庭经济特别困难学生约为158.32万人，占在校生总数的7.53%。由于经济上的贫困，这些贫困学生进入学校后在学习、生活、心理上都面临巨大的压力，在心理上所承受的压力要比其他学生大得多，可能出现的心理问题也更多，因此而引发的一些消极心理和不良行为，严重影响着他们的学业和身心成长。高校辅导员是高校学生工作的主要承担者，集教书育人、管理育人、服务育人于一身。他们是大学生思想政治素质提高的导师，是大学生职业设计生涯的设计师，是大学生文明修身的引路人，是校园文化的促进者和创造者，是大学生心理健康的培育者。因此，高度重视贫困学生的心理行为，消除贫困生消极心理是高校辅导员的职责，也是高校教育和管理的一个重要方面。本文通过对贫困生消极心理表现进行分析，拟从高校辅导员的角度提出应对策略。

一、高校贫困生的消极心理表现

据有关人士作的调查表明：75%的贫困生表现一般，而其中12%的贫困生因性格趋于内向、自卑、忧郁寡欢、意志消沉，以至于学习成绩与活动表现非常差。这说明，贫困生学习以及社会活动表现与其经济拮据程度，与其心理的适应、承受能力成正相关。高校贫困生的心理健康问题的主要原因也不仅仅是经济上的拮据，它实际上是与社会贫困阶层的生活状况相伴随的“贫困文化”现象遗传到青少年身上的综合性反应。目前，在高校贫困生中普遍存在的消极心理表现主要有以下几种。

（一）自卑心理

自卑是指个体对自己当前状况的不满、鄙视等否定情绪体验。这是在高校贫困生中普遍存在的一种消极心态。自卑心理容易使人离群索居，压抑自信心和荣誉感。高校贫困生的自卑心理主要是来自于三个方面：①由于家庭经济原因而引起自卑；②由于能力、阅历和经验方面的欠缺而引起的自卑；③由于文化、生活方式的差异而引起的自卑。

贫困生普遍有自卑、抑郁等情绪。由于经济困难、学习条件差等客观因素，有些同学入学后会出现学习起点低、对新环境难以适应等情况，贫困学生不能正确地自我评价，极易产生自卑感。他们常常担心别人讥讽和羞辱自己，因此极力地维护“自己的尊严不受别人的侵犯”。在同学和老师面前总觉得低人一等，感觉到知识面窄难以驾驭周围的环境，在参加学校活动中缺少信心，不能主动与同学沟通。他们对贫穷困窘的长期体验，导致自我意识的偏离。贫困，并没有成为奋发进取的精神动力，而成为不少贫困生内心难以消解的沉重负担。

（二）焦虑心理

焦虑是由于心理压力或挫折引起的较为复杂的情绪反应，常伴随着忧郁、紧张、失望、不安等负面感受。焦虑心理主要是由现实环境的压力与困难引起的，自我无力应付的现实性焦虑，是贫困生在学习过程中感到或预感到能否顺利完成学业的危险的一种情绪体验。

高校贫困生主要有三个方面的焦虑：①为学费、生活费焦虑。每年的学费是贫困生最担忧的。据了解，有30% ~40%的学生每逢暑假想通过打工、家教等形式积攒学费或生活费，但机会少、报酬低实在令他们失望。②为父母和家庭焦虑。不少贫困生由于家庭所在地地处偏远山区或者高寒山区，父母都是面朝黄土背朝天的农民，经济来源仅仅是一亩三分地。再加上父母多年的辛劳导致积劳成疾，有的患病在身，甚至丧失劳动能力，在毫无经济来源的情况下，自己沉重的学费和生活费给父母以及整个家庭增加了较大的压力。③因学习成绩不好而焦虑。害怕因学业差而对不起父母的一片苦心，焦急、紧张，羞愧心理交织在一起，尤其是课程补考、重修更令他们不堪重负。这些焦虑和心理压力，又成为他们学习生活上的沉重的精神负担，焦虑最终导致身心疾病或焦虑症。

（三）孤僻心理

孤僻是指个体因主观上感到受人排斥、否定的情感，是个体违背主观愿望，被动地独立于群体之外而离群的心理体验。产生孤僻心理的人会多过于在乎别人对自己的评价，而轻主观感受。贫困生因生活拮据，他们自感别人瞧不起自己，因而对周围的人有一种防御心理，往往表现出戒备、隐藏、孤僻、不合群的特征。

由于自卑，贫困生多是单身只影，离群活动，他们视交往为负担，刻意回避、杜绝交往，怯于同学间的感情和物质联系；有些贫困生比较沉默、过于敏感，爱猜疑，看到同学背着自己说话，便疑心是在讲自己的坏话；有些贫困生不敢面对挑战，过分担心失败，受到挫折，就怨天尤人，迁怒于周围的人和事，有的人甚至会自暴自弃，一蹶不振，自我封闭起来。贫困生的这种孤僻心理直接导致了他们悲观厌世、衍生敌对态度和强迫症状等偏激心态。

（四）妒忌心理

妒忌是指个体在与他人比较时，发现自己在才能、聪慧、名誉、地位和境遇等方面不如人而产生的一种自责或痛苦的情绪体验。妒忌是一种极端消极心理，贫困生的妒忌情绪主要是针对在校家庭富裕的同学产生的。

一般有三种情况：①因羡慕同学富裕的物质生活而生妒忌。有些贫困生进入大学后见许多同学花钱潇洒，心生羡慕，生怕被同学们瞧不起，逼着父母给寄生活费。父母再苦也不愿意自己的孩子被人瞧不起，强烈地希望儿女能出人头地，来改变贫穷面貌，即使节衣缩食，四处打工，甚至卖血也要满足儿女不断膨胀的金钱需要，这些穷家富娃却不能很好地理解与接受父母的辛苦付出，反而认为父母无能，才使自己活得这么累，到处乱花钱，充阔绰。②认为自己各方面自身条件不比富裕同学差，为什么就低人一等，感到心理不平衡、不服气而生妒忌心理。贫困生多出生在贫困山区、落后农村或来自经济发展滞后的地区，看到别的同学可以无忧无虑的读书，尽情享受大学校园生活，而自己整天还为一日三顿担忧，为学费发愁。③由于富裕学生表现出来的歧视和傲慢使贫困生心生不满情绪，产生妒忌。有不少富家子弟仗着家里有钱，请客、交朋友、送礼、谈恋爱，花钱无所顾忌，出手阔绰大方，时常炫耀自己家庭如何有钱，父母有社会地位等，这部分学生流露出来的鄙视心理和傲慢态度的刺激，导致了贫困生对这些城市同学本能地保持戒备心理，并产生不满以致心生妒忌，最后形成憎富心理。

二、高校辅导员的应对策略

贫困生作为大学生的弱势群体，也是问题群体，学校和社会应积极给予关注。其消极心态不仅直接影响他们成长成才，而且极易造成人格的不健全和偏执心理，不利于学业完成和今后工作的适应性，甚至会走向极端行为产生破坏性的后果。

高校辅导员处于学生教育管理工作的第一线，是最接近学生、最了解学生的群体。高校思想政治教育工作具有其特质，不仅要靠教育者循循善诱地教育和启迪学生的心灵，更要靠高校辅导员自身素质和形象来感染和影响学生，起到表率和典范作用。高校辅导员是学生心中的一面旗帜，他们的一言一行对学生有着极其深远的影响。贫困生的消极心理问题是贫困生“精神贫困”的主要方面，解决好这一问题是解决贫困生“其他贫困”的根本。因此，帮助贫困生走出消极心理的困境是高校辅导员的责任。

（一）真心帮助，营造氛围

爱只有出于真心才能真实，容易被接受。在今天的社会里，我们对贫困生的理解不能在服饰外表，更重要的是研究“贫困”对他们的心理影响，高校辅导员必须设身处地地为贫困生着想，忧其所忧，解其所忧，真正从内心去理解和尊重贫困生；贫困生的苦恼与尴尬，也许是非贫困生们无法体谅的，因此，我们在帮助贫困生的同时，要积极引导普通同学在日常的学习和生活过程中怀着一颗正常而善良的心来对待贫困生，使他们也加入到关心、帮助贫困生的行列中来。对于家庭经济贫困的同学既要关心，又不要刻意关心，尽量尊重和理解他们，在学生团体中，努力为贫困生们建立平等、友爱、和谐的人际关系。此外，要大力倡导大学生之间形成相互关怀、共同成长的理念，为贫困生营造良好的成长环境；提倡勤俭节约，反对铺张浪费，营造勤奋学习、积极向上的校园氛围。

（二）自助解困，树立典型

赠与千金，不如授以点金之术。高校辅导员要帮助贫困生树立自强、自信、自立、自力更生的观念，应通过多种形式对贫困生进行技能培训和能力的开发，并充分利用好校园和社会的劳动资源，鼓励学生积极参加勤工助学和社会实践活动。让贫困生们通过勤工助学消除受人“鄙夷”和“施舍”的消极敏感心理，摒弃“等、靠、要”的思想，锻炼他们的生存能力和竞争意识，增强他们的社会责任感，培养吃苦耐劳的和自力更生的精神。同时，还要引导贫困生确立劳动光荣思想，树立服务意识，深刻认识自助解困的价值取向，并以此为动力激励他们努力刻苦学习，以优异成绩感恩社会和父母。此外，要充分发挥贫困生的成功典型的榜样作用，引导贫困生群体。榜样的力量是无穷的，在对贫困生进行心理解困的过程中，高校辅导员应该充分运用贫困生（特别是本校贫困生）中依靠自身努力、顽强拼搏而获得成功的典型事例，使更多的贫困生学有榜样，赶有目标。这样既可增强贫困生发奋成才的自信心，又加强了思想教育和心理解困的说服力和号召力。

（三）打造公平，创新方式

社会学认为，利益被相对剥夺的群体可能对剥夺他们的群体怀有敌视或仇恨心理。因此，高校辅导员要坚持公平、公正的原则，维护贫困生的权利，树立高校“以学生为本”的思想，做打造公平、公正竞争机制的裁判员，真正实现以能力为基础的公平竞争，决不能因为学生来源经济状况等原因限制其参与竞争。在学生管理过程中要努力营造一个平等的生活学习氛围，帮助贫困生和谐人际关系，克服消极心理，增进理解，建立自信。高校辅导员也要充分利用网络，把网络作为与贫困生沟通心灵、畅谈心理的工具，依靠网络以QQ、飞信等年轻人易于接受的谈话方式，缩短师生间的距离，消除学生的顾虑，让贫困生们敞开心扉，把平时心里所想、不敢说的话，不知道如何解决、处理的问题和困惑，在网络的沟通中探讨研究，以建立和谐、平等的师生关系。

总之，高校贫困生的消极心态不仅影响其学习效率，更容易造成其人格的欠缺。作为高校辅导员，我们要对贫困生注入“三心”：爱心、细心、耐心，不仅要依靠教育部关于贫困生经济保障体系采取多种措施帮助贫困生摆脱困境，我们更要加大对贫困生思想扶贫的力度，积极关心他们的精神家园，在工作中做到情理交融、理利相济、疏而导之，不断提高消除贫困生消极心理工作的效果。

参考文献：

[1]《通报2009年全国普通高校家庭经济困难学生资助政策有关情况》，http：//www. xszz. cee. edu. cn/show_ news. jsp？id =1790。

[2] 许素萍：《贫困大学生的心理问题及心理救助》，载《思想理论教育刊》2004年第7期。

[3] 朱湘虹：《贫困生的心理特点分析及教育管理对策》，载《山西财经大学学报》2002年第7期。

[4] 杨志恒：《浅析经济贫困对大学生心理健康状况的影响》，载《高等理科教育》2004年第2期。

[5] 冷元峰：《新时期高校辅导员的角色定位及素质要求》，载《内江科技》2006年第3期。

[6] 张其亮：《来自农村大学生的若干心理问题及其矫正》，载《安徽大学学报》1998年第2期。

试论当代大学生诚信问题及教育策略

——以高校助学贷款为例

云南师范大学 高 飞 宋 慧

摘 要 针对当代大学生中出现的一系列诚信问题，加强大学生的诚信教育已经成为社会的共识，也成为摆在我们面前的紧迫任务和加强学生思想道德教育必须面临的新课题。本文以高校助学贷款为例，论述了当代大学生诚信问题的表现、原因以及教育策略。

关键词 大学生 诚信 教育策略

诚信，即真诚、诚实、守承诺、讲信用。诚信的基本含义是守诺、践约，需要我们有约必循，有诺必践。诚信不仅是一种品行，更是一种责任。就个人而言，诚信是高尚的人格力量；就企业而言，诚信是宝贵的无形资产；就社会而言，诚信是正常的生产生活秩序；就国家而言，诚信是良好的国际形象。

社会主义荣辱观中明确提出“以诚实守信为荣，以见利忘义为耻”。当代大学生中出现了一系列诚信问题，社会各界对大学生中出现的诚信危机非常关注，加强大学生诚信教育已经成为社会共识，也成为摆在我们面前的紧迫任务和加强学生思想道德教育必须面临的新课题。

一、当代大学生诚信问题的主要表现

人才资源是当今激烈的国际竞争中的首要资源，高等院校作为培养人才的重要基地，应在重视人才知识水平和能力素质培养的同时，把提高政治素质、加强职业道德的培养提到新的高度。大学生是未来社会的建设者，强化高校诚信教育，是落实以德治国、人才强国战略的需要。然而，在社会主义市场经济的浪潮中，作为接受高等教育的大学生，其诚信状况却不容乐观。从助学贷款来看，为了保证经济困难的大学生能顺利完成学业，党中央、国务院采取了一系列政策措施，其中，大力开展国家助学贷款是一项涉及面广、支持力度强、深受广大学生欢迎的重要举措。国家推行政府贴息助学贷款政策，无须抵押。如期还贷，靠的正是学生的诚信，但许多学生不守诚信，久拖不还或恶意欠款。据银行有关资料显示，到期没有按时还款的学生达到15%以上，结果往往让学校和银行处于尴尬境地。

当然，大学生诚信危机还表现在如下几方面：一是论文、作业等抄袭他人成果。大学老师布置的论文、作业等都是要求学生在总结回顾课堂讲授的知识的基础上，加以课外知识扩充来完成的。但很多学生交作业和论文的时候临时上网下载资料直接上交，剽窃他人知识成果，诚信意识淡漠。二是考试作弊。大学生考试作弊现象在大学里屡禁不止。尽管学校等考试机构一再严格考试制度，强调考试纪律，但作弊的手段更是不断翻新，缺乏诚信监督机制。三是个人就业信息作假严重。随着大学毕业面临的就业压力越来越大，有些学生便在求职履历上大做文章，如虚构自己的简历、涂改成绩等。有的用人单位在招聘时，在学校同一班级多名学生的自荐材料中发现，同一个班上竟有 15 位班长、5 位校学生会主席。四是网络道德的诚信缺失严重。网络交往时行为是虚拟的，传统道德关于诚信的制约机制被弱化，不少大学生动不动就对一些社会问题或现实问题，在网上发表一些不负责任的言论，或出现一些欺诈、漫骂、攻击等行为，个别大学生甚至利用网络进行违法犯罪活动。这些都是大学生诚信问题的表现，本文主要以助学贷款为例来看当代大学生诚信问题以及教育策略。

二、当代大学生诚信问题的形成原因

对于当代大学生，诚信意识在学生中的主流是好的，对于部分学生诚信意识的淡薄，我们不能简单地说是大学生道德素质的败坏，究其原因，与社会、历史、现实等是分不开的。

第一，市场经济的发展，市场经济的负面影响凸显，严重影响大学生的诚信意识。

市场经济飞速发展的同时，其追求的利益最大化具有一定的盲目性，随着社会生活方式和价值观念的变化，学生的利与义如何结合，追求个人合法权益与承担社会责任如何统一，这都是新时期大学生道德建设面临的重大课题。另外，市场经济的不规范运作，也影响了大学生的社会道德观。以助学贷款为例，国家出台了政策性目标，帮助经济困难的大学生顺利完成学业，但国家助学贷款是一种政策性的贷款，无须抵押和担保，因此，国家助学贷款的受者不易被银行有效监督。另外，贷款学生毕业后流动性很强，工作分散在全国各地，而大多数贷款学生是在毕业后还款，这样，商业银行对贷款学生的跟踪检查是不容易的。国家诚信监督机制未能及时建立，很多学生因为银行和国家缺乏相应的监督机制，存在侥幸心理，“利”字当头，为了一己私利，贷款迟迟不还，严重影响了大学生的诚信建设。

第二，部分家庭、学校过于强调学生的学习成绩，忽视人的全面发展，导致大学生诚信意识淡漠。

部分家长教育子女的方式不当，认为做人太实在容易吃亏，这严重影响了学生诚信意识的培养。有的家长过分宠爱自己的孩子，养成了大学生的“以自我为中心”的意识。作为高校，部分高校的教育方式欠缺，督促不力，有的高校在执行各种规章制度时不公正、不诚信，对大学生的诚信意识产生了不良的影响。国家助学贷款的主体是经济困难的大学生，出面与银行实际贷款的是高校，却忽视了与大学生关系最为密切的家长。学生毕业后，学校与贷款学生失去了联系，无法督促学生还款，家长在贷款中也不承担责任，有的学生在家庭和社会的误导教育下，诚信意识不强，不断拖延还款，造成学校与银行非常被动。

第三，部分大学生自身的约束力和自控能力差，导致诚信意识的弱化。

大学生在接受了品德教育和思想政治教育后，大多数人能够明辨是非，对社会现象有比较正确的认识。但有的学生自我约束力不强，在复杂的社会中出现了取向错误，导致诚信意识弱化。国家助学贷款是为了保证教育机会均等，推进社会公平，帮助经济困难的大学生顺利完成学业所制定的助学贷款制度。有的大学生家庭条件较好，不需要进行贷款，却侵占贷款名额；甚至有的学生未与家长商量，私自贷款，花费在吃喝玩乐上；甚至有的学生贷款炒股，在对当前社会金融风险等没有深入了解的情况下，贸然涉足股市，其后果不堪设想。而助学贷款还款主要依靠的是大学生的道德自我约束性，有的大学生自律性不强，还款一拖再拖，抱着侥幸心理推迟还款。我国国家助学贷款制度中的贷款主体跟踪监控体系并不完善，个人信用制度尚在建立，监控不力也严重影响了贷款还款率。

三、高校针对当代大学生诚信问题的教育策略

《公民道德建设实施纲要》提出的“爱国守法、明礼诚信、团结友善、勤俭自强、敬业奉献”的基本道德规范，既包含了优良道德传统，又弘扬了时代精神，体现了时代特色，诚信是公民道德的基本规范，在新时期，我们更要加强大学生的诚信教育，注重教育的科学性。主要包括以下几个方面。

（一）加强课堂教学，把诚信教育纳入课堂教育体系

当代大学生的思想品德教育是学校教育的重中之重，大学生的思想品德的课堂教育主要包括两种方式，一是理论课程，高校的思想政治理论课程涵盖了思想品德教育，思想政治理论课主要教育学生在马列主义等先进思想的指导下进行科学实践，我们应将诚信教育纳入课堂教育体系，教育学生做到以信为本；另外，大学生思想品德教育还在高校的“形势与政策”课中进行讲述，我们应该将诚信教育作为独立的课题对大学生进行教育，提高大学生诚信意识，鼓励大学生履行诚信承诺。大学生诚信的课堂教育一定要注重实效，不要单纯注重分数而忽视思想内涵。例如，针对学生的助学贷款问题，老师应专门开设信贷教育课程，教育学生如何利用自己的信贷的合法权利、如何维护自身利益、如何履行信贷承诺等。

（二）开展丰富的课余校园文化活动，提高大学生诚信意识

校园文化活动是以大学生为主体的，是反映大学生的精神环境和文化氛围的

活动形式，一般分为寝室文化、社团文化、班级文化和人际文化等。课堂教学之外的课余时间非常丰富，当代大学生参与感也很强，以校园文化为突破口，发挥诚信教育的核心作用，学生可以进行多种多样的有意义的课余活动，加强师生、生生之间的联系，在联系中提高诚信意识。在课余活动中，加强学生的诚信意识形态也是多样的。一是学校学院的学生组织可以组织丰富多样的诚信教育活动，利用演讲比赛、辩论赛、知识竞赛、文艺晚会等形式，强化学生的诚信规范，在互相交流中理解诚信的重要性，驳斥违反诚信的错误观念，从而达到教育目的。二是营造良好的诚信教育环境。学校可以通过广播站广播、学报宣传、网络等校园舆论手段，倡导学生提高诚信意识，并通过典型事例，加深学生诚信理念的理解。三是通过班级板报、学校的警示牌、标语等无声语言，倡导学生树立诚信意识，使学生在潜移默化中接受诚信意识的熏陶。比如，针对学生的助学贷款问题，学校应积极宣传国家优惠政策，倡导学生树立诚信意识，鼓励学生提前还款，教育学生养成良好的信贷习惯等。

（三）加强师德建设，在教书育人中要注重诚信

作为教育的主要实施者，教师要以诚信的人格魅力去影响学生。大学的老师不仅仅是传授知识，更要做学生的榜样，以自己良好的思想道德品质去影响和培养学生。教师严谨的治学态度、诲人不倦的精神、认真负责的工作作风等都将对学生起到潜移默化的影响，教师的人格魅力是教育学生诚实守信的榜样。并且，教师要把诚信教育渗透到班会、课堂中去，充分发挥教书育人的强大功能，通过社会上一些失信现象及其造成的危害教育学生，举出信贷中还款意识淡漠而导致严重后果的例子，使学生认识到诚信是一种宝贵的社会资本，“信任透支”总是要偿还的。

（四）充分发挥学生干部、党员团员信守承诺的模范带头作用

随着教育的逐步推行，学生的素质不断提高，他们的自我意识、自立意识、自主意识有增强，自我教育、自我管理、自我评价的能力有很大提高，这为学生自我诚信教育打下了良好的组织基础。我们要引导学生、学生干部等自觉认识诚信和诚信教育的必要性、重要性和紧迫性，引导学生干部、学生党团员以身作则，做诚实守信的模范，为广大同学树立榜样，在助学贷款方面用正确的态度对待，勤俭节约，积极还款。鼓励同学积极参加各种实践活动，把诚信认识化为诚信情感，变为诚信行为。

（五）与用人单位联系，通过各种形式，共同教育学生提高诚信意识

学校应经常邀请企事业单位、人事主管等来校讲座和座谈，谈大学生诚信与成功的关系，教育大学生提高诚信意识。还可以通过模拟招聘会，让学生明确用人单位对应聘人才在诚信方面的要求等，例如，单位说明对应聘学生恶意拖欠助学贷款的态度是怎样的，让学生对诚信意识的重要性有基本了解。

（六）在社会实践活动中践行诚信承诺

大学生对诚信的履行不能只停留在认识上，只有将认识外化为社会实践活动，做到知与行的统一，学生的思想道德素质才能有最终的归宿。参加社会实践活动，是实现诚信的重要步骤。大学生要积极参加各种类型的社会实践，如社会调查、勤工助学、志愿劳动等，这不仅是对自身的一种锻炼，更是提高诚信信用的一种资本的积累。在社会实践活动中，可使学生进一步认识和理解社会，逐步摆正个人与社会的关系，将个人与社会紧密联系起来。

“言必信，诺必诚”，“小信诚，大信立”。诚信教育必须从大处着眼，从小处着手。从上通过对大学生诚信问题产生的原因、表现以及教育策略进行论述，充分表明大学生诚信意识的加强势在必行，作为高校教师，我们有责任有义务督促学生树立诚信意识，践行诚信承诺，完善诚信人格。

诚实守信，重在实践，贵在积累。勿以善小而不为，勿以恶小而为之，去小恶而从善，积小善成大德，这是提高当代大学生诚信水平的必由之路。

参考文献：

[1] 罗国杰：《道德教育与价值导向》，教育科学出版社2000年版。

[2] 林莉：《关于大学生诚信教育的思考》，载《工会理论与实践》2002年第4期。

[3] 李政云：《诚信教育·路在何方》，载《江西教育科研》2002年第1期。

[4] 汪雪琴：《诚信：不能只是话题》，载《天讯在线》2002年第1期。

[5] 王静：《对当代大学生诚信教育的思考》，载《重庆工商大学校报》2004年第3期。

以人为本 帮困助学
扎实有效推进我校资助工作

——文山学院申报省学生资助工作先进集体材料

文山学院 王 焱

关心贫困生，帮助贫困生顺利完成学业是“三个代表”重要思想在高校学生工作中的具体体现，是促进大学生思想政治教育的重要内容，是高校坚持以人为本、落实科学发展观的具体实践。近几年来，在云南省助学贷款管理中心的指导下，我校始终坚持育人与助人相结合，确立“经济上予以资助，生活上予以照顾，思想上予以引导，学习上予以帮助”的助学方针，在实践中构建了以国家奖助学金、省政府奖学金、学校及社会奖助学金、国家助学贷款、勤工助学、困难补助、学费减免为主体的学生资助体系及相应制度，服务于学生的健康成长和全面成才，取得了较好的工作成效。

一、学校基本情况

我校党委和行政高度重视贫困生资助工作。早在2004年，我校就成立了学生资助办公室，挂靠学生处，并配备专职工作人员，每个系部安排一名专职学生工作人员从事学生资助具体工作。学校除全面落实国家对贫困生的各项资助政策外，还每年从事业经费中提取10%，用于资助和奖励家庭经济困难学生。几年来，我校严格按照省厅助贷中心的要求，设立了国家助学贷款、各类奖助学金、勤工助学、临时困难补助等项目，并制定了我校《家庭经济困难学生资助体系》、《勤工助学管理办法》、《校内外捐款资助贫困家庭学生基金的管理暂行办法》、《国家奖学金评定办法》、《国家励志奖学金评定办法》、《国家助学金评定办法》、《国家助学发放管理办法》、《经济困难学生伙食专项补助暂行办法》等文件，建立健全各项贫困生资助制度。

掌握家庭经济困难学生基本情况是做好资助工作的前提。每年新生入学后，我校都对全校困难学生进行一次普查，对我校家庭经济困难学生进行甄别和认定，建立并不断更新困难学生数据库，实现对贫困学生信息的网络化动态管理，准确及时地掌握贫困学生情况。

二、我校构建贫困学生助学体系基本情况

鉴于我校学生贫困面大、贫困学生比例呈逐年上升趋势的实际，我校始终将关心、帮助贫困生的成长成才作为构建和谐校园的重要工作，不断完善资助政策和措施，努力健全以国家助学贷款和国家奖助学金为主的资助体系，并取得了良好成绩。具体表现在如下几个方面：

一是开辟方便快捷的“绿色通道”，确保贫困生顺利入学。

为保证每年考入我校的贫困生能够顺利入学，学校制定了“绿色通道”实施方案，落实办公地点，通过广播、网络和发放资助政策资料等形式宣传“绿色通道”政策，公布新生办理“绿色通道”手续工作流程，特事特办，简化报到程序，保证没有新生因为家庭经济困难而无法上大学和在校生因经济困难辍学。2006 年，我校有 320 名学生通过“绿色通道”入学，为 72 名贫困生减免学费 7.8 万元；2007 年通过“绿色通道”入学学生有 267 名，缓交学费金额 307 万元；2008 年通过“绿色通道”入学 245 人，缓交学费金额 298.6 万元；2009 年通过“绿色通道”入学学生 1 371 名，缓交学费 400.41 万元。

二是积极争取国家助学贷款，确保学校办学和学生生活学习不受影响。

我校在条件不完全成熟的情况下，就积极主动与当地多家银行联系和沟通，经过多方努力，克服重重困难，终于在 2001 年 4 月与中国工商银行签订了国家助学贷款合同，截止 2003 年年底，共有 71 人获贷，获贷金额为 15.68 万元。2004 年 6 月，遵照《教育部财政部中国人民银行银监会关于进一步完善国家助学贷款工作若干意见的通知》精神，我校又积极与当地金融机构联系，并于 2004 年 12 月与中国农业银行文山州分行签署了银校合作协议，从此，我校国家助学贷款工作全面展开。2004 年，我校 223 人名同学获国家助学贷款 117.30 万元；2005 年完成了国家助学贷款 236.48 万元，443 名同学从中获益；2006 年 449 名同学贷款成功，发放贷款 266.10 万元。2007 年 705 名学生获贷，获贷总额为 402.95 万元；2008 年，我校 399 名同学获贷 273.43 万元。截止 2008 年 12 月，我校从农行获贷款人数 2 219 人，获助贷金额为 1 296.18 万元；2009 年春季学期办理的近 480 万新贷款已批复 538 人，金额为 120 万元，其余尚在审批中，放贷工作将于 10 月底前结束；本学年度国家助学贷款工作也将全面展开。为办理好国家助学贷款，我校积极协调、配合办理生源地助学贷款工作，截止 2009 年 9 月 30 日，共为学生开出生源地助学贷款证明 200 余份，填写回执 480 份，贷款总额 300 余万元。在积极推进国家助学贷款工作的同时，我校特别注重加强对贷款学生的诚信教育，多形式开展诚信教育系列活动，教育贷款学生诚实守信，并采取措施激励应届毕业生学生提前还贷。2008 年，我校共有 205 名学生提前还贷，还款金额为 121.57 万元，银行为其颁发了“诚实守信客户”荣誉证书，学校发放鼓励金 2.06 万元，今年又有 205 名同学提前还贷，还款金额为

120. 78 万元，学校发放资金 2. 05 万元，银行发放证书 206 本。

三是做好国家奖助学金、省政府奖学金和学校奖学金的评审和发放工作。

国家奖助学金、省政府奖学金是党和政府对品学兼优及家庭经济困难学生的奖励和扶助，其评定、发放和管理直接关系到学生学习积极性的激发和千家万户的经济利益。为此，我校根据《普通本科高校国家奖学金助学金管理暂行办法》有关要求，结合学校实际，制定了《文山师专国家奖学金评定办法》、《文山师专国家励志奖学金评定办法》、《文山师专国家助学金评定办法》和《云南省政府奖学金、励志奖学金评定办法》，按照公开、公平、公正的原则和文件规定的程序开展评审工作。2006 年，我校有 549 名同学获国家奖助学金，共计 79. 12 万元；2007—2008 学年，我校共有 9 名同学获得国家奖学金，139 名同学获国家励志奖学金，456 名获国家一等助学金，500 余名同学获二等助学金；2008—2009 学年共有 1 598 名同学获得国家奖助学金，发放金额为 269 万元；64 名同学获省政府奖学金，发放 31 万元。以上奖助学金已全部按文件要求发放到学生手中。此外，我校 2007—2008 学年评选发放校级奖学金 39. 45 万元，用于奖励品学兼优的在校学生。

同时，学校充分利用评定奖助学金的契机，加强对大学生的思想政治教育。通过召开全校颁奖大会、院系班级表彰会、专题班会、座谈会、签订承诺书等形式，加强对大学生的诚信和感恩教育，让广大获得奖助学金的学生珍惜这来之不易的荣誉和帮扶，使他们学会饮水思源，激发他们勤奋学习，积极向上。正因此，2007 年，获奖助学金自愿捐款者 200 余名，捐款 5 万余元，2008 年捐款人数为 205 人，捐款 6 万余元。上述款项均已注入系级爱心基金，用于资助家庭经济困难学生。

另外，对省里下拨的贫困家庭学生医疗保障补助、贫困生伙食补贴等专项补助，我们认真组织好评审工作，保证这些专项经费能真正按时发放到贫困生手中。2007 年为 2 742 名贫困学生补助 3. 84 万元，2008 临时生活补助 105. 03 万元，2009 年发放临时生活补助 32. 56 万元。

四是多措并举，积极筹措资金助困。

近几年来，学校坚持采取“走出去，请进来”的办法，加强与社会各界联系，争取外界支持，拓宽资金来源，使我校贫困生得到更多救助。2004 年，向文山州、县民政局争取到 150 个的保名额，2007 年增加到 200 名，此项目一直在滚动使用中。2004 年，校内师生共为贫困生捐款 1. 85 万，争取政府拨款 7 万元，联系外国友人捐助 5 万元，争取文山州教育局资助办资金 16. 6 万元，电信资助 2 万元和农业银行文山分行 2. 6 万元，福彩资助 3 万元，中国教育基金 2. 5 万元。

五是积极开展勤工助学工作。

近几年来，我校加大宣传力度，努力挖掘资源，积极拓展渠道，出主意、想办法，加强协调配合，为贫困生拓宽勤工助学途径。目前，校内已设立了200多个固定学生勤工助学岗位，主要包括后勤处绿化美化、保洁、学生公寓、图书馆以及校园安全保卫等，此举既让学生为学校校园美化、和谐校园建设和管理出了力，培养了主人翁意识，又锻炼了学生参与组织管理的能力，同时也为相当一部分贫困大学生解决了实际问题。在积极主动在校内设置大学生勤工助学固定岗位的同时，我校还积极开辟校外勤工助学渠道，学生处、团委每年定期、不定期组织、介绍到校外单位、企业、家庭就业，受到学生及用人单位的赞誉。通过开展勤工助学活动，帮助贫困同学充分认识和了解社会，不断增长才干，培养自立、自主、自强意识，积极适应社会主义市场经济体制对人才发展的需要。

六是落实学校各项困难补助、学费减免工作。

每年，我校都严格按照教育厅下发的相关文件精神，从学费中足额提取学生专项资助经费，专项用于资助在校贫困学生。2007—2008学年，我校提取经费为137.98万元，全年发放校级奖学金44.7万元，勤工助学津贴29.04万元，特困学生补助13.19万元，国家助学贷款风险补偿金20.70万元，毕业生提前还贷鼓励金2.06万元，减免学费9 550元；对汶川大地震中家庭受灾的4名学生，在评选助学金时给予了政策倾斜，还为他们提供了一定数额的补助。

七是深化扶贫励志工程，积极引导贫困学生奋发成才。

在对贫困生大力开展经济资助的同时，学校还把经济资助、学习方面的资助以及精神资助这三个方面结合起来，通过各种途径，在学习上帮助贫困生，在生活上关心贫困生，给他们以人文关怀和精神鼓励。学校积极实施扶贫励志工程，在做好经济扶贫工作的同时，注重在学生中弘扬自立、自强精神，对贫困学生做到精神上激励和思想上引导，相继开展了“我的大学生活”征文活动、“好书接力、爱心传递”——毕业生向在校贫困学生赠书活动、创业计划大赛、“自强不息”优秀大学生事迹报告会等特色活动，对得到国家、学校、社会补助和资助的贫困学生予以正确的引导和教育，使之饮水思源、知恩图报，以适当的方式来感谢社会各界的关爱。

在今后的工作中，我们将进一步完善家庭经济困难学生档案，对家庭经济困难学生进行经济资助的同时加强精神资助，继续加强学生诚信教育，塑造学生诚信品格，全面深入、扎实有效地推进我校家庭经济困难学生资助工作，为推动我国高等教育事业发展作出积极贡献。

高校贫困生问题研究与对策（课题报告）

保山学院 李 杰

摘 要 贫困生问题已不仅是教育问题，更是一个需要全社会都来进一步关注的社会性问题。关注大学生贫困问题的特殊性，注意贫困大学生群体的特殊社会心理需要和精神心理健康的需要，注意文化娱乐、人际交往、自尊心和人格健全等精神心理因素在大学生生活与学习中所占有的重要地位。

关键词 贫困生 问题 对策

本课题通过研究获得大量有关大学中贫困问题与贫困大学生困苦生活状况的信息，了解贫困大学生思想、心理特点，为如何建立符合高校校情的贫困救助制度与有效缓解由于贫困生问题给学校管理带来的问题，为建立科学的贫困救助政策体系，确立合理的贫困管理制度，为如何有效预防、缓解和摆脱贫困提供有效的理论及实践依据。

一、贫困生问题研究

我们的课题涉及的贫困生主要是保山师专滇西片的。在整个调查过程中，我们以月生活费在100元以下的为贫困生，月生活费在80元以下的为特困生。据学校有关统计数据，截止2004年11月28日，全校全日制大学生共计3 271名，其中80%来自农村，2003年我校有新生810人（不包括2003级五年制班级学生），进入贫困生档案160人，占当年新生的20%，2004年，我校新生1 597人，进入贫困生档案540人，占当年新生的33.8%。贫困生比例还会不断增加，这给学校的管理带来了很大的困难，特别是作为贫困群体的特殊成员，大学生的精神追求和心理情感需要格外强烈，这就决定大学生贫困问题的特殊性。

我们选择了2003级学生进行心理健康测试（SCL－90，又名症状自评量表）：参加测试的学生879人（包括2003级五年制），贫困生参加测查仅207人（贫困生该级有311人），其中103名贫困生存在不同程度的心理问题，在所测试的十项因子中强迫症状（48人）、人际关系敏感（41人）、抑郁（37人）、敌对（33人）、偏执（32人）排序前五位，而本次测试存在不同程度心理问题的学生有208人，贫困生存在心理问题的数量几乎近一半，所以，贫困生存在心理问题的比例远远高于非贫困生。

通过心理健康测试，我们向每一位参加测试的同学发出一封信，对可能有心理问题的同学约请面谈，有许多同学未能如约而来，其中贫困生未到的居多，私下向几位贫困同学了解情况，他们感到很自卑，怕来了让人说闲话。

一些贫困生心理、情感都很敏感、脆弱。调研表明，贫困生绝大多数基本生活难以保障，其生活状况远远低于学校所在地的最低生活水平。这些学生因经济上的重负，导致心理上也承受着巨大的精神压力，由此他们容易产生自卑、抑郁、焦虑、孤僻等心理问题，部分学生因此成为经济、身心“双困生”。在我们的调查中，有的贫困生因为贫困和贫富悬殊巨大，进而恨社会、恨钱，他们认为是社会和金钱使他们步入了现在的窘迫境地，对社会持悲观、否定甚至极端的态度。

（一）贫困生心理特征

通过心理健康测试和与贫困学生访谈，对他们进行心理扫描。

1. 自卑

自卑产生的原因多来自经济和学习两方面。一方面由于家庭贫困，自尊心因同学间巨大的贫富差距而受到严重打击；另一方面，原来在高中可能备受老师喜欢的同学进入大学因为显得普通而失去往日的荣耀。这些同学都可能走进自卑的阴影。

2. 压抑

贫困生中一些同学表现出过分用心或过分谨慎，他们害怕犯错误，害怕失败而过分束缚自己。

3. 敏感、脆弱

许多贫困生过分自卑、压抑自我，谨小慎微，别人的一言一行、一举一动，甚至一个眼神或表情，他们马上就把自己对号入座；自卑、敏感又往往伴随着焦虑。他们往往拒绝他人的善意帮助，甚至对此大发雷霆。一位同学与我们交谈时，他自己也觉得不可理喻“我为什么会如此?”

（二）贫困生思想特征

贫困生上大学确实很不容易，父母对他们寄予很高的期望，几乎把改变现实、摆脱贫困的唯一希望全寄托在冲出重围考上大学的儿女身上，来自农村的莘莘学子，背负着多方的压力踏上了求学的路程。

1. 观念动荡，经济负担

市场经济体制的实施和深层次的改革，使社会进入全方位、多层次剧变的转型时期，思想在获得解放的同时，旧有的价值观念、道德伦理受到一系列新观念的冲击，新观念与沉淀在他们思想深处的传统观念不可避免地产生冲突，从而引起他们认识上的失调和观念的动荡。

2. 学习成绩，择业就业

大学期间，学习给学生带来的心理压力无疑是沉重的，作为一个贫困生，他们上大学极不容易，他们被倾注了父母甚至全村父老乡亲的厚望，因而生怕自己学不好，无颜见“江东父老”。在这种压力的作用下，一旦受到挫折便会为此焦虑不安，对前途感到悲观失望，恶性循环。

3. 嫉妒、怨恨

有的贫困生心胸狭窄，自尊心极强。他们总希望自己处处比别人强，比别人好，但现实情况却恰恰相反。有一些同学先是为自己是贫困生而羞耻，进而生怨，从怨恨父母、怨恨家庭，发展到怨恨他人。

（三）贫困生心理问题产生的原因

1. 个人认知态度和认知方式的影响

第一，把贫困当成耻辱。家庭经济贫困是由于地理位置、环境条件、父母受教育程度与能力等多种因素造成的。贫困生把贫困当成无能、当成丢人、当成耻辱，并因此引发了许多心理问题，即由经济贫困导致心理贫困。

第二，把贫困当成理由。有些贫困生认为，因为我是从山区来的贫困生，所以，学校应该关心我，大家应该照顾我，我的困难应该得到解决。一旦他觉得自己得到的关心和照顾没有别人多时，心里就不痛快，烦恼、哀叹、愤怒的情绪随之而生。

第三，把贫困当成挫折。随着社会的发展，人们的生活观念发生了很大变化，他们不愿意把贫困看成是磨难，而是当成生活中难以承受的挫折，并由此产生了种种心理问题。

2. 社会因素的影响

第一，大学校园高消费的刺激。随着商品经济的繁荣，大学生中不时泛起各种各样的消费热点，这无疑给囊中羞涩的贫困生带来了沉重的心理负担，增添了许多烦恼。我校某新同学，来自某县一个贫困山区，该同学入校以来，在不良社会风气的影响下，放弃了理想追求，忘记了自己的处境，盲目地追求物质上的高享受，为了满足自己的物质享受，他居然偷走同学正在充电的手机，并偷走另一同学的身份证作抵押卖给别人，后被勒令退学。

第二，大学毕业后自主择业的压力。当前大学毕业生就业实行双向选择。贫困大学生既没有父母可以依赖，也没有金钱作为后盾，加之自身在风度、言谈、气质等方面还有不足之处，因而面临的就业压力更大，心理上便容易产生焦虑、紧张、神经质等问题。

3. 学校环境的影响

第一，中学教育的滞后。大多数贫困生来自文化环境和教育条件相对落后的农村，这些地方的中小学教育长期以来以应试教育为主，素质教育在这些学校只是一句空话，因此导致学生综合素质较差，个性缺乏充分发展，进入大学后感到各方面都比别人差，所以容易出现心理问题。

第二，高校对贫困生心理健康关注不够。贫困生作为一个特殊的人群，近年来受到了全社会和学校的极大关注。但是，冷静地观察一下就会发现，这种关注主要表现在经济资助方面，而对贫困生的心理状况、思想状况了解、关注得很少。

第三，缺乏中学与大学的有效衔接。目前，中学生的各种鉴定包括毕业鉴定流于形式，一般都不能全面、准确地反映学生的实际情况，尤其是在反映问题方面。许多学生的心理问题实际上早在中学就已经非常明显，有些甚至相当严重，但在学生档案上根本不反映，致使学生到大学后因得不到及时发现、及时矫正而使问题严重化。

4. 对贫困生资助方式及措施不够健全完善

面对逐年迅速增长的贫困生总数和奖、助学金等的局限，贷学金本应成为解决贫困学生完成学业的最根本途径。但遗憾的是，当时对贫困生的贷款比例、数额和次数等都有诸多限制。2002 年规定，贫困生的贷款比例不得超过在校学生数的 20%，每年可贷款不超过 6 000 元；且贷款手续繁杂，时间、条件等障碍重重，使本已很少能申请的贫困生中往往只有 12% ~30% 的人能够申请成功。而且，在校生只能一次性贷款，如三年学业期间中途突遭家庭、疾病等变故，则不能再次贷款。如一女生父母早亡，剩下她与姐姐相依为命，姐姐打工供她读书，可现在上大学要交如此高的学费和住宿费（3 700 元/年），而贷学金只能贷两年（学校与银行签订的协议只是两年），第三年她已是毕业班学生，不能再次贷款，这确实让姐妹俩头疼。

学校勤工助学岗位少、稳定性差、基金短缺等问题突出。学校往往只能提供极有限的固定或临时岗位以满足极少部分学生的需要。大多数贫困生为维持在校期间的最基本生活，不得不整天四处奔波，忙于各种打工，所从事的又往往是重复性强、耗时间的简单体力活，这不仅加重了贫困生的生活压力，而且占用了大量的学习和休息时间，造成沉重的身心和学业负担，严重影响了他们正常的学习和身心健康发展。

对贫困生的各种资助工作，本来是件好事，但如果资助方式不当，则会产生负面影响。有些物质上资助使一些贫困生，在精神上遭受重创。觉得自己成了一个可怜的被施舍者。自尊心受到严重伤害。

所幸，大部分贫困生都能坦然地面对现实，积极勇敢地应对生活的艰难困苦。他们用顽强的毅力、惊人的勤奋，筑起了励志人生的精神脊梁。贫困生们渴求更多实际的活动，以告别空洞的说教，点亮心灵之光，在给他们创造改善生活的机会的同时，打开他们的心扉。

二、贫困生问题的工作对策

高校的贫困生们为了生存和学业，他们依靠汗水和智慧在解困之路上艰难地奋斗着。而学校和社会也纷纷出台各种助学措施帮助他们完成学业，国家也出台了有关解困助学的优惠政策。

贫困生最终要走向社会，良好的心理素质是为社会服务的前提，在帮助他们解决经济困难的同时，社会更应该多给予他们一些精神上的理解和关心。

当前，建立健全贫困生扶助制度，建构有效的政府、社会、学校等多位一体的贫困生扶助机制，加大资助力度，特别是完善助学贷款制度，已经迫在眉睫，刻不容缓！在已有的相关贫困生扶助政策中还应注重以下方面：

1. 院校高度重视

高校的根本任务是为社会提供优秀的人才，人才是21世纪竞争中起决定性的因素，经济学家哈比森说："人力资源是国民财富的最终基础。"基于此，高校"扶贫助学"工作应在思想认识上提高到"育人"这个根本目标上来，从而引起高度的重视，因为贫困生实际上是高校教育对象中的"特殊一族"。

2. 联系社会

当然，仅以上措施还远远不够，还应积极争取社会各界的支持与帮助，增设专门的贫困生基金。创设贫困生"以工助学"工程，积极、稳妥地组织和引导贫困生开展勤工助学活动。

3. 加强"勤工助学"力度

"扶贫"、"帮贫"只能是一种暂时行为，特别是无偿资助不利于对学生的培养，应大力推进勤工助学。这种大学生利用课余时间，通过自己的劳动获得生活资助的形式，是一项扶贫又扶志、培养大学生自强自立的有效措施。

4. 营造良好的校园环境

与其他学生相比，贫困生更渴望一个良好的校园环境。为此学校要做好以下几方面的工作：

第一，学校应充分发挥学生会、社团的作用，积极开展心理互助活动，特别是对有贫困生参与的社团，应予以更多的关注和支持，使其在社团活动中感受到社会和学校的温暖以及人与人之间的真挚情感，深刻地体验到社会的支持，培养他们积极、主动地利用社会支持的意识和行为习惯，最大限度地消除经济贫困所带来的消极影响。

第二，要注意加强班级、宿舍的管理工作，倡导同学之间形成相互关怀、真诚接纳、共同成长的理念，为贫困生营造良好的成长环境。

第三，要大力提倡勤俭节约，反对铺张浪费，大力弘扬中华民族的传统美德，营造勤奋学习、积极向上的校园氛围。这对所有学生，特别是贫困生尤为重要。

5. 加强思想教育和心理健康教育

在经济上给予贫困生资助的同时，社会和学校必须加强对贫困生的思想和心理健康教育，关注他们的精神世界。

第一，学校以育人为根本宗旨。贫困生问题的解决也应遵循这一宗旨，在帮助他们解困的同时，应着重培养贫困生自信、自立、自强的精神，鼓励他们奋发成才。其一，要使经济资助与自立自强教育有效结合。其二，要使社会支持与回报社会有效结合。

第二，特别要关注贫困生心理健康，建立贫困生心理健康档案，定期或不定期与可能存在心理问题的学生，尤其是贫困生面谈，健全心理健康教育系统，从教师、学生、网络、报刊等方面都应进一步加强管理及教育，使他们行之有效，发挥各自的功能，且一切都要落在实处，不能走过场，成为一种形式和摆设。

第三，学校应针对贫困生的心理问题，点面结合，组织心理咨询专家有针对性地对他们的生活、学习和心理发展给予具体指导。促使贫困生能够面对现实、适应环境，提高自我心理保健能力。

第四，加强班主任及教职工心理健康教育意识，心理健康教育仅靠心理教师是远远不够的，只有学校每一位教育工作者都加入到关爱、教育的行列里，营造良好心理氛围，熏陶感染学生。

第五，建立学生心理自助学会，学校指导、扶持，通过同学互相交流、帮助，启迪心灵，焕发斗志。因为同学在年龄、生活、学习、经验等方面都有许多共同之处，他们更容易交流和沟通。

尽管学校老师、同学的关怀和帮助对消除贫困生心理障碍至关重要，但必须指出，这些帮助只是打开这些学生封闭心扉的外力。要真正远离、摆脱心理疾患，关键还在贫困生个人。

图书在版编目（CIP）数据

云南省大学生资助工作优秀论文集/云南省教育厅编.—昆明：云南大学出版社，2010
ISBN 978－7－5482－0152－6

Ⅰ.①云… Ⅱ.①云… Ⅲ.①高等学校—助学金—教育政策—云南省—文集 Ⅳ.①G649.20－53

中国版本图书馆 CIP 数据核字（2010）第 112957 号

云南省大学生资助工作优秀论文集
云南省教育厅 编

策划组稿：张丽华
责任编辑：张丽华 李 红
封面设计：丁亚群
出版发行：云南大学出版社
印 装：云南国浩印刷有限公司
开 本：787mm×1092mm 1/16
印 张：20.5
字 数：413 千
版 次：2010 年 6 月第 1 版
印 次：2010 年 6 月第 2 次印刷
书 号：ISBN 978－7－5482－0152－6
定 价：42.00 元

社 址：云南省昆明市一二一大街 182 号
云南大学英华园内（邮编：650091）
发行电话：（0871）5033244，5031071
网 址：http：//www.ynup.com
E－mail：market@ynup.com